# 제 4세대 경영

**김상욱** 지음

제 4세대 경영

초판1쇄 발행 | 2019년 2월 28일

저 자 | 김상욱
발행처 | 충북대학교 출판부
발행인 | 김수갑

주 소 | 28644 충북 청주시 서원구 충대로 1
전 화 | 043-261-2952, 3014
팩 스 | 043-274-1256
이메일 | presscbu@chungbuk.ac.kr
등 록 | 제1983-2001-7호
인쇄처 | 케이프린텍

ISBN 978-89-7295-499-6 93320
값 21,000원

*이 저서는 2015년도 충북대학교 학술연구지원사업에 의해 발행되었음
(This work was supported by the research grant of Chungbuk National University in 2015).

4차 산업혁명 시대의 새로운 경영세계관

# 제 4세대 경영

김상욱 지음

충북대학교 출판부

# 서문

지난 30여 년간 대학 강단에서 경영학을 가르치며 느낀 소회가 있다면 그것은 '학교에서 가르치는 경영학이 학생들에게 후일 얼마나 도움이 될까'에 대한 의문이다. 그 이유는 두 가지다. 첫째, 급변하는 환경 속에서 수업 시간에 다루어지는 대부분의 내용들은 몇 년 후면 '낡은 지식'으로 전락할 것이 분명하기 때문이다. 둘째, 학점에 대한 절박감으로 전달된 내용은 열심히 외우는데 근본은 알려하지 않는 암기식 '공부 중독'에 빠진 학생들의 모습에서이다.

사회과학은 끊임없이 답을 찾으려 할 뿐 딱 떨어지는 정답이 있는 분야가 아니다. 그럼에도 불구하고 선생은 근본을 넓혀주려 하기보다는 단편적 지식 전달에 급급하고, 학생은 마치 그것이 불변의 답인 양 생각에 마침표를 찍는 일이 반복되는 것이 우리 교육의 현장이라면 지나친 표현일까? 더욱이 '인공지능'으로 대변되는 4차 산업혁명 시대를 맞이하면서 질문이 아닌 지시에 의존하고 문제가 아닌 답을 강요해서 양산된 인재가 과연 살아남을 수 있을까? 초기 인공지능모델인 알파고가 인간계 바둑의 고수들을 연이어 격파하고 은퇴를 선언한 사실은 미래가 어떻게 전개될지를 가늠케 한다.

이 책은 이러한 반성의 소치로, 흔히 알고 있는 기존의 경영 관련 도서

와는 거리와 차이를 두고 있다. 사전식으로 기존의 답과 내용 소개를 열거하는 해설서에서 벗어나 기존에 '답'으로 알고 있던, 그래서 당연시했던 것에 대한 의문과 문제의 제기를 통해 새로운 답을 찾아가는 과정을 제시하고자 하였다. 따라서 이 책에 담긴 내용들은 독자들의 이견과 반론, 또 다른 시각을 기다리는 '베타(β)'이다.

이 책은 1부와 2부로 구성되어 있다. 제1부(환경변화의 이해)는 총론으로 경영에 대한 전반적 이해와 기본 소양을 도울 수 있도록 설계하였다. 현대인의 최대 관심사인 '성과'의 근원과 작동원리(제1장)와 그 원리의 틀에 따라 지난 한 세기 동안의 경영 세계관의 진화과정(제2장)을 논의한 후 '제4차 산업혁명'으로 수사되는 거대한 변화의 뿌리를 찾아 40여 년 전부터 진행되어온 디지털혁명의 핵심사상(제3장)들을 살펴보았다. 마지막으로 최근 일어나고 있는 환경 변화의 본질과 저변의 새로운 사상과 의미(제4장)를 살펴보았다.

각론에 해당하는 제2부(영역별 제4세대 경영)는 전략(제5장)을 시작으로, 산업과 시장(제6장), 기업과 창업(제7장), 고객과 서비스(제8장), 생산과 제품(제9장), 정보와 지식(제10장), 조직과 리더십(제11장), 인적 자원과 문화(제12장) 등 경영의 이슈가 될 수 있는 주요 영역들을 망라하였다. 그리고 이 책을 읽는 주요 독자층이 직장인이거나 취업을 갈구하는 2030세대일 거라는 가정 하에 직장과 직업(제13장)을 마지막 장으로 추가하였다.

각 주제들은 별도의 책으로 펴내도 될 만큼 많은 이슈를 내포하고 있다. 이들을 한 권에 담으려다 보니 논의의 밀도가 다소 떨어지는 아쉬움이 있다. 그러나 주제별 지식의 파편들을 담기보다는 어떻게 경영학을 공부해야 하는가를 전달하고자 했던 당초의 취지는 어느 정도 달성했다고 스스로 위로하면서 과감히 탈고하기로 하였다. 아무쪼록 이 책이 독자들에게 경영의 제반 영역에 대한 새로운 의문과 그로부터 새로운 답을 찾아가는 진정한 '베타(β)'가 되었으면 한다.

2019년 2월

김상욱

# 목차

## 제1부
## 환경 변화의 이해 Foundations

### 제1장 | 성과의 작동원리

제1절 성과의 근원
1. 올바른 선택 22
2. 선택의 딜레마 27
3. 고수의 조건 34

제2절 토플러의 직언
1. 변화의 속성 37
2. 변화의 속도 39
3. 예측의 역설 41

제3절 변화를 읽는 힘
1. 된장녀의 교훈 46
2. 마음(心)의 위력 49
3. 성(聖)에 이르는 길 52

### 제2장 | 경영세계관의 진화

제1절 점의 세계
1. 여명의 시대 57
2. 조직과 인간의 발견 60
3. 전쟁의 교훈 64

제2절 선과 면의 세계
1. 꿈의 실현 66
2. 시장과 전략의 발견 69
3. 조직의 마비 72

제3절 공간의 세계
1. 위험한 학습 74
2. 새로운 도전 77
3. 지평을 넘어 81

제4절 융합의 세계
1. 일차 경계의 소멸 85
2. 이차 경계의 소멸 87
3. 삼차 경계의 소멸 91

## 제3장 | 사이버노믹스

제1절 인터넷의 사회화
1. 영원한 베타(β) 96
2. 소셜 미디어의 3대 특성 99
3. 대중의 두 얼굴 105

제2절 디지털경제
1. 또 다른 세계 110
2. 가상공간의 경제적 특성 113
3. 디지털적 현상 115

제3절 공유경제
1. 소유에서 공유로 120
2. 공유 비즈니스 모델 123
3. 공유의 전제조건 126

## 제4장 | 거대한 변화


제1절 변화의 전조 : 나비효과

1. 비트의 철학 ---- 132
2. 블루오션 탐험 ---- 135
3. 제 3의 물결 ---- 138

제2절 변화의 임계 : 4차 산업혁명

1. 두 가지 의문 ---- 141
2. 초연결시대의 개막 ---- 145
3. 알파고의 은퇴 ---- 148


# 제2부
# 영역별 제 4세대 경영 Applications

## 제5장 또 다른 전략


제1절 다시 보는 세계관

1. 마이클 포터의 한계 ---- 160
2. 경쟁과 협업 ---- 163
3. 전략계획의 함정 ---- 168

제2절 추종과 선도의 차이

1. 한국의 딜레마 ---- 171
2. 진정한 역량 ---- 175
3. 렉서스의 교훈 ---- 179

제3절 숲을 읽는 기술

1. 사고의 진화 ---- 182
2. 행태와 구조 ---- 187
3. 전략적 사고의 3요소 ---- 190

## 제6장 산업과 시장


제1절 다시 보는 세계관

1. 산업분류의 함정 197
2. 사양산업과 사양제품 201
3. 블루오션의 허구 204

제2절 성장과 투자

1. 피터 드러커의 경고 208
2. 성장의 역설 211
3. 성공적 성장관리 216

제3절 신시장의 발견

1. 4차 산업의 실체 220
2. 두 세계 사이 ($O_2O$) 223
3. 시장 차별화 226


## 제7장 기업과 창업


제1절 다시 보는 세계관

1. 샘 월튼의 교훈 231
2. 창업과 창업동기 234
3. 기업가와 창업가 237

제2절 기업의 흥망성쇠

1. 기업의 평균수명 242
2. 잘못된 가정 245
3. 기업가정의 조건 248

제3절 창업의 조건

1. 자아의 힘 252
2. 결핍의 힘 255
3. 사랑의 힘 259

## 제8장 고객과 서비스


### 제1절 다시 보는 세계관

1. 피터 드러커의 선언 265
2. 겸손 속 교만 268
3. 시장조사의 함정 271

### 제2절 고객의 그림자

1. 고객의 의미 274
2. 고객과 그림자 278
3. 고객관계를 넘어 282

### 제3절 서비스의 실체

1. 서비스의 진화 285
2. 4세대 서비스 289
3. 서비스의 제품화 293


## 제9장 생산과 제품


### 제1절 다시 보는 세계관

1. 생산 방식의 진화 297
2. 생산의 주체 300
3. 원가와 재고 304

### 제2절 신제품의 발견

1. 반전사고와 벤처링 309
2. 왕복사고와 발상 312
3. 연상과 원격결합 316

### 제3절 제품의 실체

1. 제품의 진화 320
2. 4세대 제품 323
3. 제품의 서비스화 327

## 제10장 정보와 지식

### 제1절 다시 보는 세계관

1. 세 가지 우문 330
2. 장인과 지식인 334
3. 지식경영 세계관의 진화 337

### 제2절 데이터 세계관의 변화

1. 세대별 데이터 세계관 341
2. '3S' 데이터의 출현 344
3. 빅데이터가 'BIG'인 이유 346

### 제3절 정보시스템의 역할 변화

1. IT생산성 역설 350
2. 정보시스템의 위상 변화 353
3. 조직원과 대중의 차이 356

## 제11장 조직과 리더십

### 제1절 다시 보는 세계관

1. 피라미드의 교훈 361
2. 중간관리자의 역할 364
3. 비전과 공유가치 368

### 제2절 새로운 조직화 방식

1. 하이퍼텍스트 조직 372
2. 교세라의 지혜 375
3. Ba와 Small Talk 380

### 제3절 리더와 리더십

1. 리더의 조건 387
2. 리더의 딜레마 390
3. 미래지향적 리더의 사고 393

## 제12장 인적자원과 문화


### 제1절 다시 보는 세계관

1. 바람직한 인재상 398
2. 권력거리와 '갑질 문화' 401
3. 성과평가의 함정 404

### 제2절 창의적 인재의 조건

1. 창의의 본질과 원천 408
2. 창의를 살리는 4요소 412
3. 창의를 죽이는 4요소 417

### 제3절 새로운 조직문화

1. 문화의 정체와 위력 422
2. '문제'없는 조직의 질병 424
3. 지식친화적 조직문화(KFC) 428


## 제13장 직장과 직업


### 제1절 다시 보는 세계관

1. 성공적 인생의 3요소 434
2. '직장'이란 존재의 의미 437
3. 인생기업가와 경력사다리 439

### 제2절 직업과 경험

1. '1만 시간' 법칙 443
2. 직업의 세 가지 유형 447
3. 성공하는 직장인의 조건 450

### 제3절 워라밸의 허구

1. 저녁이 있는 삶 454
2. 일과 놀이 457
3. 행복의 원천과 동력 460

제1부

# 환경 변화의 이해

Foundations

제1장
성과의 작동원리

제2장
경영세계관의 진화

제3장
사이버노믹스

제4장
거대한 변화

어느 괴물이 더 커 보이는가?

그리고 그 이유는 무엇일까?

그렇다면 이 책의 제 1부는 위 그림의 무엇에 해당할까?

정도의 차이는 있을지언정 현대인이라면 누구나 성과에 대한 '강박감'과 싸우며 살아간다. 그래서 많은 사람들이 성과를 얻고자 경영학 강좌를 수강하고 경영 관련 서적들을 읽으며 그로부터 답을 얻으려 한다. 이 책을 읽는 이유도 필시 성과를 낼 수 있는 역량을 얻을 수 있을까에 대한 막연한 기대 때문일 것이다.

그러나 성과 그 자체에 집착해서는 성과를 기대할 수 없다. 수많은 모델과 방법론을 배우고, 수많은 경영지식의 파편들을 습득하지만 그 결과 성과를 얻을 수 있었는지 스스로 물어봐야 한다. 경영학자들이 그런 지식은 가장 많이 가지고 있을 것이다. 그렇다고 해서 과연 경영학자들이 기업경영을 한다면 아는 만큼 성과를 낼 수 있을까? 물론 필자에게도 해당되는 질문이다. 성과의 작동 원리를 이해하고 이를 실전에서 체화시키지 않는 한 성과는 찾아오지 않는다.

따라서 제1장에서는 성과의 작동원리를 살펴본다. 이어 제2장에서는 성과의 근원에 자리하고 있는 변화를 읽는 힘, 즉 '천시(天時)의 능력' 배양을 위해 근대경영학이 태동한 이후 현재에 이르기까지의 100여 년 동안 경영세계관이 어떻게 변해왔는지 살펴본다. 제3장에서는 4차 산업혁명의 시발이 되었던 디지털 혁명을 사회경제적 시각에서 논의한다. 마지막 제4장에서는 4차 산업혁명의 전조현상과 현재진행형인 거대한 변화의 저변에 있는 새로운 사상과 의미를 살펴본다.

| | |
|---|---|
| 제1장 | 성과의 작동원리 |
| 제2장 | 경영세계관의 진화 |
| 제3장 | 사이버노믹스 |
| 제4장 | 거대한 변화 |

제1장

# 성과의 작동원리

## 소풍가는 날 - 두 아이의 성과

어느 날 아침 두 아이가 잠에서 깨자마자 눈을 부비며 하늘을 쳐다보았다. 소풍가는 날이었기 때문이다. 어제만 해도 화창했던 하늘이 오늘은 구름이 가득하였다. 잔뜩 흐린 하늘을 보며 당황한 듯, 한 아이가 말했다. "어, 비오겠는데." 그러자 다른 아이가 말했다. "아냐 저러다 말거야."

문 밖을 나서며 비가 올 거라 생각한 아이는 우산을 가지고 갔고, 다른 아이는 우산 없이 그냥 소풍 길에 올랐다. 하루 종일 비가 올듯하면서도 결국 비는 오지 않았다. 우산을 안 가져간 아이는 보물찾기, 수건돌리기 등 오락에 열중하면서 소풍을 맘껏 즐겼다. 그러나 다른 아이는 가져간 우산을 잃어버릴까 염려되어 제대로 소풍을 즐기지 못했다.

소풍을 마친 후 두 아이는 귀가 길 버스에 올랐다. 소풍으로 피곤했던 탓인지 둘은 모두 깜박 졸음에 빠졌다가 눈을 떠보니 한 정거장 집을 지나쳐버렸다. 둘은 서둘러 버스에서 내렸다. 잠시 후 우산을 가져갔던 아이가 당황하며 소리쳤다. "아차! 우산을 놓고 내렸네."

인생이 이와 유사하다. 어느 시인의 말처럼 우린 모두 이승에 소풍 나왔다. 언젠간 귀가 길에 올라야 한다. 두 아이의 성과는 결국 무엇이 갈라놓았는지 생각해보자. 혹시 지금 하늘이 어떤 상태인지 알고 있는 지, 그렇다면 왜, 그렇지 않다면 왜 아닌지도 되새겨보자.

# 제1절 성과의 근원

현대인의 뇌리에서 한시도 떠나지 않는 것이 있다면 그것은 '성과'에 관한 강박감일 것이다. 흥미로운 것은 누구나 좋은 성과를 원하지만, '어떻게 하면 성과를 낼 수 있을까?'에 대한 진지한 고민이 없는 것도 공통점이란 사실이다. 이 절에서는 우리가 그토록 원하는 '성과'란 어떤 원리로 실현되는 것인지 살펴본다.

인생은 B(Birth)와 D(Death) 사이의 C(Choice)이다.

- 사르트르(Jean-Paul Sartre, 1905~1980), 프랑스 실존주의 철학자

## 1 올바른 선택

우린 어릴 적부터 '열심히 노력하라.'는 훈시를 줄곧 들어왔다. 열심히 하면 성과를 얻을 수 있다는 믿음 때문일 것이다. 과연 이 말이 참일까? 물론 '근면'은 성과에 이르는 필요조건이요 매우 소중한 덕목이다. 그러나 그 자체만으론 성과를 보장할 수 있는 충분조건은 되지 않는다.

Q1-1-(1) : 열심히 노력하면 성과가 날까?

주변을 유심히 살펴보면 열심히 사는데도 불구하고 성과를 못 내거나 성과는커녕 위기에 처하는 경우를 어렵지 않게 목격하게 된다. 이와 관련하여 드러커(Peter F. Drucker, 1909~2005)는 이렇게 말하고 있다 :

"어떤 일에 성과가 나지 않거나 위기에 직면한다면, 그것은 일을 게을리 했거나 잘못 처리해서라기보다는 애초 잘못된 일을 했기 때문이다."

'일을 올바로 하는 것(Doing things right)'보다 훨씬 더 중요한 것은 '올바른 일을 하는 것(Doing right things)'이란 경영금언도 같은 맥락이다. 결국 '성과'는 '선택'에 좌우된다는 것이다.

골프를 통해 우리가 배울 수 있는 교훈은 '성과의 속성'에 관한 것이다. 아무리 성과가 중요하다 해도 그 자체에 집착할수록 성과는 나지 않는다는 사실이다. 따라서 성과 그 자체에 집착하기보다는 우리가 내린 선택이 올바른 것인지, 그리고 올바른 선택을 위해서는 어떤 조치가 필요한지에 더 큰 관심을 가져야 한다.

**골프의 교훈**

성과에 집착할수록 성과는 나지 않는다.

레슨프로가 초심자에게 골프를 가르칠 때 항상 강조하는 두 가지가 있다. '고개를 들지 말고 치는 공을 끝까지 보라'는 것과 '어깨에서 힘을 빼라'는 것이다. 클럽으로 공을 때리자마자 고개를 들고, 어깨에 힘이 들어가는 것은 초심자가 공통적으로 저지르는 실수임을 의미한다.

초심자들은 왜 이런 실수를 저지를까? 그것은 바로 눈앞의 성과에 집착하기 때문이다. 혹자는 이를 두고 이렇게 반문할 수도 있다. '아마추어가 아무리 성과에 집착한들 한타 한타가 수 천만 혹은 수억 원을 좌우하는 프로만 하겠는가?' 맞는 말이다. 그러나 프로가 진정 프로인 이유는 성과에 집착하면 결국 성과가 나지 않는다는 사실을 잘 알고 있기 때문이다. 프로들은 스윙 연습 못지않게 훈련하는 것이 바로 성과에 집착하지 않고 평상심을 유지하는 것이다.

성과와 관련하여 우리가 골프에서 배울 수 있는 교훈은 바로 '성과에 집착할수록 성과는 나지 않는다.'는 사실이다.

### 1. 성과의 단선적 모델

성과를 내려고 노력을 경주하기에 앞서 성과의 작동 원리에 대한 심도 있는 이해가 전제되지 않으면 안 된다. '선택'이 '성과'를 좌우하기 때문이다. 성과는 노력에 비례하지만, 사실상 선택에 달려 있다. 잘못된 선택 하에서의 그 노력은 자칫 허사가 되거나 위기의 상황을 만드는 주범이 되기도 한다.

Q1-1-(2) : 선택은 무엇에 의해 좌우될까?

선택은 가정(세계관)에 좌우된다. 여기서 세계관(World View)이란 '정신모델(Mental Model)' 또는 '프레임(Frame)'에 해당하는 것으로, 세상을 바라보는 틀을 의미한다. 같은 대상이라도 어떤 세계관으로 이를 바라보는가에 따라 달리 인식되며, 그 인식은 선택을 지배하게 된다.

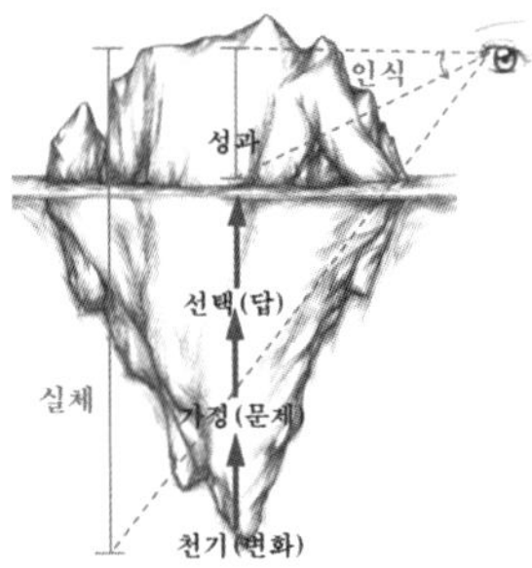

성과의 단선적 모델

학습조직을 설파한 피터 센게(Peter Senge, 1947- )가 저서「제5경영(The Fifth Discipline)」에서 정신모델의 중요성을 강조하고 있으며, 플라톤(Platon)은 자신의 인식세계를 항상 의식하라.'고 강조한 것도 이러한 이유에서이다. 올바른 세계관은 변화에 대한 올바른 이해로부터 나온다(변화 → 가정 → 선택 → 성과). 결국 성과를 결정하는 저변의 근원은 환경 변화의 본질에 대한 이해와 통찰에 있음을 의미한다.

Q1-1-(3) : 한번 이룬 성과는 왜 지속되지 않을까?

'어제의 처방(선택)이 오늘의 질병을 낳는다.'는 시스템 사고의 금언처럼 환경이 변하면 이를 바라보는 세계관(가정)이 바뀌어야 하며, 새로운 가정 하에서는 새로운 선택이 요구되기 때문이다.

## 2. 성과의 순환적 모델

위에 논의된 성과의 단선적 모델은, 비록 수면 아래 비가시세계의 요인들까지 반영하고는 있으나 변화에서 성과에 이르는 인과적 구조를 단선적으로 나타낸 것일 뿐, 한 번의 성과가 지속되지 않는 이유와 성과의 지속가능성을 담보하기 위한 조건이 무엇인지는 설명하지 못하고 있다.

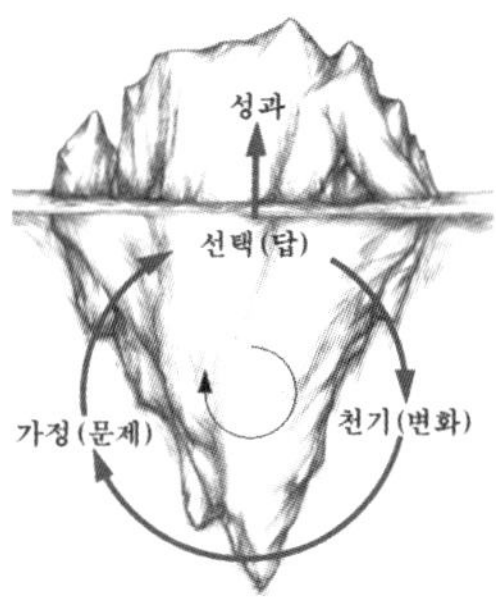

성과의 순환적 모델

이 단선적 사고모델에 '피드백 사고'와 '시간적 사고'를 추가해보자. 선택은 성과를 결정하지만, 한편으론 시간 위에서 또 다른 환경 변화를 초래한다. 그 변화는 가정(세계관)의 재검토 및 수정을 필요로 한다. 나아가 새로운 가정은 그에 부합되는 새로운 선택을 유도하게 된다.

위 그림은 '통합적 사고'가 반영된 단선적 모델에 '피드백 사고'와 '시간적 사고'를 추가하여 완성된 '성과의 순환적 모델'이다. 이 모델에는 한번 이룬 성과가 지속되지 않는 이유와 성과의 지속가능성을 담보하기 위한 조건이 무엇인지 드러나 있다. 성과의 이런 순환적 과정은 성공에 이르게 한 기존의 선택이 더 이상의 성과를 담보할 수 없을 뿐만 아니라 오히려 실패에 이르게 하는 원인이 될 수 있음을 시사한다.

이와 관련해서 피터 드러커는 "요즘 같이 급변하는 환경 하에서는 우리의 가정을 적어도 3년에서 5년에 한 번 씩은 다시 점검해야 한다."고 강조한 바 있다. 같은 맥락에서 그는 조직이 무능해지는 징후를 다음과 같이 세 가지 적신호로 제시하고 있다.

- 답은 잘 아는데 그 답이 연유되었던 문제가 무엇인지는 모른다.
- 문제가 없다고 생각하는 안이한 상태에 빠진다.
- 새로운 문제 제기에 언제나 방어적이다.

이들 적신호의 공통점은 결국 '문제의 제기'와 관련되어 있음을 알 수 있다. 그간 우리는 '~~는 ~~다.'라는 사전식 공부를 해왔다. 그러나 환경이 바뀌면 새로운 문제가 제기되고, 그에 부합되는 새로운 답을 찾아야 하는 것은 당연한 이치이다. 그럼에도 불구하고 해답 찾기 방식만 암기하는데 몰두하고, 남에게 얻은 답에 안주한다. 환경이 빠르게 변하는 상황에서 '몇 년 후면 쓸 모 없을 지식을 외우느라 청춘을 허비하고 있다.'고 한 앨빈 토플러(Alvin Toffler, 1928- 2016)의 지적도 같은 맥락이다.

**성공의 덫 - 휴브리스 (Hubris)**

자신을 일궈낸 성공 방식에서 진화하지 못하면 실패한다. 성공한 혹은 성공했다고 믿는 사람들은 소위 '무오류의 신화'에 빠지기 쉽다. 역사학자 아널드 토인비는 이를 그리스 신화에서 신의 영역에까지 침범하는 권력자의 오만을 뜻하는 '휴브리스(Hubris)'라고 불렀다. 여기에는 자신의 성공방식에 집착하다 결국은 실패에 이른다는 함의(含意)가 있다. 조직의 오너나 CEO(최고경영자), 잘나가던 기업들이 몰락하는 과정에서 흔히 볼 수 있는 현상이다.

## 2 선택의 딜레마

선택이 성과를 결정한다 해도, 선택이 옳았는지의 여부는 시간이 경과해봐야 알 수 있다는데 문제가 있다. 이러한 '선택의 딜레마'에 대응하여 두 가지 경우를 상정해볼 수 있을 것이다. 선택을 앞둔 상황과 선택한 이후의 상황으로 구분하여 '선택의 관리'를 논의해보자.

### 1. 선택 이전의 상황

'인생은 선택의 연속이다.' 매 순간의 선택은 인생을 갈라놓는다. 그만큼 선택은 중요하다.

Q1-1-(4) : 어떻게 하면 올바른 선택을 할 수 있을까?

앞서 논의했듯 올바른 선택은 세상을 제대로 보는 눈(가정 혹은 가치관)이 결정한다. 그러나 우리의 인식체계는 그다지 이성적이지 않다. 매우 다양한 심리적 작용이 선택에 영향을 끼친다. 특히 닻내림 효과(Anchoring Effect), 베블렌 효과(Veblen Effect), 프레임 효과(Framing Effect), 리액턴스 효과(Reactance Effect) 등은 우리의 인식에 왜곡을 초래하는 대표적 심리현상으로 알려져 있다. 이들을 간략히 소개하면 다음과 같다.

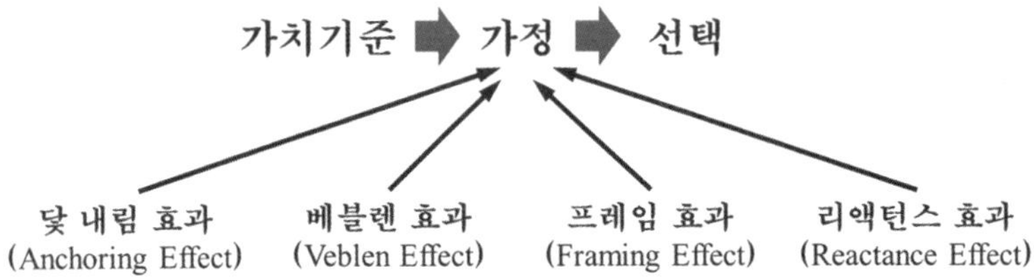


• **닻내림 효과**(Anchoring Effect) : 닻을 내리면 배가 움직이지 않는 것처럼 어떤 결정을 할 때 초기 조건(기준)에 큰 영향을 받는 현상을 말한다. 가령, 자동차를 살 때 A지점의 경우 가격표에는 2,700만 원으로 되어 있는데 영업사원이 할인가격 2,500만 원을 제시하였고, B지점의 경우는 가격표에 2,350만 원, 그러나 추가 옵션으로 150만원을 더 내야 한다고 한다면 어느 쪽에 더 심리적으로 선호하게 될까? 이렇듯 사람들은 처음 접한 기준으로 평가를 하고 선택을 하게 된다. 이러한 '닻내림 효과'는 정보처리에서 생각을 표류하지 않도록 하는 긍정적 측면도 있다.

• **베블렌 효과**(Veblen Effect) : 쉽게 말해 '비싸면 잘 팔리는 현상'으로, 이러한 효과가 쉽사리 나타나는 제품을 '베블렌 재화'라고도 한다. 가격이 높을수록 해당 제품이 높은 지위를 연상시키거나 특별하다고 느껴

지고, 그에 따라 그 제품에 선호도를 '상승'시킨다. 중요한 점은 충분히 비싸야 한다는 점이다. 그 반대로 '누구나 살 수 있을 만큼 싸면 안 팔리는' 현상이 나타난다. 이러한 심리적 현상은 과시적 소비와 지위경쟁이론을 처음으로 제시한 미국 경제학자인 소스타인 베블렌(Thorstein B. Veblen)의 이름을 따서 '베블렌 효과'라 부른다.

• **프레임 효과(Framing Effect) :** '프레이밍(Framing)'이란 동일한 사건이나 상황에 대해서도 표현에 따라 개인의 판단이나 선택이 달라질 수 있는 심리적 작용이다. 이때 제공되는 인식의 틀을 프레임이라고 하며, 이 속에 갇히면 의사결정에 영향을 받는다. 이러한 틀은 세상을 이해하는데 사용되고 어떤 결정에 영향을 주게 된다.[1] 예컨대 판매 종료 '5분밖에 안 남았다.'와 '아직 5분 남았다.'는 전혀 다른 의미일 수 있다.

• **리액턴스 효과(Reactance Effect) :** 물리학에서 전기저항을 말할 때 쓰는 용어로, 인간도 이와 비슷하게 심리적 반응현상이 나타난다. 리액턴스(Reactance)는 누군가 우리에게 무언가를 빼앗으려 위협하거나 어떤 행동을 금지하면 이에 반발하는 심리적 현상을 뜻한다. '하지마라 하면 더 하고 싶은', 금지(제한)된 것일수록 더욱 갖고 싶은 그런 심리를 말한다. 가령 TV 홈쇼핑 쇼-호스트가 '이제 마감 종료합니다.'라고 하면 서둘러 사야 할 것 같은 심리가 발동하는데 이것이 바로 '리액턴스 효과'이다.

---

1 프레임(Frame)은 어떤 대상을 인식하는 과정에서 그 본질과 의미, 사건과 사실 사이의 관계를 정하는 직관적 틀을 뜻하며, 주로 정치적 용어로 활용된다. 대중의 사고 틀(프레임)을 먼저 규정하는 쪽이 정치적으로 승리하며, 이를 반박하려는 노력은 오히려 프레임을 강화하는 딜레마에 빠지게 된다.

이러한 심리적 왜곡현상을 피하고 보다 이성적인 선택을 하는 데에는 '시스템 사고'가 큰 역할을 한다. '시스템 사고'에 대한 구체적 논의는 제 7장, 제 3절(3. 전략적 사고의 3대 요소)에 제시되어 있으므로 여기서는 '통합적 사고', '피드백 사고', '시간적 사고' 등 시스템 사고를 이루는 3대 요소가 각각 우리의 선택에 어떻게 기여하는지만 소개하기로 한다.

• '통합적 사고'에 기초하여 점검해보야 할 것은 '자신의 가치기준이 지엽적인 것은 아닐까?'라는 질문이다. 올바른 선택을 위한 현자의 가르침 중에서 통합적 사고에 해당하는 것은 다음과 같다.

- '하나는 알고 둘은 모른다.' / '영리한 고양이 밤눈이 어둡다.'
- '사슴을 좇는 자 산을 보지 못한다.'
- '미인들의 예쁜 부분만 모아 붙인다고 미인이 되지는 않는다.'
- '부분 최적화가 전체 최적화를 희생시킨다.'

• '피드백 사고'에 기초하여 점검해보야 할 것은 아래에 제시된 속담이나 현자의 가르침을 유념하여 '내가 내린 선택으로 어떠한 결과가 되돌아올 수 있을까?'라는 질문에 답해봐야 한다.

- '가는 말이 고와야 오는 말이 곱다.'
- '인과응보(因果應報)'
- '우는 아이 젖 준다.'
- '말 한 마디에 천량 빚을 갚는다.' / '되로 주고 말로 받는다.'

- '손뼉도 마주쳐야 소리가 난다.'
- '하늘은 스스로 돕는 자를 돕는다.' / '간구하면 얻을 것이다.'

• '시간적 사고'의 경우, 아래에 제시된 속담이나 현자의 가르침을 유념하여 내가 내린 선택이 혹여 '단기적 이득에 현혹'된 결과는 아닐지 점검해보아야 한다.

- '소탐대실(小貪大失)'
- '확금자 불견인(攫金者 不見人)'
- '소인구혜 대인득인(小人求惠 大人得人)'
- '호미로 막을 것을 가래로 막는다.'

**영리한 원숭이 - '조삼모사(朝三暮四)'**

춘추전국 시대 송나라 저공(狙公)이 자신이 키우던 원숭이들 먹이(도토리)가 부족해지자, 원숭이들에게 "아침에는 3개, 저녁에는 4개만 주겠다."고 했다. 그러자 원숭이들은 화를 냈다. 저공이 말하길 "그러면 아침에 4개, 저녁에는 3개를 주겠다."고 하니 원숭이들이 흡족해했다는 일화다.

이는 잔술수로 상대방을 현혹시키는 모습을 비유하거나 변덕이 심하다는 의미로도 쓰이지만, 이들 원숭이처럼 어리석은 상황을 묘사하는 말이다. 과연 멍청한 원숭이들일까? 시스템 사고의 '시간적 사고'로는 오히려 현명한 원숭이들일 수 있다. 아침에 4개 받는 것이 저녁에 4개 받는 것 보다 유리할 수 있기 때문이다. 경영학에서 널리 쓰이는 '현재가치(Present Value)'가 시간적 사고의 전형이다.

### 2. 선택 이후의 상황

성과를 냈던 선택도 계속 올바를 수는 없다. 앞서 논의했듯이 환경이 변하면 선택도 달라져야 한다. 뒤집어 생각하면 성과는커녕 위기로 내몰았던 선택도 그 후 어떻게 대처하느냐에 따라 올바른 선택으로 바뀔 수 있다. 성공과 실패는 반대 개념이 아니라, 실패로부터의 좌절을 극복한 것이 성공이라는 논리가 가능한 것이다. 인생사 '새옹지마(塞翁之馬)'라는 동양의 가르침은 이러한 지혜를 담고 있다. 흔히들 이를 '팔자소관'이라고 한다. 그러나 이러한 세계관은 신 중심의 섭리적 사고의 발로일 뿐이다.

Q1-1-(5) : 어떻게 하면 일단 내린 선택에 후회는 없을까?

그렇다면 한 번의 잘못된 (잘못된 것처럼 여겨지는) 선택도 후일 잘한 선택이 되도록 바꾸어내는 방법은 무엇일까? 그것은 자신의 내린 선택이 최선이었다고 믿고 사랑으로 끌어안는 것이다. 그리고 그 선택의 길에서 최선을 다하는 것이다. 그 원동력은 자신에 대한 믿음뿐이다.

이와 관련하여 필자가 강렬하게 공감하는 글귀는 바로 2005년 스탠포드대학 졸업식장에서 스티브 잡스(Steve Jobbs)가 한 연설 중 'Connecting the Dots' 대한 내용이었다. 해당 부분을 인용하면 다음과 같다:

"... You can't connect the dots looking forward; you can only connect them looking backwards. So you have to trust that the dots will somehow connect in your future. You have to trust in something - your gut, destiny, life, karma, whatever. ..."

여기서 점(dot)이란 인생의 행로에서 순간순간 마주치게 된 그 무엇을 의미한다. 일이나 사건 등 우리가 살아가면서 마주치게 되는 것들은 자신의 운명과 맞닿아 있다. 그것들이 미래에 어떤 의미를 갖는 것인지는 알 수 없지만, 훗날 돌이켜보면 절묘하게 서로 연결되어 있음을 알게 된다. 따라서 자신의 순간적 느낌, 운명, 인생, 심지어 카르마(업보) 등 그 무엇이 됐든 믿어야 한다고 강조하고 있다.

잡스의 연설문에서 엿보이는 그의 인생관은 결국 '진인사대천명(盡人事待天命)'이며 이는 유별성의 극치이다. 제 13장 제 2절(3. 성공하는 직장인의 조건)에서 보다 구체적 설명이 있겠지만 '유별성'이 강한 사람들에게 인생에서의 선택은 '자신이 바꾸는 것이 아니라 바뀌는 것'임을 잘 알고 있다.

**소크라테스(Socrates)의 사과 - 지나간 것에 '다시'란 없다.**

어느 날 제자들이 '인생이 뭐냐'고 물었다. 대답 대신 그는 그들을 사과나무 숲으로 데려갔다. 그리곤 말했다. "저 뒤편에서 기다릴 테니 모두들 가장 좋은 사과 하나씩 따가지고 오너라."

제자들은 사과를 하나씩 들고 소크라테스 앞에 모였다. 한 제자가 말했다. "다시 한 번 하게 해주세요. 숲에 들어간 지 얼마 되지 않아 크고 좋은 걸 봤지만, 끝에 이르러서야 그때 그 사과가 가장 좋았다는 걸 알았어요." 그러자 다른 제자가 다급히 말을 이었다. "전 정반대예요. 숲에 들어가 조금 걷자마자 사과를 골랐는데요. 들어갈수록 더 좋은 게 보였어요."

소크라테스가 빙그레 웃다가 단호하게 말했다. "그게 바로 인생이다. 이미 지나간 것에 '다시'란 없다. 선택에 신중하되, 자신이 딴 사과가 자신의 것이니 그것이 최선이었다고 믿고 자신의 최선을 거기에 쏟아야 한다."

## 3 고수의 조건

선택을 지배하는 하는 것이 세계관이라면, 올바른 세계관을 갖는다는 것은 성과와 관련하여 무엇보다 중요한 것이다. '세계관'이란 용어 대신 '판세를 보는 눈'으로 바꿔 해석해보면 그 해답이 쉽게 나올 수 있다.

Q1-1-(6) : 어떻게 하면 올바른 세계관을 가질 수 있을까?

아래 그림에 제시된 인물들은 직업도 다르고 사는 공간도 전혀 관련성이 없지만 한 가지 공통점을 가지고 있다. 그게 무얼까? 그것은 바로 각자의 분야에서 '고수'라는 점이다. 그러나 이들이 '고수'라는 사실을 안다고 해서 우리에게 도움 되는 건 하나도 없다.

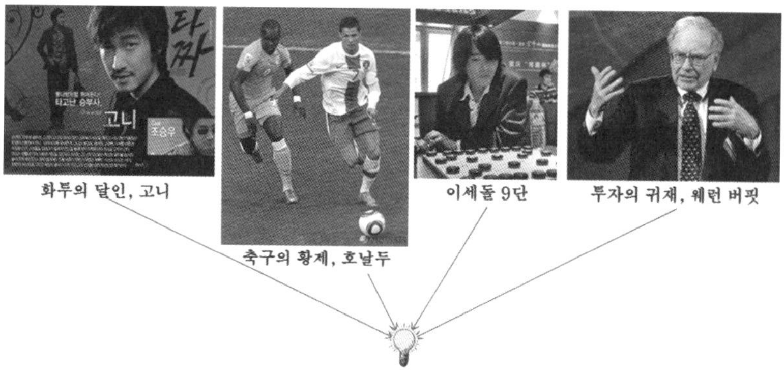


각 분야 고수들이 가지고 있는 공통적 능력

여기서 한 걸음 더 나가 '고수'가 되기 위한 공통적 능력이 무엇인지를 알아내야 우리도 그 능력을 연마할 수 있을 것이다. 이들의 전문성은 서로 달라도 한 가지 능력만은 공통된다. 그것은 바로 '판' 전체를 읽는 능력, 즉 '통합적 사고' 능력이 뛰어나다는 것이다. 화투의 고수는 화투판 전체를 읽지 화투장에 연연하지 않는다. 축구의 고수는 축구장 판세 전체를 읽으며 골 찬스의 기회를 읽지 공만 쫓지는 않는다. 만찬가지로 장기의 고수, 주식의 고수 역시 장기판과 주식장세 전체를 읽지 개별 장기알과 개별 종목에 연연하지 않는다. 이는 '사슴을 쫓는 자, 산을 보지 못한다(逐鹿者不見山).'는 동양의 가르침과 같은 의미이다.

### 월드스타의 조건

2010년 FIFA 월드컵 경기 중계를 보던 중 해설자가 던진 한 마디가 지금도 기억에 남는다. 그것은 바로 월드스타의 조건에 관한 것이었다. 요지는 이렇다. 월드컵에 나올 정도의 선수라면 공을 다루는 기술은 차이가 있더라도 큰 차이는 없지만 몸값은 엄청난 차이가 난다. 유독 골 찬스에 강한 선수들은 다른 선수들과 어떤 능력의 차이가 있을까? 축구해설가는 두 가지를 지적했다. 우선 사람을 향해 공을 차지 않고 찬스가 열리는 빈 공백을 찾아 날린다는 것이며, 그 판단이 남들보다 반 박자 빠르다는 것이다.

구르는 공만 쫓아서는 결코 찬스가 열리는 여백을 읽을 수 없다. 공의 움직임에 따른 축구장 판세 변화를 지속적으로, 다른 선수들 보다 빠르게 읽어낼 때라야 비로소 가능한 것이다. 물론 해설자가 사회 현상을 읽어내는 능력을 염두에 두고 한 말은 아니지만, 여백을 읽는 힘이 필요한 것은 축구선수나 일반인이나 다를 바 없다.

## 제2절 토플러의 직언

성과는 선택이 좌우하며, 선택은 세계관에 따라 달라지므로 성과는 결국 변화에 대한 올바른 이해로부터 출발한다. 맹자가 고을 수장이 갖춰야 할 덕목으로 제시한 천시(天時)·지리(地利)·인화(人和) 중, 이 절에서는 천시(天時)의 대상인 '변화'에 관한 사항을 논의한다.

세상에 변화하지 않는 것이 있다면,
그것은 바로 모든 것은 변한다는 사실뿐이다.

- 헤라클레이토스(Heraclitus, B.C 544-484), 고대 그리스 철학자

"한국 학생들은 하루 15시간 동안 학교와 학원에서 미래에 필요하지도 않은 지식과 존재하지도 않을 직업을 위해 시간을 낭비하고 있다."

토플러가 자신의 저서「부의 미래(Revolutionary Wealth)」를 홍보하려 2006년 한국을 방문하던 중 젊은이들과의 대화 자리에서 한 말이다. 그는 이런 말도 덧붙였다. "19세기 인간들이 20세기 허접한 시설에서 21세기 인간들을 가르치고 있다." 그의 직언 속에는 변화가 빠르게 진행되고 있으나 사람의 세계관은 좀처럼 바뀌지 않고 있음이 암시되어 있다.

### 1 변화의 속성

변화의 원리 속에 단 한 가지 변화하지 않는 것이 있다면, 그것은 '모

든 것은 변화한다는 사실'이다. 특히 '급변하는 시대에 살고 있다.'는 말은 현대를 살아가는 사람이라면 누구나 들었을 것이다. 그럼에도 불구하고 대부분의 사람들은 변화를 인식하지 못하며 살아가고 있다.

Q1-2-(1) : '변화를 쉽사리 체감하지 못하는 이유는 무엇일까?

우리가 정말 변화를 느끼고 산다면 굳이 '변화'라는 용어를 쓸 이유가 없다. '~이 변했다'고 한다면 그 이면에는 그것이 안정된 상태에 있었음을 전제로 하는 것이다. 이렇듯 우리는 의식적으로든 무의식적으로든 세상의 모든 것이 안정된 상태에 있는 것으로 믿는다.

사실 우리 주변에는 안정된 것으로 가정해도 무방한 경우가 많다. 원자재 값은 며칠 내로 변하지 않을 것으로 가정해도 되고, 일정한 물가상승률에 따라 원자재 값이 올라간다고 가정해도 된다. 텔레비전은 하루 시청할 동안 노후 되지 않는다고 가정해도 무방하며, 일정한 비율에 따라 노후 된다고 가정해도 살아가는데 전혀 무리가 없다.

그러나 문제는 '변화'라는 것이 갑자기 일어나는 것이 아니라는데 있다. 변화가 특정 시점에서 감지되는 것일 뿐, 변화는 한시도 중단됨이 없이 지속되는 것이다. 오늘의 내 모습과 어제의 내 모습을 비교해보면 차이가 없다. 그러나 시간을 거슬러 과거의 내 모습을 찾아보면 확연히 변해 있음을 알 수 있다. 결국 변화란 한 상태에서 다른 상태로 이전되는 단절적(discrete) 개념이 아니라 연속적(continuous) 개념이다. 자신도 모르게 누적되어 가는 잘못된 변화는 어느 날 갑자기 위기로 나타난다.

변화는 한 순간도 예외 없이 지속적으로 진행되고 있다. 다만 단위시간 당 변화량이 극히 미세하여 감지하지 못하는 것뿐이다. 우리가 익히 알고 있는 '삶은 개구리' 우화는 변화의 미세한 차이를 설명하고 있다.

## 2 변화의 속도

특히 지금 우리가 살고 있는 이 시대의 변화는 그 어느 때 보다도 빠르다는 데 주목할 필요가 있다. 유사 이래 인류의 역사를 대충 6천년이라 하면, 그간 인간이 축적해온 지식의 90%는 최근 10~20년 사이에 이룩된 것이라 한다. 석기시대 이래로 지속되어 온 우리네 온돌과 주방의 굴뚝이 시야에서 사라지기 시작한 것이 불과 40여 년 전부터이고, 소를 몰며 이랑을 만들고 손으로 모내기 하던 농법이 트랙터와 이양기로 대체된 것이 언제인지를 생각해보면 최근 일고 있는 변화의 속도를 쉽게 짐작할 수 있다. 어느 학자는 이렇게 급변하는 상황을 단위 기간의 변화량으로 비교해 볼 때, 현대인의 5분은 고대 이집트인의 14년에 해당한다고 한다.

변화는 **생각보다** 빨리 온다!

5th Avenue, New York City
Easter Morning, 1900

5th Avenue, New York City
Easter Morning, 1913

## Q1-2-(2) : 급변하는 환경은 우리에게 무엇을 시사하는가?

급변하는 환경 속에서 '문제가 없다'면 그것이 바로 문제이다. 앞서 쇠퇴하는 조직의 세 가지 적신호를 언급했었다. 그들의 공통 키워드는 바로 '문제'였다. 경영학을 가르치면서 필자가 절실하게 느꼈던 것은 무수히 많은 경영이론을 공부하지만 그것들이 왜, 어떤 배경과 문제의식에서 답으로 제시된 것이었는지에 대해서는 알려고 하지 않는다는 점이다.

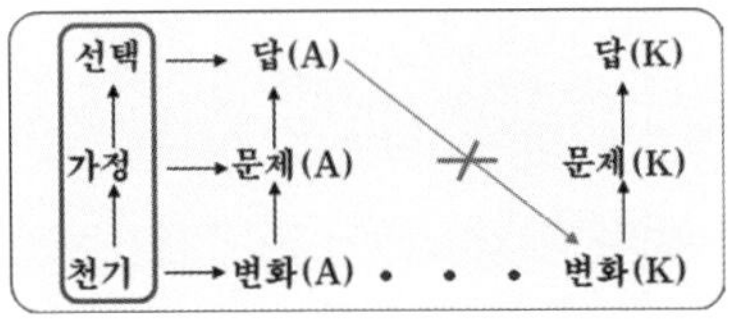


현대경영이 시작된 것 1900년대부터이고 보면 경영학의 역사는 100년을 훌쩍 넘었다. 그 사이 환경 변화에 따라 적지 않은 경영이론들이 생겨나고 사라졌지만 경영학도들은 제시된 답만 공부한다. 이게 왜 문제일지 생각해보자. 위 그림은 제 1절에서 살펴본 성과의 작동원리에 답이 나오게 되는 과정을 대응시켜 본 것이다. 경영학 교과서의 내용은 이 그림에서 보듯이 과거 특정 변화로부터 제기된 문제에 대한 답들이다. 그러나 환경은 끊임없이 변화하고 있다. 그렇다면 답도 역시 끊임없이 수정되고 재검토되어야 마땅하다. 그럼에도 불구하고, 한 시대에 부합되었던 답을 '정답'으로 인식하여 전혀 다른 환경에 적용하려 한다면 어떻게 될까? 피터 드러커가 '답은 잘 아는데 그 답이 나오게 된 문제가 무엇이었는지 모르는 현상'을 쇠퇴의 적신호 중 하나로 지적하는 이유는 바로 이러한 문제 때문이다.

Q1-2-(3) : 그렇다면 어떻게 숙련해야 깨달음에 이를 수 있을까?

급변하는 환경 속에서 '답' 중심의 사전식 학습은 아무리 해봐야 써먹지 못하는 죽은 지식(Inert Knowledge)이 될 수밖에 없다. 이로 인한 기동된 무지(Activated Ignorance)를 벗어나 살아있는 지식이 되려면 답이 나오게 된 문제가 무엇이고, 그 문제는 어떤 상황 하에서 제기되었는지까지 알아보는 통합적 사고가 필요하다. 그리고 당시의 상황과 현재의 상황이 어떻게 달라졌는지를 파악하여 기존에 알고 있던 것에 대한 새로운 의문 제기와 이를 통해 새로운 답을 발견하는 훈련이 필요하다.

## 3 예측의 역설

어떤 선택을 할 때 누구나 그 선택으로 돌아오는 기대라는 게 있다. 여기서 '기대'란 일종의 예측과 일맥상통한다. 인생이 크고 작은 선택의 연속이라고 볼 때, 누구나 예외 없이 나름의 예측을 하며 그에 따라 결정하고 행동한다.

Q1-2-(4) : 그렇다면 우리의 예측은 얼마나 정확할까?

'예측은 어디까지나 예측일 뿐이다.' 이 말에는 예측에 관한 세 가지 역설이 함축되어 있다.

첫째, 예측이 곧 미래가 될 수는 없다. 미래는 아무도 경험하지 못한 시간이 개입되기 때문이다. 역설적으로 미래에 과거와는 다른 모종의 변화가 없다면 시간은 없다. 따라서 재현 가능성을 전제로 하는 과학의 세계와는 달리 인간사의 과거가 그대로 미래에 재현될 수는 없다.

둘째, 예측이 곧 미래라면 그 예측은 오히려 부작용을 낳는다. 완벽한 예측은 대상 시스템을 마비시키거나 붕괴하도록 만든다. 가령 어떤 주식의 가격 변화 패턴을 완벽하게 예측하고 이를 공개하는 점술가가 있다면 모두 사려하지 않거나 누구나 사려는 사태가 벌어질 것이다.

셋째, 예측이 미래에 대처할 수 있는 가치와 의미를 갖는다 해도 미래를 개선하거나 변화시킬 수는 없다. 해가 저물면 밤이 찾아오고 밤이 지나면 다시 해가 뜰 것이란 예측으로 그에 대처할 수는 있지만 이를 개선하고 변화시킬 수는 없다. 가뭄을 예측한 사람이 가뭄에 대처할 수는 있어도 비를 내리게 할 수는 없는 것 같은 이치이다.

### Q1-2-(5) : 예측하는 것 외에 다른 대안이 있는가?

상황을 이해하라. '예측'의 역설에 대응할 수 있는 방법은 상황을 '이해'하는 것이다. 이해하기 쉽게 '예측'을 '기대' 혹은 '예상' 정도로 느낌을 완화해서 생각해보자. 우리가 일상에서 어떤 선택을 한다면 그 결과에 대한 예상을 했다는 의미일 것이다. 그럼 예상은 무엇을 근거로 할까? 그것은 과거의 경험이다. 이 책에서 '경험'이란 단어가 수차례 나오지만, 이 경우 경험이란 '데이터'의 또 다른 형태이다. 느낌상 '경험'은 암묵적인 반면, '데이터'는 명시적이란 차이 밖에 없다.

데이터에 기초해서 미래를 예측하는 방식을 경영수업시간에 배웠을 것이다. 예컨대 '회귀분석(Regression)'이란 통계분석기법은 가장 기초적이면서도 보편적인 미래예측 방식이다. 열심히 공식을 외우고 분석방식을 습득하는 걸 뭐라 하는 건 아니지만, '왜 미래를 예측하는데 회귀할까?'라는 보다 근본적인 의문 제기에 답할 수 있어야 한다. '회귀(回歸)'란 문자 그대로 '과거로 돌아가는 것'이다.

바로 이 의문에서 데이터에 기초한 미래 예측 방식의 세계관을 엿볼 수 있다. '과거의 행태가 미래의 행태를 나을 것'이란 가정이 전제되어 있는 것이다. 이러한 세계관을 '행태주의(Behaviorism)'라 한다. 그렇다면 '회귀분석'이란 예측방식의 '답'은 언제 제시된 것인가. 정확한 연대는 파악되지 않았지만, 한 가지 분명한 사실은 과거 공급자 중심의 시장 환경에서 나왔다는 것이다.

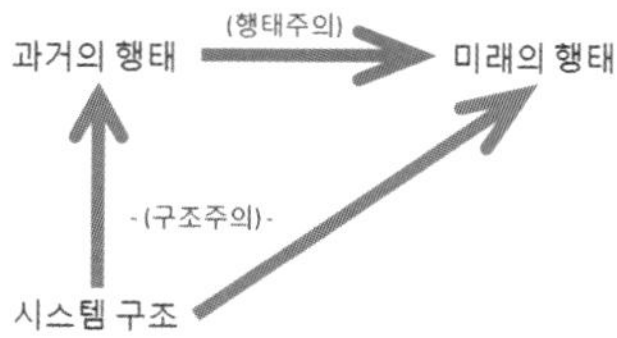


그러나 알다시피 요즘의 시장 환경은 소비자 중심으로 변해 있다. 이 대목에서 또 다른 의문이 제기된다. 이렇게 전혀 다른 환경에서도 과연 과거 환경에서 작동했던 '회귀분석'이란 답이 얼마나 유효할까? 환경이 급변하고 있는 작금의 상황에서는 '과거의 행태가 미래의 행태를 낳는다.'고 하는 행태주의의 가정 자체에 의문이 제기될 수밖에 없다. 따라서 대체까지는 아니어도 회귀분석의 취약점을 보완하려면 세계관을 새롭게 정립하지 않으면 안 된다. 그것이 바로 '구조주의(Structuralism)'란 것이다. 데이터로 나타나는 과거의 행태로부터 미래의 행태를 예측하려 하지 말고 행태를 유발한 수면 아래에 숨겨져 있는 원인요소들 간의 상호작용 구조를 파악해서, 그에 대한 이해에 기초하여 미래의 행태 패턴을 예측해보자는 것이다.[2]

2 행태주의와 구조주의에 대한 구체적 논의는 제 7장 제 3절(숲을 읽는 기술)을 참조하기 바란다.

행태주의와 구조주의는 비록 양극단에서 출발했지만, '정-반-합'의 변증적 진화를 거치면서 같은 곳을 향해 수렴하고 있다. 행태주의의 연장선에서 출현한 후기행태주의와 행태주의의 대체시각에서 출발한 구조주의의 연장선에 있는 후기구조주의는 공통적으로 세상을 있는 그대로 보자는 '사실적 사고'에 수렴한다. 행태주의의 핵심인 과학주의의 '규정성'과 구조주의의 핵심인 인문주의의 '의미성'이 결합되면서 보다 더 '사실'에 가까운 사고체계를 형성해가고 있다. 이러한 흐름을 반영한 새로운 사조가 바로 '시스템 사고'이다.[3]

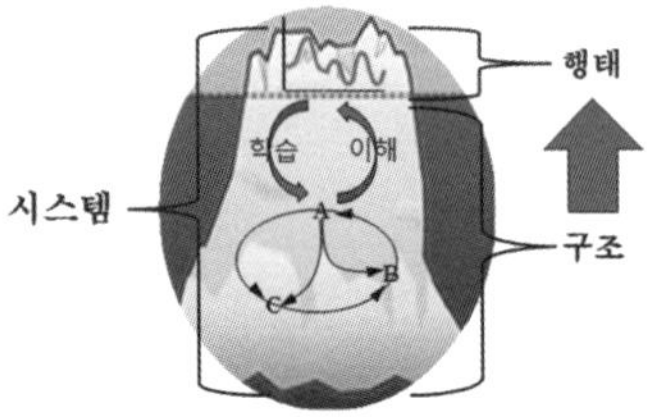


**확률과 가능성**

옛날 한 상인이 늙은 고리대금업자에게서 많은 돈을 빌렸다가 갚지 못해 고통을 당하고 있었다. 그 고리대금업자는 상인의 예쁜 딸에 눈독을 들이고 이렇게 제안했다. 검은 돌과 흰 돌 1개씩 넣은 주머니에서 상인의 딸이 검은 돌을 꺼내면 빚 갚는 대신 자신과 혼인해야 하며, 흰 돌을 꺼내면 아무런 조건 없이 빚을 면제해 주겠다는 것이었다. 빚을 갚지 못하면 옥살이를 해야 하므로, 상인은 그 제안을 거절할 수는 없는 상황이었다.

며칠 후 딸과 함께 상인이 다시 찾아오자 고리대금업자는 앞마당에 널려 있는 돌 두 개를 준비된 주머니에 넣었다. 그 순간 상인의 딸은 그 자가 검은 돌만 두 개 넣는 것을 보았다. 이러한 절망적인 상황에서 여러분 같으

3 시스템 사고에 대한 구체적 내용과 적용 방법 및 예시에 대해서는 필자의 또 다른 저서, '시스템 사고와 창의(2018)'에 수록되어 있다.

면 어떻게 하겠는가? 이 상황에서 이 처녀가 취할 수 있는 선택은 세 가지일 것이다.

- 딸이 돌을 집어내는 것 자체를 거부한다.
- 고리대금업자의 속임수를 폭로 한다.
- 하나를 집으며 결과를 운명에 맡긴다.

그 어떤 대안도 그녀가 이길 가능성은 없다. 아버지가 감옥살이를 하거나 자기가 늙은 빚쟁이의 여자가 되는 길밖에 없다. 이러한 절망적인 상황에서 모든 것을 체념한 듯 돌을 꺼낸다. 순간 이 처녀는 집었던 돌을 마당에 떨어뜨리고는 얘기하였다.

"아차! 돌을 땅에 떨어뜨렸네요. 그러나 땅에 떨어진 돌이 무슨 색인지 알 순 없지만, 주머니에 남아있는 돌을 보면 내가 집었던 것이 무슨 색이었는지 알 수 있겠지요?"

상인의 딸이 이길 수 있는 확률이 제로에서 완벽한 승리로 반전되는 순간이었다.

## 제3절 변화를 읽는 힘

변화를 읽는 천시(天時)의 능력은 성과를 낼 수 있는 가장 강력한 요소이다. 그러나 변화의 연속성 때문에 인지하기도 쉽지 않거니와 인지한다해도 그 변화 속에 감춰져 있는 의미를 파악한다는 것은 결코 말처럼 쉬운 일이 아니다. 따라서 이 절에서는 변화를 읽어내는 능력 배양에 대해 논의한다.

군자는 하늘(天)을 향하고, 소인은 땅(地)을 향한다.

'君子向天, 小人向地'- 공자(孔子, B.C 479-551)

### 1 된장녀의 교훈

한때 항간에는 '된장녀'란 말이 유행된 적이 있다. '된장녀'란 한 마디로 '골 빠진 x.'라고 우리는 알고 있다. '고추장남'도 같은 맥락이다. 땡 도넛에 커피 한잔으로 아침을 때우고, 저녁엔 와인 바에서 와인 한잔과 사과 조각에 치즈를 얹어먹으며 수 만원을 쉽사리 지출하는 사람들이 연상된다. 사전적 해석으론 '물질적 행복과 외국식 생활에 젖어 본디의 정체성을 잃은 사람들'이다. 특히 젊은이들 사이에선 이들에 대한 비아냥조의 표현으로 인터넷을 타고 급속히 퍼져나갔다. 이 예시를 앞서 살펴보았던 성과의 작동모델에 대응해서 '된장녀'를 좀 더 따져보자.

### 1. 변화 (인식)

이렇듯 집단사고에 빠져 '된장녀'를 단순히 허영심에 빠진 사람쯤으로 치부해버린다면 변화의 본질을 제대로 읽지 못한 것이다. 비아냥거리기에 앞서 이런 신조어가 왜 생겨났는지 따져 보는 게 우선이다.

Q1-3-(1) : 된장녀는 흔히 알고 있는 그런 '된장녀'이기만 한 걸까?

필시 '된장녀'란 신조어를 만든 사람은 삼시세끼 해결에 급급했던 적이 있거나 기성세대의 눈을 가진 사람이리라. 밥을 든든히 먹어야지 땡 도넛에 커피, 과일주스 한잔이 웬 말인가. 그러나 이들을 '된장녀'라 지칭한 사람마저도 이미 '된장녀', '고추장남'이 되어 있을 가능성이 높다. 요즘 하루에 커피 한두 잔 안 마시는 사람은 거의 없다. 커피점 커피 한잔에 얼마인가? 두어 잔만 마셔도 짜장면 한 그릇이다. 이렇게 볼 때 요즘 한국인의 상당수는 이미 '된장녀', '고추장남'이다.

### 2. 세계관 (해석)

'된장녀'는 단순히 비아냥의 대상이 아니다. 시장이 변하고 있다는 신호이다. 물질보다는 효용을 소비하고 기꺼이 대가를 지불하는 신종 소비 패턴의 출현으로 해석될 수 있다. 굳이 먹는 것에 이를 빗대어 본다면 밥(물질)에서 맛(효용)으로 소비 패턴이 변화하고 있는 것으로 해석할 수 있다. 이렇듯 세계관은 같은 세상, 같은 현상을 다르게 인식하도록 만든다. 먹는 일에서 '밥'을 중시하는 세계관과 '맛'을 중시하는 세계관은 어떤 '선택'의 차이를 보일까?

### 3. 선택 (판단)

아는 지인 두 사람을 우연히 길거리에서 만났는데, 이들은 모두 예전 직장을 그만두고 음식점을 차렸다고 가정하자. 인사차 “요즘 뭐하세요?”라고 물었는데 한 사람은 “밥집 합니다.”라 했고, 다른 한 사람은 “맛집 해요.”라고 응답했다고 하자.

> Q1-3-(2) : ’밥집‘과 ’맛집‘은 근본적으로 무엇이 다를까?

| | 제공자 | 수혜자 | |
|---|---|---|---|
| 밥 | 하다. | 먹다. | 땀(노동) |
| 맛 | 내다. | 보다. | 뇌(유희) |

‘밥집’의 세계관을 가진 사람의 수익모델은 ‘밥’이다. 밥에서 수익이 생긴다는 믿음을 갖고 있다. 그렇기에 원가(cost)의 시각에서 밥 짓는 모든 일을 효율에 맞춰 땀 흘리는 노동을 하게 된다. 중국산을 국산으로 둔갑시키는 일도 서슴지 않는다. 반면에 ‘맛집’의 세계관을 가진 사람의 수익모델은 ‘맛’이다. 따라서 가치(value)의 시각에서 맛을 내는 모든 일을 효용에 맞춰 뇌 작용을 하게 될 것이다. ‘맛’은 밥에서만 나오는 것이 아니라 밥이 놓인 그릇, 밥상, 이를 비추는 조명, 실내 분위기, 고객에 대한 서비스 등 모든 것에서 ‘맛’이 나온다고 믿는다.

물질이 부족했던 공급자 중심의 환경에서는 밥집도 문제가 없을 것이나 배부른 소비자 중심의 환경에서도 과연 그럴까? ‘밥’은 이제 배를 채우는 수단에서 한 걸음 더 나아가 입을 즐겁게 하는 수단으로 변하고 있다. ‘밥집’과 ‘맛집’의 세계관은 이렇게 선택을 바꾸어 놓는다.

### 4. 성과

'된장녀'가 출몰하는 요즘 당연히 효용을 중시하는 '맛집'이 성과를 낼 것이다. 한때 청주 외곽에 근사한 '맛집'들이 많이 들어섰었다. 필자도 몇 군데 들른 적이 있다. 그런데 몇 년 후 이들 '맛집'은 거의 모두 문을 닫았다. 문을 닫은 사연이야 다양하겠지만 한 가지 분명한 것은 아직 청주에는 '된장녀'가 시장을 형성할 만큼 많지 않다는 점 때문이었다. 하나만 알고 둘을 모르면 이런 낭패를 보게 된다. 판을 읽는 고수의 비결, '통합적 사고'의 중요성을 여기서도 찾을 수 있지 않은가.

## 2 마음(心)의 위력

천시(天時)의 능력은 올바로 보고, 제대로 듣는 것으로 비롯된다. '눈 있는 자 볼 것이며, 귀 있는 자 들으라.'는 예수의 일갈이나, 공자가 강조한 '시사명(視思明), 청사총(聽思聰)'이 그러하다. 보고 듣는 것은 세계관을 형성하는 인식작용의 핵심이며 생각(思考)의 출발이기 때문이다.

Q1-3-(3) : '잘 보고, 잘 들으라.'는 진정한 의미는 무엇일까?

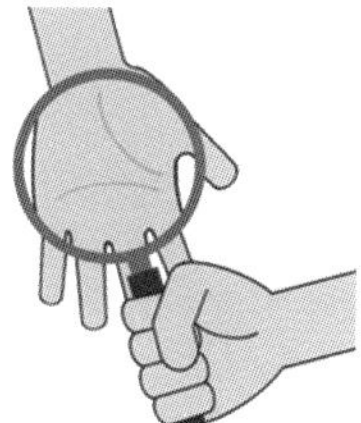

흔히 사람들은 생물학적 시력과 청력을 '잘 보고, 잘 듣는' 능력으로 착각한다. 그러나 생물학적 시력이라면 매를 따라갈 수 없을 것이요, 생물학적 청력이라면 박쥐를 넘볼 수 없다. 결국 '보고 듣는다.'는 것의 진정한 의미는 생물학적 능력을 말하는 것이 아니다.

가령 '손금을 본다.'고 할 때, 이것이 가지고 있는 의미는 두 가지일 것이다. '손에 나 있는 주름' 그 자체를 보거나 이를 통해 '운명'을 보는 것이다. 어느 쪽이 가치를 담고 있는지는 굳이 설명할 필요가 없을 것이다. 이것이 바로 '제대로 본다.'는 의미이다.

공자는 일찍이 이와 관련해서 '시사명(視思明)'과 '청사총(聽思聰)'을 강조한 바 있다.[4] 여기서 '시사명(視思明)'이란 무언가 볼 때는 제대로 명확하게 보고 있는가를 생각하면서 보라는 의미이며, '청사총(聽思聰)'은 무언가 들을 때는 총명하고 듣고 있는가를 생각하면서 들으라는 것이다. 그러지 않으면 안 보이고, 안 들리며 시(視)보다 명(明)이, 청(聽)보다 총(聰)에 '보고 듣는다.'는 진정한 의미가 있다.

### 1. 생각의 원천

'시사명(視思明)'의 '명(明)'과 '청사총(聽思聰)'의 '총(聰)'이 의미하는 바는 생물학적으로 보고, 들은 것은 실체가 아니라는 의미이다. 그렇다면 실체를 보고, 들을 수 있는 능력은 무엇으로 비롯되는가에 대한 의문이 남는다. 공자(孔子)는 이를 두고 다음과 같이 얘기하고 있다: '心不在焉 視而不見, 聽而不聞.' 마음이 없으면, 보아도 보이지 않고 들어도 들리지 않는다는 뜻이다. 생각의 원천은 제대로 보고 듣는 것이며, 제대로 보고 듣는 출발점은 마음(心)에 있음을 알 수가 있다(心 → <視, 聽> → 思).

Q1-3-(4) : 생각은 우리 몸의 어디에서 나오는 것일까?

---

4 공자는 군가가 가져야할 생각을 아홉 가지로 제시하고 있는데(논어 제 16 계시편, 10장), 그 첫째가 '視思明'이요 둘째가 '聽思聰'이다.

대부분의 사람들은 생각은 머리(腦)에서 나온다고 답할 것이다. 그러나 이것은 합리주의적 사상에 기초한 서양식 사고일 뿐, 동양에서는 가슴(心)에서 나온다고 믿는다. 생각을 나타내는 思를 비롯하여 생각과 관련이 있는 한자(感, 懷, 想 등)들은 거의 예외 없이 心이 포함되어 있음이 이를 반증한다. 머리(腦)와 가슴(心)은 마치 자동차의 엔진과 연료의 관계와 같다. 자동차를 움직이는 것은 엔진이지만, 연료 탱크에서 불이 점화되지 않은 엔진은 고철에 불과하다. 마음(心)이 없으면 문제의식이 발동하지 않고, 문제의식이 없으면 눈은 있으되 제대로 보는 눈이 아니요, 귀가 있으되 제대로 들을 수 있는 귀가 아니다.

**2. 마음과 성과의 관계**

이상의 논의를 토대로 제 1절에서 살펴보았던 '성과의 작동원리'를 다른 각도에서 살펴보자.「성공하는 사람들의 7가지 습관(The 7 Habits of Highly Effective People)」이란 책을 통해 유명해진 스티븐 코비(Setven Coby)는 성공하는 사람들의 공통적 습관을 7가지로 제시하고 있다. 결국 그의 믿음은 습관이 성과를 좌우한다는 것이다(습관 → 성과).

Q1-3-(5) : 이 책을 숙독한다고 성공하는 습관을 들일 수 있을까?

습관이 성과를 좌우(습관 → 성과)한다면 습관은 무엇으로 비롯되는 것인가. 아는 것과 행동하는 것은 전혀 별개의 것이다. 습관은 행동(실천)으로 배양된다. 나아가 행동(실천)은 세계관을 지배하는 생각에 좌우된다.

앞서 논의한 바와 같이 생각은 마음(心)에서 출발한다. 생각의 원천인 마음에서부터 성과(성공)에 이르는 일련의 인과적 관계를 도식적으로 표현하면, '마음(욕구) → 생각(의지) → 행동(실천) → 습관 → 성과'로 이어진다. 결국 성과의 근원은 '마음(心)'임을 알 수가 있다. 그렇기에 불가(佛家)에서는 일체유심조(一切唯心造), 즉 '세상의 모든 것은 그것을 인식하는 마음의 나타남'이라 했다.

이상과 같이 시스템 사고의 한축을 이루는 '통합적 사고'를 통해 (습관 → 성과)의 수면 아래 숨어 있는 일련의 작동 기제들을 파악했지만, 여기서 생각을 멈추면 살아있는 지식이 되지 않는다. 추가 의문이 필요하다. 성과가 결국은 마음에 좌우되는 것이라면, 마음을 어떻게 강화시킬 수 잇을 것인가에 대한 의문이다. 이에 대한 단서는 시스템 사고의 3대 요소 중 '피드백 사고'를 동원하면 찾을 수 있다. 즉 성과를 환류하여 마음에 연결(성과 → 마음)해보라. 마음을 강화시킬 수 있는 단서는 바로 크고 작은 성과를 크게 칭찬하는 것이다.

## 3 성(聖)에 이르는 길

'성(聖)'하면 흔히 종교적 의미의 성인(聖人)을 연상하지만, 본질적으로 '무언가에 통해 있는 상태, 달통한 상태'를 말한다. 따라서 세속에서의 '성인(聖人)'이란 무언가에 달통하여 안을 들여다보지 않고 밖에서도 안을 보는 경지에 이른 사람을 지칭한다. '무언가 안다'는 의미는 축적된 배경지식의 내재화로 발현되는 안목(眼目)이나 일가견(一家見)을 말하는 것으로, 이는 올바른 학습으로만 가능하다. 그러나 학습하는 방식에 따라 '성

(聖)'에 이를 수도, 습(習)의 함정에 빠질 수도 있다.

### Q1-3-(6) : 성(聖)의 경지에 이르는 올바른 학습방식은 무엇인가?

우선 한자 '聖'을 파자(破子)하여 그 속에 담긴 의미부터 알아보자. 이 한자는 '귀(耳)'와 '입(口)', 그리고 아홉 째 천간(天干)을 의미하는 '임(壬)' 등 세 가지로 구성되어 있다. 이들 사이의 의미적 관계는 아래 그림과 같다. 귀와 입 사이를 왕복하는 암기식 학습을 기문지학(記問之學) 혹은 문자 그대로 구이지학(口耳之學)이라 하며, 그 결과 '묵은 지식(Inert Knowledge)'만 쌓게 된다. 한편 타인의 얘기를 경청하여, 이를 해석하고, 내재화 과정을 거쳐 자신만 방식으로 표현하는 일련의 과정(耳 → 인지 → 해석 → 체화 → 口)을 거치게 되면 '활성 지식(Activated Knowledge)'을 습득하게 된다. 이러한 과정을 기문지학(記問之學)에 대응하여 온고지신(溫故知新)이라 한다. 비록 온고지신의 수련과정은 아홉째 천간만큼이나 오랜 시간이 요구되지만, 이를 통해서만이 성(聖)에 이를 수 있다.

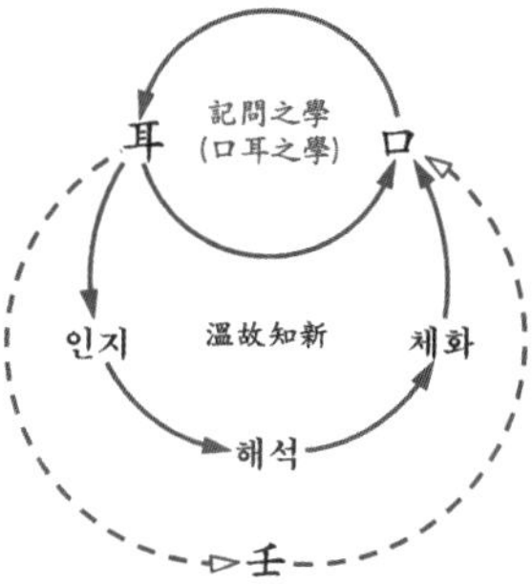


## 1. 학습의 두 가지 조건

'학습'이란 단어를 모르는 이는 없지만, 학습은 어떤 조건이 충족될 때 이루어지는 것인지에 대한 의문에 명쾌한 답을 제시할 수 있는 사람은 그리 많지 않을 것이다. 한자 '學習'에 그 답이 숨어 있다. 배울 학(學), 익힐 습(習). 이 정도는 누구나 다 안다. 그러나 이 정도 알아서는 실제 도움은 전혀 되지 않는다. 그렇다면 학습(學習)의 조건은 무엇일까?

학(學)을 파자하면 배움이란 '아이가 집에서 지푸라기를 꼬는 일'이다. 아이가 볏짚을 꼰다면 그건 여치 집, 밀짚모자 등 장난감을 만드는 모습이리라. 요즘이라면 퍼즐 맞추기 정도에 해당할 것이다. 이는 분명 자발적 행위이다. 결국 배움의 행위(學)는 자발성이 전제됨을 암시한다. 나아가 자발성은 호기심에서, 호기심은 스스로의 문제 제기에서 나온다.

한편 습(習)은 둥지 안의 어린 새(白)가 날개(羽)짓 하는 행위이다. 어린 새가 날개 짓을 반복하다보면 하늘로 날아오른다는 의미이니, '익힌다'는 것은 지속성을 전제로 한다. 지속성은 즐거움이 수반되어야 하는데, 이는 배움의 행위(學)가 올바로 작동할 때 가능하다. 학이시습지 불혁열호(學而時習之 不亦說乎). '배우고 때때로 익히면 즐겁다.'는 공자의 말씀이 이를 반증한다.

## 2. 학습의 두 가지 유형

앞서 '성(聖)'의 진정한 의미에서 보았듯이, 무엇을 알아가는 '학습'의 방식에는 기문지학(記問之學)과 온고지신(溫故知新)이 있다. 전자는 추종자의 학습방식이요, 후자는 선도자의 학습방식이다. 우리나라는 지난 70여 년 간 추종자의 학습방식을 견지해왔다.

### 1) 기문지학(記問之學)의 덫

기문지학(記問之學)은 '남이 제시한 문제(問題)의 답(答)을 외워서 배운다.'는 뜻으로 중국의 경전 예기(禮記)의 학기(學記)편에 "記問之學(口耳之學) 不足以爲師矣."라고 소개되어 있다: 외워서 아는 것만으로는 스승이 될 자격이 없다는 말이다. 결국 기문지학(記問之學)은 문제(問)와 답(答) 사이를 왕복하는 단선적 학습방식으로 주입식 공부가 그에 해당된다. 특정 문제에 대한 답만 알 수 있을 뿐 그로부터의 지적 성장은 없다. 예전에 스승이란 성(聖)에 이른 자의 표상이었음을 감안할 때 기문지학(記問之學)으론 성(聖)에 이를 수 없다.

### 2) 온고지신(溫故知新)의 무한궤도

한편 온고지신(溫故知新)'의 행위는 '온고(溫故)할 때라야 비로소 지신(知新)할 수 있다.'는 의미를 담고 있으며, 논어 위정편(論語 爲政編)에 '溫故知新 可以爲師矣.'라고 소개되어 있다. 온고(溫故)는 익히 알고 있는 답(故)에 대해 새로운 의문을 제기하는 행위이며, 지신(知新)은 온고(溫故)의 행위로 제기된 문제로부터 새로이 답을 찾는 행위이다. 이렇듯 '온고지신(溫故知新)'의 의미를 곱씹어보면, 독일의 철학자 헤겔이 제시한 '정-반-합'의 변증체계와 다르지 않음을 알 수 있다. 아래의 그림에서 보는 바와 같이 '정-반-합'의 세 변수가 온고(溫故)의 행위와 지신(知新)의 행위가 반복되는 선순환 고리를 형성한다. 이로써 지식은 지속적인 성장을 반복하면서 성(聖)에 이르게 된다. 이것이 바로 '온고지신(溫故知新)' 학습시스템의 작동원리이다.

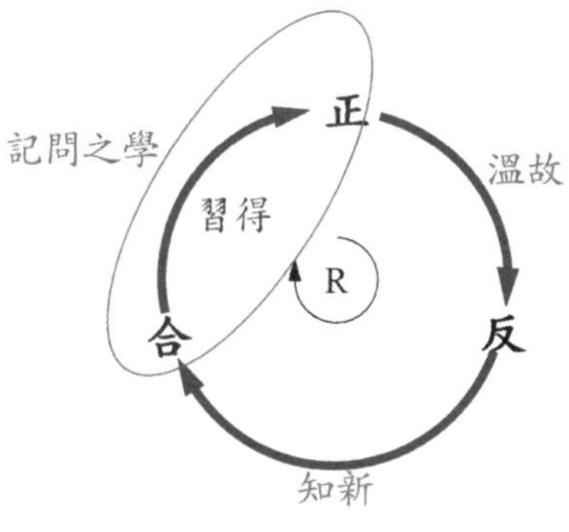

온고지신의 무한궤도

제2장

# 경영세계관의 진화

**맹자(孟子)의 세계관 : 천(天)·지(地)·인(人)**

성과와 관련하여 맹자(孟子)는 고을 수장이 갖춰야 할 세 가지 덕목으로 천시(天時), 지리(地利), 인화(人和)를 꼽고 있다. 다만 맹자는 이 중에서 리더십(人和의 능력)을 가장 중요한 덕목으로 삼았고, 자신의 처지에서 이익을 극대화 할 수 있는 전략·전술(地利의 능력)을 그 다음으로 삼았다. 이렇듯 맹자가 인화를 가장 중요한 덕목으로 삼은 이유는 인화의 능력이 가장 중요하면서도 가장 갖추기 어렵다는 것을 강조하고자 함이다. 천시(天時)와 지리(地利)의 능력은 개인적 숙련으로 달성 가능하지만 인화(人和)의 능력만큼은 개인적 숙련만으로 가능하지 않기 때문일 것이다.

그러나 논리적으로 보면 천시(天時) > 지리(地利) > 인화(人和)의 순이라야 맞다. 왜냐하면 변화로부터 기회와 위협을 읽어내는 천시(天時)의 능력이 전제되어야 그로부터 자신의 처한 입지, 즉 강점과 약점을 대응하여 이익을 극대화 할 수 있는 전략·전술을 만들어 내는 지리(地利)의 능력이 가능하기 때문이다. 나아가 전략·전술의 전개 방향이 선정되어야, 그 방향으로 사람들을 이끌어 가는 인화(人和)의 능력도 의미가 있기 때문이다. 여기서 인화(人和)는 차치하고 천시(天時)와 지리(地利)만을 놓고 볼 때, 지리(地利), 즉 성과(이익)를 극대화 할 수 있는 올바른 선택은 천시(天時)의 능력 즉 변화로부터 기회를 읽어내는 힘에 좌우된다는 사실을 알 수가 있다.

# 제1절 점의 세계

■ 点 (Node)

현대경영학의 뿌리는 1990년대로 거슬러간다. 정확히 선을 그을 순 없지만 영국에서 촉발된 산업혁명(1760~1830) 이후 대략 70년이 지나서부터이다. 여기에서는 경영학의 태동배경과 그 후 50년간의 1세대 경영세계관을 살펴보기로 한다.

현상은 이데아의 그림자에 불과하다.

- 플라톤(Platon, B.C 428?-347?) 고대 그리스 철학자

## 1 여명의 시대

산업혁명이 촉발된 배경은 단적으로 맬더스(Malthus)의 명제로 설명될 수 있다. 그는 자신의 명저, 「인구론(An Essay on the Principle of Population, 1797)」에서 '인구는 기하급수로 증가하지만 식량은 산술급수로 증가한다.'는 명제를 통해 당시 상황을 규정짓고 있다. 인구의 증가율이 식량 생산의 증가율을 초과하게 되어 인류는 엄청난 재앙에 직면하게 될 것임을 경고하는 것이었다. 물론 기술혁신을 간과한 것이긴 하지만, '맬더스 트랩(Malthusian Trap)'[5]이라 일컬어지는 이 명제는 당시의 심각한 상황을

5 '맬더스 트랩'이란 '기술 발달 → 임금/식량생산/위생여건 증가 → 인구 증가 → 위생악화/질병/전쟁 → 인구 감소 → 임금/식량생산/위생 증가 → 인구 증가'로 이어지는 악순환이 반복되어 결국 삶의 질은 꾸준히 최저수준에서 머무르는 '덫(trap)'에 빠진다는 것을 말한다.

극명하게 묘사하고 있다. 이러한 도전에 대한 반응이 바로 산업혁명이다.

맬더스는 식량자원의 희소성이 증대되는 문제를 해결하기 위해 산아제한 등 정부의 정책적 개입을 통해 인구 증가를 억제할 것을 주장하고 있다. 이는 마치 여명이 밝기 전 봉건시대의 마지막 학자의 하울링과 같다. 반면에 비슷한 시기에 아담스미스(Adam Smith)는 그의 저서「국부론(An Inquiry into the Nature and Causes of the Wealth of Nations, 1776)」에서 물자(식량)의 부족을 해결하기 위한 경제적 대응책으로 분업화 이론을 제시한다. 분업을 하게 되면 학습효과가 발생하여 생산성이 제고된다는 것이 골자이다.

여기서도 세계관이 선택지를 갈라놓음을 발견할 수 있다. 성공회 신부로 사회문제에 관심이 많던 맬더스의 세계관에선 '인구 감소'라는 선택을 하게 된 반면, 경제학자인 아담 스미스는 '공급 증대'라는 선택을 하게 된다. 경영학은 바로 아담 스미스의 '분업화 이론'으로부터 출발하게 된다.

### 1. 스톱워치 과학 (1900-1910)

1900대로 접어들면서 공장제도가 본격 도입되었고 단위업무 중심의 '과학적 관리(Scientific Management)'가 시작되었다. 프레드릭 테일러(Frederick W. Taylor, 1856-1915)의 '동작연구(Motion Study)'는 생산성을 극대화하려면 도구의 최적화와 동작의 최적화가 이루어져야 한다는 주장을 담고 있다. '최적화(Optimization)'의 개념을 공장에서의 생산에 접목함으로써 후일 그의 이론은 '산업공학(Industrial Engineering)'의 효시가 된다.

기실 그의 '동작연구(Motion Study)'는 아담스미스의 '분업화 이론'이 있었기에 가능한 것이었다. 분업으로 같은 일을 반복하는 노동자의 체형에 따라 도구를 최적화해야 하며, 이들에게 최적화된 동작을 하도록 할 때라야 단위시간당 노동생산성을 극대화 할 수 있다는 세계관에 기초한 것으로 그의 이름을 따서 '테일러리즘(Taylorism)'이라 한다. 이러한 동작연구는 시간연구와 함께 과학적 관리의 양대 축을 이루었으며, 이는 근대경영학의 시발점이 된다. 그러나 그가 주창한 과학적 관리는 생산비 감소와 노동자의 임금 인상에 기여했다는 긍정적 평가와 함께 노동자를 일개 물건 만드는 기계로 바라보았다는 부정적 비판도 함께 받고 있다.

### 2. 규모의 경제 (1911-1920)

'포드(Ford) 자동차'로 유명한 헨리 포드(Henry Ford, 1888-1947)는 1914년 자신의 자동차 조립생산 공장에 최초로 컨베이어 벨트로 생산 라인을 구축하였다. 포드의 공장은 '테일러리즘(Taylorism)'에 기초한 생산 기법에 부품의 상호교환성을 결합하여 자동차 산업에 일대 혁신을 가져왔다. 결국 테일러의 과학적 관리에 노동자의 이동거리를 최소화하기 위한 컨베이어벨트 시스템을 접목하여 대량생산의 효율적 공정표준이 만들어지는데, 이를 포디즘(Fordism)이라 한다. 포드주의는 8시간 노동제가 정착되면서 절대적 노동 시간이 줄고 있는 가운데서도 단위 시간당 생산량의 급격한 증대로 규모의 경제를 실현함으로써 소비의 저변을 확대하는 길을 열었다.

그러나 포디즘(Fordism)은 제한된 노동시간에 일정 생산량을 확보하기 위해 노동 강도를 강화했고, 자유공간을 제거함으로써 자본가의 통제를 보다 확고히 한 체제라는 비판을 받았다. 또한 자동차처럼 표준화된 단일 물건을 대량 생산하는 경우에만 적용될 수 있고, 기계화된 생산라인은 막대한 비용이 드는 반면 가변성이 없다는 단점이 제기되었다.[6]

## 2 조직과 인간의 발견

1930년, 1940년대에는 공장제도에 기반 한 대량생산 체제가 정착되면서 기업의 거대화에 따른 관료적 조직 형성과 효율적 조직 관리에 대한 의식이 싹트기 시작했다. 이와 함께 생산성을 지나치게 강조한 과학적 관리에 대한 반성과 인간중심 경영사조가 나타나면서 인간 관계론이 대두되었다. 이러한 경영사조의 변화는 분업에 기반 한 기업의 거대화와 과학적 관리의 높은 노동 강도와 인간 경시가 빚은 결과이다. 당시의 시대적 상황을 가늠할 수 있는 두 가지 사건이 있는데, 하나는 '모던 타임스(Modern Times)'라는 영화이며, 다른 하나는 과학적 관리에 대한 의문에서 출발한 '호손 실험(Hawthorne Studies)'이다.

'모던 타임스(Modern Times)'

풍자를 통해 당시 산업화 과정을 날카롭게 비판한 찰리 채플린의 코미디 영화로 1936년에 제작되었다. 이야기 줄거리는 대략 이렇다.

---

6 1960년대에 들어 포디즘(Fordism)은 심한 노동 강도와 단순 반복적 작업에 대한 노동자들의 불만에 직면하여 위기를 맡게 된다. 1970년대부터 분업의 최소화와 폭넓은 자율성 및 다숙련화, 그룹 혹은 팀 작업, 노동자의 경영참여를 통한 의사결정의 분산화, 규모의 경제에서 벗어난 범위의 경제, 작업만족도를 극대화할 수 있는 작업설계 등을 통한 유연성 극대화 등의 사조가 나타나는데 이를 포스트 포디즘(Post Fordism)이라 한다.

목장의 양떼가 몰려나오듯, 지하철에서 쏟아져 나오는 노동자들 속 떠돌이(찰리 채플린 자신)가 조명되면서 영화는 시작된다. 공장의 쉼없는 생산 재촉에 결국 찰리는 나사처럼 생긴 것은 뭐든지 조이려는 강박증으로 정신병원으로 이송된다. 병은 회복되지만 해고되어 거리를 떠돌다 공산주의자로 몰려 감옥살이를 하게 된다. 몇 년 후 출소할 때 찰리는 나가지 않겠다고 애걸한다. 그만큼 당시 대공황이 심했음을 암시한다.

거리를 떠돌다 찰리는 빵을 훔쳐 달아나는 소녀와 마주치게 된다. 시위 현장에서 아버지가 총탄에 맞아 사망하고 고아가 된 그 소녀를 구하기 위해 자신이 훔쳤다고 거짓 자백하지만 목격자의 증언으로 그 소녀는 체포된다. 찰리는 자신도 잡히기 위해 무전취식을 하고 결국 두 사람은 죄수 호송차에서 다시 만나게 된다. 우여곡절 끝에 카바레에 취직한 둘은 행복한 삶을 살 것 같았지만 소녀의 정체를 안 경찰이 소녀를 잡으려 하자 둘은 다시 탈출한다. 이리저리 쫓겨 다니다 다시 처음으로 돌아온 그들. 소녀는 자신들이 있을 곳이 없다며 절망하지만, 찰리는 '언젠가 해낼 수 있다.'고 격려한다. 소녀는 찰리의 '힘내자'는 무언의 손동작을 따라한다. 둘은 비록 불확실하지만 희망을 갖고 새벽길을 걸으면서 영화는 막을 내린다.

'호손 실험 (Hawthorne Studies)'

시카고 근교 웨스턴 전기회사(Western Electric Co.)의 호손(Hawthorne) 공장에서 테일러의 과학적 관리론에 따라, 노동자에 대한 물질적 보상 방법의 변화가 정말로 생산성을 증대시키는지 검증하는 실험을 하였다. 메이요(George E. Mayo, 1880-1949)가 주도한 이 실험은 4단계(조명 실험 → 계전기 조립 실험실 실험 → 면접실험 → 배전기 권선 작업 실험)로 나누어 거의 8년(1924-1932)간 이루어졌다. 구체적 실험결과에 대한 소개는 생략하지만, 한 가지 분명한 것은 노동자의 감정이나 태도, 작업 조건에 대해 중요하지 않게 여기던 당시 이 실험은 커다란 파장을 불러왔다는 점이다. 물론 면접방식의 한계를 지적하며 실패한 실험이라는 비판도 있다. 응답자가 실험을 한다는 것을 미리 알고 있었기 때문에 행동이나 심리의 변화가 생길 수밖에 없다는 것이다. 그러나 이때부터 인간 관계론과 노동자 인권문제가 대두되었다는 것만은 부정할 수 없는 사실이다.

**1. 조직의 발견** (1921-1930)

조직이 비대해지자 관리상의 문제가 대두되기 시작하였다. 큰 조직을 관리하려면 규칙과 규제를 강화할 수밖에 없고, 규칙과 규제는 조직을 관료제화로 변질시키게 된다. 이와 관련하여 막스 웨버(Max Weber, 1864-1920)는 조직을 내부의 권위 관계로 특성화시키는 이론을 제시하게 된다. 이상적 관료제의 핵심 요소로 분업, 명령 체계 및 분업, 공개 채용, 임명직 관료, 경력에 따른 고정급, 사용자와 종업원 구분, 통합 제도의 원칙들을 제시하였다. 이것이 '관료제 이론(Bureaucracy Theory)' 이론이며 조직이론 및 조직학의 획을 긋는 전기를 마련하게 된다.

관료제 이론은 통제관리 중심의 수직적 세계관에 기초한다는 측면에서 과학적 관리론과 유사한 측면이 있다. 하지만 과학적 관리론의 대상은 최하 작업계층이며 생산 및 운영수준의 최적관리를 위한 기법에 중점을 뒀던 반면 관료제 이론의 대상은 중상위계층으로 조직의 상위계층에 적용가능한 일반적인 조직원리 탐구에 중점을 둠으로써 작업장수준에 국한되었던 합리화 문제가 조직 전체로 확대된다.

### 2. 인간의 발견 (1931-1940)

메이요(Mayo)의 '호손실험' 결과에 이어 카네기(Dale Carnegie)의 '인간관계론(1936)'은 경영에서 인간에 대한 비중이 점차 커지는 계기가 되었다. 특히 사람은 기계 부품이 아니므로 진정한 생산성 향상은 일하고자 하는 욕구가 발동할 때 가능하다는 주장이 제기되는데, 맥그리거(D. McGregor)의 동기이론(1960)이 가장 널리 알려져 있다. 그는 인간과 일의 관계를 X이론과 Y이론으로 구분하였다.

<X이론>은 인간은 일하기를 싫어하여 지시받은 일밖에 실행하지 않으므로 경영자는 금전적 보상으로 유인하되 통제를 강화해야 한다는 것이다. 이러한 세계관은 기본적으로 테일러리즘(Taylorism)과 그 연장선에서의 포디즘(Fordism)을 겨냥한 것이다.

<Y이론>은 X이론에 대응하여 인간에게 노동은 놀이와 마찬가지로 자연스러운 것이며, 노동을 통해 능력을 발휘하고 자아를 실현하고자 하므로, 경영자는 자율적이고 창의적으로 일할 수 있는 여건을 제공해야 한다는 것이다. 이는 인간과 일에 대한 맥그리거 자신의 세계관을 반영한 것이다.

Q2-1-(1) : 굳이 'X', 'Y'라고 이름 한 이유는 무얼까?

수학에서 미지의(알고자 하는) 변수 중에서 의사결정변수를 흔히 'X'라

하고, 그에 종속되는 변수를 'Y'라고 칭하는데서 유래한 것이다. 맥그리거는 인간과 일의 관계에 기초한 자신의 '동기이론'이 기존의 세계관에 대응해서 나온 것임을 암시하는 것이다.

Q2-1-(2) : 'X'보다 앞선 'W'나 'Y' 다음의 'Z' 이론은 없는가?

결론부터 애기하면, 있다. 'Z 이론'은 오우치(Ouchi) 교수가 쓴 책 제목으로 조직의 힘은 'X'나 'Y' 보다도 문화에서 나온다는 것이다. 그러면서 일본기업의 조직문화를 소개하고 있다. 한편 'W 이론'도 있다. 'X', 'Y', 'Z' 모두 나왔으니 'W'를 붙인 것이다. 핵심은 한국의 경우 '신바람 문화'임을 역설하고 기업도 그에 맞는 기업문화를 갖춰야 한다는 주장이다.

### 3 전쟁의 교훈

인류 역사상 '큰 전쟁(Great War)'은 아이러니 하게도 엄청난 사상자를 낸 비극적인 사건이면서 동시에 기술이 비약적으로 발전하는 계기가 되기도 하였다. 제1차 세계 대전이 있었던 시기(1914-1918)에 미국에서는 테일러리즘(Taylorism)과 그 연장선에서의 포디즘(Fordism)이 꽃을 피우면서 대량생산체제와 고전경영학이 자리 잡기 시작했다. 특히 제2차 세계대전 기간(1939-1945)과 그 직후 대략 1950년까지, 기업들이 후방에서 전쟁수행에 동원되면서 적용되었던 각종 조직이론과 인사관리기법, 물류와 생산효율화 방식은 '기업 혁신'을 만들어냈다. 아울러 최적의 군수조달 및 병력배치 등 군사작전계획 수립에 적용되었던 수학적 기법들이 기업경영에 도입, 응용되기 시작했다. 최근에도 경영수학을 '경영과학' 혹은 'O.R(Operations Research)'이라 하는데, 여기서 O.R.은 '군사작전연구(Military Operations Research)'에서 유래한 것이란 설도 있다.

제 1세대 경영세계관의 변천과정

| 주제(기간) | 주요 골자 |
|---|---|
| 스톱워치과학<br>(1900-1910) | 테일러의 동작연구(Motion Study)를 중심으로 한 단위업무 경영이 전문분야로 태동 |
| 규모의 경제<br>(1911-1920) | 테일러리즘(Taylorism)이 접목된 포디즘(Fordism)의 태동과 함께 대량생산체제의 본격화 |
| 조직의 발견<br>(1921-1930) | 기업의 거대화에 따른 관료적 조직 형성과 막스 웨버의 조직관리 이론 태동 |
| 사람의 발견<br>(1931-1941) | 생산성을 지나치게 강조한 과학적 관리에 대한 반성과 함께 인간중심 경영이 자리잡게 되면서 인간관계론 대두 |
| 전쟁의 교훈<br>(1941-1950) | 생산, 판매, 조직 등 다양한 국면에서 계량경영기법(OR, 통계적 품질관리 등)의 도입과 대량생산시스템의 정착 |

## 제2절 선과 면의 세계

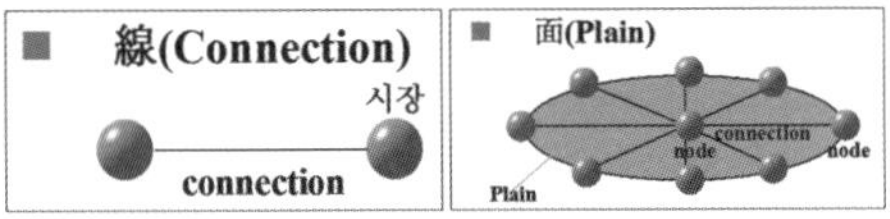


1900년부터 50년간 유지되어온 '점의 세계관'을 거쳐 시장을 이해하기 시작하는 '선의 세계'와 시장에 존재하는 공급자, 고객, 경쟁자 등 주요 이해관계자들을 경영의 대상을 확대하는 '면의 세계'로 세계관이 진화하게 된다. 이 절에서는 관련 세계관의 확장 과정과 핵심내용을 살펴본다.

우리는 전통과 역사를 존중하지 않는다.
혁신만 존중한다.

- 사티아 나델라(Satya Nadella, 1967-) 마이크로소프트 CEO

### 1 꿈의 실현

1950년 이후 2차 세계대전의 상처가 치유되면서 군수물자를 공급하던 기업들의 대량생산 능력은 시장의 굶주린 배를 채워주기 시작했다. 특히 전 세계에서 유일한 원조국으로 남게 된 미국은 산업혁명 이후 풍요를 간절히 원했던 시장의 갈증을 해소하고도 물자가 넘쳐나는 번영을 구가했다. 미국은 전 세계인들에게 '아메리칸 드림(American Dream)'이라는 선망의 대상이 되기에 충분했다. 드디어 풍요의 꿈이 실현된 것이다.

그러나 공급이 수요를 초과하면서 시장은 과거와 다른 모습으로 변화하고 있었다. '만들기만 하면 팔렸던' 공급자 주도의 시절엔 생산의 효율성 제고에만 관심을 쓰면 그것으로 끝이었지만, 시장의 반응은 차츰 까다로워지기 시작하였다.

생산에서 시장으로 경영의 무게중심이 전환되면서 현대적 의미의 마케팅 개념이 태동하고[7], 경영의 핵심은 조직의 위계와 관리에서 종업원을 인간으로 인식하여 조직행동과 인간욕구 관리로 옮겨가기 시작했다. 이 시기 마케팅 개념과 조직행동론을 주도한 인물을 각각 한 명씩 소개하면 다음과 같다.

### 1. 마케팅의 잉태 (1956-1967)

시장의 주도권이 생산자(Seller's Market)에서 소비자(Buyer's Market)로 점차 이전되면서 생산개념에서 출발한 마케팅(1870-1930)에서 판매개념의 마케팅(1930-1950)을 거쳐 마케팅 개념의 마케팅(1950~)로 진화해 왔다. 현대적 의미의 마케팅은 생산, 판매, 광고, 채널, 고객, 시장을 포괄하는 마케팅 개념의 마케팅을 말하는데, 이를 정립한 사람은 바로 필립 코틀러(Philip Kotler, 1931~)이다. 그는 마케팅을 신규고객과 기존고객으로 구분하여 다음과 같이 정의하고 있다. "탁월한 가치를 제공하여 신규고객을 유인하고, 만족을 제공하여 기존고객을 키워나가는 것이 마케팅의 본질이다." 결국 마케팅이란 판매를 하는 행위를 넘어 '고객 욕구를 충족시키는 과정'으로 보았다. 이로써 마케팅 분야에

7 마케팅 역사는 시장의 주도권이 생산자(Seller's Market)에서 소비자(Buyer's Market)로 이전되는 과정에서 생산개념의 마케팅(1870~1930), 판매개념의 마케팅(1930~1950), 마케팅 개념의 마케팅(1950~)로 구분하는 것이 대체적 견해이고 보면 제 2세대 경영세계관에서 마케팅 개념이 태동되었다는 필자의 주장은 맞지 않아 보인다. 그러나 여기에서는 시장 주도권이 생산자에서 소비자로 전환되면서 나타나기 시작한 현대적 의미의 마케팅 - 즉 마케팅 개념의 마케팅(1950~) 시대를 말한다.

서도 인간으로서의 고객의 욕구(본원적 욕구-Needs, 수단적 욕구-Wants, 구매욕구-Demand)에 대한 대응방안을 연구하기 시작했다.[8]

### 2. 조직행동이론의 태동 (1956-1960)

'조직행동(Organizational Behavior)'이라는 용어가 최초로 사용된 계기는 1956년 고든과 하웰(R.A. Gordon & J.E. Howell)의『비즈니스를 위한 고등교육(Higher Education for Business)』이라는 이른바, '고든·하웰 보고서'에서 비롯된다. 포드재단(Ford Foundation)의 재정지원으로 출간된 이 보고서에서 그들은 미국의 경영대학원이 변화하는 환경에 대처할 수 있는 유능한 관리자를 배출하지 못하고 있다고 지적하고 경영관리교육에 있어서 '행동과학'의 중요성을 주장하였다. 이 보고서는 1960년대 미국 경영대학원의 교과과정 및 교수진구성에 매우 큰 영향을 주었으며, 이로 인하여 '조직'과 '인간'을 결합한 '조직행동론'이라는 새로운 연구영역이 확립되기에 이른다.

'조직행동이론'은 조직의 유효성과 능률성을 제고하기 위하여 조직 내의 인간행동 즉, 개인행동을 비롯하여 집단행동, 조직행동을 이해하고, 설명, 예측, 통제하려는 학문이다. 1960년대와 1970년대 이르러 '조직행동'으로 일컬어지는 보다 종합적이고 여러 분석수준, 즉 개인, 집단, 그리고

8 좀 더 구체적인 내용은 제2부 제8장 (시장과 고객)에서 논의된다.

조직체의 문제를 포괄적으로 다루는 학문으로 진화하게 된다. 따라서 조직행동론의 발전과정을 이해하기 위해서는 제 1세대 경영세계관에서 태동한 조직이론의 발전과정을 함께 살펴보는 것이 중요하다.

제 1세대 경영세계관에서 태동한 조직이론이 현대경영학의 조직론과 인사관리의 뿌리가 되었다면, 제 2세대 경영세계관에서 태동한 조직행동이론은 인간의 행동과 심리에 대한 문제에 초점을 두고 있다. 이로써 진정한 '인간의 발견'을 위한 경영학적 틀이 완성되었다고 해도 과언이 아니다.

## 2 시장과 전략의 발견

시장과 고객에 대한 의식이 싹트기 시작했다는 것은 개별 생산기업, 개별 업무 중심인 '점의 세계관'에서 경영의 무게중심이 시장과의 관계로 이전해감을 의미한다. 이것이 '선의 세계관'의 골자이다.

1960년부터 1970년에 이르기까지 공급이 수요를 초과하면서 시장의 무게중심은 소비자 쪽으로 기울게 되었다. 이런 변화는 기업으로 하여금 시장으로 눈을 돌리게 하였고, 시장에는 동종의 기업만 존재하는 것이 아니라 소비자는 물론 공급자, 신규 진입자, 대체세력 등 다양한 이해집단이 존재하고 있음을 알게 된다. 이제는 더 이상 생산 효율화, 조직관리, 인사관리 등 내부지향적 경영만으로는 지속가능하지 않다는 것을 깨닫게 된다. 이로부터 출발하게 된 개념이 '전략(Strategy)'이다. 시장의 주요 세력들과의 관계 설정과 대응 전략의 필요성이 대두되면서 경영세계관은 빠르게 '면의 세계'로 확대되기에 이른다.

군사학에서 쓰이던 '전략'의 개념이 기업 경영에 도입된 것은 1950, 60년대를 통해 미국의 기업들이 이렇듯 시장을 이해하면서 부터이다. '전략'이 경영서에 최초로 소개된 것은 1962년 챈들러(Alfred D. Chandler, 1918~2007)의 저서「전략과 구조(Strategy and Structure)」에서이다.[9] 또 다른 저서「보이는 손(Visible Hand), 1977」으로도 유명한 그의 정의에 따르면 '전략이란 기업이 추구하고자 하는 목표의 설정과 그 목표를 달성하기 위한 행동을 결정하고 그에 소요되는 자원을 배분하는 계획 및 정책'을 말한다. 이를 뒤집어 말하면 '경영조직은 전략을 수행하기 위한 자원의 전개 메커니즘'으로 해석될 수 있다.

1970년 중반부터 전략의 개념이 본격적으로 도입되면서 시장에 존재하는 주요 세력에 대한 전략적 차원의 대응 모색이 더욱 중요하게 인식되기 시작하였다. 최근까지 시장의 구도를 이해하는데 널리 활용되고 있는 전략모델 중 하나는 바로 마이클 포터(Michael Porter)의 '5대 경쟁세력 모형(Five Competitive Forces)'이다.[10]

그는 하버드 경영대학원(Harvard Business School) 재학시절 챈들러로부터 많은 영향을 받았으며, 경쟁과 기업 전략의 사실 상 창시자로 알려져 있다. 그의 전략체계는 기본적으로 기업환경 차원에서는 '5대 경쟁세력 모형(Five Competitive Forces)', 기업내부 차원에서는 '가치사슬(Value Chain)', 그리고 본원적 경쟁전략의 3대 기조로 저가우위(Cost Leadership), 차별화(Differentiation), 집중화(Focus) 등을

9 Chandler, Alfred D. (1962년), Strategy and Structure, Chapters in the History of the American Industrial Enterprise, MIT Press.

근간으로 하고 있다. 이와 함께 그는 국제전략, 산업클러스터, 산업 환경 분석 등에 대한 탁월한 식견으로 전략적 이해의 틀을 제시하였다.

특히 '5대 경쟁세력 모형(Five Competitive Forces)'과 가치사슬(Value Chain) 모형[11]은 포터의 탁월한 업적 중 하나로 널리 회자되고 있는데, 특히 시장에 대한 이해라는 차원에서 경쟁세력 모형만 간략히 소개하면 아래 그림과 같다. 이 모델은 전략 포지셔닝, 정보기술의 전략적 활용 기회 포착 등 상당히 다양한 분야에 응용되고 있다.

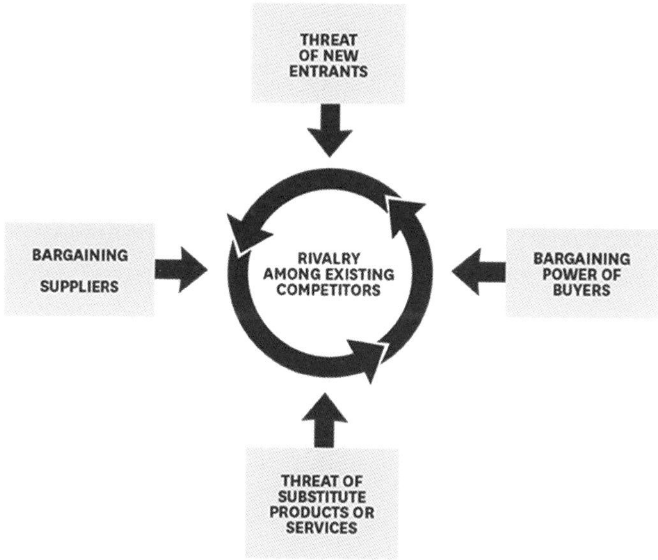


---

10 Michael E. Porter(1979). "How Competitive Forces Shape Strategy." Harvard Business Review (HBR), March/April, 1979.

11 가치사슬 모형에 대해서는 제5장(또 다른 전략) 제1절에서 논의함

## 3 조직의 마비

시장과 규모의 경제를 전략기조로 삼았던 산업사회는 조직의 비대화를 초래하였으며, 사회학자 막스 베버(Marx Weber)가 간파한 바와 같이 조직이 비대해지면 효율과 통제가 강화되어 관료제(Bureaucracy)로 변화하게 된다. 요즘도 지속되고 있는 품의제도도 여기서 유래한 것이다. 조직의 명령 및 보고체계는 긴 사슬을 형성하여, 경우에 따라서는 10여개 이상의 도장을 받아야 최종의사결정이 이루어지게 되는 사례까지 발생하게 되었다.

이러한 상황 하에서 권한은 최고경영자에게 집중될 수밖에 없다. 조직의 비대화는 조직의 경직성을 강화하게 되고 조직의 경직성은 의사결정 효율성의 저하를 촉진하며 정보의 원활한 흐름을 저해하게 된다. 이는 결국 조직체내에 활력과 혁신의욕의 쇠퇴와 종업원의 소속감이 저하를 강화하는 결과를 낳았다. 1900년대 산업사회가 출현한 이래 금과옥조로 여겨졌던 분업이론과 이에 근거한 조직의 세분화와 위계질서에 의한 통제는 1980년대 들어 시장의 수직·수평적 세분화, 개성 중심의 고객수요, 제품수명주기의 단축, 거듭되는 기술혁신 등 역동적 환경변화에 적절히 대응하지 못하는 문제를 초래하게 된 것이다.

결국 제 2세대 경영세계관은 이전의 공급(생산)자 중심에서 고객과 시장 상황을 고려하는 경영으로 이전되는 단계로 해석할 수 있다. 예전의 공급자 중심의 단일 노드 일변도에서 이제 또 다른 노드인 시장(고객)에 관심을 갖는 시장과의 연계적 대응을 모색하는 등 보다 동태적 경영과 전략적 개념이 도입되었고 조직의 마비 현상을 낳은 기존 경영패러다임에 대한 반성과 새로운 출구 모색을 시도하는 시기였다.

선과 면의 세계에서 비록 공급자 중심적 경영은 지속되었으나 시장에 대한 의식이 새롭게 나타나면서 마케팅과 전략 등이 중요 경영 세계관으로 대두되기 시작한 시기이다. 정보관리는 과거의 DP(Data Processing)에서 DB(Data Base) 개념으로 이동하면서 어플리케이션에 대한 데이터의 독립성과 전산처리의 필요성이 전사적으로 확대되면서 범위의 경제(Economies of Scope)를 추구하게 되었다.

제 2세대 경영세계관의 변천과정

| 주제(기간) | 주요 골자 |
|---|---|
| 꿈의 실현<br>(1951-1960) | 생산에서 시장으로 경영의 무게중심이 전환되면서 마케팅 개념이 태동되고,<br>조직의 핵심이 인간 또는 종업원으로 인식 |
| 전략의 이해<br>(1961-1970) | 현대경영학의 정착과 전략적 관점이 새로운 경영이념으로 도입되어 정태적 경영이<br>전략이라는 동태적 개념으로 변화 |
| 조직의 마비<br>(1971-1980) | 분업이론에 근거한 경영원리(노드-중심 경영)의 한계를 인식하고<br>기존경영패러다임의 반성과 새로운 출구 모색 |

# 제3절 공간의 세계

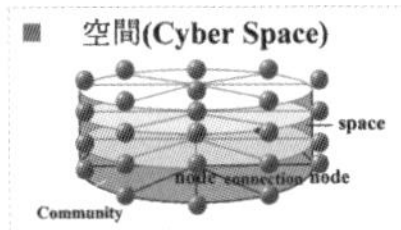


생산과 개별 조직만을 염두에 두었던 점의 세계관(제 1세대)에서 시장과 시장이란 무대에 등장하는 다양한 이해집단을 염두에 두는 선과 면의 세계관(제 2세대)을 거쳐, 인터넷의 보편화로 펼쳐지는 가상공간의 세계(제 3세대)로 경영의 세계관이 진화하게 된다. 면에서 (가상)공간으로 경영 활동을 넓혀가는 과정에서 '프로세스' 개념이 등장하게 되는데, 이 절에서는 경쟁력을 잃어가던 기업들의 프로세스 혁신과 가상공간을 활용하기 위한 새로운 시도에 관해 살펴본다.

궁극적으로 기업에 성공을 가져다주는 것은 제품이 아니라 프로세스다.

- 마이클 해머(Michael Hammer, 1948-2008), MIT 교수

## 1 위험한 학습

1960, 70년대의 풍요로움을 뒤로 하고 1980년대 들어서면서 당시 미국은 소위 '쌍둥이 적자'라고 일컬어지는 재정적자와 무역적자에 시달리고 있다. 특히 일본과의 무역역조는 유래 없이 심각했으며, 미국 연방정부 예산의 40%이상을 일본으로부터 지원받는 상황까지 이르게 된다.

이런 배경 속에서 경쟁력을 잃어가는 미국 기업들은 기존 서구식 경영 패러다임에 대한 반성과 함께 세계의 주목을 받던 일본 경영방식에 대한 철저한 분석과 학습을 시작한다. 하버드, MIT 등 유수한 경영대학원 학

생들이 일본을 견학하고 JIT(Just-in-time), 간판(Kanban) 등 일본식 생산 방식을 답습하는 한편, 일본식 경영과 관련된 저서들이 쏟아져 나왔다.

미국기업들은 무재고, 무결점, 무이직 등 소위 '3무(Three Zeros)'와 평생고용(lifetime employment) 등 일본기업들이 표방하는 가치들은 매력적일 수밖에 없었고, 앞 다투어 일본식 경영에서 답을 찾으려 했다. 특히 '적시생산체제(JIT)'는 당시 재고 누적에 허덕이던 미국기업들로서는 상당히 매력적인 것이었다. 그러나 이를 도입한 기업들 중 HP, Goodyear Tire 등 일부 기업들을 제외하고는 결국 모두 기대한 성과를 거두지 못했다.

Q2-2-(1) : 일본식 경영에서 해답을 찾지 못한 이유는 무엇일까?

이것이 다음 절에서 논의하게 될 '새로운 도전'을 모색하게 되는 계기가 되었지만, 일본식 경영에서 답을 찾으려는 시도는 왜 무위로 끝나게 되었는지부터 살펴볼 필요가 있다. 결론부터 얘기하면, 겉으로 드러난 경영 방식을 모방하려 하였을 뿐 독특한 일본식 경영을 가능케 한 문화는 이해하지 못했다는 점이다.

미국이 일본식 경영에 관심이 높던 시절 필자는 유학생 신분이었다. 내가 공부하던 대학에 일본 학자가 방문교수로 온 적이 있었는데, 우연히 그와 얘기하던 도중 무심코 그가 던진 얘기가 지금도 생생하다. 미국에서 출간된 일본식 경영에 관한 책들을 보고 실소를 금치 못했다는 것이었다. 방법론에 강한 성향을 가진 미국 학자들이 일본공장들을 견학하고 나서 펴낸 책들의 상당수가 복잡한 수식을 동원하여 JIT(Just- in-time)와 간판(Kanban) 시스템을 풀어놓았을 뿐, 일본의 기업문화에 대한 심도 있는 내용은 거의 볼 수 없었기 때문이었다.

제 1장 '성과의 작동모델'에서 논의한 것처럼 당시의 미국 학자들이나 기업인들 역시 수면 위만 보았지, 현상을 지배하는 수면 아래는 제대로 읽지 못했다. 읽었다 하더라도, 문화적 요인은 쉽사리 접목할 수 있는 것이 아니므로 일본식 경영을 방법지(형식지)화해서 서둘러 보급하고자 하는 조바심의 발로였을 지도 모르겠다. JIT(Just- in-time), 간판(Kanban) 시스템, 평생고용 등으로 상징되는 일본식 경영은 그들만의 독특한 봉건주의 문화에 기반하고 있다. 영주는 농노를 보호하고, 농노는 영주를 옹위하는 길만이 함께 생존하는 길임을 잘 알고 있었다. 오랜 세월 이러한 의식이 체화되어 문화로 자리 잡았고, 그것이 일본식 기업경영으로 발현된 것이다.

소비자의 주도권이 점차 높아지던 당시 시장의 고객 수요를 예측하여 그에 따라 생산을 한다는 것은, 마치 빠르게 이동하는 표적을 쏘아 맞추는 일처럼 점차 어려운 과제가 되었다. MRP(자재소요계획)에 기초한 계획생산방식으론 점차 고조되는 시장의 불확실성에 제대로 대처할 수 없는 상황에서 '적시생산'이란 매력적일 수밖에 없었다. 미국을 위시하여 경영학을 선도했던 서구세계는 알다시피 '계약문화'이다. 따라서 예상치 못한 생산주문에 부품협력사는 당초 계약에 없는 사항일 경우 초과수당을 부과하거나 부품생산을 거절하는 것이 서구 사회의 특징이다. 그러나 일본의 경우는 주력사가 협력사에 전화해서 추가부품생산을 요청하면 야간작업을 해서라도 그 다음날 가지고 들어온다. 이것이 적시생산의 문화적 배경인 것이다.

가령 JIT로 정평이 나있던 도요타(Toyota)의 경우 부품회사들은 언제라도 도요타를 위해 야근을 마다하지 않을 준비가 되어 있다. 반면에 영주로서의 도요타는 부품회사들의 번영과 안위를 위해 최선을 다한다. 금융을 일으켜준다거나, 교육 및 기술전수를 적극 지원한다. 미국과 같은 서방세계에서 이것이 가능했을까? 일본학자가 미국서 출간된 일본식 경영 서적들을 보고 실소한 이유는 바로 여기에 있었다.

## 2 새로운 도전

일본식 경영은 서구의 환경에 적합지 않을 뿐만 아니라 근본적 해결책이 아니라는 판단에 이르게 된다. 그 결과 앞서 언급한 다양한 혁신기법의 도입과 함께 조직 재설계에 대한 논의가 활발히 일어나기 시작하였다. 서구식 경영방식에 대한 비판과 반성, 그리고 조직의 경직 현상을 해결하기 위한 시도 등 새로운 경영패러다임이 적극 모색되기 시작하였다. 이러한 흐름을 선도한 것이 바로 마이클 해머(Michael Hammer), 피터 챔피(Peter Champy), 데이븐포트(Thomas Davenport) 등을 필두로 한 조직 프로세스 재설계(BPR : Business Process Reengineering)이다.

1990년 MIT 교수였던 해머(Hammer, 1948-2008)는 하버드 비즈니스 리뷰(HBR)에 기고한 논문("Reengineering Work: Don't Automate, Obliterate")에서 다음과 같이 강조하였다. '가치 창조에 기여하지 않는 일들은 자동화로 효율을 높이려하지 말고 과감하게 제거해야 한다.' 한 마디로 당시의 혁신은 기존 업무처리과정을 정보기술로 자동화하는 것이 아니라, 고객의 가치에 기여하지 못하는 불필요한 일들을 모두 제거하는 것이었다. 이것이 조직 재창조의 출발점이 되었으며, 피터 드러커(Peter Drucker)나 탐 피터스(Tom Peters) 같은 원로 대가들의 지지를 얻게 된다.

그 후 수많은 BPR에 관한 논문과 저서들이 발간되는데, 그중 가장 널리 알려진 책이 바로 해머와 컨설턴트 챔피(Hammer & Champy)의 저서 「Reengineering the Corporation」이다. 제목만 보아도 당시로선 상당히 도전적인 내용을 담고 있으며, 그 만큼 당시 미국의 기업들은 심각한 위기의식을 갖고 있었음을 반증한다.

BPR은 과거의 연장선에 놓인 기업의 가치관과 경영원칙을 모두 지워버리고 업무처리 절차(프로세스) 전 과정의 과감한 재구성을 통해 보다 적은 투자와 노력, 보다 적은 인원으로 생산성과 품질, 서비스와 속도에 혁신을 가져오자는 '조직 재창조' 과정이다. 분업과 위계에 의한 생산성 향상은 산업사회의 금과옥조였다. 그러나 BPR은 기존의 수직적 경영세계관에서 탈피하여 단위업무 간 연결점을 재구성하려는 수평적 경영세계관으로의 전환을 시도했다는 점에서 아담 스미스의 「분업경제」에 정면으로 도전하는 것이다.

**고리의 무게와 사슬의 장력**

조직은 고리로 연결된 사슬에 비유되곤 한다. 이때 조직 관리의 문제는 '고리의 무게를 관리할 것인가, 아니면 사슬의 장력을 관리할 것인가'의 문제에 귀착된다. 사슬의 기능으로 볼 때 당연히 고리의 무게가 아닌 사슬의 장력을 관리해야 마땅하다. '부분이 아닌 전체를 보라.'는 시스템사고의 통합적 관점은 고리(ring)와 사슬(chain)의 관계와도 유사하다. 고리는 게임기의 두더지처럼 개별적으로 존재하지만 사슬은 자동차처럼 각각의 연결점을 통해 이어진 상호작용 매커니즘이다.

### 1. 놀라운 성과

IBM 산하기업, 'IBM CREDIT'은 IBM제품 구입자에게 할부금융 서비스를 제공하기 위해 설립된 회사이다. 고객이 제품구입과 함께 할부 금융을 신청하면 고객의 신용 체크, 할부이자계산 등 모두 다섯 단계를 거친다. 여기에 소요되는 기간이 보통 엿새 정도였다. 판촉부서로부터 이 기간이 너무 길어 손님을 놓친다는 불평을 받자 이 회사의 두 간부는 어느 날 고객의 신청서를 들고 직접 5개 관련 부서를 돌며 단계를 밟아 보았다. 실제 소요 시간은 90분 정도, 6일 중 나머지 시간은 서류가 부서 사이에서 잠자는 시간임을 알게 되었다. 신용체크와 이자계산 등 5개 부서에는 전문직들이 배속돼 있었지만 컴퓨터 데이터베이스에서 간단한 조작으로 자동적인 계산이 가능하다는 것도 추가로 알게 되었다. 결국 4명의 전문직을 일반직으로 대체하고 컴퓨터 데이터베이스를 이용한 결과 소요시간은 단 4시간으로 단축되었다.

포드자동차는 부품업자에게 납품대금을 지급하는 부서에서 얼마 전까지만 해도 500명을 고용하고 있었다. 비록 규모는 작지만 단 5명이 이 업무를 해내고 있는 일본 마쓰다 공장의 사례에 충격을 받고 전체 과정의 개혁에 착수했다. 납품장소에 온라인 데이터베이스를 설치하고 컴퓨터에 의한 납품조회와 수표발행 등을 추진한 결과 인원은 125명으로 줄었다. 납품종류가 잡다하지 않은 엔진부서 같은 곳은 종래 인원의 5% 수준으로 격감시킬 수 있었다. 이 외에도 'BPR'로 성공한 회사는 코닥(Kodak), 홀마크(Hallmark), 타코벨(Taco Bell), 벨아틀랜틱(Bell Atlantic) 등 세계 굴지의 대기업들을 중심으로 그 수가 늘어났다.

## Q2-2-(2) : BPR의 한계는 없었을까?

'빛이 강하면 어두움도 짙은 법.' BPR이 거둔 성과 못지않게 비판도 많았으며, 실패 사례도 적지 않게 드러나기 시작했다. BPR은 생물인 조직을 너무 공학적으로 접근하여 인간적 요소를 간과하였고, 그 결과 간판만 바꿔 단 '테일러리즘(Taylorism)의 재탄생'이란 극단적 비판까지 대두되었다.

### 2. BPR의 한계

1993년까지 포춘 500대 기업의 60%가 BPR을 추진 중이거나 계획을 하고 있었다. 이러한 반향은 BPR이 가진 사상도 혁신적이었지만, 조직의 반응성과 생산성 제고를 통한 미국기업의 경쟁력과 자존심을 회복하려는 시대적 상황도 한 몫을 차지했다.

그러나 시간이 흐르면서 BPR의 문제점이 드러나기 시작했다. BPR 적용사례의 약 25% 정도만이 성공을 거두었다는 보고까지 발표되었다. 가장 근본적인 문제는 BPR이 가지고 있는 공학적 세계관이었다. 조직을 통폐합하고 불필요한 업무를 없애는 다운사이징 과정에서 조직원들은 자신의 불확실한 미래와 직책의 불안정성으로 인해 부서 간 협력보다는 개별부서의 이기에 집착하게 되었다. 뿐만 아니라 조직의 업무 프로세스를 재설계한다는 것이 말이 쉽지 상당한 시일이 소요되고 소리 없는 저항을 수반할 수 있다는 사실을 간과하였다.

특히 공조직의 경우 BPR의 폐해는 더욱 심각하게 드러났다. 우선 업무프로세스 재설계 과정에서 수반되는 것은 시간이 소요되는 관련 법제도의 수정 및 보완이다. 특히 상당수의 법제도는 국회의 심의를 거쳐야 하는데, 우리나라의 경우 이것을 기대하기란 거의 불가능하다. 또한 사활이 걸린 사조직과 달리 회계연도를 준수하는 공조직의 경우 BPR사업은 길어야 6개월 이내이다. 그래야 회기 내 사업비를 집행할 수 있기 때문이다. 이런 형식적 BPR이 한국 공공부문에선 아직도 지속되고 있다.

비록 BPR은 실패한 혁신기법으로 전락했다는 지적도 있지만, 기능중심의 수직적 경영세계관을 프로세스 중심의 수평적 세계관으로 바꿔놓는 계기를 마련했다는 점에서 상당히 큰 의미를 갖는다.

## 3 지평을 넘어

생산 중심에서 소비 중심으로 경영기조가 완전히 전환되고, 초고속정보통신(네트워크)과 개인용 고성능 컴퓨터(단말), 멀티미디어 기술(정보처리) 등이 보편화됨에 따라 인터넷은 1990년 중반부터 급속히 확산되었다. 아직 일부 선진 조직에 국한되어 있긴 했지만, ERP(Enterprise Resource Planning)와 같은 정보기술 기반의 내부 프로세스의 강화는 조직 외부의 핵심 노드(node)인 공급자와 고객으로 확장하려는 시도로 진전되었다. 인터넷의 보편화로 노드 간 인터페이스는 웹(Web)으로, 통신프로토콜은 TCP/IP로 통일되면서 공급자 노드에서부터 고객 노드에 이르기까지 전 프로세스를 단일의 전산 환경에서 연계, 연동시킬 수 있는 가능성이 열리게 된 것이다. 이렇듯 비즈니스 프로세스의 외부 확장과 이에 수반되는 제반 사항을 통칭하여 'e-비즈니스'라고 한다.[12]

'e-비즈니스'는 공급 노드에서부터 고객 노드에 이르는 공급사슬 관리(Supply Chain Management)의 디지털화(e-SCM)와 고객 노드(시장)에 대한 각종 정보를 공급 노드와 공유하여 제품 및 소재의 공동 개발 등 협업을 통해 고객의 잠재수요에 능동적으로 대처하는 고객관계 관리(Customer Relationship Management)의 디지털화(e-CRM), 이들 양대 노드와 연동할 수 있는 조직 내부의 디지털화(e-Organization) 등 3대 영역으로 구성된다. 이 모두를 포함한 확장된 프로세스의 디지털화 과정을 'e-Transformation'이라 한다.

요컨대, 'e-비즈니스'는 21세기를 접어들면서 인터넷 등 정보통신기술을 가능수단으로 한 새로운 경영패러다임으로 부상하였다. 그러나 'e-비즈니스'는 갑자기 생겨난 것이 아니라, 과거 단일 노드(点)에서부터 출발하여 노드와 노드 간 일대일 커넥션(線), 일대다 커넥션(面) 그리고 사이버 공간(空間)으로 기업 활동 영역이 확장되면서 나타난 소산임에 주목해야 한다.

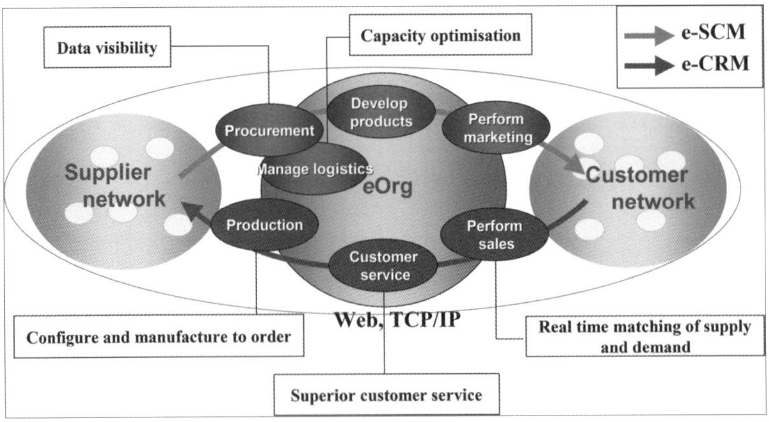


e-Business의 3대 영역과 e-Transformation 개념

경영의 초점은 e-Transformation을 중심으로, 이에 수반되는 기술·사회적 문제들이 주요 대상이 되었고, 여건과 전략에 따라 가치사슬(프로세스)의 확장뿐만 아니라, 모든 경영활동이 시장과 고객으로부터 시작되는 가치사슬 역류, 아웃소싱 혹은 분사(Spin-off)를 통한 가치사슬 분해, 핵심 역량 중심의 가치사슬 강화, 전략과 제휴를 통한 가치사슬 통합 등 다양한 형태로 'e-비즈니스'가 실현되었다. 이와 함께 지식기반 경영이 한층 강화되었고, 창의적 조직 및 문화와 인간중심경영의 가치혁신이 수반되었다.

제 3세대 경영세계관의 변천과정

| 주제(기간) | 주요 골자 |
|---|---|
| 위험한 학습<br>(1981-1990) | 미국의 경쟁력이 추락하면서 서구식 경영에 대한 반성과 비판 일본의 경쟁력 원인을 일본식 경영(JIT, Kanban 등)에서 탐구하려는 시도와 새로운 경영 패러다임 모색 |
| 새로운 출발<br>(1991-2000) | 프로세스 재편을 중심으로 한 조직 재설계(BPR)를 필두로 고객중심경영, 품질경영, 핵심역량경영, 아웃소싱 및 감량경영, 창조적 인적자원관리 등 다양한 혁신기법 출현과 조직 의 디지털화 가속(ERP 전사 차원 IT기반 통합체제 구축) |
| 사고의 확장<br>(2001-2010) | 경영 프로세스의 외부 확장과 분해, 역류, 강화 등 인터넷 기반의 메가 프로세스 혁신(e-Transformation) 가속화 |

12 'e-비즈니스'와 흔히 혼동하여 쓰는 용어로 '인터넷 비즈니스'와 '전자상거래'가 있다. 그러나 이들은 e-비즈니스의 영역에 포함될 수는 있으나 엄밀한 의미에서 다른 개념이다. '인터넷 비즈니스'는 전통기업(오프라인)이 인터넷 가상공간에서 수익활동을 전개하는 등의 기능적 확장과 나름의 수익모델을 가지고 순수 인터넷에서만 영리활동을 하는 형태를 말한다. '전자상거래'란 'e-비즈니스'를 거래적 관점으로 국한하여 본 개념으로 B2B(기업과 기업간), B2C(기업과 시장간), B2G(기업과 정부간), B2E(기업과 종업원간) 등 거래 대상에 따라 전자문서(EDI)의 표준화 및 인증, 전자대금결재, 국제거래 시의 관세 문제 등이 주요 사안으로 다루어진다.

이 기간은 기존의 패러다임을 무너뜨리고 새로운 출구를 모색하는 시기로서, 고객중심의 기민한 대응과 이를 위한 고객관계관리(CRM) 및 공급사슬관리(SCM)등 프로세스의 재구성이 핵심을 이루었다. 전략구도도 기존의 경쟁 일변도에서 협력을 통한 경쟁우위전략으로 변모하기 시작하였다. 정보관리는 통합 DB를 기반으로 한 전사자원관리(ERP)를 통해 프로세스의 성력화를 도모하는 한편, 범위 경제성(Economies of Scope)과 함께 연결의 경제성(Economies of Networking)을 본격 추구하였다.

## 제4절 융합의 세계

제 3세대 경영세계에서 형성된 가상공간은 현실공간과 융합되면서 예전과는 전혀 다른 모습들이 나나타기 시작한다. 이 책의 핵심 주제인 '제 4세대 경영세계관'의 핵심을 이루는 융합과 관련하여, 융합에 이르는 경계의 소멸과정과 그 이면의 시사점을 논의한다.

배는 항구에 정박해있을 때 가장 안전하다.
그러나 그건 이미 배가 아니다.

- 존 A. 셰드 (John A. Shedd, 1859-1928), 미국 작가/교수

현재 우리는 현실공간과 가상공간이 융합되는 초연결사회의 문턱을 건너고 있다. 이러한 융합의 시대는 갑자기 전재된 것이 아니라 수차례 경제의 소멸을 거친 결과이다.

### 1 1차 경계의 소멸

제4장 제1절(3. 제3의 물결)에서도 소개되지만, 경계의 소멸은 1980년도 출간된 앨빈 토플러의 명저 「제3의 물결(The Third Wave)」에서 처음 암시되었다. 산업사회(제2의 물결)를 거쳐 정보사회(제3의 물결)로 진입하면서 시장에는 그 동안 보지 못했던 신종 소비 집단이 출현하게 되는데 그것은 바로 '프로슈머(Prosumer)'의 등장이란 것이다. 독자들은 이미 알고 있겠

지만 '프로슈머'란 생산자(Producer)와 소비자(Consumer)의 합성어로 '스스로 만들어 소비하는 사람'을 의미한다. 생산자 혹은 제공자와 전통적 소비자의 경계가 허물어짐을 여기서 알 수 있다.

### 1. 생산자와 소비자 경계의 소멸

**Q2-4-(1) : 토플러는 어떻게 '프로슈머'의 출현을 예측할 수 있었을까?**

토플러가 프로슈머의 등장을 예측했다는 것 그 자체는 사실 그리 중요한 것이 아니다. 정작 중요한 것은 어떻게 그는 이를 예측할 수 있었는가, 그리고 그것이 기업에 던지는 의미는 무엇인가에 대한 궁금증을 푸는 과정이 더욱 중요하다.

소비자를 영어로 '컨슈머(Consumer)'라 한다는 것을 모르는 이는 아마 없을 것이다. 그러나 이 정도로는 학교 영어수업 쪽지시험 때 외에는 전혀 도움이 되지 않는다. 써먹지 못하는 '죽은 정보(Inert Information)'라 하는 것은 바로 이런 종류의 지식을 두고 하는 말이다. 소비자란 무엇이며 그 대척점에 무엇이 존재하는가에 대한 답을 할 수 있어야 한다. 그것은 바로 생산자 혹은 제공자이다. 따라서 기존의 소비자란 생산자가 만들어 제공하는 재화 및 서비스를 대가를 치르고 소비하는 '수동적 소비자'를 의미한다. 이미 제 3경영 세계관에서 논의했듯이 1980년대로 접어들어 90년대를 향하면서 시장은 공급자에서 완전히 소비자로 주도권이 넘어갔다.

소비자는 더 이상 공급자가 제공하는 대로 소비하지 않는다는 사실과 그 대척점에 서 있는 생산자는 소비자는 더 이상 고정표적(Fixed Target)

이 아니라 이동표적(Moving Target)임을 인식하게 되었다. 그 결과 생산자들은 일방적인 생산이 아니라 다양한 고객의 수요에 맞추는 전략으로 전환할 수밖에 없었다. 고객 수요에 맞추는 전략으로 제시된 것이 '프로슈밍 전략(Prosuming Strategy)'이고 이를 선호하는 소비자들은 자연스레 '프로슈머(Prosumer)'로 진화할 수밖에 없을 것이란 예상이 가능하다. 결국 토플러의 예견은 소비자 중심의 시장 환경 속에서 생산자와 소비자 사이의 피드백 작용이 빚어낸 결과인 것이다.

### 2. 프로슈머 출현의 시사점

기업은 이런 신종 소비 집단의 출현에 대응하여 두 가지 전략을 구사할 수밖에 없다. 하나는 '프로슈밍 전략(Prosuming Strategy)'이요, 또 다른 하나는 '이동표적(Moving Target)'으로 표현되는 변덕스런 소비자의 수요 변화에 빠르게 대응하는 방안을 강구하는 것이다.

'프로슈밍 전략(Prosuming Strategy)'의 핵심은 다양한 소비자 욕구를 충족시키기 위해 개인화된 재화 및 서비스를 제공하는 것이며, 그 핵심수단은 바로 재화 및 서비스를 만들어 제공하기 보다는 소비자 스스로가 만들어 소비할 수 있도록 간편한 플랫폼을 제공하는 것이다. 플랫폼비즈니스가 중요한 이슈로 떠오르는 이유는 여기에서도 발견된다.

## 2 2차 경계의 소멸

앞서 1차 경계의 소멸을 논의하면서 의문에 답하지 않은 것이 하나 있다. 그것은 바로 '이동표적(Moving Target)'으로 표현되는 변덕스런 소비자 수요 변화에 빠르게 대응할 수 있는 방안은 무엇인가에 관한 것이다. 이에 대해선 제11장 제2절(1. 피라미드의 교훈)에서 다시 논의 되겠지만, 환경변화에 보다 순응적이고 반응적인 구조로 조직을 새롭게 조직화 하는 방안이 있을 수 있다. 그러나 다른 한편으론 정보기술의 도움을 얻어 환경의 변화 및 시장 수요의 변화를 재빠르게 간파하는 것이다.

### 1. 생활공간과 사무공간 경계의 소멸

Q2-4-(2) : 정보기술로 환경 변화에 어떻게 신속 대응할 수 있을까?

논의의 단순화를 위해 현실공간을 소비자의 생활공간과 생산자(제공자)의 사무공간으로 구분해보자. 지능형 정보기술의 등장으로 소비자의 생활공간과 제공자의 사무공간의 경계가 무너지기 시작했다. 특히 인간이 만들어낸 모든 구조물에 내재화되기 시작한 사물인터넷(IOT: Internet of Things)은 생활공간과 사무공간의 경계를 허물고 하나로 연결하는 결정적 계기가 되고 있다.

소비자의 생활공간과 생산자의 사무공간이 서로의 연결을 통해 하나의 공간으로 통합된다는 것은 생산자의 사무공간에서도 소비자의 생활공간에서 어떤 일들이 일어나고 있는지 거의 실시간으로 알 수 있음을 의미한다. 이러한 새로운 능력은 소비자의 요구변화에 반응하던 '계획에 의행 행동'을 선제적 대응을 통해 후속 행동을 결정하는 '학습에 의한 행동'으로 변화에 대한 기업의 대응력을 바꿔놓을 수 있음을 의미한다. 사물인터넷이 실시간 만들어내는 엄청난 양의 신호데이터는 현대 경영조직으로 하여금 상황변화를 '예측'하는 방식에서 '이해'하는 방식으로 바꾸어 놓는다. 이러한 측면에서 볼 때 제10장 제2절(데이터 세계관의 변화)에서 논의되는 '빅데이터'는 상당한 의미를 갖는다.

### 2. 마크 와이저의 꿈

인터넷이 그 영토를 3.5개월에 2배씩 늘려가고 그 잠재력에 도취된 학자나 기업인들은 'e-비즈니스', '전자상거래'를 얘기했다. 그러나 인터넷은 콜럼버스(Columbus)가 신대륙을 발견한 이래 인류의 최대 '사회적 공간'이라고 열광하던 1990년대 유독 한 사람만은 이에 대해 회의적 시각을 가지고 있었다.

Q2-4-(3) : '가상공간'이 인류의 진정한 '생활공간'이 될 수 있을까?

이러 의문을 가진 사람은 바로 실리콘 벨리의 천재 마크 와이저(Marc Weiser, 1952-1999)다. 가상공간은 어디까지나 '가상의 공간일 뿐 물리공간과 분리되어 있는 한 진정한 의미에서의 생활공간이 될 수는 없다.'는 것이었다. 그는 가상공간은 물리공간과 매우 유사하지만 결정적 결함은 바로 물리공간과 달리 물질의 이동은 불가능하다는 것이다.

이러한 의문으로부터 그는 가상공간과 물리공간을 일체화시키는 꿈을 꾸게 된다. 이때부터 '사라지는(스며드는) 기술'로 지칭되는 유비쿼터스(Ubiquitous) 기술이 개발되기 시작했으며, 와이저의 꿈은 요즘의 사물인터넷(IOT: Internet of Things)으로 현시된 것이다.

**마크 와이저의 엉뚱한 발상**

마크 와이저는 가상공간이 물리공간과 분리되어 있는 한 그저 가상공간일 뿐 진정한 의미에서 인류의 생활공간이 될 수는 없다고 일갈했다.

인류의 생활공간이 가상공간으로 확장되려면 가상공간과 물리공간이 일원화 되지 않으면 안 된다는 것이었다. 그 방법은 가상공간을 물리공간으로 스며들도록 하는 것인데, 이를 위해서는 컴퓨터를 물리공간의 각종 사물에까지 내장시킴으로써 가능할 것이라며 '유비쿼터스 컴퓨팅' 개념을 최초로 제시하였다.

그는 비록 1999년 4월 27일 46세의 나이에 위암으로 생을 마감했지만, 그가 제시한 미래 비전은 사물인터넷(IOT)으로 현시되고 있으며 동화에 등장하는 말하는 거울, 대화하는 책상, 거리에서도 집안 냉장고 속 우유 잔량과 유통기한을 알 수 있고 입는 컴퓨터 등과 같이 '사라지는 기술'이 우리 생활의 일부가 되어가고 있다.

아직 진행 중이긴 하지만, 사물인터넷(IOT: Internet of Things)이 인간이 만들어낸 모든 구조물에 내재화되면서 생활공간과 사무공간의 경계가 사라지고 있다. 이러한 경계의 소멸은 비단 시장 등 민간부문에서만 새로운 기회를 열고 있는 것이 아니다. 공공부문에서도 획기적 서비스 개선이 일어날 기회를 재공하고 있다. 가령 신고, 신청해야만 작동하던 행정서비스(이를 '반응행정'이라 함)는 주민의 신고나 신청이 있기 전에 먼저 서비스를 제공하는 선제적 행정서비스(이를 '선제행정'이라 함)를 가능케 하고 있다. 한 마디로 '울어야 젖 주는' 수동적 서비스 방식에서 탈피하여 '울기도 전에 알아서 젖을 주는' 스마트한 서비스가 가능해질 것이다. 민간에서는 소객에게 물건을 팔고 난 이후 시행하는 애프터서비스(After Service)에서 비포서비스(Before Service)로 전환되어 고객에게 감동을 주는 스마트한 정보환경이 조성될 것이다.

## 3 3차 경계의 소멸

1차, 2차 경계의 소멸에 이어 세 번째 경계의 소멸이 최근 진행되고 있다. 그것은 바로 마크 와이저의 꿈이었던 '가상공간'과 '현실공간'의 경계가 무너지는 것이다. 양대 공간의 일원화는 인공지능 기술과 함께 4차 산업혁명을 견인하고 있다.

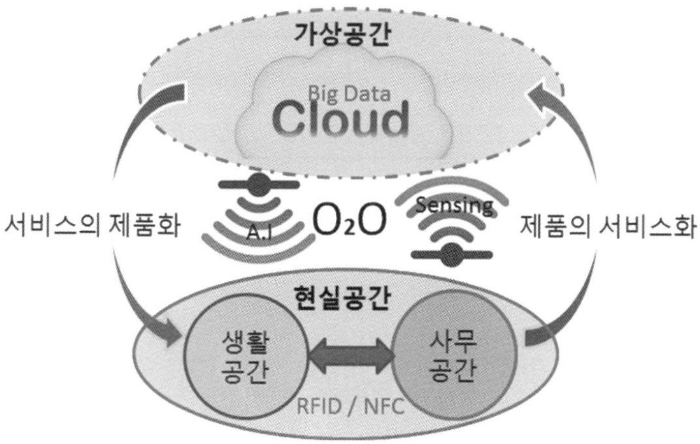


경계의 소멸과 초연결사회의 개념도

### 1. 가상공간과 현실공간의 일체화

물리적 현실공간에서 소비자의 생활공간과 제공자의 사무공간이 사물인터넷으로 연결되면서 모든 데이터는 실시간으로 감지되어 가상공간의 클라우드(Cloud)를 통해 빅데이터(Big Data)를 형성하게 된다. 빅데이터는 인공지능과 데이터분석기술을 통해 새로운 서비스를 제공하게 된다. 물리공간에서 생활공간과 사무공간의 연결에 이어 물리공간과 가상공간의 연결이 이루어짐으로써 4차 산업혁명의 대표적 상징인 '초연결사회'가 형성되기에 이른 것이다.

Q2-4-(4) : '초연결사회'의 개막은 어떤 의미를 갖는가?

모든 것이 연결되면 지능화된다. 여기서 '지능화'란 멀리 보는 능력을 갖는 것을 말한다. '멀리 본다.'는 것은 공간적으로 먼 곳에서 어떤 일이 일어나고 있는지를 안다는 뜻으로, 필자는 이 현상을 'Ex-ante Experience'라 칭하고자 한다. 자동차에서 흔히 사용하는 '네비게이션 시스템'이 '초연결사회'의 미래가 어떻게 전개될 것인지 가늠케 한다. 가령 한 지역에서 다른 지역으로 운전해가려 할 때 우리는 이 시스템을 통해 도로와 인근 주변에 무슨 일이 있는지, 주행 시간이 얼마나 소용되는지 최적거리는 어떠한지 등등을 미리 알 수 있다. 겪지 않고도 미리 알 수 있는 능력은 지능 중 최상의 지능일 것이다. 보다 구체적인 설명은 제4장 제2절(2. 초연결시대의 개막)에서 다시 하게 된다.

### 2. 3차 경계의 소멸이 던지는 의미

Q2-4-(5) : '가상'과 '현실' 공간이 연결되어 나타나는 사회적 현상은?

가상공간과 현실공간이 연결되어 나타나는 사회적 현상은 두 가지로 집약될 수 있다. 첫째, 인간이 '데이터를 수집, 처리하던 방식(collecting by pull)'에서 환경이 '데이터를 제공하는 방식(collected by push)'으로 정보 환경이 바뀔 것이다. 이렇듯 정보환경의 지능화는 재화 및 서비스 제공자의 사무공간에서 소비자의 생활공간에서 일어나는 일을 실시간으로 알 수 있게 됨으로써 기민한 대응이 가능해지고 '예측에 의한 행동'이 선제적 대응을 통한 '학습에 의한 행동'으로 바뀔 수 있음을 시사한다.

둘째, 물리공간과 가상공간의 경계가 허물어진 단일 공간이 형성되면서 물리공간의 제품과 가상공간의 서비스가 서로 융합되어 새로운 산업을 잉태하게 될 것이다. 서비스는 현실공간을 통해 재화로(Productization), 재화는 가상공간을 통해 서비스로(Servitization) 각각 현시될 것이다.[13] 궁극적으로는 서비스와 재화, 재화와 서비스의 구분이 의미가 없는, 즉 재화와 서비스가 융합되어 새로운 산업이 출현하게 되는데, 이것이 바로 'CPS(Cyber-Physical System)'이다. 아래 그림과 같이 '제품의 서비스화(Product Servitization)'와 '서비스의 제품화(Service Productization)'는 제품과 서비스의 양극단에서 상대편을 향해 수렴해 가는 형상을 보이고 있다. 이로써 제조와 서비스가 하나로 융합된 형태인 'CPS(Cyber-Physical System)'는 '4차 산업'의 핵심이 될 것이다.

13 서비스의 제품화(Productization), 제품의 서비스화(Servitization)에 대한 논의는 제8장 제3절과 제9장 제3절을 각각 참고하기 바람.

제조와 서비스의 경계 소멸

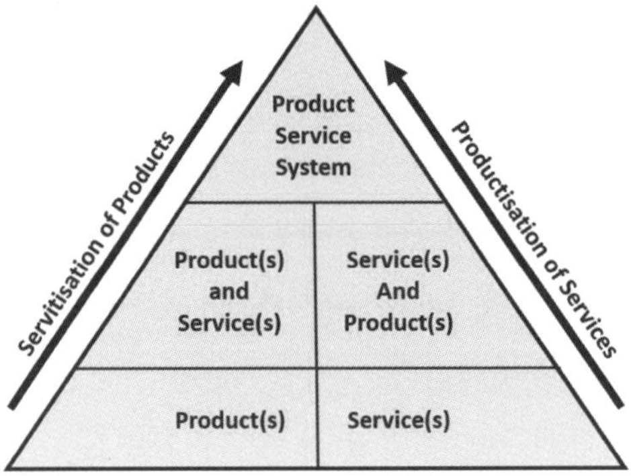


출처: Baines, T.S. et al., State-of-the-art in product service-systems, Department of Manufacturing, Cranfield University, UK, 2007.6

지금까지 논의된 경영패러다임의 진화과정도 알고 보면 앞서 '디지털의 사회적 함의'에서 논의한 바와 같이 디지털의 사회적 특성인 '관계(Relationship)', '연계(Connectivity)', 융합(Fusion, Convergence)'이 강화되어 온 과정이다. 경영패러다임의 진화과정과 각 단계에서의 핵심사항을 정리하면 아래의 표와 같다.

경영패러다임의 진화과정과 각 단계의 핵심사항

| 진화단계 | 0차원: 点 | 1차원: 線 | 2차원: 面 | 3차원: 空間 | 4차원: 融合 |
|---|---|---|---|---|---|
| 작동법칙 | 1 | 1 : 1 | 1 : N | N : N | N : N |
| 세계관 | 공급자 중심 | 시장지향적 경쟁 | 소비자중심 : 경쟁 심화 | 소비자주도 : 경쟁/협력 | 경계의 소멸 |
| 고객가치 | 가격과 품질 | 신속한 대응 | 관계 시너지 | 참여 시너지 | 공유 시너지 |
| 경제원칙 | 규모의 경제 | 범위의 경제 | 연결의 경제 | 창조의 경제 | 공유의 경제 |
| 정보관리 | DP | DB | ERP | DW / DM / ERP-II | BIG DATA AI / CLOUD |

제3장

# 사이버노믹스 (Cybernomics)

## 공유경제와 블록체인(Block Chain)

'공유경제(Sharing Economy)'에 대해 비판적 시각을 가지고 있는 미셸 바웬스와 바실리스 코스타키스(Michel Bauwens &d Vasilis Kostakis)는 자신들의 저서에서 공유경제 시스템을 '네트워크 통치 자본주의'라고 명명하면서 "신봉건적"이라고 비판했다. 이유는 간단하다. 이들 공유경제 서비스의 형태가 과잉착취(Hyper-Exploitation)에 기대고 있기에 그렇다. 겉으로는 상생(win-win)을 표방하고 있지만 내면으론 독식(win-lose)으로 치닫고 있다는 게 그들의 주장이다.

진정한 '공유경제(Sharing Commons)'가 되려면 정보를 독점하는 빅브라더들의 예봉을 꺾지 않으면 안 된다. 이런 측면에서 볼 때, 블록체인의 사상이 진정한 공유경제의 이상과 맥을 같이 한다. 블록체인은 세상을 지배해온 빅브라더에 대한 도전이기 때문이다. 블록체인 기반의 암호화폐가 처음 세상에 나온 것이 2009년 1월이니, 그때가 2008년 9월 리먼브라더스 파산으로 세계금융위기가 절정을 이룬 직후였음이 이를 반증한다. 블록체인의 도발적 사상은 지금도 신원이 알려지지 않은 사토시 나카모토가 2008년 11월 내놓은 9쪽 분량의 비트코인 백서(Bitcoin: A Peer-to-Peer Electronic Cash System)에 고스란히 담겨 있다. 요지는 금융기관을 통하지 않고 개인 간 직접 거래(P2P)로 당사자 간 온라인 대금 결제가 가능하도록 분산컴퓨팅을 하자는 것이다. 공유경제 시스템에 블록체인을 적용하면 진정한 '공유경제(Sharing Commons)'가 실현되지 않을까?

## 제1절 인터넷의 사회화

인터넷의 사회화(Socialization)가 진전되어 감에 따라 가상공간에서는 새로운 경제 현상이 나타나는데 이를 '사이버노믹스'라 한다. 사이버노믹스는 '긴꼬리경제(Long-tail Economy)', '관심경제(Attention Economy)', '집단지성경제(Social Intelligence Economy)' 등을 총칭하는 것으로, 이런 경제 현상들의 공통점은 인적, 사회적 요소가 IT 생산성에 더 큰 요인으로 작용하게 된다는 것이다.

특정 조건에서 집단은
그 집단의 가장 우수한 개인보다 더 똑똑하다.

- 피에르 레비(Pierre Levy, 1956-), 프랑스 미디어사회학자

### 1 영원한 베타(β)

세상에 완벽한 종결의 의미하는 '완결'이란 없다. 영원히 변화할 뿐이다. '완벽함'을 의미하는 영어 단어 'perfect'는 비교급이나 최상급이 존재하지 않는다. 이는 역설적으로 완벽이란 존재하는 않는 것임을 의미한다. 링크인 공동창업자 호프먼과 실리콘벨리 출신 카스노카(Reid Hoffman & Ben Casnocha)는

저서『연결하는 인간(The Start-Up of You)』에서 기업이든 개인이든 늘 진화할 뿐 결코 그 끝은 없다고 주장한다. "끝났다는 말은 욕에 다름이 아니며, 오로지 진행 중이어야 한다."고 조언하고 있다. 그리고 끊임없는 진화는 연결을 통해 이루어진다는 것이다. 필자가 서문에서 이 책을 '베타(β)'로 규정한 이유도 이것으로 설명될 수 있다.

불특정 다수가 모여 형성해내는 '인터넷의 사회'에서는 영원한 '베타(β)'만 존재할 뿐, 완결된 것은 아무 것도 없다.[14] '사회적 매체(Social Media)'로서의 인터넷은 '이상적 발화조건을 갖춘 공론의 장(public sphere with ideal speech condition)'으로서의 역할[15]을 수행하는 주요 수단으로 자리하고 있기 때문이다.

획일적 대중 매체인 '매스미디어(Mass Media)'와 대조되는 사회적 매체, 즉 '소셜미디어(Social Media)'로 변모하였다. 이로 인해 인터넷은 거대한 '기억 공간(Memory Space)'이며 동시에 '재능 저수지(Talent Reservoir)'로서의 역할을 하고 있음에 주목해야 한다.

Q3-1-(1) : '소셜(Social)'은 무엇을 의미하는 것인가?

14 프로그램이나 플랫폼의 개선과 업데이트가 끊임없이 수시로 이루어져 업그레이드 버전과 같은 별도의 완성품 배포 체계를 유지할 수 없는 상황을 의미하는 것으로, 주로 웹 2.0과 관련되어 사용자들에 의해 버그의 수정과 기능의 개선이 이루어지는 상황을 비유하는 용어로 사용된다.

15 Habermas, Jurgen(1989). The Structural Transformation of the Public Sphere: An Inquiry into a Category of Bourgeois Society, Cambridge : The Mit press.

인터넷이 일대 일 통신 혹은 일방적 브로드캐스트(broadcast)에서 대중이 적극 참여하는 다대 다 의사소통이 가능해지면서 가상공간에서의 '수목적 개인(人)'은 '관계적 개인(人間)'으로 빠르게 바뀌고 있다. 이를 '인터넷의 사회화(Socialization of the Internet)'라 한다. 이는 곧 전통적 물리공간에서 가상공간으로 인간의 사회적 영역이 확대되고 있음을 의미한다. 인터넷이 펼치는 새로운 사회적 공간이 갖는 시사점은 다음 두 가지로 집약될 수 있다.

### 1. 사회화(Socialization) → 재능저수지

커뮤니케이션 채널로서의 인터넷 개념이 개인의 메시지 기획, 편집, 배포의 기능으로 진화하면서 전통적 의미의 미디어(매스미디어)와 대비되는 개인미디어(Personal Media)가 등장하였다. '참여미디어(Participatory Media)'라고도 하는 개인미디어는 인터넷과 모바일 네트워크를 이용하여 개인이 메시지를 생산, 배포, 이용하는 체계를 포괄하는 개념으로, 이로 인해 나타난 것이 바로 소셜미디어(Social Media)이다. 제10장에서 다시 논의가 있겠지만, 인터넷의 이러한 사회적 현상은 새로운 지식의 형성에 중요한 시발점이 된다. 특히 일본 지식경영학자 노나카(Nonaka Ikujiro)가 제시한 '지식 형성의 단계적 순환모형(SECI)'에 따르면 새로운 아이디어가 생성되는 사회화 과정(Socialization)에 필요한 'Ba'는 그가 얘기하는 오프라인에서의 '면대면 만남(face-to-face meeting)'을 상당 부분 사회적 미디어로서의 인터넷이 대체할 수 있음에 주목해야 한다.

### 2. 대중의 역할 변화 → 거대 기억공간

인터넷은 이제 거대한 기억공간(Memory Space)으로 변모하고 있다. 이를 통해서 사람들은 분산기억(Transactive Memory)을 통해 자아를 확장해 가고 있다. 불특정 다수인 대중은 각자 자신의 인식체계와 경험을 통해 바라본 세상을 표현하고 이들을 공유한다. 이로써 개인은 모든 것을 외우려 할 필요가 없다. 우리의 관심은 '무엇을 알고 있는가.'의 문제가 아니라 '무엇을 알고자 하는가.'의 문제로 귀결된다.

사실 우리가 알려고 하는 것들은 인터넷에 들어가 보면 모두 다 있다고 해도 과언은 아니다. 필자 역시 이 책을 쓰면서 상당히 많은 자료와 정보를 인터넷으로부터 얻었다. 나아가 인터넷에 기억되어 있는 내용들은 거기서 끝나지 않고 끊임없이 수정, 보완되고 있다. 그러나 인터넷을 거대기억공간으로 변모시키고 있는 것은 단순 개인(人)의 집합체로서의 대중(Mass)이 아니라 관계적 개인(人間)으로서의 대중(Social)이다. 개인 간 '연결(Link)'과 '접속(Contact)'은 그래서 필요하고, 그래서 중요하다.

## 2 소셜미디어의 3대 특성

인터넷의 최근 키워드인 '소셜(Social)'의 특성은 대중의 행태, 존재, 역할 등 세 가지 관점에서 '개인화(Personalized)', '관계적(Relational)', '협력적(Collaborative)'으로 나타나는데, 이들을 좀 더 살펴보면 다음과 같다.

### 1. 행태론적 관점 – 개인화(Personalized)

개인화란 '소비의 개인화'를 말하는 것으로 개성적 혹은 차별적 소비를 추구하는 '소비 행태의 변화'를 의미한다. 이는 '소비의 대중화'에 대응되는 개념으로 소수 엘리트에 의해 장악되던 기존의 사회와 달리 불특정 다수의 대중에 의해 주도됨을 의미한다.

■ 권력의 이동

토플러(Alvin Toffler)는 자신의 저서「제3의 물결」에서 '소비의 개인화'를 지적하면서 소비자의 역할 변화를 '프로슈머(Prosumer)'라 지칭한 바 있다. 결국 대중은 소비의 수동적 주체(Consumer)에서 스스로 만들어 소비하는 능동적 주체(Prosumer)로 변모하고 있으며, 다수의 뱁새가 소수의 황새보다 더 큰 위력을 발휘하는 '긴 꼬리 경제(Long-tail Economy)' 현상으로 나타나고 있다.[16]

여기서 '긴 꼬리 경제'란 소수(20%)의 황새가 다수(80%)의 뱁새들을 이끌던 기존의 파레토 룰(Pareto's Rule)과 달리 다수(80%)의 뱁새들이 소수(20%)의 황새를 압도하는 역전 현상을 말한다.

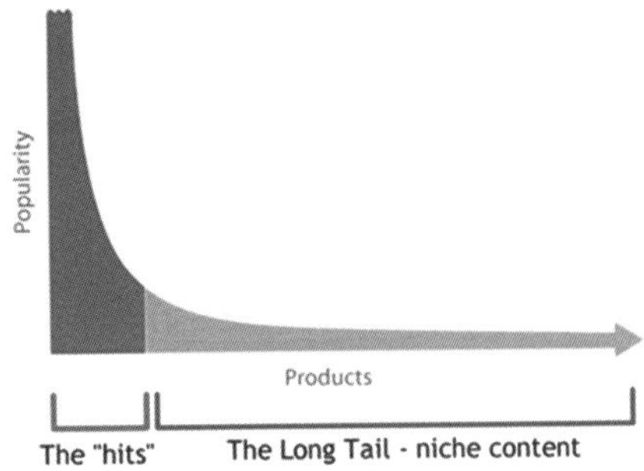


Q3-1-(2) : '긴 꼬리 경제'가 우리에게 던지는 시사점은 무엇인가?

어느 중학생이 기타 연주가 좋아서 늘 연습을 해왔는데, 프랑스 유명

16 Anderson, Chris (2006). The Long Tail: Why the Future of Business Is Selling Less of More. New York: Hyperion.

대학에서 유튜브를 통해 그가 하는 연주를 보고 장학생으로 데려갔다고 한다. 이렇듯 '긴 꼬리 경제'는 개성과 독특한 능력을 보유한다면 자신의 경력개발과 발전을 위해 이제는 굳이 해당분야의 기득권 세력(황새)에 의존하여 도제생활을 거치지 않고도 충분히 성장할 가능성이 있음을 의미한다.

### 2. 존재론적 관점 – 관계적(Relational)

'관계적'이란 대중이 수목적 존재(人)로서의 개인(I)들의 단순 집합에서 관계적 존재(人間)로서의 개인(Me)들이 상호작용하는 유기체로 변화함을 의미한다. 이것이 네그로폰테(Negroponte)가 얘기하는 '진정한 디지털적 존재(Digital Being)'이다. 이러한 '관계적' 특성으로 환경과의 소통을 통한 진화과정(Stigmergy)을 통해서 대중은 집단 재능(Collective Talent)을 발현하게 되며, 이러한 'Stigmergy'의 촉진은 참여와 관심을 전제로 한다.

존재론적 관점에서의 개인의 위상변화

인터넷의 관계적 특성은 아래 그림과 같이 관심과 참여가 서로 선순환 구조를 이루게 될 때 정보의 결합을 촉진하여 가치를 증폭시키게 된다. 이러한 과정을 정보의 관점에서 해석하면 진정한 사람이란 정보의 제2특성인 '정보의 결합성'과 맞닿아 있다.[17] 최근 '크라우드소싱(crowdsourcing)'이 주목을 받는 이유도 여기에 있다.[18]

▪ 관심 경제 (Attention Economy)

관계적 존재로서의 디지털적 개인이 내포하고 있는 중요한 시사점은 수많은 정보 교류 중에서 관심을 유발하는 정보를 제공하는 주체만이 관계 설정의 대상이 될 수 있다는 점에서 '관심경제(Attention Economy)' 현상을 더욱 촉진하고 있다는 점이다.[19]

Q3-1-(3) : '관심경제'가 우리에게 던지는 시사점은 무엇인가?

정보의 홍수 속에서 자신의 메시지가 타인의 관심을 끌기 위해서는 자신만의 생각과 표현이 필수적이다. 이러한 능력을 키우려면 평소 어떤 사안에 대한 피상적 내용 습득이 아니라 본질을 이해하고 되씹는 훈련이 반

---

17 한 정보와 다른 정보가 결합될 때 가치가 발생하게 되는데 이를 '정보의 결합성'이라 한다. 여기서 중요한 점은 유사한 정보가 결합되는 것보다는 전혀 다른 정보가 창의를 통해 결합될 때 의미 있는 가치가 발생하게 된다는 것이다.

18 '크라우드 소싱'(crowdsourcing)은 '대중'(crowd)과 '외부자원 활용'(outsourcing)의 합성어로 기업 활동의 전 과정에 소비자 또는 대중의 참여를 유도하여 기업 역량을 제고하는 한 가지 방법이다

19 Davenport, Thomas H. and John C. Beck (2002). The Attention Economy: Understanding the New Currency of Business, Boston MA: Harvard Business School Press.

드시 필요하다. 또한 '정보 디자인(Information Design)'은 비단 광고나 홍보 분야에서 뿐만 아니라 개인적 차원의 차별성과 경쟁력 확보를 위한 핵심수단으로 부상하고 있음에 주목해야 한다.

### 3. 역할론 관점 - 협력적(Collaborative)

역할론 관점에서 본 '협력적 개인'이란 개인은 단순히 생각하는 존재(Thinking Being)로만 머물지 않고 자신의 생각을 전파하고 다른 이의 생각을 여과하는 공동체 속에서 살아 숨 쉬는 정보여과세포(Filtering Cell)로 존재한다.

▪ 개인의 역할

이로써 개인은 사이버공간에서 타인과 소통하면서 스스로 자아를 확장해나간다. 아래 그림과 같이 '확장된 자아(Extend-Self)'는 커뮤니케이션을 통해 개인과 사회의 연결로 나타나는 새로운 형태의 자아로서 '집단지성 경제(Intelligence Economy)' 현상을 설명하는 근거가 된다.[20]

▪ 확장된 자아 (Extended Self: Social Filtering)

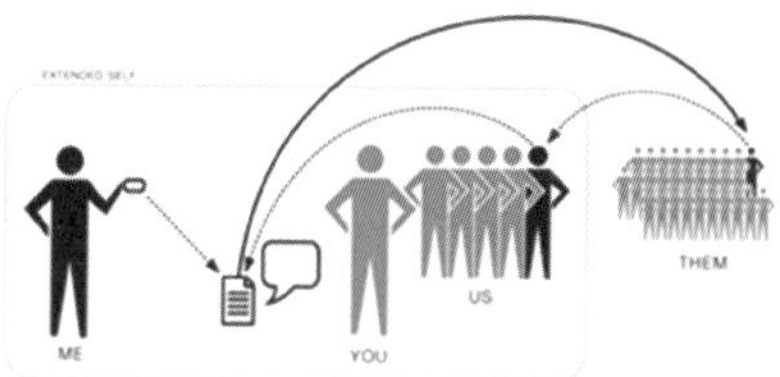


---

20 Surowiecki, J. (2004). The Wisdom of Crowds: Why the Many Are Smarter Than the Few and How Collective Wisdom Shapes Business, Economies, Societies and Nations. Boston, Little Brown.

## Q3-1-(4) : '집단지성경제'가 우리에게 던지는 시사점은 무엇인가?

'집단지성경제' 현상으로부터 얻을 수 있는 사회적 함의는 개인이 지속적 소통을 통해 진화할 수 있는 환경 조성이 집단의 지성을 발현시킬 수 있는 결정적 요건이 된다는 점이다. 따라서 타인과 생각을 공유하고 다양성과 차이를 중시하는 열린 사고와 타인의 생각과 행동 속에서 새로운 가치를 끌어내고자 하는 마음가짐은 매우 중요한 소양이다. 집단의 역량(CQ)은 자아의 확장을 통해서만 가능하며, 자아의 확장은 개인을 에워싸고 있는 환경, 즉 또 다른 개인과의 소통과 협업을 통해서 이루어질 수 있기 때문이다.

결국 사이버노믹스의 태동 배경에는 '인터넷의 사회화'가 있으며 이는 '긴꼬리경제', '관심경제', 집단지성경제' 등 새로운 사회적 현상을 유발하고 있다. 이렇듯 사이버노믹스가 보이고 있는 새로운 사회적 현상은 결국 '창조경제(Creativity Economy)'로 집약될 수 있다. 사이버노믹스에서의 창조는 소수의 황새(전문가)만이 아닌 다수의 뱁새(대중)에 의해 이루어진다는 점에 주목할 필요가 있다.

인터넷의 사회화와 사이버노믹스

| 핵심사상 | 새로운 현상 | 대중 속 개인의 진화 |
|---|---|---|
| 개인화<br>(Personalized) | 긴꼬리 경제<br>(Long-Tail Economy) | 행위론적 관점에서 개인은 소비의 개인화를 의미하며 '수동적 소비자(Consumer)' → '능동적 소비자 (Prosumer)' → '창의적 소비자(Cresumer)'로 진화 |
| 관계적<br>(Relational) | 관심 경제<br>(Attention Economy) | 존재론적 관점에서 개인은 디지털적 존재(Digital Being)를 의미하며 '수목적 존재(I)' → '관계적 존재 (Me)'로 변화 |

| 핵심사상 | 새로운 현상 | 대중 속 개인의 진화 |
|---|---|---|
| 협력적<br>(Collaborative) | 집단지성경제<br>(Collective Intelligence Economy) | 역할론적 관점에서 개인은 '생각하는 존재(Thinking Being)' → '정보여과 세포(Filtering Cell)' - 환경과의 소통을 통한 확장된 자아(Extended Self)로 진화 |

## 3 대중의 두 얼굴

앞서 논의한 바와 같이 인터넷의 사회화는 사회의 무게중심을 소수의 엘리트에서 다수의 대중으로 빠르게 이동시키고 있다. 대중은 개인과 어떤 면에서 다른지 살펴보면, '인터넷의 사회화'가 끼치는 영향을 가늠해 볼 수 있을 것이다.

### 1. 집단지성 (Collective Intelligence)

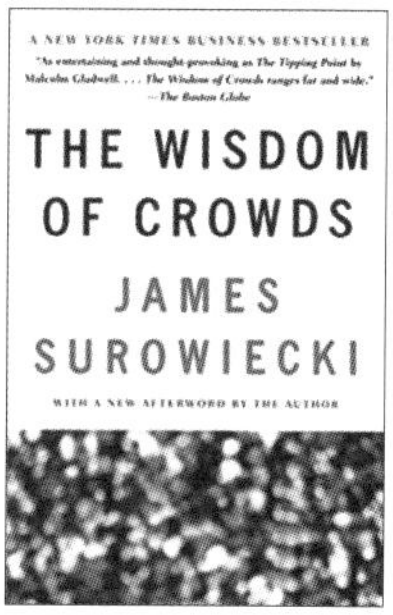


미국의 칼럼니스트 서로위키(James Surowiecki)가 2004년 '대중의 지혜(The Wisdom of Crowds)'라는 책을 펴냄으로써 '집단지성'에 대한 사회적 관심은 더욱 확대된다. 이는 디지털 철학자로 불리는 피에르 레비(Pierre Levy)가 그의 저서 '집단지성(1994)'에서 제시한 "개인으로 할 수 없는 일을 집단은 가능케 한다."는 개념에 뿌리를 두고 있다.

이들이 제시한 대중에 대한 명제는 다음과 같다: "개인은 답을 몰라도 집단은 알고 있으며, 특정 조건에서 집단은 그 집단의 가장 우수한 개인보다 더 똑똑하다. 따라서 전문가라 해도 매번 정답을 내놓을 순 없지만 집단은 그럴 수 있다."

사실 대중의 지혜에 대한 논의와 실험은 오래 전부터 있었다. 개미는 지능이 없지만 행동의 집단적 결과는 경이로울 만큼 복잡, 정교한 개미집을 만들어낸다는 사실을 발견한 영국의 프란시스 갤톤(Francis Galton)은 사회적 동물의 정점에 있는 인간도 이와 유사한 현상을 보일 것이란 가정 하에 1906년 대중이 갖는 지성의 위력을 실증적으로 보여준 바 있다.[21] 1,198파운드짜리 암소의 몸무게를 공개하지 않은 채 영국 옥스퍼드 교외 우시장에 운집한 800명의 대중에게 그 소의 체중을 물어보았다. 그 결과 개인별 추정치는 상당한 편차를 보였고 정확히 맞춘 이는 아무도 없었다. 그러나 모든 추정치를 평균한 결과는 단 1파운드의 오차로 정확히 실제 암소의 몸무게에 수렴하였다.

**페이퍼 클립(paper clip)의 용도**

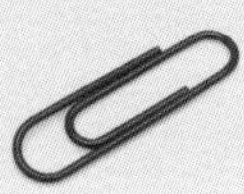

조사에 따르면, 철사로 된 '클립'은 종이(문서)를 함께 묶는 용도로 개발된 것이지만, 실제 당초의 용도로 쓰이는 경우는 30%에도 채 이르지 못하고 나머지 70%는 다른 용도로 이용된다고 한다. 참고로 이 클립의 용도는 200여 가지가 넘는다고 한다. 그렇다면 클립의 용도를 과연 몇 가지나 생각해 낼 수 있을 지 각자 생각해보면서 다음 물음에 스스로 답을 해보자.

- 혼자 생각해 내는 것과 다른 사람들과 함께 생각해 내는 것 중 어느 쪽이 더 많은 용도를 만들어 낼 수 있을까?
- 심리적 안정과 스트레스를 받는 상황 중 어느 쪽이 클립의 용도를 더 많이 생각해 낼 수 있을까?

21 http://en.wikipedia.org/wiki/Francis_Galton

• 다른 사람의 생각은 나의 생각을 유발하는데 어떤 영향을 끼칠까?

수년 전 필자는 수업시간에 위 의문에 대한 답을 얻고자 20명의 학생에게 각자 5분 동안 클립의 용도를 적어내도록 한 후, 이들을 무작위로 10명씩 두 그룹으로 나누어 시차를 두고 서로 다른 공간에서 다음과 같이 간단한 실험을 해보았다. 한 그룹은 그냥 앉아서, 그리고 또 다른 그룹은 모두 일어선 채 다른 사람이 얘기하지 않은 클립의 새로운 용도를 말할 경우에만 자리에 앉도록 하고 5초 동안에 새로운 용도를 얘기하지 못하면 계속 서 있게 하는 방식으로 5분 동안 이를 반복했다. 그 결과 개별적으로 용도를 생각해내는 것보다 집단이 평균 10개 이상 더 많이 생각해 냈으며, 편히 앉은 집단보다 선 채 심리적 스트레스를 받은 집단이 5개 이상 더 많은 용도를 생각해냈다. 그리고 공통적인 것은 개별적으로 생각할 때보다 함께 생각할 때 다른 사람의 아이디어가 새로운 생각을 유발하는데 도움을 주는 것으로 나타났다.

### 2. 집단사고 (Collective Stupidity)

과연 대중은 집단지성으로만 작용할까? 행동과학자 칼 폰 프리쉬(Karl Von Frisch)는 대중의 어리석음(Collective Stupidity)을 다음과 같이 단적으로 표현하고 있다:

> "집단적으론 지혜롭지만 개인적으론 멍청한 개미와는 반대로 인간은 개인적으론 지혜롭지만 집단적으론 어리석다(The ant is a collectively intelligent and individually stupid animal; man is the opposite)."

이러한 현상은 인간의 사회적 특성의 연장선인 정치적 특성이 왜곡될 때 흔히 나타난다. 개인적으로는 참 괜찮고 지성적으로 보이는 사람도 집단에서는 전혀 다른 양태를 보이는 경우를 주변에서 쉽게 볼 수가 있다. 집단의 지혜(intelligence)와 집단의 우둔함(stupidity)은 집단에 속해 있는 각 개인이 얼마나 스마트한가 하는 것과는 별개의 문제이다. 아무리 총명하다고 하는 전문가들이라고 해도 그들이 모인 집단은 얼마든지 멍청할 수 있으며, 어수룩한 대중이 모인 집단이라도 지혜로운 결과를 내놓을 수 있기 때문이다. 인간의 이러한 개인 중심의 지혜는 결국 집단 전체를 부조화 내지 파멸로 이끄는 어리석음으로 귀결된다.

이 대목에서 흥미로운 가설(주장)을 하나 소개하기로 하자. 그것은 바로 '던바 넘버(Dunbar Number)'이다. 던바 넘버란 영국의 인류학자 던바가 연구를 통해 제시한 숫자로서, 인간의 사회적 관계가 안정적 응집상태(stable cohesiveness)를 유지할 수 있는 집단의  최대 규모는 150명 정도까지라는 것이다. 이 수치를 넘어서게 되면 사람은 순수한 인간관계를 인지할 수 있는 한계에 이르게 되어 집단적 응집보다는 개인적 이익과 정치적 성향이 강하게 작동되므로, 사회적 순작용 체계를 유지하기 위해서는 이를 규제할 수 있는 법과 규정을 행사할 필요가 있다는 것이 그의 주장이다.

던바 이론의 정당성을 차치하고라도 집단지성이 문자 그대로 '지성'으로서의 순작용을 위해서는 집단의 규모가 어느 정도라야 이상적인가 하는 문제는 좀 더 연구되어야 할 이슈이다. 그러나 한 가지 분명한 것은  지성의 단순 집합(collected intelligence)이 아니라 지성과 지성 간 조화로운 상호작용 결정체가 바로 '집단지성(collective intelligence)'이라는 점이다. 역설적으로, 개인의 이익이나 정치적 의도가 개입된 지성의 단순 집합(collected intelligence)은 '마녀사냥' 같은 집단의 우둔함(collective stupidity)으로 귀결된다. 이와 관련하여 피에르 레비(Pierre Levy)는 다음과 같이 의미심장한 말을 우리에게 전하고 있다:

> "지금 우리에게 필요한 것은 인공지능(AI: Artificial Intelligence)이 아니라, 집단지성(CI: Collective Intelligence)을 일궈내는 환경을 조성하는 것이다. 이제부터라도 인간을 흉내 내는 컴퓨터가 아니라 인간이 서로의 아이디어를 공동으로 개발하고 생각하는 것을 돕는 컴퓨터에 눈을 돌려야 한다."

# 제2절 디지털경제

이 절에서는 디지털경제의 대표적 특성인 수확체증경제를 논의하고, 이러한 새로운 경제적 현상을 촉진하는 가상공간경제의 특성과 결부지어 이면의 원인과 당위성을 개괄한다.

전구 그 자체보다는
빛이 만들어낸 새로운 세상에 주목해야 한다.

- 마샬 맥루한(Marshall McLuhan, 1911-1980), 캐나다 미디어학자

## 1 또 다른 세계 - 수확체증

영국 경제학자 알프레드 마샬(A. Marshal)이 지적한 바와 같이 물질 중심의 아날로그 세계에서는 '수확체감의 법칙'이 적용된다. 물질 한 단위를 투입하면 산출도 증가하지만 증가율 자체는 점차 줄어들어 결국 증가를 멈추게 된다는 것이 바로 '수확체감의 법칙'인데, 이는 지금까지 물질에 기반을 둔 경제의 기본원리로 작용해 왔다.

반면에 투입을 증가시킬수록 산출은 기하급수로 늘어나게 된다는 것이 '수확체증법칙(Increasing Returns to Scale)'의 골자이다. 이러한 새로운 법칙이 적용되는 근본 이유는, 첫째, 물질과는 달리 정보와 지식에 기반을 둔 물성은 한계가 없기 때문이며, 둘째, 정보와 지식은 부가하면 할수록 그 가치가 증대되기 때문이다. 이는 '정보가치의 승수성' 혹은 지식경영 차원에서 볼 때 정보의 제2특성인 '정보의 결합성'에 대한 것으로,

제10장에서 구체적으로 논의된다.

### 1. 수확체증의 조건

물론 기업의 모든 부분이 이러한 수확체증의 법칙에 종속되는 것은 아니다. 스탠퍼드대 브라이언 아서(W. Brian Arthur) 교수가 그의 논문[22]에서 '비즈니스의 두 세계(Two Worlds of Business)'라는 표현을 빌려 지적한 바 있듯이, 농업이나 자연 자원을 많이 소모하는 대량생산체제에서는 수확체감의 법칙이 지배하게 되고, 첨단기술의 개발과 지식 중심의 생산 체제에서는 반대로 수확체증 현상이 일어나게 된다. 기업은 이러한 두 가지 양면성을 모두 보유할 수 있다. 가령 퍼스널 컴퓨터 산업의 경우 이를 생산하는 부분은 전통적인 경제체제의 지배를 받는 부분이고 연구개발 부분은 수확체증의 법칙에 지배받는 지식경제의 부분이 된다.

한편 일본의 요시노리는 하이테크 산업뿐만 아니라 전통적 중후장대형 산업에서도 수확체증의 현상이 일어날 수 있다고 설명하고 있다. 그는 「왜 복잡계 경제학인가」라는 저서에서 기업이 생산 규모의 확대를 억제하고 있는 것은 비용의 체증 때문이 아니고, 개별 기업이 직면하게 되는 수요의 한계 때문이며, 지식이 부가되면 수학체증은 발생할 수 있기 때문에 모든 산업에서 수확체증이 지배적이라는 주장을 펴고 있다. 예컨대, 수확체감이 불가피했던 농업도 생명공학과 같은 첨단의 기술 및 지식이 부가되면 수확체증으로 전환 될 수 있는 것이다.

---

22 Arthur, Brian W.(1996). "Increasing Returns and the New World of Business" Harvard Business Review July/Aug. http://www.santafe.edu/arthur/Papers/Papers.html

## 2. 수확체증의 원인

Q3-2-(1) : 그렇다면 '수확체증' 현상을 유발하는 요인은 무엇인가?

이에 대해 아서(Arthur)는 이를 거대한 초기 개발비용(Up-front Costs), 네트워크 효과(Network Effects), 고객 관행(Customer Groove-In)으로 설명한다.

• **높은 초기개발 비용** : 물성재화의 기본이 되는 정보와 지식을 축적하는 데에는 상당한 시간과 노력이 요구되는 반면에 일단 물성 재화가 만들어지면 이를 재생산하는 비용은 거의 소요되지 않는다. 마이크로소프트의 윈도우 98의 첫 제품을 만드는데 들어간 비용은 5000만 달러에 달했지만 양산제품의 경우에 제작하는 데에 소요된 비용은 3달러에 불과했다.

• **네트워크 효과** : 신규 고객이 어떤 상품이나 서비스를 선택할 때 많은 사람들이 사용하는 제품이나 서비스를 선택하려는 현상이 나타난다. 이는 기술수용주기론의 '전기다수'의 특성과 마찬가지로 고객들의 준거모델(reference model)을 주위에 있는 동료나 동일한 집단으로 삼는 성향이 있으며, 이는 하이테크 제품일수록 강하게 나타난다. 이러한 현상은 다수가 사용하는 제품은 문제가 생겼을 때 도움을 받기도 편리하고, 이를 지원하는 각종 서비스도 풍부하기 때문이다.

• **고객 관행과 이전 비용** : 정보 및 지식이 부가된 재화는 '경험재화(experience goods)'이기 때문에 사용을 위해서는 교육과 훈련이 필요하다. 기존에 사용하던 재화를 버리고 다른 재화를 선택하기 위해서는 교육 및 훈련 등 교체비용(switching cost)이 따르기 때문에 한번 선택된 재화

는 특별한 사유가 없는 한 계속 쓰이게 되는 것이다.

수확체증의 법칙이 일어나는 비즈니스의 세계에서 사용할 수 있는 전략으로 ①새로운 시장의 첫 번째 성공자가 되는 것, ②연결 효과의 극대화를 위한 제휴, ③일정량 이상의 고객(Critical Mass) 확보, ④고객과 경쟁자의 기대수준을 관리 등이 포함된다.

## 2 가상공간의 경제적 특성

'가상(Virtual)'이란 용어의 의미는 실제로는 존재하지 않지만 존재하는 것처럼 주어진 기능을 할 수 있는 어떤 것이라는 의미이다. 이러한 가상성은 흔히 소프트웨어, 네트워크 등 주로 정보통신기술 분야에서 사용되다가 사회적인 조직 형태까지 확대되고 있다.

기술적 측면에서는 '가상'의 개념이 가상메모리(Virtual Memory), 가상회선(Virtual Line), 가상현실(Virtual Reality) 등에 활용되고 있다. 가상메모리란 제한된 용량의 주기억장치(RAM)를 갖고 있는 컴퓨터에서 보조기억장치를 이용하여 RAM의 확장 효과를 제공해 주는 것을 말하며, 가상회선은 네트워크를 통해 데이터 패킷을 전송함으로써 실제 회선처럼 사용하는 것을 말한다. 또한 가상현실이란 실제로 체험하듯이 장면, 소리, 움직임을 전달해 주는 것을 말하며, 이러한 가상 현실기술은 비행 시뮬레이션 훈련이나 게임 등에 널리 활용되고 있다.

한편 사회적인 측면에서는 이러한 가상성이 나타나는 대표적인 형태로 가상 연구조직, 가상기업 등이 대표적인 예가 될 수 있다. 가상연구조직은 참여연구진 간 원격지에서 상호 아이디어와 정보를 공유하고 공동

연구 및 공동 설계를 수행함으로서 자신의 기술력과 노-하우를 보완할 수 있는 파트너와 시간과 공간의 제약이 없이 연구 효과를 얻을 수 있는 가상공간에서의 협업 조직을 말한다.

### Q3-2-(2) : '가상공간'은 물리공간과 어떤 측면에서 어떻게 다를까?

이러한 가상공간에서 가장 두드러진 경제적 효과는 범위 및 연결의 경제, 속도의 경제, 거래의 경제, 수확체증의 경제 등 대략 네 가지로 설명될 수 있다.

첫째(연결의 경제), 가상공간에서는 물리공간에서 직면할 수밖에 없는 시간과 공간적 제약을 극복하여, '4 ANY', 즉 어떤 곳에서나(Anywhere) 항시(Anytime) 방식에 구애됨이 없이(Anyhow) 누구하고도(Anyone) 경제활동이 가능하다. 이렇듯 가상공간에서는 누구하고라도 연결이 가능한 '연결의 경제'를 누릴 수 있다.

둘째(속도의 경제), '통신채널의 속도(혹은 광섬유 대역폭)가 12개월마다 3배로 증가한다.'는 '길더의 법칙(Gilder's Law)'이 적용되는 가상공간에서는 물리적 매체(예 : DVD, CD)로만 이루어지던 디지털 콘텐츠의 배포를 가상공간에서 이루어지고 있으며 재택근무, 이동사무실(Mobile Office), 원격진단 등 예전에 볼 수 없었던 사회적 현상이 나타나고 있다. 특히 VOD (Video on Demand), GOD(Goods on Demand), EOD(Entertainment On Demand) 등 차별화된 "On-Demand" 경제활동이 급속히 확대되고 있다.

셋째 (거래의 경제), 인터넷 등 정보통신기술의 발전에 따라 전자거래 등을 통해 외부 거래비용이 현격히 감소하게 된다. 코어스(Coase)에 따르면

'조직의 규모는 거래비용에 의해 결정되며, 외부조달비용(거래 비용)과 내부운용비용이 동일한 점에서 조직의 경계가 결정된다.' 이를 "코어스의 법칙(Coase's Law)"이라 하는데, 인터넷 상에서의 전자거래가 활성화되면 거래비용은 급격히 감소하게 되며 그에 따라 조직의 규모가 점진적으로 축소되는 등 '거래의 경제'가 발생하게 된다.

넷째(수확체증의 경제), 가상공간에서는 '승자 승'의 수확체증의 효과가 가장 극명하게 나타난다. 그 이유는 무엇보다도 정보의 공유 때문이다. 가상공간에서 소비자는 마우스 클릭(click) 한번으로 기존의 거래 관계에 있던 공급자에서 보다 우수한 조건과 품질의 공급자로 신속히 이동할 수 있는 여건이 조성되기 때문이다.

## 3 디지털적 현상 - 외부효과와 역전현상

디지털경제의 특징으로 현시되는 역전(180°)현상, 수요측면 규모의 경제(Demand-side Economies of Scale), 승자 승(Positive feedback) 현상 등에 관해, 그 정체와 발생 원인을 개괄한다.

### 1. 망의 외부효과와 역전(180°)현상

시장의 주도권이 공급자에서 소비자 중심으로 이전됨에 따라 무수히 많은 역전 현상이 나타나고 있다. 이러한 현상의 배경에는 소비자 집단의 커뮤니티 형성으로 공동구매 등을 통한 대 공급자의 교섭력이 대폭 증대되고 정보의 공유로 인한 품질 및 가격에 비교에 대한 기회 확대와 그로 인한 소비자의 민감도가 급속히 증대되는 등 가상공간의 경제성이 작용하고 있기 때문이다. 대표적 형태로는 역광고, 역시장, 역경매 등이 있는데, 이들에 대한 개요를 제시하면 다음과 같다.

• **역광고**(Reverse Advertising) : 소비자가 광고나 유통업자로서의 역할을 수행하는 것으로, 골드뱅크와 같은 소비자 네트워크를 그 예로 들 수 있다. 광고가 많아질수록 기업들이 소비자에게 먹힐 수 있는 광고를 만드는 데에 고심하는 틈새를 파고들어 디슈머(Disumer)들은 생산자나 유통업자에게 적절한 보상을 요구하면서 이러한 프로그램에 참여하게 된다. 또는 소비자가 원하는 상품을 생산자나 유통업자에게 광고함으로써 원하는 상품을 찾는 현상도 이에 해당한다.

• **역시장**(Reverse Market) : 디지털 경제에서는 생산자가 미리 만들어 놓고 공급하는 것이 아니라, 소비자가 원하는 것을 생산자가 만들어내는 거래방식이 점차 확대되고 있다. 역시장에서는 공급자가 만들어 놓는 정찰제의 개념이 사라지고 소비자가 가격을 결정하는 상황이 발생한다. 이러한 새로운 경제현상을 '역시장' 또는 '소비자 중심 경제'라고 부른다.

• **역경매**(Reverse Auction) : 기존의 경매방식과는 반대로 구매자가 제품 사양을 요구하고 판매자가 경쟁적으로 입찰에 응하는 형태를 역경매라 한다. 역경매에서는 구매자가 제품을 탐색하지 않기 때문에 탐색비용이 없으며, 가격협상의 주도권을 갖게 된다. 이 방식은 종전과 같이 구매자간 경쟁으로 가격상승 가능성이 사라지게 되며, 오히려 가격 하락을 유도하는 등 마치 조달(Procurement) 입찰과 유사한 형태를 보이게 된다.

## 2. 수요측면 규모의 경제 현상

일반적으로 '규모의 경제'란 투입량을 증가시킬 때 산출량이 투입량 증가비율 이상으로 증가하는 것을 말한다. 달리 말하면, 산출량이 증가할수록 단위당 투입비용이 비례 이상 감소하는 것을 의미한다. 규모의 경제는 생산설비의 규모에 따라서 발생하기도 하지만 구매, R&D, 유통, 광고와 같은 활동에서도 뚜렷하게 나타난다. 하지만 이러한 규모의 경제 현상은 자원의 한계로 인해 무한정 지속되는 것은 아니다. 또한 지금까지 '규모의 경제'는 공급측면 규모의 경제(Supply-side Economies of Scale)를 의미해왔다.

그러나 디지털경제 하에서는 수요 측면에서도 규모의 경제(Demand-side Economies of Scale) 현상이 나타나는데 이는 주로 산업연관이 높은 하이테크 산업에서 발생하게 된다. 예컨대, 마이크로소프트(MS)의 시장가치는 MS의 주종인 소프트웨어를 개발하는데서 얻은(즉, 공급 측면에서 발생한) 규모의 경제효과가 아니라, 시장을 장악하여(즉, 수요 측면에서 발생한) 그 산업의 표준을 확보한 결과이다. 수요 측면 규모의 경제는 공급측면 규모의 경제와는 달리 확보 시장이 충분히 커지면(즉, 전기다수집단까지 장악하면) 좀처럼 사라지지 않는다. 기존의 많은 소비자가 한 가지 제품을 사용하고 있으면 더 많은 신규 고객이 그 제품을 구입하게 되는 자기강화적(Self-reinforcing) 현상이 나타나기 때문이다. 이는 뒤에서 언급되는 바와 같이, 제품에 대한 소비자의 예속현상(Lock-in) 현상과 그에 따른 이전비용(Switching Cost)의 증대로 인해 발생되는 것이다.

이상과 같은 수요측면 규모의 경제효과는 첫째, 전기다수집단까지 시장을 확보할 때 가능하며, 이는 자기강화적 피드백 현상이 나타나는 임계규모(Critical Mass)를 넘어서야 한다. 둘째, 해당 산업의 표준을 조속히 장악하고 지식이 부과된 제품을 공급함으로써 신규 진입이 억제되는 장벽(Entry Barrier)을 세우는 한편, 제품에 대한 관련 산업과 소비자의 예속(Lock-in)을 강화해야 한다.

### 3. 승자 승(Positive Feedback)의 현상

수확체증의 법칙이 적용되는 디지털경제에서는 승자가 모든 것을 장악하는 '승자 승(Winner-take-most)'의 형태를 보인다. 전기다수 시장을 선점한 기업이 모든 것을 가져가는 구조가 형성되고, 자신의 제품이나 서비스로 시장을 장악하게 된다. 대표적인 예로 과거 얘기지만 널리 알려진 마이크로소프트(MS)로 들 수 있다. 80년대 개인용 컴퓨터 시장의 운영체제들은 CP/M, DOS, MacOS등이 분할하고 있었지만 현재 대부분의 퍼스널 컴퓨터에는 MS의 운영체제가 설치되어 있다. 이는 곧 MS가 시장을 장악했다는 의미인데, 일단 시장을 지배하고 나면 시장장악 능력은 점점 더 커지게 된다. 새로운 애플리케이션을 개발하려는 업체들은 가장 많은 이용자 집단을 장악하고 있는 운영체제를 개발 환경으로 선택할 것이다. 고객의 입장에서는 자신의 개인용 컴퓨터에 운영체제를 설치하려면 많은 애플리케이션을 지원하고, 가장 널리 사용되어 서비스 받기가 가장 용이한 제품을 선택하는 확대 재생산의 순환이 반복된다.

승자 시장지배 현상의 원인과 관련하여 예속화(Lock-in)와 이전비용(Switching Cost), First-mover와 First-hitter 등 주요 개념을 간략히 정리하면 다음과 같다.

• **Lock-in과 Switching Cost** : 'Lock-in'이라 함은 어느 특정 제품에 이용자가 묶여버리는 현상을 말하는데 이는 주로 하이테크 제품의 경우에 발생한다. 이런 예속화 현상이 발생하는 이유는 제품의 이용에 적지

않은 시간과 노력이 들며, 초기 투자비용이 발생하기 때문이다. 일단 한 제품에 익숙해지면 웬만해서는 다른 제품으로의 변경이 어려우며, 다른 제품으로의 전환을 위해서는 적지 않은 이전비용(switching cost)을 감수해야만 한다.

• **First-mover와 First-hitter** : 새로운 시장에 먼저 진입한 기업(First Mover)이 성공할 수 있는 것은 아니다. 시장에서 가장 먼저 인정을 받는 기업(First Hitter)만이 성공할 수 있는 자격이 주어진다. 이는 곧 초기수용집단(Early Adopters)과 전기다수수용집단(The First Majority) 사이에 존재하는 '캐즘(Chasm)'을 넘어 전기다수시장으로 진입함으로써 지속 성장에 필요한 임계규모(Critical Mass)를 확보해야 성공할 수 있음을 의미한다.[23]

23 이와 관련된 구체적 내용은 제6장 제2절(성장과 한계)을 참조하기 바란다.

# 제3절 공유경제

기존의 디지털경제가 오프라인 기업들의 활동영역이 가상공간으로 확대되면서 나타나는 경제적 현상이라면, 공유경제는 디지털경제의 최근 현상으로 기존의 소비 패턴과 소유의 의미까지 바꿔놓고 있다. 획득하여 소비하는 소유경제에서 접속하여 소비하는 공유경제로 소비의 패턴이 변화하는 것이다. 이 절에서는 공유경제의 잠재가치와 사업모델, 그리고 공유경제 활성화 조건 등에 대해 살펴본다.

공유경제의 시대. 지금 안 바꾸면
한국은 20년 내 이류 경제국가로 전락할 것이다.

- 제레미 리프킨(Jeremy Rifkin, 1945- ), 미국 경제학자

## 1 소유에서 공유로

제레미 리프킨(Jeremy Rifkin, 1945 ~)은 자신의 저서「소유의 종말(The Age of Access)」에서 기존의 '소유' 개념이 '접속'의 개념으로 바뀌고 있다고 설파한다. 그가 이 책을 쓴 것이 2000년도. 그러나 내용은 지금 전개되고 있는 상황을 제시하고 있다는 점에서 그의 통찰력은 놀랍다.

제품은 이제 소유를 위한 것이 아니라 공유

를 위한 것으로 바뀌고 있다. 공유는 '접속'을 통해 이뤄지며, 공유를 통한 소비경제는 지금껏 보지 못했던 '공유경제'를 형성하고 있다. 결국 '공유경제'란 대여자, 이용자, 플랫폼 비즈니스 모두에게 이익이 되는 '협력적 소비(Collaborative Consumption)'로 나타나고 있다.

### 1. 공유의 개념

보유자산을 활용한 개인 간(peer-to-peer) 거래 자체는 새로운 것이 아니다. 그러나 인터넷이 사회화가 급속히 진전되고 스마트기기의 보급이 확대됨에 다라 거래량이 획기적으로 늘어나면서 '공유경제'라는 산업적 현상으로 대두되고 있다. 공유경제는 글로벌 금융위기 이후 경제성장 둔화, 인구 노령화, 1인 가구 증가 등으로 새로운 소득원과 공유에 대한 필요가 증가하면서 전 세계적으로 급속하게 확산되고 있다.

'공유'의 개념은 유휴자원의 활용도를 높이고 불필요한 소비자원의 낭비를 줄일 수 있어 사회 공동의 이익증가에 기여한다는 점에서 매우 긍정적이라고 할 수 있다. 이미 공유경제는 모든 산업에 빠르게 스며들고 있다. 대다수 국내외 기업들이 자체 전산자원을 보유하지 않고 클라우드 서비스를 통해서 빌려 활용하는 것이 보편화되어 있으며, 전 세계 젊은이들은 이러한 서비스를 통해서 음악을 만들고 공유한다.

리프킨(Rifkin)에 따르면, 공유의 수단인 '접속'은 단순히 컴퓨터나 네트워크에 접속하는 것 이상의 의미를 갖는다. 인터넷은 물론 자동차, 주택, 가전품, 공장, 체인점 같은 다양한 실물 영역에서도 일관되게 발견된다. 사람들은 이제 태양광·풍력 에너지 같은 신재생 에너지를 공유하기도 한다.

공공부문에선 '자전거 공유'를 통해 시내 어느 곳이나 이동할 수 있고,

공간 대여 알선 및 중개를 통해 사무실을 공유하는 사례도 나타나고 있다. 이렇듯 공유의 분야는 실로 무궁무진하다.

Q3-3-(1) : 그렇다면 '공유경제'의 '공유'가 유발하는 문제는 없을까?

겉으론 '공유'을 표방하지만 뒤로는 배타적인 통제와 소유가 작용한다면 그것은 인터넷 플랫폼 기반의 새로운 수익모델일 뿐 진정한 의미의 공유경제가 아니라는 비판도 있다. '공유'의 의미를 좀 더 살펴보면서 공유경제의 부정적 측면을 알아보자.

### 2. 공유의 두 가지 의미

여기까지 내용을 읽다보면 혹자는 앞서 언급한 위키피디아(Wikipedia)나 TED 같은 무료강좌를 공유(Commons)하는 것과 '소유'와 대립되는 개념의 공유(Sharing)가 서로 비슷한 것 같지만 다르지 않은가에 대한 의구심이 들 수 있다. 그렇다. 영어로 '공유'는 'Sharing'과 'Commons', 두 가지로 표현된다.

출처: 몽양부활(필명), "공유경제, 자본주의의 진화인가, 새로운 대안인가," 슬로우뉴스 2016 연중기획.

'Commons'가 '공유재화'라는 정태적 의미를 갖고 있다면, 'Sharing'은 '재화의 거래'라는 동태적 의미가 강하다. 따라서 'Sharing Economy'는 참여자들의 상생모델이라는 점에서 겉으로는 'Commons Economy'와 흡사해 보이지만, 엄밀한 의미에서 공익을 위한 것이 아니라 인터넷 플랫폼 기반의 새로운 수익모델로 해석하는 것이 타당하며, 'Commons Economy'가 순수한 공익모델이다. 이를 반영하듯 2017년 9월 서울 초청강연에 나선 벨기에 저술가이자 P2P 재단 창립자인 미셸 바우엔스(Michel Bauwens)의 강연 제목은 'Beyond the Sharing Economy to Commons-Based Sharing City.'였다. 그는 "뒷문이 중앙집권적으로 통제되는 시스템은 신 봉건적 모델'이라 지칭하면서, 진정으로 자유로운 P2P 논리는 뒷면이 배타적인 통제와 소유권 하에 있는 한 불가능하다."고 주장한다. 그의 논리라면, 겉으로만 공익과 분산을 지지하는 'Sharing Economy'는 공유경제가 아니다. 겉과 속이 모두 공익과 분산을 지지하는 'Commons Economy'가 진정한 공유경제라는 의미가 될 수 있다.

## 2 공유 비즈니스 모델

'공유경제(Sharing Economy)'는 최근 수년간 세계 경제 질서를 흔들고 있는 독특한 시스템이다. 택시 한 대 소유하지 않고도 800억 달러(약 9조 원)에 달하는 우버(Uber)의 기업가치는 폭스바겐(VW), 제너럴 모터스(GM)를 넘어서고 있다. 전 세계 호텔 빌딩 한 곳 보유하지 않고도 300억 달러(약 4조원)에 달하는 에어비앤비(Airbnb)는 세계적 호텔 체인,

힐튼(Hilton)과 대등하다.

이러한 현상들은 한 시대를 관통해온 질서가 다른 질서에 의해 대체되는 과정에서 나타나는 기이한 현상으로 해석될 수도 있다. 토마스 쿤(Thomas Kuhn, 1922~1996)의 과학혁명이론에 따르면 새 질서는 기존 질서와 양립이 불가능하며 공통분모도 존재하지 않은 채 전환기를 거쳐 단절적으로 찾아온다. 마치 천동설이 지동설로 대체되는 과정이나 봉건사회가 자본주의사회로 이행되는 시점에 등장했던 전혀 다른 세계관과 그로 인한 결과물들이 당시 구질서의 논리체계로는 이해하기 어려웠던 것과 같다. 아직 판단하기는 이르지만 공유경제가 가지고 있는 저변의 사상을 보면 기존 산업을 흔들어놓을 것이 분명하다.

### 1. 플랫폼 기반의 공유

실제로 공유경제의 사업모델(business model)은 기존의 사고와 경제논리로 설명하기 어려운 측면들이 발견된다. 정작 자신은 중계 플랫폼만 가지고 있을 뿐 실물은 보유하지 않은 채 플랫폼 가입자들의 유휴 자원을 상품화한 뒤 이용자에게 제공해서 수익을 거둬들이는 것이 사업 모델의 핵심이고 보면, 대동강 물을 팔아먹은 '봉이 김선달'이 연상되지 않는가.

가령, 우버(Uber)는 자가 차량을, 에어비앤비(Airbnb)는 자가 주택을, 2017년 이케아(Ikea)가 인수한 태스크래빗(TaskRabbit)은 60여 명의 직원들이 약 6만 명의 단기 일자리 제공자들을 고객과 연결해주고 있다. 상품 없는 거대 소매상, 알리바바(Alibaba)나 직접 창작한 콘텐츠 하나 없이 세계 최대의 미디어 기업이 된 페이스북(Facebook) 등 이들의 공통점은 인터넷 플랫폼을 수익모델의 기본으로 하고 있다는 점이다.

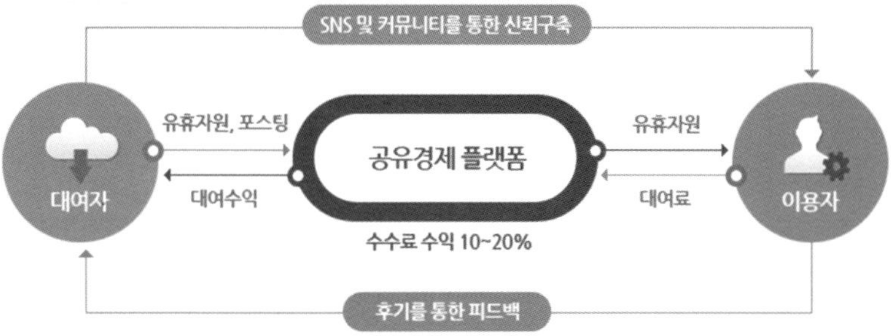


공유경제 비즈니스 모델

위 그림에서 보듯이 공유경제에서 플랫폼의 역할은 필수적이다. 인터넷 플랫폼(Online Platform)은 제공자와 이용자가 상호작용으로 가치를 창출하는 기반이 되기 때문이다. 뿐만 아니라 플랫폼에서는 제공자가 소비자가 될 수도 있고 그 반대가 될 수도 있으며, 플랫폼의 이용자가 많을수록 가치가 더 커지는 '외부효과(Externality)'가 작동한다.

### 2. 리프킨(Jeremy Rifkin)의 권고

이미 예기한 바와 같이 환경이 변하면 그에 대응한 선택도 달라져야 한다. 기존에 갖고 있던 기업 가정도 바뀌어야 한다. 기존의 비즈니스 모델을 반드시 바꾸어야 할 필요는 없어도, 디지털 플랫폼을 활용한 새 사업모델 발굴이 필요함은 분명해 보인다. 소위 'FAANG'이라고 지칭되는 페이스북(Facebook), 애플(Apple), 아마존(Amazon), 넷플릭스(Netflix), 구글(Alphabet's Google) 등은 플랫폼으로 산업을 흔든 기업들이란 사실은 너무 잘 알려져 있지만, 스타트업을 중심으로 무수히 많은 기업들이 플랫폼 비즈니스에 사활을 걸고 있다. 전통기업도 마찬가지이다. 독일의 트럭회사 다임러는 수송 효율성을 높이기 위한 사물인터넷(IoT) 플랫폼을 구축했다. 400만 대의 트럭에 센서를 부착해 날씨와 도로 교통 상황, 실시간 창고 사용 여부와 같은 데이터를 수집한다.

앞서 소개한 「소유의 종말(The Age of Access)」에서 제레미 리프킨은 공유경제의 시사점을 소개하면서 기업이 어떻게 대처해야 하는지를 제시하고 있다. 그 핵심 내용을 살펴보면 대략 다음과 같다.

산업화시대는 소유의 시대였다. 그렇기에 기업은 시장 점유율을 높이고 소비자는 소유를 통해 자기 존재 영역을 확대했다. 그러나 요즘같이 변화가 빠른 시대에는 소유는 불리하다. 기업은 '나이키(Nike)'처럼 공장을 소유하지 않고 브랜드만 갖는 회사가 되길 원하며, 소비자는 자동차 임대처럼 소유보다는 접속을 통한 공유를 선호하는 추세가 더욱 두드러질 것이다. 단 공유는 '소유한 것 같은 공유'라야 한다.

기업에게 중요한 것은 고객과 지속적인 관계를 맺는 것이다. 빠르게 변하는 사회에서 어떻게 해서든 고객의 관심, 고객의 시간을 많이 확보하느냐가 생존의 관건이 된다. 예전에는 시장 점유율을 높이는 것이 지상 과제였지만 이제 기업은 고객의 시간 점유율을 높이기 위해 노력한다. 그렇기에 더 많은 기업들이 물건 판매에서 대여 전략으로 옮겨 갈 것이다. 제품을 팔기보다 대여한 제품을 업그레이드하고 관리하는 쪽이 훨씬 빠르게 성장할 수 있기 때문이다.

## 3 공유의 전제조건

Q3-3-(2) : '공유경제'는 개념상 기존경제체제와 양립할 수 있을까?

공유경제의 긍정적 취지가 제대로 발현되기 위해서는 도입 과정에서 부각될 수 있는 저해요인들에 대한 대책이 마련되어야 한다. 한 문헌에서는 전통 사업과의 마찰과 거래 및 사회적 위험 등 두 가지 문제가 해결되어야 한다고 지적하고 있다.[24] 한편 제레미 리프킨은 공유경제의 확대에 따른 문화 다양성의 소멸을 경계하고 있다.

### 1. 전통산업과의 마찰 해소

가장 크게 부각되는 문제의 하나는 기존 사업과의 마찰이다. 공유경제 거래가 유사한 서비스를 제공하는 기존거래를 일부분 대체함에 따라 기존 사업자의 이익이 감소할 것으로 예상되기 때문이다. 예컨대, 호텔, 민박 등 기존 숙박업계나 택시업계는 이 같은 우려에서 숙박공유와 차량공유에 반발하고 있다. 숙박과 차량 분야에서 90%에 달하는 공유경제 수요자들이 기존 서비스의 이용을 줄였다는 연구보고도 있다.

신산업이 기존 산업을 구축, 대체하는 이런 현상은 비단 공유경제에만 국한된 것은 아니다. 모든 혁신은 기존 산업에 대해 파괴적인(disruptive) 성격을 가진다. 다만 기존 산업에 대한 부정적 영향이 사회적 문제가 되는 경우는 규제가 공평하게 적용되지 않을 때 발생한다. 예를 들어 숙박서비스 호스트는 숙박업체로 등록하지 않는 경우가 많아 기존 숙박업과는 달리 시설안전 및 세금 관련 규제가 적용되지 않고 있다. 이 때문에 일각에서는 공유경제가 특별한 혁신이라기보다는 신산업에 대한 규제의 부재(regulatory loophole)를 틈타 성장한 것에 불과하다는 주장도 제기된다. 만약 공유경제가 규제차익(regulatory arbitrage)만을 노리며 경쟁을 왜곡

---

24 김민정(2017). "공유경제의 안정적 성장을 위한 정책방향," KDI Focus. 83.

한다면 시장의 질적 하락은 물론 사회후생 저하로 이어질 수도 있으므로 규제 형평성은 반드시 이루어져야 한다.

### 2. 거래 및 사회적 안정성 확보

공유경제에서는 '정보의 비대칭성'이 높아 거래의 상대가 적절하게 행동하지 않는 도덕적 해이(moral hazard), 심지어는 자산 손괴, 범죄행위(절도, 성폭력 등), 채무불이행 등도 발생할 수 있다. 거래 위험이 실제로 발생할 경우 보험 처리나 법적 보호를 기대하기 힘들기 때문에 대처방안이 마땅치 않을 수 있다. 또한 거래 과정에서 공유경제 플랫폼이 자금 및 정보 이동을 매개하는 중요한 역할을 담당하기 때문에 플랫폼에 대한 신뢰 문제 역시 두드러지게 된다.

공유경제가 거래 당사자의 범위를 넘어서 부정적인 외부효과를 초래하는 경우에는 사회적 안전을 해칠 수도 있다. 숙박공유의 경우 소음, 화재로 인한 이웃의 피해와 주거 불안정성, 차량공유의 경우 교통사고 증가, 금융공유의 경우 대규모 금융 부실화 등에 대한 우려이다.

공유경제 제공자나 이용자로서의 참여 경험 유무에 따라 정보비대칭성, 사후처리의 불확실성, 플랫폼에 대한 신뢰 부족 등 주요 측면에서 거래상 위험에 대한 우려수준이 비참여자가 참여자보다 높게 나타났다는 연구결과가 있다. 이는 공유경제의 우려요인에 대한 인식이 실제 참여결정과 상관관계가 있음을 보여준다.

### 3. 문화의 다양성 보존

리프킨은 '역사적으로 문화는 늘 상업에 선행했으며, 상업은 문화에서 파생된 산물이다.'라고 주장한다. 그런데 지금은 문화가 상업화를 위한 재료 공급원으로 전락했다. 문화 자본주의는 인류가 수천 년 동안 발전시켜 온 문화적 다양성을 샅샅이 발굴하여 상품화하고 있지만 역설적으로 그 과정에서 문화적 다양성은 소멸하고 있다는 것이 그의 진단이다.

문화적 다양성을 지키는 것은 생물 다양성을 지키는 것 못지않게 중요하다고 리프킨은 말한다. 인간 가치의 마지막 보루라 할 수 있는 문화 영역마저 상업 영역에 완전히 흡수당하게 되면 사회적 신뢰는 땅에 떨어지고 건강한 시민 사회의 기반은 완전히 허물어지기 때문이다. 인간의 문명은 위기에 처한다.

교육 기회를 충분히 제공하여 모든 사람이 컴맹에서 벗어나고 사이버스페이스를 제약 없이 누비고 다닐 수 있게 한다고 해서 새로운 접속의 시대가 안고 있는 문제들이 저절로 해결되는 것은 아니다. 우리 존재의 거의 모든 측면이 유료 활동으로 바뀌면 궁극적으로는 인간 그 자체도 상품이 되어버리고 상업적 영역은 개인과 집단의 운명을 좌우하는 결정권을 쥐게 되기 때문이다.

리프킨은 지리적 공간에 뿌리를 둔 문화적 다양성을 지켜나가는 것만이 인간의 문명을 유지할 수 있는 길이라고 말한다. 산업 시대에 자연 자원이 남용으로 고갈되어 버릴 위기를 맞이했던 것처럼 문화 자원도 과도한 영리 추구로 인해 언제 고갈될지 모른다. 문화적 다양성을 지키고 끌어올릴 수 있는 지속 가능한 방법을 찾는 것은 새로운 세기의 으뜸가는 숙제라고 해도 지나친 말이 아니다.

제4장

# 거대한 변화

## 알파고는 어떻게 고수들을 이길 수 있었나?

바둑 두는 컴퓨터. 컴퓨터의 가공할 연산(검색)능력 덕분에 인공지능은 이미 1997년 IBM 체스(서양장기) 프로그램 딥블루와 2011년 IBM 퀴즈쇼 프로그램 '왓슨(Watson)'에서 인간을 이기는 놀라움을 보였다. 그러나 시시각각 변하는 형세 판단과 전략적 사고를 요하는 바둑의 경우는 상황이 다를 것으로 믿어왔다.

알파고가 처음으로 대국에 나선 2015년 10월 유럽챔피언 판 후이 2단에게 5연승을 거두었을 당시 실력은 프로 2단에서 5단 수준이었다. 그 후 5개월 동안 3억 4000만 번의 복습과 쌍둥이 알파고와 128만 번의 셀프 대국을 하며 무섭게 성능이 진화하였다. 2016년 3월 9일 인간계 바둑 최고수 이세돌 9단과의 첫 대국에서 승리하며 세상을 놀라게 했다. 어떻게 이런 일이 일어날 수 있었을까?

알파고는 인지, 탐조, 추론 등 인공지능에 최적의 수를 탐색할 수 있는 인공신경망 기술과 선택의 오류에 가중치를 조절하는 딥러닝(Deep Learning) 능력이 추가됨으로써 형세의 판단과 전략적 사고의 연산화가 가능하게 된 것이다. 16만 건의 기보, 3천만 개의 바둑판 이미지(착점)을 초기 값으로 입력하고 바둑고수들의 기보를 추가한 후 대국의 다음 수를 예측하도록 과제를 부여하여 그에 대한 성공과 실패에 따른 가중치 조절을 반복(학습)하도록 함으로써 알파고1과 비슷한 방법으로 만들어진 알파고2와 대국을 통해서 경험을 추가하는 등의 심화학습을 통해 진화한 것이다.

## 제1절 변화의 전조 - 나비효과

브라질 밀림 속 나비의 팔랑거림이 미국 남부 플로리다 해안의 태풍으로 이어지는 나비효과처럼 지금 전개되고 있는 4차 산업혁명의 태풍은 40년 가까이 지속되어온 변화의 전조에서 출발했다. 이 절에서는 4차 산업혁명을 잉태한 변화의 시작을 '디지털', '블루오션', '정보사회'로 집약해서 각각의 핵심내용과 시사점을 논의한다.

인류사회는 디지털(digital)의 특성을 닮아갈 것이다.

- 니콜라스 네그로폰테(Nicholas Negroponte, 1943- ), MIT 미디어랩 교수

변화의 속성이 그러하듯이 우리가 목도하고 있는 4차 산업혁명의 서막은 지난 40여 년 누적된 변화의 결과이지, 갑자기 나타난 것은 아니다. 아래 그림과 같이 '디지털시대', '블루오션 전략', '제 3의 물결' 등 지난 40여년간 지속되어온 변화를 수사한 표현들은 모두 연결을 통한 '융합'으로 귀결된다. 왜 그런지 각 내용을 살펴보기로 하자.

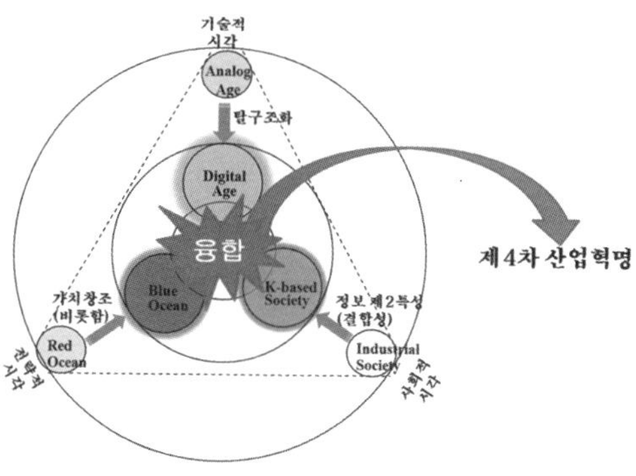

## 1 비트의 철학

"인류사회는 디지털(digital)의 특성과 닮아갈 것이다." 네그로폰테(N. Negroponte)가 자신의 저서「디지털이다(Being Digital)」에서 한 말이다. 그렇다면 '디지털'은 어떠한 특성과 본질을 가지고 있는 것일까? 디지털의 함의를 사회적 관점에서 살펴보자.

### 1. 아날로그(Analog)와 디지털(Digital)

지금까지 우리가 인식해온 현실의 세계는 '아날로그 세계'이다. 현실세계에서 물질은 각각의 형질이 하나의 구조에 결박되어 있는 상태로 구성되며, 그럴 때라야 그 의미를 부여받게 된다. 요컨대, 아날로그 세계란 '선 구조, 후 개체'라는 특성을 갖고 있기 때문에 현재의 상태는 그 이전 상태가 없이는 존재할 수 없으며, 다음 상태는 현재 상태가 없이는 불가능하다. 그렇기에 아날로그의 세계에서는 '검은색'이 '흰색'으로 변하기 위해서는 수 없이 많은 '회색'의 단계를 거쳐야 가능하다.

한편 '디지털 세계'의 모든 것은 0과 1 혹은 on과 off, '흐름과 단절'이라는 '비트(bit)'로 형성된다. 비트는 구조 이전의 존재이자, 구조로부터 벗어난 탈 물질의 개체이다. 결국 디지털의 세계란 '선 개체, 후 구조'라는 특성을 갖고 있다. 비트의 상태로 존재하는 각 개체는 미리 정해진 구조에 속박됨이 없이 다른 개체와 결합하면서 새로운 구조를 만들어낸다. 그렇기에 디지털의 세계에서 '검은색'은 각기 존재하는 비트(혹은 개체)들의 결합 형태에 따라 '흰색'뿐만 아니라 수많은 '색깔'을 만들어 낼 수 있다.

예컨대, 전화번호부(책)는 전형적인 아날로그이다. 때문에 전화 가입자의 변동이 생겨도 즉각 번호부에 반영되지 못하고 분기별 혹은 1년에 한 번씩 그 변동 내용이 갱신된다. 그러나 디지털 전화번호부는 구조로부터 자유롭기 때문에 언제라도 그 내용의 변동이 가능하다.

### 2. 'I'적 존재와 'Me'적 존재

Q4-1-(1) : '디지털적 존재(Digital Being)'란 무엇을 의미하는 것인가?

결론부터 말하면 '디지털적 존재(Digital Being)'란 'Me'적 존재이다. 'Me'를 'I'와 비교해보면 '디지털적 존재'가 무엇을 말하는 것인지 이해하기 쉬울 것이다. 'I'적 존재란 자신을 중심에 두고 타인을 모두 주변에 둔 개념으로서 아날로그 세계의 개체에 해당되며 여기에는 어떠한 관계 설정도 내포되어 있지 않다. 따라서 'I'는 '중심적 사고'의 자신을 의미한다. 반면에 'Me'란 상대방이 있기에 가능한 자신의 존재이다. 따라서 'Me'적 존재란 디지털 세계의 개체를 의미하며 이러한 개체는 관계 설정 속에서 의미를 갖는다. 따라서 'Me'는 '관계적 사고'의 자신을 의미한다.

아래 그림을 통해 '디지털적 존재(Digital Being)'의 사회적 함의를 좀 더 살펴보자. 중심 A는 'I'적 존재이며, B는 'Me'적 존재에 해당한다. 이렇듯 중심(A)와 주변(B)의 차이는 '기존의 것'으로 비롯하여 새로운 것을 만들어 내는 창의(創造)의 속성에 비추어 볼 때 매우 큰 시사점을 던

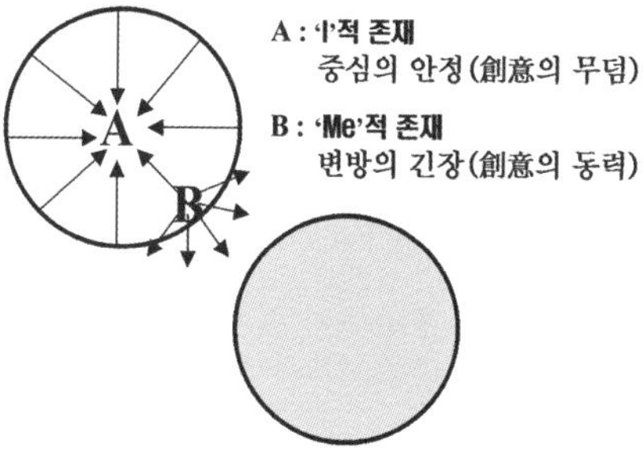

'I'적 존재와 'Me'적 존재

지고 있다.

'I'의 핵심적 사고인 '중심(中心)'이란 무엇이 전제될 때 가능한 것인지 생각해보자. 기하학적으로 볼 때 영역(울타리)이 전제되지 않고는 중심이란 있을 수 없다. 역설적으로 중심적 사고가 강화될수록(즉, B의 위치에서 A로 이끌려갈수록) 그 만큼 더 울타리를 강하고 높게 친다는 것과 같다. 자신의 인식세계를 둘러싼 울타리가 콘크리트처럼 딱딱해지면 소위 '기존의 다른 세계'와 쉽사리 결합될 수 없다.

결국 비트(bit)와 네트(net)를 매개로 하는 가상공간에서 '나'라는 존재는 주체로써의 '나(I)'가 아니라 객체로써의 '나(Me)'만이 존재한다. 나아가 객체로써의 개인(Me)은 구조에 의해 결정되는 것이 아니라, 오히려 구조가 개인(Me)에 의해 결정되어 간다. 비트처럼 개인(Me)은 어느 특정한 중심에 속한 것도, 어느 구조에 결박되어 있는 하위 단위도 아니며, 그저 끊임없이 관계를 설정해 가는 '또 다른 비트'일 뿐이다.

### 3. 단절(Severance)과 융합(Fusion)

이러한 디지털적 특성이 사회적으로는 어떤 형태로 현시(現示)되고 있는가. 이는 단절과 융합의 동시다발적 현상으로 나타난다. 작금의 시대가 '불확실성 시대', '단절의 시대', '개방과 협력의 시대' 등으로 묘사되는 것도 바로 디지털의 사회적 특성에서 연유된 것이다.

동질적인 개인과 개인이 결합 혹은 협력해서는 별로 얻을 것이 없다. 자기(Me)와는 전혀 다른 또 다른 자기(Me)가 결합할 때 새로운 자기가 형성될 수 있으며, 새로운 자기가 형성될 때라야 비로소 '희소가치'가 부여된다. 닭과 닭이 교배하면 영원히 닭밖에는 기대할 것이 없는 것과 같은 이치이다. 이는 정보의 제2특성인 '결합성'이란 한 정보는 다른 정보와 결합될 때라야 비로소 가치를 발생시킬 수 있다는 원칙을 말하며, 이는 "구슬이 서 말이라도 꿰어야 보배"라고 하는 우리 금언과도 일치하는 것이다. '융합(Convergence)'이 21세기 화두로 떠오른 이유는 아이러니하게도 비트의 '단절(Severance)'적 속성에 있다.

## 2 블루오션 탐험

비경쟁, 고부가가치의 시장을 의미하는 '블루오션'이란 용어는 특히 우리나라에서 자주 쓰이는 표현이다. 2000년대 초반 참여정부 시절 모 부처 장관이 대통령에게 소개한 책이라는 게 언론에 알려지면서 급속히 세간에 퍼졌다. 지금 돌이켜봐도 사람들의 관심을 끌만한 멋진 작명이다.

아무튼 제목이야 어떻든 '블루오션(Blue Ocean)'이 비경쟁, 고부가가치 시장을 의미하는 것이라면 다음 물음에 답할 수 있어야 진정 '블루오션'으로 나갈 수 있는 실천력이 담보될 것이다.

> Q4-1-(2) : 비경쟁, 고부가가치를 구가하기 위한 조건은 무엇인가?

**1. '비경쟁'의 조건**

'블루오션'의 대척점에 있는 것은 '레드오션'이다. 한 마디로 피 튀기는 경쟁의 시장이란 얘기이다. 그렇다면 '경쟁'은 왜 일어나는 것이며 어떤 경우에 심화되는 것인가에 대한 답을 찾는다면 적어도 블루오션의 한 가지 생존 DNA인 '비경쟁'의 원리를 이해할 수 있을 것이다.

경쟁은 엇비슷할 때 일어난다. 그리고 그 경쟁은 제로섬(zero sum) 상황에서 격화된다. 우리나라 대학입시 경쟁을 생각해보면 쉽게 이해될 수 있을 것이다. 만약 한쪽이 출중하다면 경쟁은 성립되지 않는다. 설혹 서로가 비슷한 경우라도 제로섬 상황이 아니라면 경쟁은 피 튀길 만큼 심화되진 않는다. 그렇다면 경쟁에서 벗어나 비경쟁 상황으로 자신을 몰아가는 블루오션 전략은 명확해진다. 첫째는 차별화하는 것이요, 둘째는 양자가 서로 득을 얻을 수 있는 상생의 길을 모색하는 것이다. '생각의 차이'를 만들어내고 '협업'의 길을 모색하는 것은 그래서 중요하다.

**2. '고부가가치'의 조건**

같은 시간, 같은 노력을 들였을 때 더 높은 가치를 얻을 수 있는 길은 단순히 '블루오션'의 정의가 가지고는 알 수 없다. 우선 시장을 상징하는 '오션(Ocean)'에 대한 의문을 가져야 한다.

Q4-1-(3) : 과연 '레드오션'과 '블루오션'은 별개의 바다(Ocean)인가?

개념적으로는 두 개의 시장을 분리해서 생각할 수 있지만, 현실세계에선 불가능하다. '바다'는 '바다'일 뿐 '레드'와 '블루'가 구분되지 않는다. '블루오션'도 곧바로 '레드오션'으로 변하게 되며, '레드오션'에도 '블루오션'이 존재할 수 있기 때문이다. 물론 「블루오션 전략(Blue Ocean Strategy)」의 저자들이 얘기하려던 것은 이게 아니었겠지만, 한 가지 분명한 것은 마치 비경쟁시장(Blue Ocean)은 경쟁시장(Red Ocean)과는 별개

로 존재하는 것인 냥 오인토록 한 오류는 분명해 보인다.[25]

비경쟁시장(Blue Ocean)과 경쟁시장(Red Ocean)이 별개인 것으로 오인하는 문제를 해결하고자 필자는 가격을 구성하는 두 가지 요소로 이들을 설명하고자 한다. 그 이유는 두 가지이다. 첫째, 레드오션과 블루오션이 물리적으로 별개의 것이 아니라 하나임을 강조하기 위함이요, 둘째는 경쟁의 핵심요소(원가우위)나 비경경의 핵심요소(고부가가치)나 공통적으로 가격과 밀접한 관련이 있기 때문이다. 결론부터 얘기하면 아래 그림에 보인 바와 같이 경쟁을 상징하는 레드오션은 원가의 세계요, 블루오션은 이윤의 세계이다. 그 이유를 살펴보자.

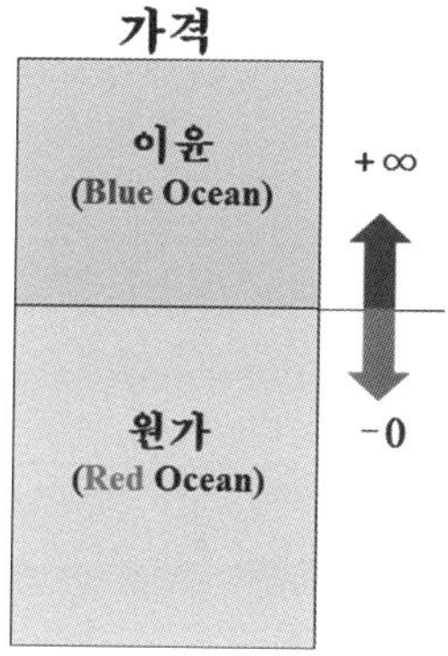


앞서 얘기했듯이 레드오션을 상징하는 '경쟁'은 엇비슷할 때 유발된다. 어차피 같은 제품이라면 시장에서 승리할 수 있는 길은 가격경쟁력 밖에는 없다. 가격을 내리려면 일차적으로 원가부터 줄일 수 있는 방안을 찾아야 한다. 6시그마, 품질관리, 재고관리, 프로세스 혁신 등 사실 최근까지의 경영혁신은 원가 절감을 위한 조치였다고 해도 과언이 아니다. 결국 레드오션에서의 생존 DNA는 '원가의 세계관'과 그에 따른 효율과 땀(근면)이라는 선택이 있다. 그러나 '원가의 세계'는 기록경기와 같이 원가를 줄이는 데는 반드시 한계가 있다. 마치 '우샤인 볼트'가 자신의 기록을 깨지 못하는 것처럼 원가 절감을 위한 각종 조치들은 한계에 직면할 수밖에 없다.

---

25 이에 대해서는 제6장 제1절 (3. 블루오션의 허구)에서 다시 논의한다.

반면, 블루오션을 상징하는 '비경쟁'은 차이를 만들 때만이 가능하다. 원가를 낮추는데 초점이 맞춰진 레드오션에 비해 블루오션에서의 핵심은 이윤을 올리는 데 모든 역량이 집중된다. 그러나 이윤을 높이기 위해서는 자신만이 제공할 수 있는 효용과 가치가 담기지 않으면 안 된다. 결국 블루오션에서의 핵심 역량은 결국 창의력에 귀결된다. 뒤에서 논의하겠지만 창조의 핵심은 '비롯하는' 것이며, 비롯함은 곧 '있는 것'으로 인해 '새로운 것'을 만들어냄을 의미하는 것이다. 따라서 블루오션에서의 생존 논리도 '융합'에 있음을 알 수가 있다.

### 3 제 3의 물결

1980년 출간된 토플러(A. Toffler)의 '제3의 물결'은 당시 세인의 관심을 끌기에 충분했다. 전통적 산업사회를 마감하고 정보사회로 진입하면서 그간 목도하지 못한 새로운 현상들이 나타날 것임을 예고하였기 때문이다. 알다시피 '제3의 물결'은 인류사회에 밀려오는 세 번째 커다란 변화의 흐름을 의미하며, 그 중심에 '정보화 시대의 도래'가 있다. 그러나 '정보화 시대'의 도래를 의미한다는 그 자체가 중요한 건 아니다. 정작 중요한 건 왜 정보가 그리 중요시된다는 것인지를 이해하는 것이 더욱 중요하다. '정보가 매우 중요시되는 시대'에 우리가 살고 있다는 사실은 이제 모르는 이가 거의 없지만 정보가 왜 중요한 것인지 정확히 아는 이는 그리 많지 않은 것 같다. 정보의 속성을 살펴보면 이에 대한 해답을 얻을 수 있다.

자동차를 운전할 때 가속페달(accelerator)와 감속페달(brake)을 끊임없이 바꾸어 밟으면서 적정 속도를 유지하게 되는데, 이때 운전자는 속도계기판으로부터 지속적으로 정보를 얻게 된다. 가령 속도계기판이 현재 시속 50킬로미터를 가리키고 있다고 하자. 이 정보만으로는 가속페달을 밟아 속도를 올릴 것인가 아니면 감속페달을 밟아 속도를 낮출 것인가에 대한 의사결정을 내릴 수 없다. 달리고 있는 지역의 제한속도, 앞차와의 거리 등을 알아야 이런 의사결정이 가능할 것이다. 만약 주택가나 학교 앞을 지나고 있다면 당연히 감속해야 마땅할 것이고, 고속도로를 달리고 있다면 가속페달을 밟아야 한다. 물론 우리는 주행 중 이러한 행위를 거의 무의식적으로 수행하고 있지만, 따지고 보면 계기판에 나타난 속도와 지나고 있는 지역의 제한속도 등 또 다른 정보가 있어야 의사결정이 가능하다.

이렇듯 한 정보는 다른 정보와 결합될 때 비로소 그 가치가 발휘되는 것이며, 이러한 특성을 '정보의 결합성'이라 부른다. '구슬이 서 말이라도 꿰어야 보배'라는 우리 속담과 '정보의 결합성'은 그 의미가 매우 유사하다. 하나의 '노-하우'는 이제 다른 '노-하우'와 결합될 때 그 위력을 발휘하며, 바로 이것이 정보화 시대의 대표적 특성인 것이다. '제3의 물결'로 대변되는 지식정보사회의 특성 역시 '융합'과 맞닿아 있다.

'융합'이란 같은 혹은 유사한 종자끼리의 결합이 아니다. 겉으로 보기엔 전혀 다른 것들끼리의 결합이다. 같은 종자의 결합은 땀(근면)을 필요로 하지만, 다른 종자들의 결합은 땀만으론 되지 않는다. 거기에는 정교한 지식과 유연한 사고가 필요하다. 닭과 닭이 교배하면 분명 닭이 나온다. 그러나 닭과 꿩이 결합된다면 어떻게 될까? 창의가 필요한 이유는 바로 여기에 있다.

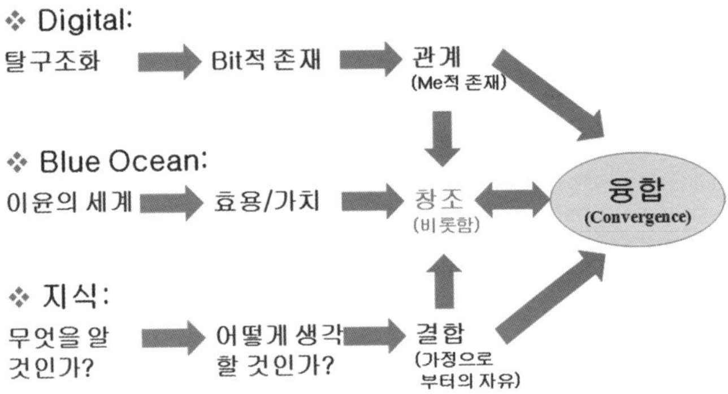


구조로부터 자유로운 개체들의 결합(디지털의 특성)은 새로운 부가가치 창출(블루오션의 핵심)의 원동력이며 지식정보시대의 대표적 특성이다. 과거에는 불가능 한 것으로 여겨졌던 한 분야와 또 다른 분야와의 결합은 단기간에 엄청나게 많은 변화들을 불연속·혁신적으로 발생시켜가면서 예측을 불허하는 상황을 빚어내고 있다.

## 제2절 변화의 임계 - 4차 산업혁명

40여 년 지속되어온 전조 끝에 드디어 그 변화는 거대한 태풍이 되어 '4차 산업혁명'이란 수사(rhetoric)로 우리 앞에 그 모습을 드러내기 시작했다. 왜 혁명이며, 왜 4차인지에 대한 의문에서부터 새로이 펼쳐질 초연결시대의 사회적 함의, 그리고 알파고의 은퇴가 무엇을 의미하는지 등에 관해 논의한다.

인간이 기계와 경쟁하는 시대가 열리고 있다.
- 클라우스 슈밥(Klaus Schwab, 1938-), 세계경제포럼(WEF) 회장

### 1 두 가지 의문

'4차 산업혁명'이라는 수사에 반대하는 이들도 적지 않다. 좀 더 속도가 빨라졌을 뿐 30여 년 간 이어져 변화의 전조가 지속되고 있다는 논리에서 이다. 가령 제레미 리프킨(Jeremy Rifkin) 같은 학자는 최근 3차 산업혁명이 폭발적인 속도로 진행되고 있을 뿐, 클라우스 슈밥(Klaus Schwab, 1938-) 세계경제포럼(WEF) 회장이 이를 '4차 산업혁명'이라 표현한 것은 마케팅의 발로라는 주장이다.

그러나 어차피 변화란 전달적인 것이 아니라 연속적인 것이기 때문에 지금의 거대한 변화를 어떻게 표현하던 상관이 없다. 다만 한 가지 분명한 것은 기계가 점차 인간을 닮아가고 있으며, 인간이 기계와 경쟁하는 지능혁명 시대가 열리고 있다는 것만큼은 분명하기 때문이다. 그렇다면 슈밥

은 지금의 변화를 왜 '제4차 산업혁명'이라 했을까? 이로부터 두 가지 의문이 제기될 수 있다. 왜 '혁명'이며, 왜 '4차'인가에 관한 것이다.

### 1. 왜 '혁명'인가?

최근 일고 있는 변화에 굳이 '혁명(Revolution)'이란 수사가 동원된 이유는 첫째, 기존의 세계관으로는 설명할 수 없는 현상이 나타나고 있기 때문이며, 둘째로는 그 현상이 급속히 광범위하게 나타나고 있기 때문이다. 기존의 세계관으로는 설명할 수 없는 현상의 핵심에는 무엇보다도 인공지능(A.I)이 자리하고 있다.

지금까지 '컴퓨터'는 사전에 프로그램된 지시에 의해 작동(Instructed)되었으나, 이제부턴 알아서 스스로 판단하고 수행하는 등 지능적으로 작동(Intelligent)한다(지시에 의한 행동 → 자율에 의한 행동). 인공지능이 내장된 기계의 '자율적 행동'은 결국 인간을 닮은 기계가 인간을 압도할 것이라는 점이다. 따라서 4차 산업혁명은 변화의 속도와 영향 범주, 그리고 그 파급력 측면에서 3차 산업혁명과는 확연한 차이를 보이고 있다.

• 속도 (Velocity) : 현재 획기적인 기술 진보는 인류가 전혀 경험하지 못한 속도로 빠르게 진화되고 있으며,

• 범위 (Scope) : 전 산업분야에서 파괴적 기술(Disruptive Technology)에 의해 대대적으로 재편이 진행되면서,

• 파급 (Impact) : 그 파급효과는 생산, 관리, 지배구조 등을 포함한 사회 전체에 큰 변화를 초래할 것으로 예상되고 있다.

'제4차 산업혁명'은 편리하고 안전한 삶의 질 향상이란 광범위 한 분야에서의 긍정적 효과가 예상되는 한편 정보유출 위험과 사생활 침해, 양극화 심화뿐만 아니라 기계가 사람을 대체하면서 전통 노동시장의 붕괴 등

부정적 효과도 예상되므로 우리 사회 전반의 판을 새로 짜야 하는 도전에 직면하고 있다.

## 2. 왜 '4차'인가?

'산업혁명(Industrial Revolution)'이한 표현은 1837년 프랑스 경제학자 블랑키(Auguste Blanqui)가 처음 사용한 표현이다. 단순도구에 의존해 물건을 만들던 가내수공업이 증기기관을 동력으로 하는 기계가 공장에서 면방적, 제철을 중심으로 물건을 만들기 시작한 1784년을 기점으로 경제, 사회적으로 나타기 시작한 거대한 변화를 지칭한다. 그러나 1882년 역사학자 아놀드 토인비(Arnold Toynbee)가 이 표현을 인용하면서 널리 세상에 회자되기 시작했다.

이후 전기의 발명으로 동력이 석탄에서 전기로 바뀌고 컨베이어벨트 기반의 대량생산체제가 이루어진 19세기 말, 20세기 초를 2차 산업혁명으로, 컴퓨터가 본격 도입되기 시작한 1970년 초반을 3차 산업혁명으로 구분 지으면서 아래 그림과 같이 그 연장선에서 4차 산업혁명이란 용어가 성립된 것이다.

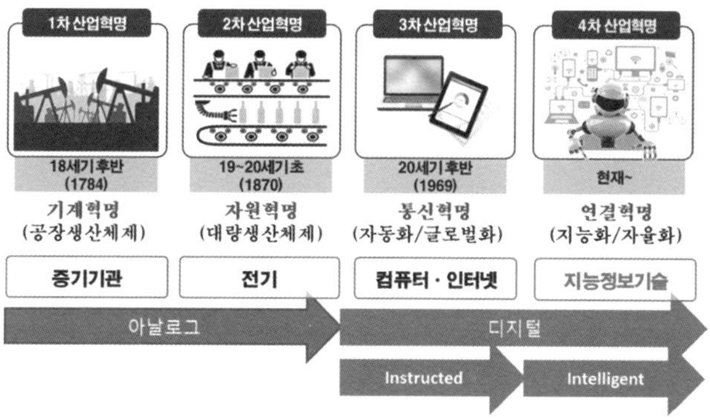


산업혁명의 진화적 관점

결국 4차 산업혁명은 1차 기계혁명에서 2차 자원혁명으로 그리고 3차 통신혁명을 거쳐 이제 사물인터넷과 인공지능 기반의 초연결 시대로 접어드는 또 한 차례의 산업혁명을 의미한다. 진화적 관점에서 바라본 이러한 일련의 혁명은 비단 산업에 국한된 것이 아니라 이로 인한 사회 전반의 근본적 변화를 의미하는 것이다.

특히 컴퓨터의 도입으로 촉발된 디지털 혁명(3차, 4차)은 아날로그 혁명(1차, 2차)과 전혀 다른 세상을 만들어 놓았으며, 디지털 혁명은 다시금 인간과 인공지능 기계와의 경쟁과 협력이 공존하는 시대로 바꾸어 놓고 있음에 주목해야 한다. 결국 '산업혁명'은 비단 기술적 차원에서뿐만 아니라 관리적 차원에서도 상당한 변화를 가져왔다.

예컨대 1차 산업혁명(기계혁명) 시대에는 '관리에 의한 행동'이 지배적이었다면, 2차 산업혁명(자원혁명) 시대에는 시장의 요구에 대응하는 소위 '반응에 의한 행동'에 초점이 맞추어졌고, 3차 산업혁명(통신혁명) 시대에는 선제적 대응을 전제로 한 '예측에 의한 행동'이, 그리고 4차 산업혁명(연결혁명) 시대에 접어들면서 부터는 '학습에 의한 행동'이 주류를 이뤄가고 있다.

'제4차 산업혁명'은 '제4차 산업'의 탄생을 의미하는 것은 아니지만, 'Take(1차) → Make(2차) → Give(3차)'에 이어 '4차 산업'이 태동하고 있음도 유념해야 한다. 그것은 바로 초연결시대의 개막과 함께 나타나고 있는 'Fuse(4차)'이다. 4차 산업은 '가상공간과 물리공간의 융합으로 유발되는 새로운 산업'으로 정의될 수 있으며, CPS(Cyber Physical System)를 중심으로 새로운 산업이 파생되고 있음에 주목해야 한다.

## 2 초연결시대의 개막

이미 제3장 제4절(융합의 세계)에서 논의했듯이 경계의 소멸은 1980년대부터 세 차례에 걸쳐 진행되어왔다. 그 결과 우리는 이제 제4차 산업혁명을 상징하는 초연결시대로 접어들고 있다. 세상의 모든 것들이 연결되고 상용화를 목전에 두고 있는 제5세대(5G) 통신 서비스가 시작되면[26] 초연결시대는 본격적으로 열리게 된다. 경영학을 공부하는 이들에겐 무엇보다도 초연결이 가져오는 새로운 사회적 환경은 어떤 의미를 갖는 것인지가 관심일 것이다.

구한말 우리 선조들이 현재 우리가 사는 모습을 상상할 수 없었던 것처럼, 우리 역시 미래에 전개될 상황을 구체적으로 논의하기는 어려울 뿐만 아니라, 현재로서는 그런 예상이 무의미할 수도 있다. 다만 대략적인 변화의 방향은 가늠할 수 있다. 몇 가지 주목할 변화를 살펴보기로 하자.

### 1. 선험(先驗)적 사실 (Ex Ante Experience)

가장 의미심장한 변화는 바로 '미래를 미리 경험'할 수 있다는 점이다. '겪지 않고도 미리 경험할 수 있다'는 것은 엄청난 변화를 예고하는 것으로 이미 우리 곁에 와 있다. 앞서도 예로 들었지만, 차의 시동을 걸고 이동하기 전에 습관처럼 먼저 GPS 내비게이션 시스템을 설정하게 되면 목적지까지의 주행거리와 소요시간 뿐만 아니라, 주행 중에는 전방 어디에 무

26 1G가 좁은 시골길이라면 5G는 왕복 50차선 고속도로와 같다. 데이터 전송속도는 현재 4G(LTE)의 약 20배, 영화 한 편을 2초면 받을 수 있는 정도의 전송속도이다. 데이터 처리 용량이 100배로 늘어나 로봇·사물인터넷 기술의 보편화가 촉진될 것이고, 홀로그램 형식의 무선데이터가 일상 속으로 들어올 것이다.

슨 일이 일어났는지, 교통상황은 어떠한 지까지 알 수 있으며 수시로 최적 주행도로를 안내 받는 것이 그에 해당한다. 앞으로 이러한 서비스는 보다 정교하고 정확해질 것이다. 아는 능력치고 '미리 안다'는 것은 인류가 그리던 오래된 꿈이었다. 그것이 현실로 다가온다는 말이다. 이것이 가능하게 되는 결정적 이유는, 이미 제3장에서 논의했지만, 가상공간과 현실공간의 융합으로 조성되는 지능화된 정보환경에서는 사람이 직접 '데이터를 수집, 처리하던 방식(collecting by pull)'에서 환경이 '데이터를 제공하는 방식(collected by push)'으로 바뀌기 때문이다.

### 2. 활동범주의 무한한 확장

동굴에서 마을로, 마을에서 도시로, 도시에서 국가로, 국가에서 지구촌 으로 인류의 활동 공간은 확대되어 있다. '글로벌 시대(Global Age)'라는 말이 전혀 낯설지 않다. 교통과 통신 기술의 거듭되는 혁명이 오늘의 지구촌을 만들어냈지만, 초연결시대에는 물리적 이동 없이도 컴퓨터 창(화면 자체가 없어질지 모른다.)을 통해 지구촌 어디라도 현장에 있는 것처럼 가상의 이동이 가능해진다.

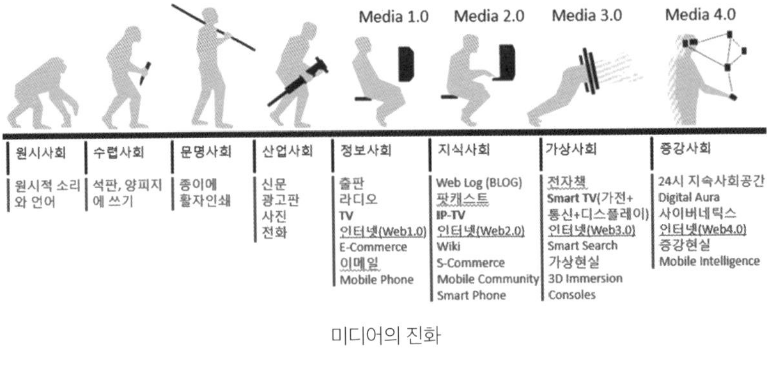


미디어의 진화

'마찰계수 제로(0)'인 사회가 본격 개막되는 것이다. 물론 마찰계수가 없는 사회는 도미노 현상처럼 위험성도 내포하고 있지만, '반응에 의한 행동'에서 '선제적 행동'으로 시장 변화에 대한 기업의 대응 패턴이 획기적으로 달라질 것이다. 이로써 새로운 서비스 개념이 나타날 터인데, 그것은 '사후서비스(After Service)'에 대응되는 '선제서비스(Before Service)'가 될 것이다.

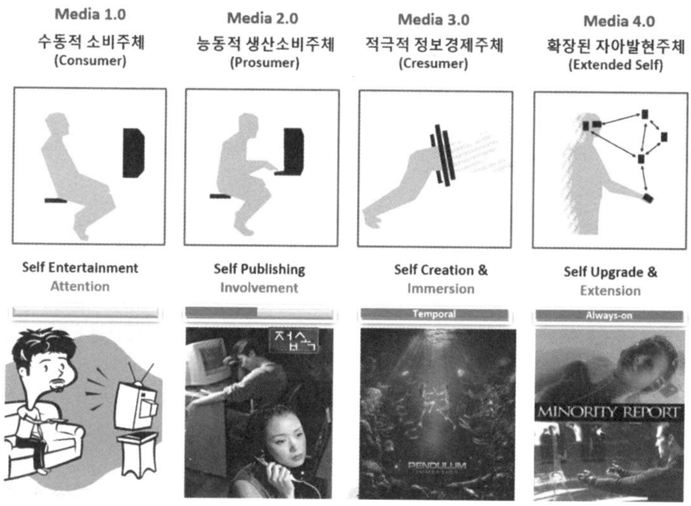


### 3. 제품과 서비스의 통합

이제 모든 물리적 제품들은 그 속에 지능적 서비스가 내장됨으로써 실질적으로 제품과 서비스의 구분이 사라지게 될 것이다. 이리되면 제품은 팔지 않고 서비스를 제공하는 수단으로 소비자들에게 그냥 제공할 것이다. 일단 이렇게 고객과 관계를 맺은 다음 서비스를 사용하기 위한 접속 권리를 팔면서 고객의 시간을 장악해나간다.

한마디로 기업의 수익모델은 물리적 제품에 두지 않고 제품에 담긴 서비스의 노하우와 경험에 기초하여 개발될 것이다. 더 많은 제품을 만들어 팔려고 아등바등하는 것보다 설치한 제품을 업그레이드하고 관리하는 쪽으로 선회하는 것이 성장을 더 담보할 수 있기 때문이다. 이렇게 세상만사가 서비스화 된다는 것은 상품의 교환에서 경험에 접속하는 체제로 변하고 있음을 의미한다.

## 3 알파고의 은퇴

2017년 5월 27일 바둑을 두는 인공지능 컴퓨터 '알파고'가 은퇴를 선언했다. 은퇴의 이유는 적어도 바둑을 두는 지적 능력에 관한 한 인간계에서는 자신을 대적할 자가 없다는 것이었다. 인간을 이기려면 적어도 10년은 더 걸릴 것이라던 인공지능 전문가들의 예상을 깨고 알파고는 이세돌에게 한판을 내준 것 외에 생애 통산 '73승 1패'라는 놀라운 전적으로 2017년 5월 27일 공식 은퇴를 선언하였다. 프로기사들은 직관과 통찰력으로 수를 찾지만 알파고는 한수를 위해 고성능 컴퓨터 5천대를 한꺼번에 동원할 정도의 빠른 연산과 가능한 모든 수의 승률을 계산해내는 가치망(Branching Factor & Evaluation Function)을 탐색하였다.

'AI(Artificial Intelligence)'라고 지칭되는 인공지능은 과학기술 세계에서만 회자되는 것으로 인식되기 쉽지만 그렇지 않다. 인공지능은 말 그대로 인간의 지적능력이 인지와 경험에 기초하여 지각된 대상에 대한 해석 및 추론

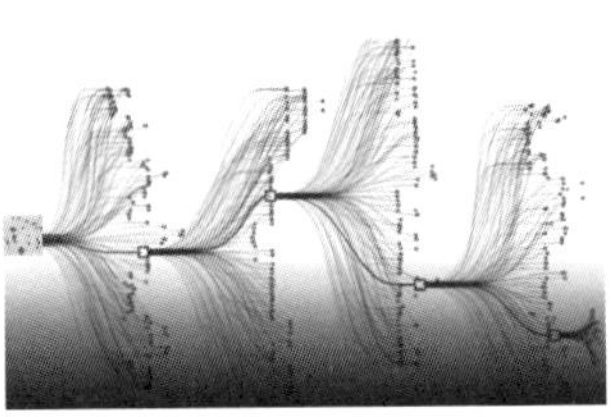

과 판단으로 성장하는 것과 같은 원리이다. 결국 인공지능은 외부 변화의 인지능력(Sensing), 경험에 기초한 탐조능력(Searching)과 추론능력(Inferencing)이 기계에 인위적으로 주입된 것으로, 이로부터 새로운 경험을 축적하고 그 축적과정을 통해 스스로 학습하는 능력을 갖춘 것을 말한다. 인공지능이 세간의 관심을 끈 것은 무엇보다도 '알파고'와 최고수 기사의 대국이었을 것이다. 그러나 그보다는 알파고가 '대적할 인간이 없다'며 은퇴를 선언했다는 것이 의미심장하다. 인공의 지능이 인간의 지능을 압도할 것이란 전망은 다음과 같이 인간이 가지고 있는 세 가지 취약점에서 찾을 수 있다.

Q4-2-(1) : 인간이 인공지능을 이길 수 없는 이유는 무엇인가?

### 1. Sensing - 제한적 인지

인지능력(Sensing)에서 인간은 자신의 관심과 알고 있는 정도에 따라 '보고 싶은 것만 보고, 아는 만큼만 보는' 제한적 인지능력을 가지고 있으나 인공지능은 이러한 한계를 벗어나 있다. 아래 그림의 접시에서 어떤 문양이 보이는가. 박쥐(검은색)가 먼저 눈에 들어온 사람이 있을 것이고, 비둘기 모양의 천사(흰색)를 먼저 본 사람이 있을 것이다. 박쥐를 먼저 본 사람은 박쥐만 유심히 보라. 흰색바탕일 뿐 천사는 보이지 않는다. 반대로 천사를 먼저 본 사람은 천사만 유심히 보라. 바탕이 검은색일 뿐 박쥐는 보이지 않는다. 이것이 바로 우리가 가지고 있는 인지의 한계이다. 그러나 인공지능기계는 박쥐와 천사 모두를 본다.

## 2. Searching - 제한적 경험과 망각

탐조능력(Searching)에서 인간은 제한적 경험에 기초할 수밖에 없고 망각에 의해 상당수의 경험이 판단근거에서 제외되지만, 인공지능이 갖춘 경험은 거의 무제한이며 망각이 없다. 앞서 얘기했지만 인공지능 기계와 은 컴퓨터의 근본적 차이는 '경험'과 '지시'의 차이이다. 소위 '컴퓨터 프로그램'으로 작동되는 기계는 프로그램 된 지시문에 따라 행동하는 반면 '인공지능'으로 작동하는 기계는 저장된 경험에 기초하여 스스로 판단하고 행동한다. 결국 인공지능 기계의 지적능력은 그것이 보유한 경험의 질적 수준과 비례한다.

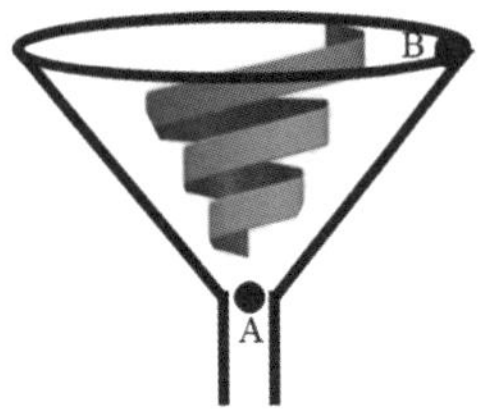


지적 판단능력이 경험에 비례한다면 우리의 경험은 어떠한가. 매우 제한적이다. 하는 일과 생활 반경으로 제한되어 있다 해도 과언이 아니다. 옆의 그림과 같이 우리는 각각 정해진 깔때기를 주변(B)을 맴 돌면서 점차 안으로 빠져 들어간다. 오래 살았다고 경험지가 넓어지는 건 아니다. 오히려 습의 함정(A)에 빠지기 십상이다. 앞서 제1장에서 고수의 공통적 조건 중 하나가 '판을 읽는 능력'이라 했다. 그러나 우리가 읽을 수 있는 판은 깔때기가 열어주는 세계가 전부이다. 인공기능을 이길 수 없는 두 번째 이유이다.

## 3. Inferencing - 지배적 사고 (제한적 사고모델)

추론능력(Inferencing)에서 인간은 제한된 경험으로 축적된 지배적 사고와 '정신적 감옥(Psychic Prison)'에 갇히기 때문에 선택과 판단에 이르는 추론 및 판단 자체를 제한할 수밖에 없다. 그러나 인공지능은 이러한 제약이 없다. 옆의 그림은 직선 4개를 연속 그어 점 9개를 모두 연결하는 퍼즐(9 Dot Puzzle)이다. 이 퍼즐은 인간이 얼마나 쉽사리 '정신적 감옥(Psychic Prison)'에 갇힐 수 있는지를 보여주는 수수께끼로 널리 알려져 있다. 독자들도 한 번 해보기 바란다.

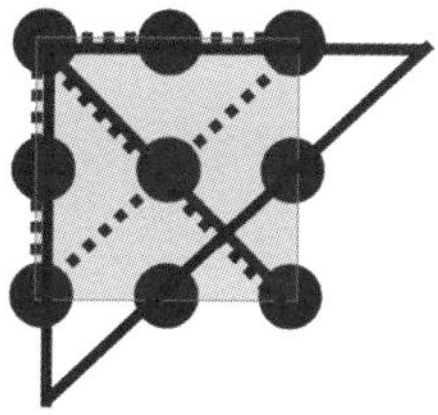

보통은 점 아홉 개로 형성되는 네모 박스 내에서 점선과 같이 문제를 풀려하지만, 사고가 박스 내에 갇혀서는 결코 이 문제를 풀 수 없다. 실선처럼 박스 밖으로 벗어나야만 문제는 해결된다. 인공지능 기계는 박스 안과 밖 모든 경우를 엄청나게 빠른 속도로 점검한다. '정신적 감옥'에 갇히는 문제는 없다.

### Q4-2-(2) : 그럼 인공지능시대에 대처할 수 있는 방안은 없는 건가?

인공지능이 인간에게 득이 될지 독이 될지는 의견이 분분하다. 그러나 한 가지 분명한 건 기계문명이 그러했듯 우리의 미래 사회에 인공지능은 근간을 이룰 것이다. 문제는 우리가 어떻게 대응해야 하는 것인데, 우선 노력해야 할 것은 각자 제한된 경험을 넓히는 것이다. 방법은 타인의 경험을 공유하는 일이다. 그러기 위해서는 크고 작은 모든 조직이 개방된 토론문화 조성이 절대적으로 중요하다. 그러기 위해서는 '조용한 강의실'을 토론으로 '요란한 강의실'로 바꾸지 않으면 안 된다. '적자생존(적어야 산다.)' 방식으로 성장한 사람들이 사회에 나와 조직의 구성원이 돼봐야 토론문화 조성은 이미 물 건너간 것이기 때문이다.

한 가지 더 주력해야 할 일은 보다 감성적이고, 비구조적인 업무 처리 능력을 배양해야 한다, 인공지능이 이 분야에서마저 인간을 필적하려면 아직은 시간이 있기 때문이다. 향후 30, 40년 동안은 산업사회의 잔재를 지우고 스마트사회를 건설하는 과정에서 엄청난 고용효과가 발생할 것이라는 제레미 리프킨(Jeremy Rifkin)의 예상이 맞는다면 더 더욱 비구조적 업무처리 능력을 키우지 않으면 안 된다. 단순 암기에 의존하고 문제풀이에 익숙한 능력으로는 갈 곳이 없을 것이다.

우리의 자아가 배워서 형성된 것이 아니라 경험을 반복하면서 성숙되는 지적능력의 발로라면, 인공지능 기계도 언젠가 문득 '나는 누구인가?' 하는 질문을 던지는 날이 올 지 모른다. 만약 그런 날이 오면 인공지능기계는 인간에게 엄청난 재앙으로 다가올 수 있다. 'AI가 인간의 의지와 충돌하는 자체 의지를 갖기 전에 통제할 수단을 확보해야 한다.'고 주문한 스티븐 호킹(Steven Hoking) 박사의 경고를 되새겨 볼 필요가 있다.

제2부

# 영역별 4세대 경영

Applications

제5장
또 다른 전략

제6장
산업과 시장

제7장
기업과 창업

제8장
고객과 서비스

제9장
생산과 제품

제10장
정보와 지식

제11장
조직과 리더십

제12장
인적자원과 문화

제13장
직장과 직업

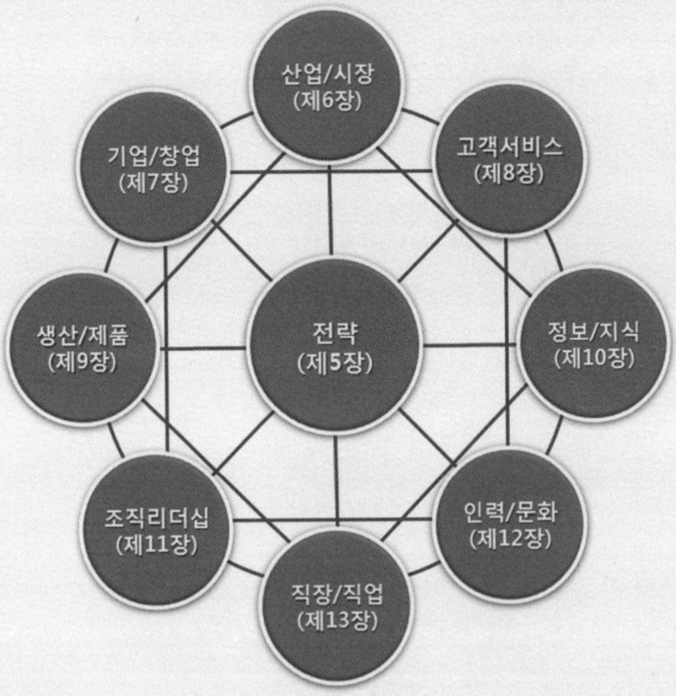

산업/시장
(제6장)
기업/창업
(제7장)
고객서비스
(제8장)
생산/제품
(제9장)
전략
(제5장)
정보/지식
(제10장)
조직리더십
(제11장)
인력/문화
(제12장)
직장/직업
(제13장)

개인이나 조직이 위기에 빠지게 됨을 알리는 적신호는 '답은 아는데 그 답이 유래하게 된 문제가 무엇이었던가를 모르는 것'이라고 피터 드러커(Peter Drucker)는 저적한 바 있다. 맹자(孟子)는 말하길 '지식 전달에 급급하여, 열심히 답을 가르치려 하는 선생이 가장 무능한 선생'이라고 했다. 요즘같이 급변하는 환경 속에서 과연 불변의 답(진실)이 존재할 수 있을까. 어차피 답이란 변화로 제기된 문제에 대한 답에 불과할 뿐이다. 환경이 변하면 문제도 변할 것이요, 문제가 바뀌면 그에 대한 답도 바뀔 것이 분명하다. 필자는 이 점에 주목하여 수많은 단편적인 답을 열거하기보다는 문제의식을 갖고 근본을 깨우침으로써 새로운 문제에 대한 답을 스스로 찾아내는 능력을 배양하는데 일조하고자 하는 마음에서 제2부의 내용을 담았다.

제 1부가 총론이라면 제 2부는 각론이다. 1부에서는 성과의 작동원리와 성과를 좌우하는 원천적 요소인 환경변화를 현대 경영학이 태동한 100여 년 전부터 현재에 이르기까지의 경영세계관의 변화와 최근 대두되고 있는 4차 산업혁명이라는 거대한 변화의 함의를 살펴보았다.

제 2부는 그에 대한 각론으로 아래와 같은 경영의 주요 영역별로 새로이 필요한 경영세계관은 무엇이며, 기존에 당연시 해왔던 정설들에 대한 문제의 제기와 새로운 해답을 모색하고자 하였다.


제5장 또 다른 전략
제6장 산업과 시장
제7장 기업과 창업
제8장 고객과 서비스
제9장 생산과 제품

제10장　정보와 지식
제11장　조직과 리더십
제12장　인적자원과 문화
제13장　직장과 직업

전략계획을 필두로 산업차원의 매크로 영역에서부터 조직차원의 마이크로 영역까지 단계적으로 주요 이슈에 대한 기존 정설을 소개한 후 의문을 제기하고 그에 대한 해답을 모색하는 방식으로 내용을 구성하였다. 최대한 경영이론서의 냄새를 지우고 경영 에세이 형식을 취하고자 노력하였다.

이 책에서 제시하는 필자의 주장은 어디까지나 주장일 뿐, 결코 답은 아니다. 그럴 수 없을뿐더러 그래서도 안 된다. 다만 필자가 의도하는 바는 제기되는 문제로부터 답을 찾아가는 과정을 터득하고 직관을 돕고자 하는 것뿐이다. 따라서 이 책에 담긴 내용은 독자들의 생각을 촉진하고자 함이지, 답을 제시하고자 한 것이 아님을 밝혀 둔다.

제5장

# 또 다른 전략

## 보이는 것이 전부는 아니다

알다시피 중동 지역은 얼마 전까지만 해도 허허벌판 사막이었다. 그러던 중 영국의 기술진에 의해 자신들의 조상대대로 살던 바로 그 땅 아래에서 검은 물(원유)이 발견되면서 갑작스레 부자가 되었다.

이야기의 주인공인 한 젊은 청년도 세상 밖을 구경해볼 만큼 여유가 생겨 미국 라스베이거스를 구경할 수 있는 기회가 왔다. 휘황찬란한 네온사인과 환각적인 부위기에 싸여 마음껏 여유를 즐겼다. 무엇보다도 그에게는 투숙한 호텔의 욕실에서 샤워와 목욕을 즐길 수 있었던 것이 가장 소중한 경험이었다.

여행 일정을 모두 끝내고 가이드의 지시에 따라 다른 여행객들은 아침 일찍 호텔 로비에 모였으나 이 청년은 나타나지 않았다. 그러자 가이드는 그를 찾으러 호텔방으로 올라갔다. 침실, 거실을 뒤졌으나 그는 보이지 않았다. 욕실에서 욕조 위 벽에 붙어 있는 수도꼭지를 떼려고 애쓰고 있었다. 이를 본 가이드는 "그걸 떼서 어디 쓰려고 하느냐?"고 물었다. 그 청년 왈, "알다시피 우리나라는 물이 부족하지 않은가. 그래서 이걸 떼다가 우리 집 벽에 붙이려고 한다. 물을 맘껏 쓸 수 있도록 ..."

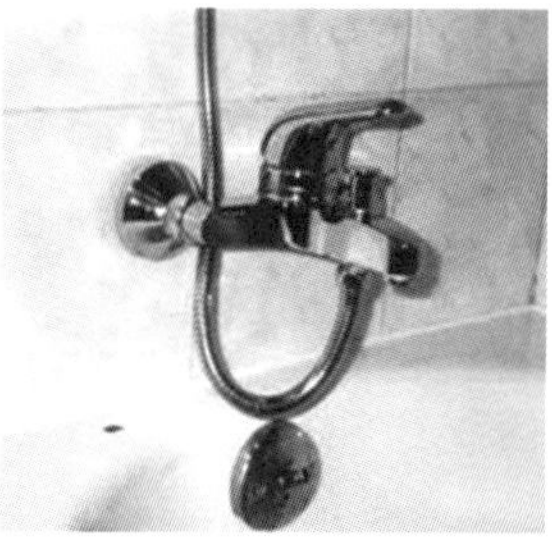

# 제1절 다시 보는 세계관

경영학 전문서적들을 보면 '~~는 ~~다.'라는 식의 규범적이며 사전적인 정의와 수많은 모델들로 소개로 가득 차 있다. 여기서 제기될 수 있는 의문은 '과연 그렇게 배워서 현실에 적용할 수 있을까?'하는 것이다. 가령 본원적 3대 전략 중 하나인 '차별화' 전략을 공부했다치자. '차별화'에 대해 똑 같이 알고 있다면 그건 이미 '차별화'가 아니다. 특히 '전략'과 같이 비구조적이며 추상적 문제를 다룰 때는 더욱 그러하다. 이러한 모델들이 실천력을 담보하려면 역시 온고지신(溫故知新)의 학습이 필요하다.

경영학은 어렵고 복잡한 행동을 가르치지만,
현실세계에선 단순한 행동이 더 효과적이다.

- 워렌 버핏(Warren Buffet), 미국 투자가(1930 - )

## 1 마이클 포터의 한계

앞서 제2장 제2절 (2. 시장과 전략의 발견)을 설명하면서 '경영전략'의 거장, 마이클 포터(Michael Porter)를 소개했었다. 그가 제시한 전략모델 중 가장 널리 알려진 것으로 '5대 경쟁세력 모형'과 함께 '가치사슬 모형'이 있다. 이 모델을 예시로 온고지신(溫故知新)을 통해서 어떻게 전략의 실천적 능력을 키울 수 있을 지 논의하기로 한다.

이 모델은 워낙 널리 알려져 있기 때문에 그 내용에 대해서 새삼 설명이 필요 없을 것이다. '의문이 없으면 배움이 없는 법.' 아래 제시된 이 모델에 대해 몇 가지 의문을 던져보자.

기업의 가치사슬 모형

Q5-1-(1) : 가치사슬이 왼쪽에서 오른쪽으로 진행되어야만 하는가?

위 그림을 보면 가치사슬을 의미하는 화살표가 왼쪽(기업의 추방)에서 오른쪽(기업의 전방)으로 진행되어, 최종 이윤(Margin)이 창출되는 것으로 나타나 있다. 이 모델이 답으로 제시된 시기가 1980년 초, 중반이니 그때만해도 시장은 여전히 공급자가 주도하고 있었기 때문이다.

제 1장에서 논의되었던 성과의 작동구조를 떠올려보라. 알다시피 최근의 시장 환경은 이미 주도권이 소비자로 넘어간 지 오래이다. 그렇다면 이 모델은 답으로서 여전히 유효할까? 환경이 바뀌면 선택(답)도 바뀌어야 마땅하다. 결국 이 모델은 가치사슬을 의미하는 화살표가 오른쪽(기업의 전방)에서 왼쪽(기업의 후방)으로 진행되는 것이 더 타당할 것이다. 이를 '가치사슬의 역류(Reverse Flow)'라 부른다. 따라서 가치사슬 모델은 옆의 그림과 같이 수정되어야 소비자 주도의 최근 시장 환경에 부합될 것이다.

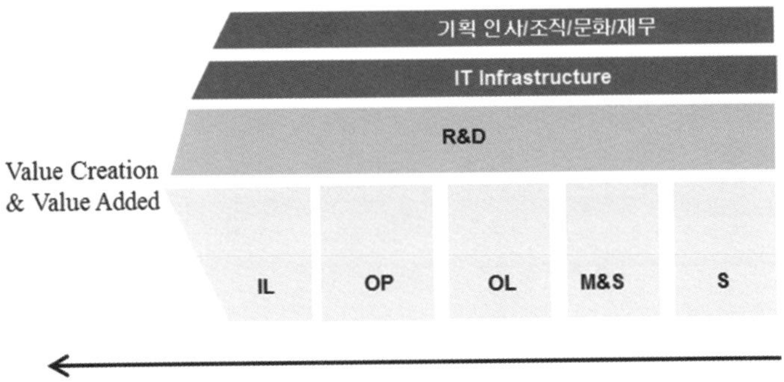


'가치사슬의 역류(Reverse Flow)'를 현실에 적용한 사례로 아래 그림과 같은 '델컴퓨터(Dell Computer Co.)'의 '고객 맞춤식 컴퓨터 생산시스템'이 알려져 있다. '델컴퓨터'의 창업주 마이클 델(Michael Dell)이 강연 차 일본을 방문했을 때의 일화는 유명하다. 몰려든 일본기자들이 '델컴퓨터에는 단 하나도 같은 컴퓨터가 없다는 철저한 고객 맞춤식 컴퓨터 생산시스템이 있다고 들었는데 그것이 어떻게 가능한 것인가?'라는 질문에 그는 '난 당신들의 적시생산시스템(JIT)을 인터넷에 적용한 것뿐이요.'라고 응답했다고 한다.

창업주 델(Michael Dell)의 일갈처럼 개념적으로는 토요다(Toyota) 생산방식으로 널리 알려진 'JIT(Just-in-Time)'와 거의 유사하다. 기술적으로는 가상공간에서의 'On-Demand'경제를 실현한 대표적 사례로 알려져 있다. 고객의 주문을 순차적으로 관련 조직에 전달하는 것이 아니라 주문 내용을 PC부품, 모니터 제조회사, 배송회사까지 동시에 공유함으로서 실시간 협업이 가능토록 하고 있다. 델컴퓨터는 고객주문에 따라 조립하는 본체와 마케팅, A/S만 담당하고, 모니터 키보드 등 기타 관련 부품은 해당협력사가 물류회사를 통해 델의 본체와 함께 고객에게 전달된다.

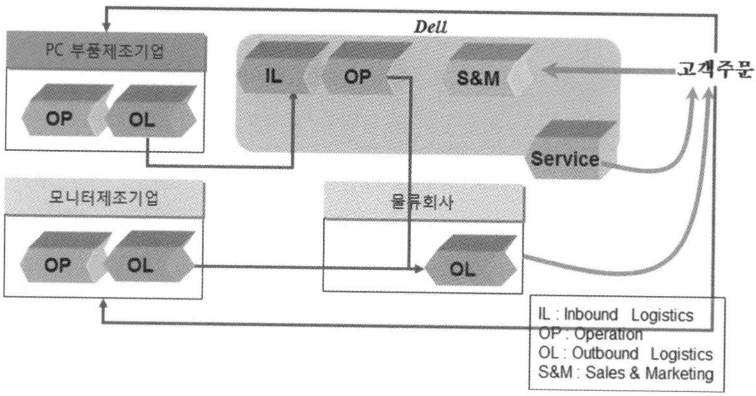


## 2 경쟁과 협업

마이클 포터의 가치사슬의 한계를 설명하면서 인터넷 기반의 가치사슬 변형을 'e-비즈니스'라고 총칭하여 논의한 바 있다. 그러나 '역류'만 설명했을 뿐 가치사슬 '분해(Decomposition)' '통합(Integration), '선별적 강화(Enhancement)' 등 다양하게 응용된 가치사슬 변형의 내용과 시사점은 논의하지 않았다.

Q5-1-(2) : '가치사슬'의 변형은 어떤 의미를 갖는가?

결론부터 얘기하면 가치사슬의 변형은 비교 우위 조직간 상생을 위한 협업전략의 구현수단이다. 초기 전략모델들은 '경쟁의 시각'에 기초하고 있었다. 그러나 최근의 전략모델들은 '협업의 시각'이 주류를 이루고 있다. 경쟁의 세계관에 기초한 전략모델은 제로섬 게임을 전제한 'win-lose'의 승리전략인 반면 협업의 세계관에서는 'win-win'의 상생전략이 주류를 이룬다. 이렇듯 협업을 통한 상생이 가치사슬의 변형을 통해 어떻게 가능한지 그 핵심 내용만 간략히 살펴보자.

### 1. 가치사슬 기반 협업의 전형

• **가치사슬 확장**(Extension) : 가치사슬의 외부 확장은 자사의 가치사슬과 후방 공급자의 가치사슬, 전방 참여자(유통·구매·소비자)의 가치사슬을 연계, 통합하여 관련 조직간 협업을 통한 상승효과 극대화를 도모하고자 하는 것이다. e-SCM과 e-CRM은 이러한 필요에 의해 나타난 프로세스의 새로운 전형이다. 이러한 확장을 위해서는 웹기반 ERP 등을 통한 조직내부의 디지털화와 매듭 없는 프로세스 운영이 전제된다.

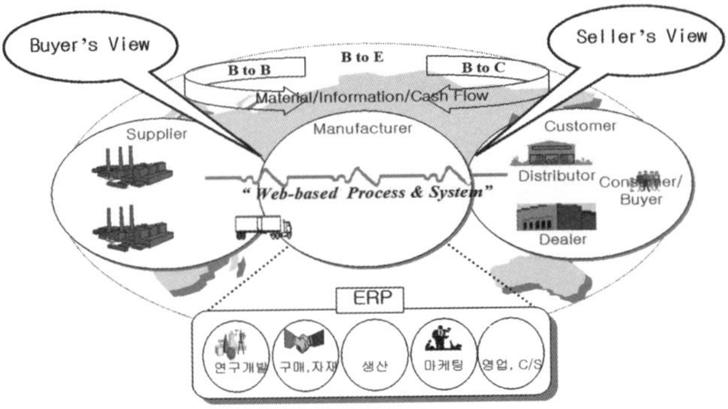


가치사슬의 외부확장 (Extension)

• **가치사슬 분해**(Decomposition) : 핵심역량 집중 기업(브랜드 소유기업)과 아웃소싱 서비스 제공 기업이 협업하는 새로운 비즈니스 모델을 위해 응용되는 가치사슬의 변형이다. 협업은 아웃소싱 네트워크(VAC, Value Added

Community)를 통해 이루어지는데, 1980년대 이후부터 주로 하이테크 산업에서 제조만을 전담하는 EMS(Electronic Manufacturing Services) 기업들이 등장하였고, 브랜드를 보유한 하이테크 업체들은 고객관련 가치실현에 초점을 두고 생산은 적극적으로 아웃소싱 하는 대신 R&D 및 마케팅에 집중하는 가치사슬상의 위치 재편을 시도해왔다.

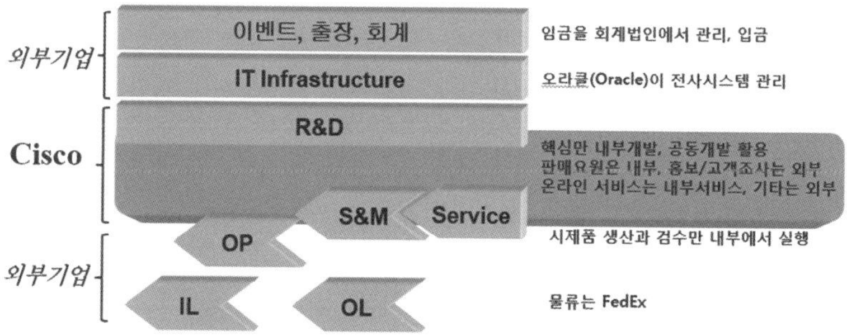

가치사슬의 분해 (Decomposition) - Cisco 사례

•**가치사슬 강화(Enhancement)** : 가치사슬의 성과는 종속성(dependency)과 변동성(variability) 등 두 가지 요소에 의해 좌우된다. '종속성'이란 과업 처리순서에 따른 선후관계를 의미하며, '변동성'이란 과업별 처리능력(속도)의 차이를 상정한 것이다. '종속성'이 조직의 반응성을 높이기 위한 프로세스 혁신의 초점이라면, '변동성'은 가치사슬 전체의 단위시간당 산출량(throughput) 증대를 위한 핵심 대상이 된다. 이때 '능력제약자원(CCR: Capacity Constraint Resource)'이나 전략적 핵심자원을 강화해야 하는데, 비교우위에 있는 기업들이 전략적 제휴를 통해 협업하는 사례가 이에 해당된다.

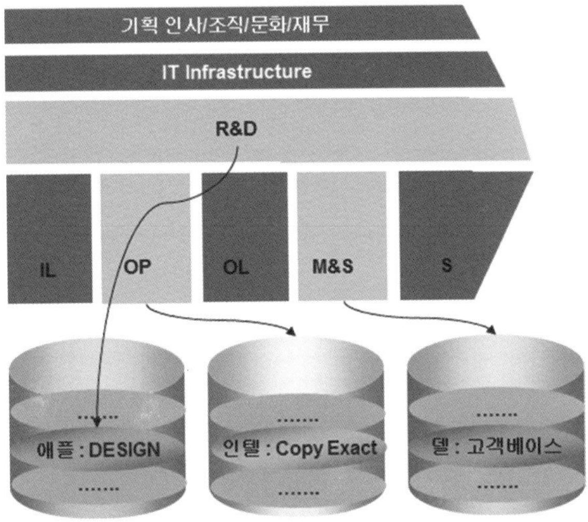


가치사슬의 선별적 강화 (Selective Enhancement) 예시

2000년대 들어 인터넷 기업들이 부상하고 각종 '탈(脫)경쟁' 전략이 각광 받으면서 대표적 산업분석 모델로 꼽히는 마이클 포터의 '5대 경쟁세력(5 Forces) 모형'은 여전히 유효한가에 대한 의문이 제기되었다. 그의 모델은 동적 경쟁과 산업구조를 충분히 설명할 수 없으며, 특히 인터넷 비즈니스를 분석하는 데 한계가 있다는 등의 문제가 제기되어왔다. 이러한 비판에 대해 포터 교수는 모델이 현재의 산업을 분석하고 변화를 예측하는데 여전히 긴요하다고 주장하고 있다.[27]

27 M. Porter, "The Five Competitive Forces That Shape Strategy," Harvard Business Review, January 2008.

### 2. '협력'의 '우발적 악연'

협력은 자신의 이익을 추구하는 또 다른 형태이다. 따라서 지속가능한 협력을 위해서는 협력과 제휴 속에 내재해 있는 '우발적 악연'의 문제아를 적절히 관리할 수 있어야 한다. '우발적 악연'이란 초반부터 제로섬 게임(zero-sum game)을 하는 대립적 경쟁관계와는 달리 협력적 상생(win-win)을 추구하는 과정에서 발생되는데, 그 원인은 협력 시스템 내부에 존재한다는 점이다. 협력시스템에 참여하는 주체들이 각자 개별 성장을 위해 취하는 조치들이 상대에게 우발적으로 악영향을 끼치는 또 다른 강화루프가 숨어 있다는 사실을 잊어서는 안 된다.

'우발적 악연'을 미연에 방지하기 위해 우선 유념해야 할 것은 협력시스템 내에 잠재해 있는 '악연의 문제아'를 파악하는 것이다. 그러기 위해서는 다음 몇 가지 조치들이 검토되어야 한다. 첫째, 협력관계의 당사 간 공유비전이 무엇인지 분명히 할 필요가 있다. 협력당사자간 원활한 상호작용은 비전과 목표가 공유될 때라야 가능하기 때문이다. '좋은 게 좋은 것'일 수만은 없다. 있더라도 그것은 지속 가능하지 않다.

둘째, 개별적 목표달성 행위가 상대에게 부작용으로 전가되지는 않을지 검토해야 한다. 코끼리를 둘로 자른다고 두 마리의 코끼리가 될 수 없듯 협력관계는 개별 주체가 따로 분리되어서는 성립할 수 없다는 인식을 공유해야 한다.

셋째, 자신의 이익과 생존을 위한 조치로 다른 대안은 없는지 살펴봐야 한다. 협력이 아무리 좋은 것이라 해도 자신의 존립을 위한 조치는 불가피하다. 그러나 자신을 위한 조치가 협력을 훼손하지는 않는지, 다른 대안은 없는지를 찾는 노력이 필요하다.

## 3 전략계획의 함정

"철두철미한 계획과 틀에 움직이는 조직은 미래를 선도할 수 없다." '컴퓨터 없는 컴퓨터 세상'을 꿈꿨던 '빌 조이(William Nelson Joy, 1954-)'의 일갈이다. 일반인들에겐 잘 알려지지 않았지만, MS의 인터넷 시장 독점을 막았다는 평가를 받고 있는 '자바(Java)'를 개발하여 정적인 공간에 머물러 있던 인터넷을 동영상과 각종 그래픽을 마음대로 구사할 수 있는 살아있는 공간으로 바꿔놓은 장본인이기도 하다.

Q5-1-(3) : 그렇다면 계획 없이 어떻게 일을 집행하란 말인가?

물론 그가 계획의 중요성을 무시해서 이런 말을 한 것은 아닐 것이다. 다만 치밀한 계획에 너무 집착하다 보면 사고의 경직을 가져오며, 아이디어보다는 계획 그 자체에 너무 노력과 시간을 허비할 수 있는 '계획의 허점'을 경고하는 것이다. 최근 '계획에 의한 행동'보다는 '학습에 의한 행동'이 중시되는 이유도 바로 여기에 있다.

'전략계획의 함정'을 간략히 살펴보자. 첫째, 많은 시간과 노력을 들여 수립된 계획이 실천으로 이어지지 못하는 경우가 허다하다. 특히 요즘같이 환경변화가 심하고 불확실성이 고조되는 상황에서 계획은 그저 계획으로 끝날 가능성이 매우 높다. 둘째, 충실한 계획에 너무 집착한 나머지 실천의 시기를 놓치는 경우가 발생할 수 있다. 셋째, 계획 수립은 일련의 시행 절차를 담고 있다. 그러나 절차에 집착하다보면 새로운 발상의 여지를 잃게 마련이다. '치밀한 계획과 틀'을 강조하는 조직은 경쟁의 핵심요소인 발상의 전환 내지 새로운 패러다임 구축에 취약할 수밖에 없다.

그렇다고 치밀한 계획의 중요성을 무시하자는 말은 결코 아니다. 다만 계획의 치밀성만을 강조하지는 말자는 것이다. 캐나다 맥길대의 헨리 민츠버그 교수가 주창한 '우발적 전략(Emergent Strategy)'처럼, 기업들도 '의도된 전략(Intended Strategy)'만 고집하지 말고 즉각적인 상황에 대처할 수 있는 전략도 염두에 둘 것을 강조하고자 함이다. 잭 웰치(Jack Welch)가 GE의 CEO로 취임하자마자 두꺼운 보고서만 양산하는 전략 스태프 부서들을 없애버렸다는 일화는 유명하다.

**사이몬(Herbert A. Simon)의 실험**

1978년 노벨상 수상자인 허버트 사이몬은 패러다임이 인간의 행위에 어떤 영향을 주는지 알아보기 위해 다음과 같은 재미있는 실험을 하였다. 먼저 각각 두 명의 프로와 초보자로 구성된 서양장기(체스) 팀을 만들고 프로와 초보자의 경기를 다음 규칙에 따라 진행시켰다.

첫 번째 실험에서는 정상적으로 장기의 수를 두도록 했다. 게임이 어느 정도 진행된 상태에서 프로와 초보자에게 각각 5초씩 판세를 보여준 다음 장기판을 헤쳐 놓은 후 그들이 5초 동안 확인한 것을 다시 옮겨 놓도록 했다. 그 결과는 예상대로 나타났다. 프로는 전체 수의 81%에 해당하는 20수를 정확히 옮겨 놓은 반면, 초보자는 33%밖에 옮겨 놓지 못했다.

두 번째 실험에서는 앞의 방식과 동일하나 장기의 수를 규칙에 따라 움직여 나가지 않고 무작위로 배치한 다음 5초 동안 판세를 확인토록 했다. 놀랍게도 이번에는 정반대 현상이 나타났다. 즉 프로는 확인한 수의 위치를 찾지 못해 당황한 반면 초보자는 앞의 경우와 별 차이 없이 본 것을 옮겨 놓았다.

이 실험 결과는 '면밀한 계획과 틀'을 강조하는 집단은 예외적 상황에 무기력하다는 사실을 제시한 것이다. 계획은 시행절차를 강조함이요, 절차는 자칫 조직의 경직을 낳아 변화에 탄력적으로 대응할 수 없음을 의미한다. 또한 계획의 치밀성을 너무 강조하다보면 그 조직 문화가 창의적 아이디어를 죽이는 역효과를 낳을 수 있음에 주목할 필요가 있다. 요즘같이 환경이 변화무쌍한 상황에서는 지금의 계획이 실행단계에서의 현실은 아니기 때문에 계획보다는 새로운 발상과 아이디어의 창출이 더 중요하다. 역설적으로, 치밀한 계획이 아이디어의 창출을 저해한다면 차라리 아이디어 중심적 조직문화로 이전되는 것이 바람직하다는 말이다. 생각하는 햄릿보다는 행동하는 동키호테가 필요한 것이 요즘이다.

**예측하지 말고 이해하라.** 계획에 몰두하기보다는 현상 이면에 작동하고 있는 원인들과 그 원인들 사이의 피드백 구조를 읽어 현상을 이해하는 것이 필요하다. '복잡계'에서 생존해야 하는 요즘 기업들이 한 번쯤 곰씹어봐야 할 얘기이다. 제5장 제3절 (2. 행태와 구조)에서 다시 논의하겠지만 겉으로 드러난 현상에 기초하여 아무리 예측한들 '예측은 그저 예측'일 뿐이다. 전략적 선택을 위한 계획이라면 더욱 그러하다.

**'알리바바' 창업주, 마윈의 삼무(三無)**

후일 마윈은 이렇게 얘기했다. "나에겐 세 가지가 없었다. 건강이 없었고, 학벌이 없었으며, 그리고 계획이 없었다." 건강이 없었기에 운동을 했고, 학벌이 없었기에 열심히 공부했다. 계획이 없는 대신 꿈이 있었다. '계획이 없었다.'는 것은 마구 살았다는 말이 아니다. 인생의 행로에서 마주친 것들에 충실했다는 뜻이다. '계획이 없었다.'는 말은 2005년 스티브 잡스가 스탠포드 대학 졸업식에서 한 강연의 'Connecting the Dots'(제1장 제1절 2.)와 사실상 같은 의미이다.

# 제2절 추종과 선도의 차이

한국은 지난 70여 년간 선진국과의 격차를 줄이기 위해 추종 전략을 유지해왔다. 그 결과 우리나라는 이제 중진국을 넘어 선진국의 대열에 진입했다. 2018년 '3050' 국가의 반열에 진입하게 된 것이 이를 단적으로 말해준다.

성공을 달성한 순간부터 성공요인은 실패요인으로 작용한다.

- 피터 드러커 (Peter Drucker, 1909-2005), 미국 경영학자

## 1 한국의 딜레마

6.25 전쟁 직후 우리를 바라보는 전 세계의 시각은 한 마디로 '안 되는 족속'이었다. 다음 내용이 이를 극명하게 반증한다.

한국의 근대화를 기대하느니
쓰레기통에서 장미꽃 피기를 기대하라.

- Menon, UNKRA 단장(1955)

한국이 전쟁의 폐허에서 회복되려면
적어도 한 세기는 흘러야 가능할 것이다.

- Gen. Douglas MacArthur(1954)

### 1. '3050' 국가

그로부터 63년이 지난 2018년 세계에서 일곱 번째로 '3050' 국가에 진입하였다. 일인당 국민소득 3만 불, 인구 5천만을 넘어서는 나라가 된다는 것 자체로는 별 다른 감흥이 없을지 모른다, 그러나 이미 이들 두 가지 조건을 충족시킨 여섯 개 국을 열거해보면 그 의미가 남다를 수밖에 없

다. 미국, 영국, 일본, 독일, 불란서, 이태리 - 이들은 세계 제2차 대전의 주역들이다. 제국주의시대에 지구촌을 전쟁의 화염 속에 빠뜨린 당사국들인 것이다. 한반도의 남북 분단도 그 연장선에서 이루어졌고, 당시 에티오피아보다도 더 가난했음을 상기해볼 때, 그로부터 70년이 지난 이제 이들과 어깨를 나란히 하게 되었음은 격세지감도 모자랄 정도이다.

Q5-2-(1) : 오늘의 기적을 일군 동력은 무엇이었나?

우리가 주목해야 할 것은 이런 기적과 같은 성과 그 자체가 아니다. 세계의 예상을 뒤 엎는 눈부신 성장을 일궈낼 수 있었던 원동력이 무엇이었던가 하는 점이다. 그것은 바로 나라의 정점에 있는 대통령에서부터 시골장터에서 물건을 파는 아낙까지 혼연일체의 극혼(克魂)이 있었기에 가능했던 것이다. 우리를 강점했던 일본을 극복하고 가난을 극복하자는 정신이 오늘의 한국을 일궜다 해도 결코 과언이 아니다.

기적과 같은 비화가 수없이 많지만 초일류 강대국만이 꿈꿀 수 있었던 제철산업을 일구고자 한 무모한(?) 도전은 당시 우리의 극혼을 극명하게 보여줄 수 있기 때문이다.[28] 한국전쟁의 격전지였던 황무지 영일만에서 선진 일류국가를 향한 또 다른 전쟁이 시작(1968년)된 지 30여년 만에 세계 최고, 최대의 제철소를 일궈냈다는 사실은 선대의 극혼을 잃어버린 우리 젊은이들에게 새로운 비전과 꿈을 심어주기에 충분하다.

### 2. 새로운 성장 동력

선진국의 문턱에 들어선 상황에서 과거의 헝그리 정신을 고집하는 것은 시대착오적일 수 있다. 선진국의 문턱에 선 우리가 또 한 번 극복해야 할 시대적 과제는 이러한 극혼의 자리를 대신할 수 있는 그 무엇을 반드시 찾아야 한다는 것이다.

> Q5-2-(2) : 극혼을 대체할 수 있는 새로운 동력은 무엇인가?

그것은 바로 선진국으로 변모할 수 있는 성숙함이다. 그 성숙함은 본질에 접근하려는 새로운 세계관의 확립이다. 지난 80여 년간 우리는 선진국과 간극을 좁히는데 전력해왔다. 추종자의 전략은 앞선 자가 제시하는 답을 그대로 모방, 답습하여 빠르게 우리 것으로 만드는 것이다. 창의적인 건 필요 없다. 그저 답습의 효율성만 확보한다면 저렴한 노동력으로 승산이 있었다. 결국 기문지학(記問之學)방식의 인적자원 개발은 상당히 성공적이었고, 오늘의 한국을 일궈내는데 결정적 역할을 하였다.

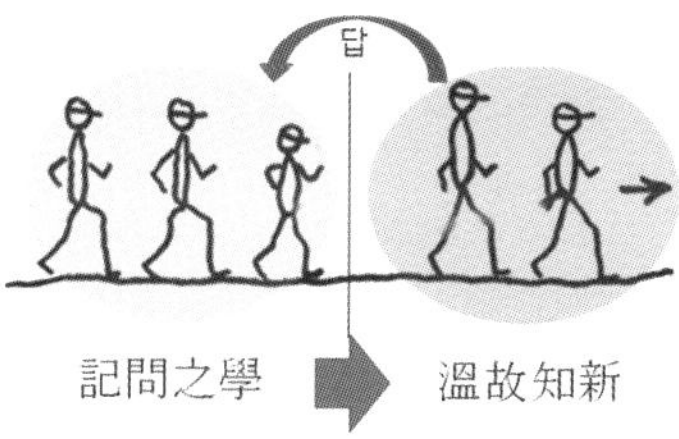


그러나 이제 한국도 선두그룹에 들어섰다. 진정한 선진국으로 자리매김하려면 우리도 그들처럼 새로운 답을 제시할 수 있어야 한다. '답'이란 '문제'의 제기가 전제된다. '문제' 없는 '답'은 없기 때문이다(문제 → 답). 기존의 답에 안주하는 것이 아니라, 새로운 문제를 제기하는 능력. 이것이 '선진국의 성숙함'이다. 한국인들은 의문을 제기하고 그로부터 새로운 답을 찾아가는 온고지신(溫故知新)의 훈련은 받아본 적이 없다. 이것이 한국이 직면해 있는 최대의 딜레마이다.

---

28 이것이 어떻게 가능했는지 젊은이들은 영상다큐 '황무지에서 일군 포철신화 (http://my.tv.sohu.com/u/vw/60184326)'를 보기 바란다.

**구두의 명인은 문하생에게 무엇부터 가르칠까?**

- 본질부터 고민하자. -

'귀하가 구두의 명인이라 가정할 때 문하생에게 무엇부터 가르치겠는가?'라는 질문에 한국인은 십중팔구 가죽 고르는 법부터 시작해서, 자르는 법, 깁는 법, 등등 구두 만드는 방법을 순서대로 열거할 것이다. 그러나 이태리 구두의 명인은 문하생에게 "구두는 무엇을 위해 존재하는가?"라는 물음으로부터 시작한다고 한다. 발을 위해 구두가 존재한다면 발부터 공부해야 함은 너무나도 지당한 것일 터이다.

이태리 구두

그럼에도 우리는 발에 대한 면밀한 공부는 하지 않고 구두를 만드는 기술부터 습득해왔다. 그 결과 구두는 잘 만드는데 구두의 신개념은 우리에게서 나오지 않는다. 세상은 숨 가쁘게 돌아가는데, 본질에 접근하는 인적자원은 쉽사리 개발되지 않는다. 이것이 한국이 당면한 딜레마의 본질이다.

Q5-2-(3) : 뒤차가 앞차를 추월하려면?

뒤차가 앞차를 추월하기 위한 최소한의 요건은 무엇일까? 앞지르기 위해서는 우선 차선을 바꿔야 한다. 그리고 가속 페달을 밟지 않으면 안 된다. 달리던 차선에 머물러 있는 한 간격을 좁힐 수는 있어도 결코 앞차를 추월할 수는 없다.

광복이후 우리가 달려왔던 기존의 차선은 '개발과 산업화'로 집약되는 '레드오션(Red Ocean)에서의 생존과정'이었다. 이제 우리가 바꿔야 할 새로운 차선은 '협업에 기반 한 가치창조'의 '블루오션(Red Ocean)'이다. 레드오션에서의 생존전략이 '효율'이라면 블루오션에서의 생존 전략은 '효용'이다. '효율'에서 '효용'으로 새롭게 우리의 DNA를 배양하려면 기존의 의식구조, 가치체계, 사회제도, 조직문화 등 전반에 걸쳐 그에 맞도록 바꾸어내지 않으면 안 된다.

## 2 진정한 역량

제 1장에서 논의한 바와 같이 고수의 공통적 특정 가운데 하나는 '판'올 읽는 능력, 즉 부분이 아닌 전체를 읽는 능력이다. '판'을 읽는 능력은 여백에서 의미 있는 그 무엇(기회, 가치 등)을 포착하는 능력을 말한다. 전략은 모델도 중요하지만, 그것에 전제되어야 할 것은 그러한 모델들을 만들어낸 이들의 저변의 능력을 간파해야 한다. 그것은 바로 '여백을 읽는 능력'에서 출발한다.

Q5-2-(4) : 여백을 읽는 힘을 배양하려면 어떤 훈련이 필요할까?

**1. 필삼독(必三讀)**

무언가 보고(視) 듣는(聽) 것을 '읽는다(read)'라는 표현으로 대체할 때, 반드시 세 가지를 읽지 않으면 사고는 확장되지 않는다. 이를 두고 맹자는 '필삼독(必三讀)'이라 하였다.

- 행을 읽어라(Read lines).
- 행과 행 사이를 읽어라(Read between_the_lines).
- 그리고 네 자신을 읽어라(Read yourself).

이들 세 가지 요건 중 가장 중요한 것은 두 번째이다. 행과 행 사이에는 아무것도 없으니 결국 보이지도 들리지도 않는 여백을 읽어는 것이 존재에 대한 인식의 확대에 가장 중요한 것이기 때문이다. 첫 번째 요건인 '행을 읽는다는 것' 것은 누구나 할 수 있는 작용이며, 세 번째 요건인 '자신을 읽는다는 것' 역시 두 번째 요건인 여백을 읽어내는 사람이면 자연스럽게 이어지는 작용이다.

세 가지를 읽어야 사고가 확장된다는 것이 무엇을 의미하는지 좀 더 생각해보자. 아래 그림처럼 바다를 향한 창을 통해 밖을 바라보고 있는 상황을 상정해보자. 지금 당신에게 무엇이 보이는가 하고 묻는다면 뭐라고 응답할 것인가. 십중팔구 망막에 비추어진 파도, 하늘, 바위, 섬 등을 열거할 것이다. 책으로 말하면 이건 단순히 글줄(행)만 읽은 것과 같다. 그러나 똑같은 상황을 보면서도 어떤 이는 두 번째와 세 번째 요건을 읽어낸다.

섬, 하면
가고 싶지만
섬에 가면
섬을 볼 수가 없다.

지워지지 않으려고
바다를 꽉 붙잡고는
섬이, 끊임없이 밀려드는 파도를
수평선 밖으로 밀어내느라
안간힘 쓰는 것을 보지 못한다.

(중략)

밤새 파랗게 달려드는
민박집 형광등 불빛아래
혼자 한번
섬이 되어 봐라.

삶이란 게 뭔가
삶이란 게 뭔가
너는 밤새도록 뜬 눈 밝혀야 하리.

-안도현

사고의 확장 예시

시인은 '(중략)' 이전까지의 내용처럼 실제로 보이지는 않지만 여백을 읽어내고 있다. 그리고 '(중략)' 이후에 보인 것처럼 읽은 여백을 토대로 자기 자신을 읽고 있다. 결국 존재와 인식의 상호 피드백 작용을 통해 '섬 → 섬이 생존의 안간힘을 쓰는 모습 → 자신이 섬이 된 듯 인생을 반추'하는 데 까지 사고가 확장되었음을 알 수가 있다. 한 마디로 섬을 통해 인생을 반추하기에 이르는 것이다.

여기서 중요한 것은 섬을 그대로 보지 않고 살아 있는 생물처럼 생존을 위해 끊임없이 밀려오는 파도를 밀어내느라 안간힘 쓰는 모습으로 바라봄으로써 자연스럽게 거기에 자신의 삶을 투영하는 사고의 과정을 거치고 있다는 점이다. '섬'이 '인생'으로까지 사고가 확대되고 있음에 주목할 필요가 있다.

### 2. 대립적 사고(Opposable Thinking)

다섯 손가락 중에서 손의 기능을 결정짓는 것은 어느 것일까? 그것은 바로 엄지(thumb)이다. 유독 엄지만 같은 방향으로 움직이는 다른 손가락들과 달리 마주보는 대척점에 선다. 이것이 바로 물건을 만들고 조작하는 손의 힘이다. 우리의 생각에도 같은 원리가 적용된다. 엄지와 같은 기능을 하는 사고가 작동할 때라야 비로소 사고는 힘을 발휘하게 된다. 이를 대립적 사고('Opposable Thinking')이라고 한다.

엄지와 같은 기능을 하는 대립적 사고를 배양하려면 일상의 언어 활용에서 다음과 같은 세 가지 '~~면'을 포함하는 훈련을 할 필요가 있다. 필자는 이를 기억하기 쉽도록 속칭 '쓰리 면'이라 부른다.

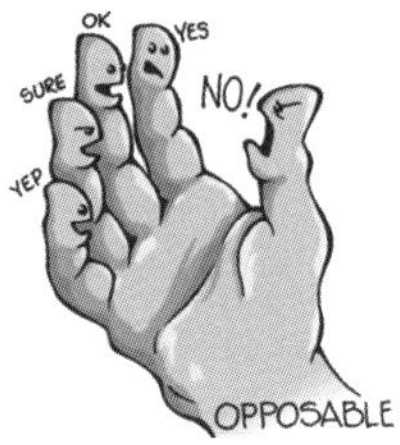


'○○다면 (If so, then ~)'

'○○하면 (Because ~)'

'○○라면 (what if ~)'

여기서 '그렇다면'은 새로운 무언가를 접했을 때 곧바로 기억에서 그와 부합되는 혹은 그와 상충되는 것을 떠올려 대응하는 수평적 사고와 관계가 있다. '왜냐하면'은 논증체계를 중시하는 수직적 사고와 관계가 있으며, '~~라면'은 관련된 상황을 상정해보는 상상력을 키우는 언어행위이다.

이들 세 가지 '~~면'은 우리의 생각을 강력하게 키우는 원동력(Opposable Thumb)이다. 사실 타인이 제시한 것을 답으로 받아들인 채 생각을 멈추는 '사전식 공부'에 그치는 경우를 흔히 보게 된다. 세 가지 '~~면'을 생활 속에서 훈련하면 생각에 마침표를 찍는 우리의 잘못된 관행을 극복할 수 있을 것이다. 환경이 급변하는 요즘은 이것이 더욱 필요하다.

**대상에서 의미와 가치를 찾는 세 가지 조건**

관조의 대상이나 사회적 현상에서 새로운 무언가를 찾아내려면 최소한 세 가지 훈련이 필요하다. 첫째는 여백을 읽는 힘이요, 둘째는 생각을 환류 하는 것이며, 셋째는 인지의 대척점에서 생각하는 능력(Opposable Thinking)이다.

## 3 렉서스(Lexus)의 교훈

도요타(Toyota)는 1990년 렉서스를 미국 시장에 내놓은 지 3년 만에 리콜을 단행한다. 당시 렉서스는 벤츠, BMW, 아우디 등 독일 차의 아성을 파죽지세로 잠식하던 터라 리콜은 상식적으로 이해가 되지 않는 일이었다. 그러나 도요타는 리콜을 단행함으로써 미국 고급승용차 시장에서 승기를 완전히 굳히게 된다. 이러한 리콜 전략의 창의적 발상은 어떻게 나왔을까?

Q5-2-(5) : '리콜(Recall)'은 피해야 할 나쁜 것인가?

공급자 입장에서 '리콜(Recall)' 사태는 기업경영에 치명타가 된다는 것쯤은 모두가 아는 사실이다. 항상 그런 것은 아니다. '리콜(Recall) = 치명타'이라는 도식적 사고의 허를 찌른 전략이 바로 도요타의 '렉서스 리콜(Lexus Recall)'이다. 아래 인과지도를 활용하여 '리콜'에 관한 통념적 사고체계의 여백에서 역 발상의 전략적 기회를 어떻게 포착할 수 있었는지 살펴보자.

아래 그림의 굵은 실선으로 나타낸 루프(R1, R2)의 악순환 고리가 '리콜'에 관한 통념적 사고체계에 해당하는 것으로, 왜 '리콜'이 기업에 치명적인지 설명하고 있다. '리콜' 사태가 벌어지게 되면 '기업 이미지'가 나빠지고, 기업 이미지가 나빠지면 '고객의 제품신뢰'에 악영향을 끼쳐 결국 '매출' 하락으로 이어진다. '매출'이 하락하면 리콜에 소용되는 비용과 함께 기업의 '재정 건전성'이 악화되고, 재정 건전성이 악화되면 '품질' 관리가 부실해져서 다시금 '리콜'의 가능성이 높아지는 악순환 고리의 늪에 빠져들게 된다. 여기까진 모두가 리콜에 대해 아는 것이다.

### 1. 여백의 위력

선순환과 악순환의 구조는 동일하다. 구조가 같다는 것은 역설적으로 악순환도 선순환으로, 선순환도 악순환으로 바뀔 수 있음을 의미한다. 도요타는 바로 이러한 점을 활용한 것이다. 도요타 경영진의 사고는 '리콜도 리콜 나름'이라는 데서부터 출발한다. 상식적으로 성공과 다름없는 상황에서 리콜을 단행하면 어떤 일이 벌어질까? 위 인과지도에서 가는 점선으로 표시된 부분이 바로 그것이다. 사람이 개를 물면 뉴스거리가 되듯 상식에 위배된 렉서스 리콜은 뉴스가 되었고, 그 어떤 광고보다 훨씬 위력적으로 '시장의 관심'을 끌게 된다. 리콜 비용은 감수해야하지만, 작은 문제마저도 용납하지 않는다는 '마케팅 효과'로 '기업 이미지'는 리콜의 악순환 고리를 선순환으로 바꾸는 계기가 된다. 나아가 높아진 기업 이미지는 도요타의 다른 중저가 차종에 대한 '제품 신뢰도'를 견인하게 되고 이것이 추가 매출 증대로 이어지면서 강화루프(R1, R2)의 선순환은 더욱 강화된다.

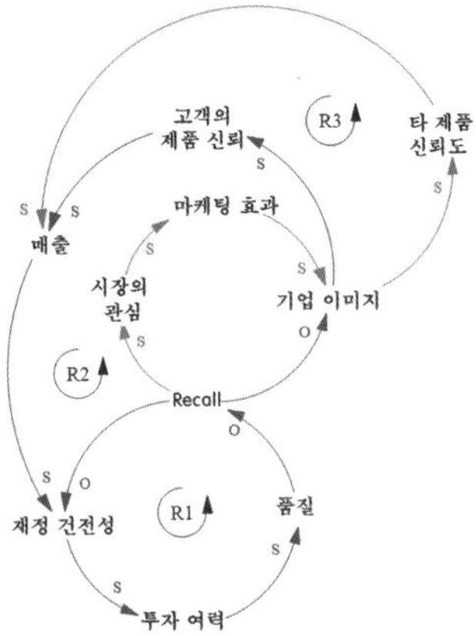

렉서스 리콜 - 통념을 이용한 역발상 전략

이 사례에서 알 수 있듯이 '여백의 힘'은 가히 위력적이다. 그리고 그 힘은 무엇을 포착(정책개입 지점)해서 언제 시행할 것인가(정책개입 시점)에 대한 판단 능력으로 비롯된다. 통념적으로 알고 있는 리콜의 악순환 구조를 역이용하여 이를 마케팅에 연결함으로써 선순환의 구조로 일거에 바꿔놓은 것이 착안점이라면, 아무도 예상하지 않은 시점에서 리콜을 단행했다는 점이 시행시점이다.

### 2. 여백을 읽는 사고의 조건

앞서 제2항에서 여백을 읽는 훈련에 대해 논의했다. 여기서는 '시스템 사고와 창의'를 결부지어 세 가지 조건을 제시하도록 한다.

첫째는 '사고를 분기하는 것'이다. 이는 사고의 유연성과 관련이 있다. '예기치 않은 상황을 상정'하여 사고를 분기하고 피드백을 시도하는 곡선적 사고와 단일의 정답을 거부하고 다양한 선택지를 수용하면서 발산적 사고를 허용해야 한다. 리콜이 오히려 기업 이미지를 제고하는 연결선(리콜 → 시장의 관심 → 마케팅 효과 → 기업 이미지)으로 분기한 것이 그에 해당한다. 이는 논리에 앞선 유연한 사고의 전형이다.

둘째는 '수면 아래를 보는 것'이다. 이는 사고의 유창성과 관련이 있다. 간과하기 쉬운 요소들을 파악하고 이들을 전체의 시각에서 바라보는 통합적 사고가 필요하다. 기업 이미지와 고객의 특정 제품에 대한 신뢰 사이의 인과관계(기업 이미지 → 고객의 제품 신뢰)외에 다른 제품에도 영향(기업 이미지 → 타 제품 신뢰 → 매출)을 줄 수 있다. 이처럼 전체의 시각에서 있을 수 있는 경우 수를 반영하는 것이 유창성의 전형이다.

셋째는 '사고를 형상화 하는 것'이다. 자신의 생각을 공유하여 다양한 시각을 수렴하고 여백에서 간과할 수 있는 무엇을 읽어내고자 함이다. '렉서스 리콜'의 사고모델을 형상화한 인과지도를 보면 그냥 말이나 글로 서술하는 것보다 훨씬 전달력이 있지 않은가. 이러한 사고의 형상화는 타인과의 소통 능력에 해당하는 유통성을 향상시킨다.

## 제3절 숲을 읽는 기술

각종 전략(수립) 모델을 습득하는 것도 중요하지만, 전략적 역량의 핵심은 남들이 쉽게 간파하지 못하는 '여백'을 읽는 능력이 보다 더 중요하다. 왜냐하면 남들이 제시한 전략모델들은 쉽사리 현실에 적용하기가 쉽지 않기 때문이다. 따라서 응용력을 키우기 위해서는 '온고지신'에 기반 한 사고의 확장 노력이 수반되어야 한다. 이 절에서는 이러한 점에 초점을 두고 개별 나무보다는 숲 전체를 읽는 역량에 대해 논의한다.

사슴을 쫓는 자 산을 보지 못한다.(逐鹿者 不見山)

- 회남왕(淮南王) 유안(劉安, ? - B.C.122), 회남자(淮南子)

### 1 사고의 진화

태어난 순간 무언가 잡으려다 자기의 손을 잡는 행위로부터 인간은 '이 안(in here)'과 '저 밖(out there)'을 구분하게 되면서 주체와 객체를 구분하는 의식 형성이 시작된다. 그리고 성장하면서 자신의 존재에 대한 의식과 객체와의 관련성을 중심으로 세상을 나름대로 이해하게 된다. 인류의 사고가 진화한 과정도 이와 다르지 않다.

#### 1. 섭리적 사고

철학과 과학이 분리되지 않았던 중세까지는 자신과 조물주의 관계로 세상을 이해했다. 세상 모든 것이 신으로부터 부여된 예정된 운명, 타고난 사명을 띠고 움직이는 것으로 생각했던 것이다. 이를테면 1346년부터 10년 가까이 유럽 전역을 휩쓸었던 흑사병은 신이 내린 저주이며, 병을 고치거나 앞일을 예측하는 것은 신의 뜻에 반하는 마녀 소행이라고 생각했다.

이 당시 사고의 기본구조는 한 마디로 '나는 존재한다. 고로 생각한다.'이다. 조물주의 섭리(攝理)로 나 자신과 주변의 모든 것이 존재하는 (신의 섭리 → 존재) 것이고, 존재하기에 생각할 수 있으며 (존재 → 생각), 그 생각은 신의 섭리를 이해하는 것 (생각 → 신의 섭리)이다. 그렇기에 신의 계시를 받고 신과 소통하는 제사장과 그 후 역대 교황들은 들은 왕권 위에 군림하는 위치를 차지했었다.

'나는 존재한다. 고로 생각한다.'

## 2. 합리적 사고

그러나 1514년 지구가 우주의 중심이 아니라는 코페르니쿠스의 발상은 신학적 논리체계로 지지되어온 신 중심의 섭리(攝理)적 사고가 인간 중심의 합리(論理)적 사고로 전환되는 결정적 계기를 마련하게 된다. 인간의 이성에 의한 합리적 사고는 1637년 데카르트(Rene Descartes)의 환원주의(還元主義)를 통해 논리적 사고의 토대를 갖게 된다.

인간 중심의 합리적 사고의 기존 구조는 '나는 생각한다. 고로 존재한다.'는 데카르트의 명언에 그대로 담겨 있다. 조물주의 섭

'나는 생각한다. 고로 존재한다.'

리((攝理)로 내가 존재하는 것이 아니라, 만물의 운동과 변화를 생각하기에 내가 존재하는 것이며(생각 → 존재), 존재하기에 운동과 변화가 있으며(존재 → 운동과 변화), 만물의 운동과 변화를 이해하려는 사고(운동과 변화 → 생각)가 바로 생각의 본질이다. 결국 인간은 생각하는 동안만 존재한다는 것이다. 물론 이 명구는 고대에도 있었으나, 섭리적 사고에 대비되는 합리적 사고의 대명사처럼 된 것은 데카르트의 <성찰>에서 다시 조명되면서부터이다.

코페르니쿠스에서 데카르트, 갈릴레이, 케플러, 뉴턴에 이르는 근대과학의 기수들은 우주를 정밀한 시계처럼 움직인다고 보았으며, 만물을 <물질>에 기초한 <존재>와 <운동>에 의한 <변화>로 이해하였다. 신 중심의 섭리적 사고에서 이탈한 인간 중심의 합리적 사고는 18세기 말 헤겔(Georg Wilhelm Friedrich Hegel, 1770~1831)과 19세기 니체(Friedrich Wilhelm Nietzsche, 1844~1900)가 '신은 죽었다.'고 선언하고 그 자리를 '이성적 인간', '초인(超人)'을 대체하면서 사상적으로도 온전한 기반을 갖추게 된다.

이러한 유물론적 철학은 우주를 이해하는 기초가 되었고 약 320년 전부터 오늘에 이르기까지 거의 모든 분야의 학문적 연구방법으로 자리 잡았다. 과학의 진보와 문명의 발달에 지대한 영향을 끼친 '과학적 사고'는 일영 '기계적(분석적) 사고'라고도 하는데, 그 기본 전제를 정리하면 다음과 같다.[29]

---

29 분석적 사고를 '기계적 사고'라 하는 이유는 기계처럼 분해해서 원리를 이해한 후 다시 결합해도 원래 기계로 돌아간다는 요소환원주의의 세계관에 기초하기 때문이다.

• **요소환원주의** : 복잡한 것은 요소별로 쪼개 이해하고 요소들을 원래대로 조합하면 전체를 설명할 수 있다(부분의 합 = 전체)는 것이다.

• **재현가능성** : 동일한 조건에서의 실험은 항상 동일한 결과가 나와야 하며(실험오차는 무시되어도 좋다), 몇 번이고 반복될 수 있다.

• **객관적 엄격성** : 문제의 모든 요소가 하나도 빠짐없이 검토되어야 하며, 인과론 또는 결정론적 객관성이 담보되지 않은 그 어떤 것도 진리로 받아들이지 않는다.

Q5-3-(1) : 분석적(기계적) 사고는 문제점이 없을까?

### 3. 사실적 사고

'모르던 것'이 '아는 것'과 새로이 연결되면서 실체에 근접하게 될 때 깨달음의 경지에 이르듯, 새로운 세계가 시야에 들어오면서 기존 사고체계로는 설명될 수 없음을 깨닫게 된다. 20세기에 이르러 물리학에 의해 형성된 분석적 사고가 물리학에 의해 다시 부정되고 있다. 요소환원주의(Reductionism), 재현가능성(Replicability), 객관적 엄격성(Objective Rigidity) 등 근대과학의 믿음을 각각 부정해보자.

• **요소환원주의(Reductionism)** : '부분으로 쪼개서 이해한 후 다시 조합하면 원상태로 환원된다(부분의 합 = 전체)'는 요소환원주의(Reductionism)로는 시스템의 고유 특성인 시너지(Synergy)를 설명할 수 없다. 시너지(Synergy)는 부분이 아닌 전체를 볼 때라야 설명이 가능하다. 가령 소를 둘로 쪼갠다고 두 마리 송아지가 될 수는 없다. 죽은 송아지 토막을 합한다고 산 송아지가 되지도 않는다. 물은 분해하면 수소 두 분자($H_2$)와 산소 한 분자(O)로 이루어져 있다는 놀라운 사실이 드러나지만, 그

상태로는 물맛은 모른다. 뿐만 아니라 물과 수소, 산소는 서로 전혀 다른 성질을 가지고 있다. 여인들의 아름다운 부분만 모아 조합한다고 가장 아름다운 여인의 형상이 만들어지는 것은 아니다. 이처럼 어떤 대상을 파헤치는 '분석적 사고(Analytic Thinking)'만으론 실체를 정확히 알 수 없다. 오히려 부분별 최적화는 암세포처럼 자기 증식을 위해 시스템 전체를 파괴할 수도 있다. 이것이 바로 '통합적 사고(Holistic Thinking)'가 필요한 이유이다.

• **재현가능성(Replicability)** : 동일한 조건에서 동일한 결과가 나와야 '참(truth)'이라고 하는 믿음은 실험실 환경에서나 가능하다. 한시도 끊임없이 변화하고 있는 상황에서 얼마나 재현이 가능할까에 대한 근본적 의문이 제기될 수밖에 없다. 마치 당구공이 3개 이상 상호 충돌하면서 움직이는 상황이나 주사위를 던질 때 누구도 특정 번호를 장담할 수 없는 상황을 연상하면 이해가 쉽다. 이는 비단 자연계에서 뿐만 아니라 현대사회 전반에 걸쳐 나타나는 보편적 현상이다. 초기 사소한 오차가 엄청난 결과의 차이로 나타나며 그 결과는 매번 다를 수 있다. '피드백 사고(Feedback Thinking)'가 필요한 이유는 여기에 있다.

• **객관적 엄격성(Objective Rigidity)** : 어떤 주장이나 믿음이 '참(truth)'이 되려면 '모든 요소가 빠짐없이 검토되어야 하며, 객관성이 담보되어야 한다.'는 믿음은 얼마나 객관적인 것이며, 그것이 얼마나 가능한가에 대한 의문이 제기되지 않을 수 없다. 빛은 입자일 수도, 파동일 수도 있듯이, 관점이 무엇이냐에 따라 '이것일 수도 있고, 저것일 수도 있다.'는 생각은 상식에 어긋나지 않는다. 방에 꽃병이 놓여 있다고 할 때, 그 꽃의 외양, 향기, 꽃을 보낸 이의 마음을 느끼는 것은 관심과 관점에 따라 다를 수 있다. 특히 어제와 오늘의 상황은 다를 수밖에 없으며, 상황은 시간에

따라 변화한다. 그리고 어제의 시간과 오늘의 시간은 그 영향력이 다르다. 그래서 '시간적 사고(Time-based Thinking)'가 필요하다.

이상 논의에서 알 수 있듯이 '사실적 사고'란 세상을 있는 그대로 보자는 논리에서 출발한다. 세상에 시스템이 아닌 것은 없다. 따라서 '사실적 사고'란 시스템의 특성이 반영된 사고, 즉 '시스템사고'를 의미하며, 이는 통합적 사고, 피드백 사고, 시간적 사고로 구성된다.[30]

## 2 행태와 구조

분석적 사고의 핵심 소재는 데이터이다. 데이터는 한마디로 '과거의 행적이 숫자와 문자로 기록된 표기'이다. 결국 분석의 대상은 데이터가 담고 있는 과거의 행적이다.

> Q5-3-(2) : 과거의 행적을 분석해서 무엇을 알고자 함일까?

이 의문에 대한 답을 찾노라면 분석적 사고의 세계관을 알 수 있다. 과거의 행적을 분석해서 미래의 행적을 예측해보려는 것이다. 결국 우리에게 익숙한 '분석적 사고'의 세계관은 '과거의 행태를 알면 미래의 행태를 알 수 있다.'는 믿음에 근거한다. 그리고 이러한 세계관을 '행태주의(Behaviorism)'라고 한다. 따라서 행태주의는 검증될 수 없는 사변에 대해

30 '사실적 사고'를 의미하는 '시스템사고'에 대해서는 이 절의 '3. 전략적 사고의 3요소'에서 추가로 논의된다.

반대하며, 직관적 가치판단보다는 실증적 분석에 초점을 둔다. 결국 실증주의 인식론에 기초한 행태주의는 내용(substance)보다는 조사방법 도구와 수단 등의 기법(technique)에 우선한다.

학교에서 배웠을 예측기법 중에 흔히 알고 있는 '회귀분석'을 예로 들어보자. 공식을 외우고 답을 풀려하지 말고, '예측을 하려는데 왜 회귀를 하는가?'에 대한 의문이 우선되어야 한다. 행태주의에 근거하고 있기 때문이다. 따라서 아래 의문에 답할 수 있다면 회귀분석이 안고 있는 문제점을 자연스럽게 알게 될 것이다.

### Q5-3-(3) : 행태주의가 갖고 있는 기본 가정에는 문제가 없는가?

과거의 행태가 미래의 행태를 낳는다(행태 → 행태)는 행태주의의 기본 가정은 다음과 같은 이유에서 치명적인 약점을 갖고 있다. 첫째, 환경이 급변하고 있기 때문이다. 환경이 빠르게 변하는 상황이라면 과거의 행태가 미래의 행태를 낳는다는 행태주의는 근본적으로 문제가 있음을 알게 된다. 과거의 행적을 담고 있는 데이터에 의존해서는 참고는 될 수 있을지언정 미래를 예측할 순 없다. 과거의 행적을 낳은 당시의 환경은 예측하려는 미래의 환경과는 너무 다를 것이기 때문이다.

둘째, 미래를 예측할 만큼의 과거 데이터를 가지고 있는가의 문제이다. 환경이 급변하지 않는다 해도 우리가 미래를 예측하고자 사용하는 데이터는 시계열상 매우 제한적이다. 가령 우리가 보유한 데이터가 증가추세를 보이는 특정 시구간의 데이터라면 아무리 정교한 예측모델을 활용한들 예측은 잘못된 예측으로 끝날 것이다. 그 반대의 경우도 마찬가지의 결과에 이르게 된다. 결국 행태주의에서 데이터를 활용한 예측이 가능하려면 대상 시스템의 행태가 반영된 한 주기(cycle)에 걸친 데이터를 갖고 있어야 하는데, 대부분의 경우 그 주기를 알기도 쉽지 않다.

셋째, 설혹 정확한 예측이 가능하다 해도 그에 대응은 할 수 있으나 그 흐름과 행태를 바꿀 수는 없다. 가령 술만 마시면 행패를 부리는 사람의 경우 그가 앞으로도 술 마시면 행패 부릴 것이란 예측은 가능하다. 그렇기에 주변 사람들은 그와의 술자리를 피할 수는 있다. 그러나 그 술버릇을 고치기 위한 원인을 단순히 행태만 보고 발견해 낼 수는 없다.

### Q5-3-(4) : 그렇다면 행태주의를 버려야 하는가?

그렇지는 않다. 데이터에 기초하는 행태주의는 비록 그 자체로는 문제가 있지만 여전히 유효하다. 특히 행태주의의 대안으로 제시된 '구조주의(Structuralism)'의 단서가 되기 때문이다. '구조주의'란 이면의 구조가 표면의 행태를 유발(구조 → 행태)한다는 세계관이 기초한다. 어떤 행태를 유발한 이면의 구조를 읽어 이로부터 미래의 행태를 추정하자는 것이다. 결국 구조주의는 행태를 유발하는 원인적 '요소'들 사이의 '관계'를 파악함으로써, '요소'는 변하더라도 변하지 않는 '관계'를 인식하려는 사고 방법이다. 개별 '요소'는 그 자체로 의미를 갖는 것이 아니라 구조를 이루는 '관계' 속에서 의미를 갖는다. 마치 우리의 언어체계에서 의미는 개별 단어에 담겨 있는 것이 아니라 단어들로 구성된 '문장'의 구조 속에서 이해되는 것과 마찬가지이다.

### Q1-3-(5) : 행태주의와 구조주의는 어떤 관계인가?

구조는 행태를 유발(구조 → 행태)한다. 따라서 행태의 변화를 추정하고 올바른 행태를 유도하려면 구조의 특성에 대한 이해가 필요하다. 한편, 행태는 구조의 변화를 유도(행태 → 구조)한다. 행태 그 자체가 구조를 변화시킬 순 없지만, 기존 행태에 대한 관찰과 학습으로 구조의 변경을 위한 단초를 얻을 수 있다. 이처럼 구조에 대한 이해와 행태에 대한 학습은 서로 피드백 관계에 있다. 수면 아래의 구조를 읽고 그 구조와 행태의 관계를 하나의 체계 속에서 생각하는 것이 바로 '시스템 사고'이다.

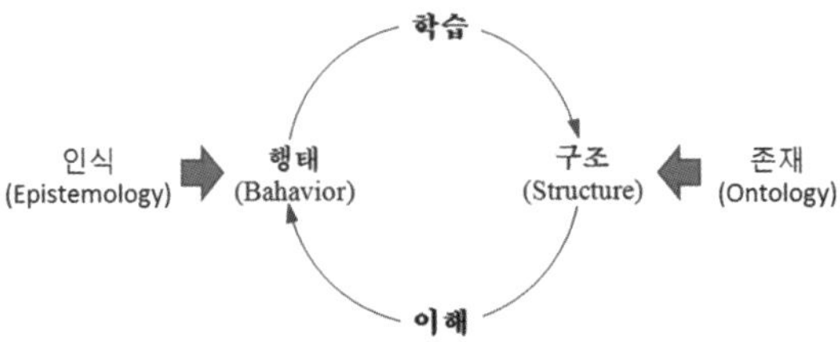


행태와 구조를 아우르는 시스템 사고의 틀

## 3 전략적 사고의 3요소

전략도 계획이다. 그러나 '전략'에는 '계획'이란 표현으론 충분치 않은 독특한 의미가 있다. 대응해야 하는 상대가 전제되기 때문이다.  단순히 '계획 수립'이라 하면, 어떤 일을 어떻게, 언제까지 하겠다는 것을 미리 정하는 것을 의미한다. 그에 반해 '전략 수립'이라 하면, 상대와 대항하여 승리를 위해 어떻게 해야 하는지에 대한 '행동의 선택'을 의미한다. 계획이 "내가 어떻게 할 것인가"에 초점을 둔다면, 전략은 "상대가 어떻게 나올 것인가"에 초점이 맞춰진다. 계획이 실행 가능한 것과 실행 불가능한 것으로 나누어진다면, 전략은 이기는 전략과 지는 전략으로 나누어진다. 그래서 '상대를 알고 나를 알아야 한다.'는 의미의 '지피지기(知彼知己)'란 표현을 자주 쓴다.

전략은 '선택'이다. 상대의 예상되는 행동과 이길 수 있는 최선의 대안을 선택하는 것이며, '전략적 사고(Strategic Thinking)'는 최선의 대안을 선택하는 결과 지향적 사고방식을 말한다. 상대의 예상되는 행동들을 상정하려면 공동의 판세를 읽지 않으면 안 된다. 이런 의미에서 보면 '지형지기(知形知己)'가 더 중요하다. 형세를 알아야 상대를 알고, 나를 알 수 있기 때문이다. 이런 의미에서 보면, 적어도 전략에 관한 한 망원경이 필요하지 현미경이 필요하지는 않다. 전략에는 수학 문제를 풀 듯이 어떤 정답을 찾는 것과는 전혀 다른 사고방식을 요구한다.

천시(天時)를 읽어 지리(地利)를 극대화 할 수 있는 사고능력을 '전략적 사고(Strategic Thinking)'라 규정한다면, 이를 배양할 수 있는 수단이 바로 '시스템사고(Systems Thinking)'이다. 피터 센게(Peter Senge)는 이를 두고 '제 5분과학(The Fifth Principle)'이라 칭하면서, 복잡계에서의 조직은 '학습조직'으로 바뀌어야 하며 그 근간에는 '시스템사고'의 배양이 있다고 강조한 바 있다. '시스템 사고'는 통합적 사고, 피드백 사고, 시간적 사고 등 세 가지 조건이 충족되어야 한다. 세상에 시스템이 아닌 것은 없다. 따라서 올바른 정신모델(세계관)을 가지려면 있는 그대로의 '사실적 사고', 즉 시스템의 속성이 반영된 사고를 훈련하지 않으면 안 된다.

시스템사고를 이루는 통합적 사고, 피드백 사고, 시간적 사고가 무엇인지는 앞서 '사실적 사고'에서 논의했으므로 재론은 않는다. 그 대신 시스템사고를 위한 최소한의 조건들을 제시하기로 한다.  세 가지 조건이 충족되어야 한다. 세상에 시스템이 아닌 것은 없다. 따라서 올바른 정신모델(세계관)을 가지려면 있는 그대로의 '사실적 사고', 즉 시스템의 속성이 반영된 사고를 훈련하지 않으면 안 된다.

시스템 사고를 이루는 통합적 사고, 피드백 사고, 시간적 사고가 무엇인지는 앞서 논의했으므로 재론은 않는다. 그 대신 시스템 사고를 위한 최소한의 조건들을 제시하기로 한다.

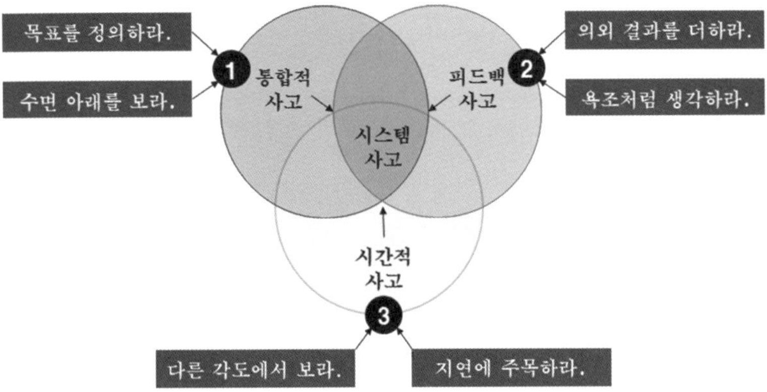


1. **통합적 사고** (Holistic Thinking)

• **전략 목표를 정의하라.** 목표 설정이 중요한 이유는 다음 세 가지 측면으로 설명될 수 있다. 첫째, 대상은 어떻게 바라보느냐에 따라 그 존재의 성격을 달리할 수 있다는 '상보성의 원리' 작용하기 때문이다. 둘째, 목표가 모호하면 전략 설정 범주를 명확하게 설정할 수 없으며, 범주가 명확치 않으면 나머지 조건에 아무리 충실해도 올바른 사고를 할 수가 없다. 특히 전략 범주가 불분명하면 내부의 우연원인(내생적 원인)과 외부의 이상원인(외생적 원인)간 상호작용이 낳을 결과를 파악할 수 없다. 셋째, 전략 목표가 명확히 설정되어야만 과거 데이터에 기초한 사건의 변화 패턴을

도출해 낼 수 있으며, 이러한 변화 패턴은 이면의 작동구조를 읽어내는데 매우 중요한 단서가 된다.

• **수면 아래를 보라.** 플라톤(Platon)의 표현을 빌린다면 수면 위에 드러나 있는 빙산의 10%는 쉽사리 인지할 수 있는 '빛의 세계'요, 수면아래 가려 있는 90%는 '어둠의 세계'이다. 눈에 보이는 것만이 전부인 것으로 판단하고 행동한다면 그 결과는 너무나도 자명하다. '빙산의 일각'을 사건(event)이라 한다면, 그 사건을 유발하는 일차적 원인은 '하인리히(Heinrich) 법칙'처럼 일정기간 동안 연이어 발생한 과거의 경미한 징후들이다. 이들 징후는 관련된 과거 데이터를 분석해보면 모종의 변화 유형(pattern)을 찾을 수 있다. 그러나 보다 근본적 원인은 행태의 변화를 낳는 이면의 잠재원인들이 상호작용하는 메커니즘, 즉 대상 시스템의 구조(structure)에 있다. 아래 그림은 드러난 사건과 이를 유발한 일련의 요소들이 인과관계를 보인 것이다. 제1장에서 논의한 '성과의 작동모델'을 참조하면서 음미해보라.

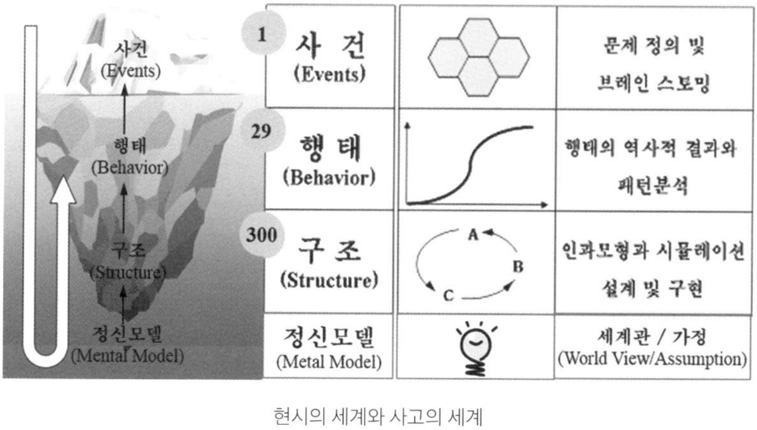


현시의 세계와 사고의 세계

2. 피드백 사고 (Feedback Thinking)

**•의도하지 않은 경우를 상정하라.** '얻는 것이 있으면 반드시 잃는 것도 있다.' 어떤 선택으로부터 기대되는 긍정적 결과 이면에는 반드시 그에 수반되는 부정적 결과가 따르기 마련이다. 그러나 단기적으로 효과를 볼 수 있는 처방에 몰입되어, 그 처방으로 인해 해악으로 되돌아오는 경우를 간과하기 쉽다. 의도한 것(얻고자 하는 것)과 그로 인한 대가(잃게 되는 것)로 항상 사고를 분기해야 하는 이유는 바로 여기에 있다.

**•상황을 욕조(Bathtub)처럼 생각하라.** 모든 선택지는 'Input-Process- Output'구조로 조망하여 판단할 필요가 있다. 아래 그림의 욕조처럼 생각하면 이해하기 쉽다. 가령 욕조에 적정 수준의 물을 채워두려면 수도꼭지와 하수구에서의 유입량과 유출량을 조절하면 가능하다. 마치 인구의 적정수준을 유지하려면 혹은 일정 시점까지 희망수준에 이르도록 하려면 출산과 사망을 조절할 수 있는 정책을 강구하면 되는 것과 마찬가지이다. 모든 사회적 시스템은 이와 같다고 이해해도 무방하다. 결국 사회적으로 나타나는 현상(Process)은 욕조의 물에 해당하며, 그 현상을 바람직한 수준으로 조절, 통제하려면 수도꼭지(Input)와 하수구(Output)를 조절하면 된다.

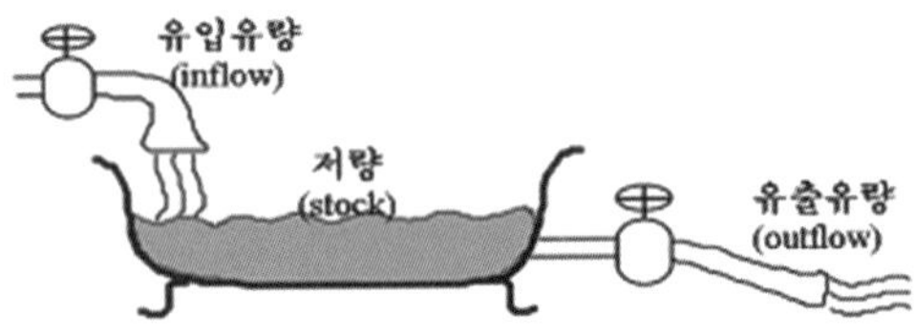


3. 시간적 사고 (Time-based Thinking)

**•시간 지연에 주목하라.** 어떤 상황이던 원인(투입)에서 결과(산출)에 이르기까지 반드시 시간지연(delays)이 발생한다. 이러한 지연은 물질지연

(Material Delays)과 정보지연(Information Delays)으로 대별된다. 시간지연은 시스템의 행태가 파동과 같은 동태적 특성을 갖게 되는 근원적 요소로 시스템 다이내믹스에서 가장 중요한 개념 중의 하나이다. 물질지연은 물적 변환이나 공간적 이동에 따른 지연을 말하는 것으로 '전달지연(Delivery Delay)'라고도 한다. 한편 정보지연이란 상황을 인지, 해석, 판단하여 정책을 수립하거나 의사결정을 내리기까지 제반 정보활동에 소요되는 지연을 말하며 '인지지연(Perception Delay)'라고도 한다.

이러한 시간지연은 두 가지 측면에서 중요한 시사점을 던진다. 앞서 '의도하지 않은 결과를 상정하라.'에서도 언급한 것처럼 눈앞의 이득은 쉽사리 보이지만 그로인해 더 크게 돌아오는 해악은 시간지연이 개입되기 때문에 단기적 이익을 선택하는 의사결정의 오류를 초래할 수 있다. 둘째, 시간지연은 시스템 행태에 파동을 조장하여 동태성을 유발하므로 지연 발생점인 처리(Process)단계가 많이 개입되어 있을수록 상황은 더욱 불안정한 변화를 나타내게 된다.

• **시간을 다른 각도에서 바라보라.** 그 의미는 두 가지를 내포하고 있다. 첫째는 동일한 단위시간이라도 그 영향력은 뒤로 갈수록 증폭된다는 것이다. 이는 어떤 선택에 대한 단기의 성과(효과)와 장기의 성과(효과)는 다른 것임을 유념하라는 의미기도하다. 단기적으로는 성과가 있지만, 오히려 그 선택지가 장기적으론 훨씬 큰 대가(비용)로 되돌아오는 결과를 초래하는 경우가 너무 흔하게 발생하기 때문이다. '소탐대실(小貪大失)'이란 경구가 이를 단적으로 반증한다. 결국 시스템사고로 보면 시간은 단순히 수치적으로 길고 짧음이 아니라 '우회 축적의 힘(시간위에서 축적된 힘)'에 의해 돌아오는 파장은 전혀 차원이 다른 결과를 초래할 수 있다.

제6장

# 산업과 시장

## 지수 성장의 공포

하루에 2배씩 면적을 넓혀가는 수련이 있다. 연못이 그 수련으로 꽉 채워지는데 30일이 소요된다고 하자. 수련을 그대로 방치할 경우 연못에 서식하는 다른 수생식물들은 모두 멸종하게 된다. 처음엔 수련이 너무 작아 별로 크게 걱정하지 않는다. 수련이 번식을 계속하지만 연못의 절반은 아직 여유가 있다. 29일째 되는 날 수련이 연못의 절반을 덮는다. 이제 연못이 수련으로 완전히 덮이기까지는 며칠이 남았을까? 연못의 절반이 수련으로 덮이는데 29일이 소요되었으므로 나머지 절반도 29일이 걸릴까? 아니다. 남은 시간은 단 하루뿐이다.

한 가지 예를 더 들어보자. 언제나 내기에서 이길 수 있는 방법이 있다. 이길 확률이 얼마나 되던 관계없이 배팅 금액을 계속 2배로 걸면 이긴다. 처음에 1만원을 걸어서 지면 그 다음엔 2만원을 건다. 그래도 지면 4만원을 건다. 이렇게 계속 내기 금액을 2배로 걸면 언젠가 한번 이기는 순간에 모든 걸 따게 돼있다. 그런데 왜 이렇게 하지 못하는가? 기하급수로 늘어가는 내기 금액을 감당할 수 없기 때문이다. 처음에 1원을 걸었다 하더라도 이런 방법으로 30번을 계속 하려면 적어도 10억 원 이상 필요하다. 결국 우리는 내기에서 이기는 방법은 알고 있지만 기하급수적으로 커지는 판돈을 감당하지 못한다. 이처럼 기하급수는 인간의 보편적 예측과 관념을 뛰어넘는다.

# 제1절 다시 보는 세계관

성장산업과 사양산업의 이분법적 세계관 때문에 많은 학생들이 업종만 듣고 취업난 속에서도 취업을 거부하는 경우를 너무 많이 목격했다. 이 절에서는 특정 산업이 개별적으로 존재하는 것이 아님을 강조하는 한편, 산업에 대한 편향된 시각을 바로 잡고자 '사양산업'이란 부정적 통념을 바로잡고 '블루오션'이란 희망적 표현의 허구적 요소를 짚어보고자 한다.

모든 가능성을 열어두고 생각하면 문제와 그 해답이 보인다.

- 잭 웰치(Jack Welch, 1935-), 전 GE CEO

## 1 산업분류의 함정

영국의 경제학자 콜린 클라크(Colin G. Clark)는 산업분류모형을 만들어냈는데, 이를 통해 산업 유형별 상대적 비중이 국민경제에 끼치는 영향을 알아보고자 하였다. 그는 산업을 제1차, 제2차, 제3차로 분류하였다. 제1차는 농·임·축산 등 주로 자연을 대상으로 한 채취(Take) 위주의 원시산업, 제2차는 제조와 가공 등 공업(Make)을, 기타 비제조 부문(Give)을 서비스산업이라 하고 이를 제3차로 분류하였다. 그의 산업분류체계는 각국의 경제발전과 산업구조 변화를 이해하는데 크게 기여하였다.

부유한 국가일수록 노동인구가 제1차 산업에서 제2차 산업으로, 다시 제3차 산업으로 옮겨간다는 사실을 확인했다. '농업보다는 제조업이, 제조업보다는 상업 등 서비스가 수익률이 더 높다.'는 '페티의 법칙(Petty's Law)'은 정설처럼 여겨져 왔다. 이 법칙은 일반적인 경향에 불과할 뿐 각국이 갖는 자연 조건이나 역사적 특수성에 따라 달라질 수 있다.

### Q6-1-(1) : 산업을 구분 짓는 것 자체에 문제는 없는가?

위에서 클라크가 산업 유형을 구분지은 취지와 그 기여에 대해서는 이미 설명했다. 문제는 '페티의 법칙(Petty's Law)'의 맹신이 일반인들에 널리 퍼져, 농업을 기피하고 서비스업을 선호하는 편향된 현상이 과연 옳은 것인가 하는데 있다. 뿐만 아니라 요즘 같은 초연결, 융합의 시대에 산업을 클라크처럼 분류하는 것은 한계가 있어 보인다.

제조를 2차, 서비스를 3차 산업으로 분류하는 것 자체를 문제 삼고자 하는 것은 아니지만 서비스를 농업이나 제조업과 별개의 것으로 분리해서 바라보는 것은 자칫 오해를 불러일으킬 수 있음을 지적하고자 한다. 예컨대 산업사회라고 해서 농업으로 대표되는 식량의 중요성이 사라지는 것은 아니다. 그럼에도 농업사회 이후 제조를 기반으로 한 사회를 산업사회로 구분하는 이유는 그 만큼 제조가 사회 발전에 기여한 바가 크기 때문일 것이다. 그러나 산업 그 자체가 사회를 발전시켰다고 본다면 그 시각은 매우 편협한 것일 뿐만 아니라 위험하기까지 한 것이다. 역설적으로 제조업이 농업을 발전시키는데 기여하지 않았다면 인류사회가 발전할 수는 없었을 것이다. 같은 맥락에서 산업사회의 진전은 지식기반사회가 뒷받침되지 않았다면 불가능한 일일 것이다. 공장자동화, 저비용-고효율 공정, 홍보 및 마케팅 기술의 발달, 공장 관리 능력의 향상, 물류의 실시간 관리 등 지식을 기반으로 한 서비스가 낳은 산물들은 제조의 획기적 변화에 결

정적 기여를 하였다. 결국 서비스가 뒷받침되지 않는 제조의 발전은 더 이상 기대할 수 없다.[31]

이상의 논의를 인과지도로 개념화하면 아래 그림(a)와 같이 표현될 수 있다. 농업(경작)사회, 산업(제조)사회, 지식(서비스)사회는 개별적으로 존재하는 것이 아니라 서로를 규정 지으며 맞물려 작동하는 것이며, (a)를 달리 표현한 인과지도 (b)와 이를 좀 더 구체화한 (c)를 보면 이들은 서로 상승작용을 일으키며 자기강화적 진화 구조를 가지고 있음을 알 수가 있다.

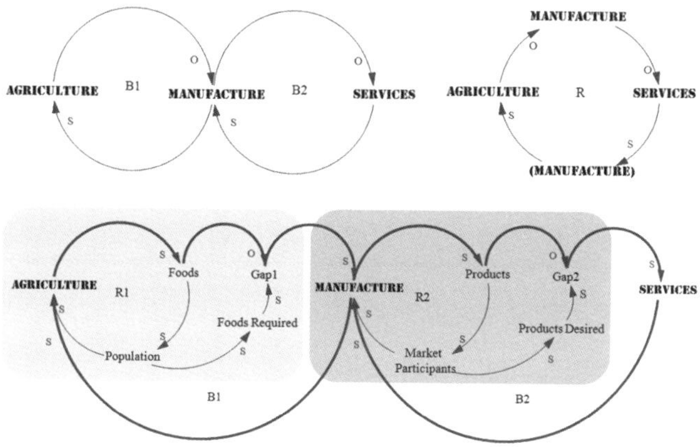


경제사회적 진화의 작동 메커니즘

자료 : 김상욱(2010). 정보화서비스 관리모델 적용 사례 연구, 정보통신정책연구원(KISDI).p.47.

서비스는 이제 채취, 제조와 별개로 구분되는 분야가 아니라 제조를 촉진하고 제품의 품질을 개선하는 수단이 되고 있다. 특히 IT의 발달은

---

31 Sheehan, J. (2006), "Understanding Service Sector Innovation," Communications of the ACM-Services Science, 49, 42-47.

고품질의 제품 생산과 시장 세분화를 더욱 촉진하면서 별도의 추가 비용 없이도 차별화된 맞춤형 상품을 고객에게 제공함으로써 기업의 수익과 재정적 안정성을 제고하는데 기여한다. 서비스를 제품과 다른 별개의 것으로 보아서는 안 되는 이유는 바로 여기에 있다. 이렇게 볼 때 클라크의 산업 분류는 더 이상의 의미는 없다. 사실 미국 등 선진국에서 서비스산업을 강화하려는 움직임은 단순히 서비스가 상대적으로 고부가가치를 갖기 때문은 아니다. 서비스도 서비스 나름이다. '서비스'라 함은 '봉사' 또는 '제공'의 의미를 벗어난다. '서비스'는 별도로 존재하는 것이 아니라 1차, 2차 산업에 고도의 가치를 부가하는 수단으로 이해되어야 한다. 농업 없는 서비스, 제조 없는 서비스는 이제 존재할 수 없다. 학생 없는 선생이 존재할 수 없는 것과 같다.

중국, 인도 등 신흥경제권이 오랫동안 전통제조업을 주도해온 선진경제권의 위기감에 따른 대응책으로 나온 것이 바로 서비스의 경쟁력 확보이다. 예컨대 중국과 인도의 대학 졸업 엔지니어가 연간 백만 명이 배출되고 있는 반면 미국은 6만 5천명에 불과한 실정이다. 이러한 인력 배출의 불균형은 중장기적으로 더욱 심화될 것이고, 그 결과 선진국의 전통 제조부문이 심각하게 잠식될 것이 분명하다는 위기의식이 서비스 부문을 강화하여 경쟁의 게임규칙을 새롭게 재편하고 경쟁의 주도권을 유지하려는 것이다.[32]

이렇게 보면 '페티의 법칙(Petty's Law)'의 법칙은 그땐 맞았으나 지금은 틀렸다. 자칫 '농업보다는 제조업, 제조업보다는 서비스업이 낫다'는 단

---

**32** Rause, W. and Baba M. (2006). "Enterprise Transformation," Communications of the ACM 49(7): pp. 66-72.

순논리와 그에 따른 집단사고가 전체 산업을 왜곡할 우려가 있기 때문이다. 농업도, 기피하는 3D 제조업도 지식과 첨단기술, 그리고 창의가 결합되면 얼마든지 고부가가치를 창출할 수 있다. 가령 농업에 제조와 서비스가 결합되면 '6차 산업'이 될 수 있는 것이다. 산업이 문제가 아니라 '서비스'로 대변되는 첨단기술과 창의가 없는 것이 문제이다.

## 2 사양산업과 사양제품

"사양제품은 있어도, 사양산업은 없다." 이는 장갑을 만들어 연간 100만 달러 이상 해외에 수출하는 어느 중소업체 사장의 일갈이다. 언젠가 라디오에서 흘러나오는 얘기에 귀를 기울일 수밖에 없었다. 매우 신선했기 때문이었다. 어떤 방송 이었는지는 기억나지 않지만, 방송 초대석에서 불쑥 내던진 말이었다. 진행자가 '장갑이면 사양산업일 텐데, 어떻게...'. 질문을 끝내기도 전에 그는 '사양산업이라 하지 마세요. 장갑 안 낍니까? 사양제품은 있어도 사양산업은 없어요.'라고 자르듯 말했다.

Q6-1-(2) : 사양산업과 성장산업을 구분 짓는 기준은 무엇인가?

성장산업과 사양산업을 구분하는 것 자체가 매우 위험스럽다. 앞서 산업을 분류하는 것에 일말의 이의를 제기한 것과 같은 맥락이다. 정부도 '국민의 차세대 먹거리를 위해 신성장 산업들을 육성하겠다.'고 다양한 정책을 제시하고, 이에 맞춰 정부산하 연구소들은 앞 다투어 성장산업들을 제시한다. 틀렸다는 얘기는 아니다. 그러나 '성장'과 '사양'이란 틀로 산업과 업종을 구분하는 단순논리는 매우 위험하다는 것이다.

우리가 흔히 사양산업으로 알고 있는, 그래서 기피부터 하려는 업종을 머리에 올려보라. 대표적인 사례가 신발, 섬유, 전선, 조명 등이 떠오를 것이다. 앞서 필가가 소개한 일화 속 '장갑'도 산양산업에 속하는 제품일 것이다. '장갑' 만드는 회사에 다닌다면 그 자체로 주눅 들 것이다. 이것이 고정관념이며, 집단사고의 폐해이다. 일체유심조(一切唯心造). 모든 게 마음에 좌우되는 것인데, 주눅부터 든다면 결과는 너무도 뻔하다. 이런 악순환이 사양산업을 더 사양길로 몰아간다.

장갑 안 끼는가? 없어서는 안 되는 물건 중 하나이다. 그렇다면 시장은 분명 존재한다. 따라서 충분한 수요가 존재하는 한 사양산업일 순 없다. '장갑'이란 제품 자체가 '사양'일 뿐이다. 작업용 면장갑을 그냥 만들어 판다면 이건 분명 사양 제품이다. 중국산 등 후발국 제품 가격을 이길 수 없기 때문이다. 만약에 장갑에 고부가가치 서비스가 부가된다면 어떻게 될까? 얘기는 달라진다.

### Q6-1-(3) : 어떻게 전통제품에 고부가 서비스를 부여할 수 있을까?

문제는 어떻게 고부가가치 서비스를 부여할 수 있을까? 이 책에서 지속적으로 강조하는 것이지만, 답은 새로운 의문에서 출발한다. 작업용 장갑의 경우 가장 취약점은 무엇인가 하는 의문이다. 그립(grip)감이 좋아야 할 것이다. 이건 이미 고무 코팅으로 해결 됐다. 다른 문제는 없을까? 면장갑이 착용감은 좋으나 물이 쉽게 스며들고, 겨울 야외현장에서는 손끝이 아리다. 그러나 이 분야의 '판'을 읽어보면 새로운 섬유가 개발되어 있음을 알 수 있다. 움직이면 열이 나는 그런 섬유이다. 면과 첨단소재를 혼합해서 장갑을 만들면 이 문제는 해결된다. 이것이 바로 고부가 서비스를 부여하는 방식이다. 앞서도 강조했지만 '서비스'란 덤으로 주거나 감정노동으로 봉사하는 것을 말하는 게 아니다. 첨단의 기술과 지식, 그리고 창의가 결합된 산물이 '서비스'다.

2009년 12월 12일 매일경제(이코노미) '사양산업이 부활하는 까닭'이라는 제하의 커버스토리가 있다. 핵심 내용을 일부 인용하면 다음과 같다.

> "... 사양산업에 속한 기업이라는 세간의 시선을 비웃기라도 하듯, 조용히 매년 고성장을 계속하는 기업들이 부지기수다. 이들의 활약으로 사양산업이란 이름의 굴레를 벗고 새롭게 태어나고 있는 양상이다."

> "사양산업이라며 다들 포기하는 시장에서 굳건하게 기술개발을 계속해온 기업들이 해당 산업 대표주자로 떠올라 새롭게 트렌드를 이끌어가는 경우가 적지 않다. 그 덕분에 해당 산업이 새로이 조명을 받기도 한다. 사양산업이란 무엇인가? 백과사전적인 의미는 '사회, 경제, 기술 혁신 같은 형세 변화에 대응하지 못하고 쇠퇴하는 산업'을 의미한다."

2009년 포브스(Forbes)지는 일본 최고의 부자로 '유니클로(Uniclo)' 회장을 선정했다. 일본에서 의류산업은 80년대부터 대표적인 사양산업으로 꼽혀왔다. 그중에서도 패션의류가 아닌 일반 의류는 중국 등의 추월로 추락 속도가 훨씬 빨랐다. 그러나 유니클로는 바로 그 '일반 의류'로 3루

홈런을 쳤다.

이 기사는 사양산업에 속한 기업의 미래와 관련해서 야나이 다다시 유니클로 회장 얘기로 마무리하고 있다. 상당히 의미가 있고 필자가 강조하려는 것과 상통하여 이 지면을 통해 인용해본다.

> "소비자는 늘 갈등합니다. 레스토랑을 갈까 옷을 살까, 휴대폰을 살까 옷을 살까, 자동차를 살까 옷을 살까, 이런 식이죠. 이 옷을 살까 저 옷을 살까가 아니에요. 파이는 일정하고, 수요는 결정돼 있다? 절대 그렇지 않습니다. 그런 결론은 생각이 산업 내부에 머물러 있을 때 나옵니다. 그와 같은 기존 방식으론 매출도, 이익도 늘어나지 않아요. '지금까지 방식대론 안돼!'라고 하면 비로소 해답이 보입니다."

이 글을 읽는 독자 중 혹시 '사양산업'에 종사해서 주눅이 들어 있다면 다시 한 번 더 생각해보라. 획일적 사고의 틀이 얼마나 위험한 것인지를. '사양산업은 없다. 사양제품만 있을 뿐이다.'

## 3 블루오션의 허구

'블루오션(Blue Ocean)'에 대한 논의는 앞서 제4장 제1절(변화의 전조)에서 이미 있었다. 세계적 유명 경영대학원 INSEAD의 김위찬, 르네마보안 교수가 저서「블루오션 전략(Blue Ocean Strategy)」를 통해 전달하려는 핵심은 블루오션을 '찾아가는' 것이 아니라 '만들어가는' 전략을 제시한 것이다. 필자가 굳이 '찾아간다.'는 표현을 거부하고 '만들어 간다(개척해간다).'는 표현을 고집하는 이유는, '찾아간다.'고 하면 일반 독자들에겐 마치 '블루오션'은 '레드오션'과 별개로 이미 존재하고 있는 다른 시장으로 비춰질 수 있기 때문이다. 그러나 '만들어간다.'고 하면 기존 시장에서 새로운 시장을 '만든다.'는 적극적 의미가 더 부각되기 때문이다.

'블루오션을 만들어가는 방법'으로 그들이 제시한 것은 '전략 캔버스(Strategy Canvas)'와 'ERRC(Eliminate, Reduce, Raise, Create)'라는 액션 프레임워크이다. '전략 캔버스'는 가로(X)축에 특정 제품의 속성(즉 고객 구매의 영향요소)을, 세로(Y)축에 해당 제품의 품질이나 서비스의 정도를 표시하여, 동종 제품의 영향요인별 위상을 그래프로 보여주는 도구로 고객의 관점에서 시장이나 타사 제품의 가치를 분석해 새로운 전략적 기회를 포착하는 방법이다. 한편 ERRC는 기존 업계의 경쟁요소 중 불필요한 것은 '없애고(Eliminate)', 과한 것은 '줄여서(Reduce)' 원가 및 비용 우위를 확보하는 한편, 고객의 수요는 '증가(Raise)'시키고, 기존에 없는 것들은 '창조(Create)'함으로써 새로운 가치를 만들어내는 실천의 틀이다.

### Q6-1-(4) : 그런데 뭐가 허구란 말인가?

사실 그들이 제시한 내용 자체가 허구란 말이 아니다. 이 책을 읽은 독자들의 생각에 허구가 있을 수 있다는 의미이다. '블루오션'은 상당히 매력적인 표현인 만큼 '푸른 바다'의 환상에 매몰되기 쉽다. 그래서인지 필자의 경험 상 많은 사람들에게서 블루시장은 마치 별개의 새로운 시장으로 인식하고 있으며, 취업을 할 때도 블루오션 업종인지, 레드오션 업종인지부터 따지는 단순논리를 발견했기 때문이다. 블루오션은 이런 이분법적 시각으로 보아서는 안 된다. 기실 그들이 제시한 '블루오션 전략'은 '경쟁전략'의 또 다른 표현일 뿐이다. 겉으로 보기엔 다르고 새로운 것 같지만 이미 있는 것들을 달리 표현한 것뿐이다.

가령 '전략캔버스'의 경우 제품의 구매 유인요소들을 찾아 각 요소별 제품의 매력도를 따져보는 것은 전혀 새로운 게 아니다. 또한 'ERRC' 액션 프레임워크도 핵심은 비용우위와 차별화로 귀착된다. 1970년 중반 마이클 포터가 제시한 본원적 3대 경쟁전략요소 그대로다. 'ERRC'의 'E(Eliminate)와 R(Reduce)'은 비용우위를 위한 조치이며, 'R(Raise)과 C(Create)'는 차별화를 위한 조치와 다름이 없다. 자세히 들여다보면 '레드오션'을 떠나 '블루오션'으로 이주하란 얘기로 들리지만 그렇지 않다. 자신의 제품 속에서 새로운 전략적 틈새를 발견하란 것이다. 이렇게 본다면 본원적 3대 경쟁전략의 하나인 '집중화(Focus)'와 다르지 않다.

따라서 우리가 유념해야 할 것은 그들이 제시한 방법론이 아니다. 행간에 숨어 있는 그들의 통찰을 읽어내는 것이 중요하다. 이 책은 서커스 공연단의 성공사례를 소개하면서 '경쟁을 멈춰야 성공할 수 있다.'는 신선한 명제로 출발하고 있다. 그들이 서커스 공연단의 성공사례를 전면에 내세운 이유는 역설적으로 블루오션 자체를 강조하기 위함이 아니라 한계에 달한 사양산업(레드오션)에서 블루오션을 만들어냈음을 강조하기 위함이다.

둘째, 블루오션은 기존 산업의 경계선 바깥에서 완전히 새롭게 창출되는 경우도 있으나 대부분은 서커스 공연단 사례처럼 기존 산업을 확장하여 만들어진다는 것이다. 블루오션에서는 게임의 규칙이 아직 정해지지 않았기 때문에 경쟁과 무관하다. 뒤집어 얘기하면 블루오션은 게임 규칙이 정해지는 순간까지 만이다.

셋째, 블루오션은 항해지도에 없다. 스스로 만들어나가야 한다. 그래서 창의가 중요하다. 그들은 전략 수립을 위한 분석의 기본단위를 정의하자고 제안한다. 흔히 성과의 근원을 이해하기 위해 기업이나 제품 그 자체를 분석단위로 하지만 블루오션 기회를 포착하는 분석단위는 '전략적 이동(Strategic Move)'에 있다고 강조한다. 블루오션 창조자들은 경쟁자를 벤치마킹하지 않는다. 이 책의 서두에 소개되는 서커스 공연단의 성공은 서커스의 장점과 연극의 장점을 접목했을 뿐이다.

넷째, 그 연장선에서 블루오션을 향한 항로를 만들려면 자신이 속한 산업의 경계선 내에 머물러서는 안 된다. 그 경계선 밖에서 자신의 업종, 산업과의 연관성 전체를 바라볼 필요가 있다. 통합적 사고가 필요한 이유는 여기에서도 발견된다. 중세 페니키아 인들이 먼 바다로 나가기 위해 항해지도를 만들 때 무엇을 보고 만들었을까? 이 의문에 답하다보면 쉽사리 해답이 보인다. 항해를 위한 것이므로 바다를 봐야 할 것 같지만 하늘의 별자리를 보고 항로 지도를 만들었다.

'블루오션'은 물리적으로 레드오션과 구분되는 별개의 새로운 바다가 아니다. 그 전략의 핵심은 '경쟁을 나와 무관하게 만드는' 것이며 그 수단은 '전략적 이동(Strategic Move)'으로 가능하다. 전략적 이동은 나무가 아닌 숲을 보는 능력에서 비롯되며, 숲을 보는 능력은 창의에 기반 한 사실적 사고에서 나온다.

## 제2절 성장과 투자

'성장'만큼 매력적인 단어도 찾기 쉽지 않다. 앞에서 논의했던 '블루오션'도 결국 '성장'의 지속성과 직결되어 있다. 여기서 새로운 의문의 제기해보자. 과연 '성장'은 바람직하기만 한 것인가? 이 절에서는 성장의 그늘과 그 원인을 살펴보고 지속가능한 성장을 위한 투자전략의 주안점을 논의한다.

성장은 곧 자원의 소비이다.

– 포레스터 (Jay W. Forrester, 1909-2005), MIT Sloan School 교수

### 1 피터 드러커의 경고

경영학의 거장 피터 드러커는 기업의 '성장'과 관련하여 이런 얘길 한 적이 있다. '웃자람(outgrow)을 경계하라.' 빠른 성장은 반드시 후유증을 동반하기 때문이다.

Q6-2-(1) : 성장의 후유증은 무엇이며, 왜 나타나는가?

구체적 논의에 앞서 '벼가 빠르게 자라면 이삭이 패지 않는다.'는 우리의 속담부터 되새김해보라. 벼가 자라는 것만 봐선 안 된다. '자란다.'고 하는 것은 성장의 자원을 그 만큼 빨리 잠식하는 것이고 이삭이 팰 때 즈음이면 성장자원은 이미 고갈되어 있거나, 이삭을 맺어야 할 이유가 없어진다. 이것이 바로 성장 이면의 그림자이다. 이와 관련하여 좀 더 구체적

으로 경영의 관점에서 살펴보자.

빠른 성장이 후유증을 낳는 이유는 다음과 같이 세 가지 측면에서 정리될 수 있다. 첫째, 산이 높으면 골이 깊기 때문이다. 간단한 얘기는 아니지만 거시경제의 기본 틀에 국한해서 그 이유를 보자. 성장의 동력인 생산이 많아지면 소득이 늘고, 소득이 늘어나면 소비가 는다. 소비가 늘면 경제과열로 인해 인플레이션이 자극된다. 한편 생산은 성장자원인 원자재 소비하면서 원자재 가격은 물가를 자극한다. 단기적으론 이런(위 그림에서 굵은 선으로 표시된 실물경제 부분) 메커니즘(R1, R2)은 선순환 강화작용으로 성장을 가속화한다. 성장이 가속될수록 '자기실현적 예언'이 더욱 강화되면서 미래가치에 대한 투자심리가 자극된다. 이는 금융권 '차입'으로 이어지면서 더욱 과열되지만, 결국 성장의 한계로 나타나는 금융부담은 '자기 배신적 예언'으로 반전된다. 이는 최종적으로 총체적 유동성 위기를 불러오게 된다. '산이 높으면 골이 깊은 법.' 성장의 과열이 불러오는 '붐(Boom)'은 이렇듯 '버스트(Bust)'로 귀결된다.

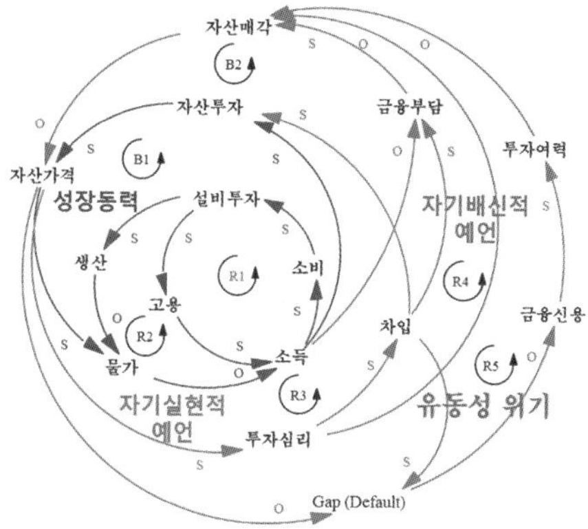


둘째, 성장은 보이지만 한계는 잘 안 보인다. '성장은 자원을 소비한다.'는 명제는 곧 성장이 시작되는 순간부터 그 이면에서 한계도 자라기 시작함을 의미한다. 아래 그림에서 보는 것처럼 성장은 전형적으로 '성장루프(R)'와 '한계루프(B)'가 서로 맞물린 구조 속에서 이루어진다. 초반에는 성장루프(R)가 작동하면서 지수성장을 보이지만, 자원의 제약으로 '한계루프'가 서서히 시스템의 지배력을 가지면서 한계증상이 나타난다.

한계의 증상(β>0)이 나타나기 시작하는 것은 변곡점에서부터이다. 그러나 통상적으로 한계를 체감하는 것은 성장이 포화점에 이를 때이다. 이때 한계 증상을 완화하기 위한 노력을 해봐야 때는 늦는다. 왜냐하면 한계증상을 완화하여 추가 성장의 여지를 만드는 데는 반드시 시간 지연이 개입되기 때문이다. '소 잃고 외양간 고치는' 불상사가 발생할 수 있다. 아무리 투입노력을 기울여봐야 효과는 나타나지 않고 곡선 ②와 같이 한계의 힘(β)이 성장의 힘(α)을 초과하면서 그 영향으로 '성장루프(R)'는 선순환에서 악순환으로 반전된다. 결국 투입노력이 효과를 나타낼 즈음이면 이미 시장을 잃은 뒤이다. 이것이 '흑자부도'의 원인이다.

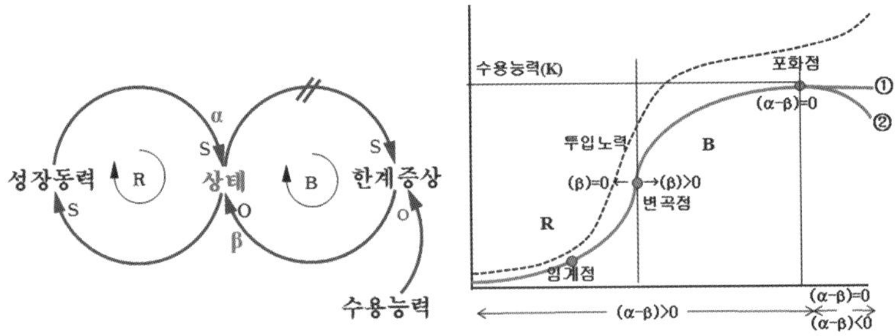


'성장'의 기본 구조와 행태(BOT)

셋째, 생각의 관성 때문이다. 성장이 가파르면 그만큼 성장을 일궈낸 성공요인에 대한 확신을 갖게 된다. 설혹 변곡점을 거치면서 성장의 한계 조짐을 간파했다고 해도 생각의 관성으로 인해 과거의 해결책을 더욱 세게 밀어 붙인다. '어제의 처방이 오늘의 질병이 된다.'는 것이나 '세게 밀면 더 세게 되돌아온다.'는 시스템사고의 금언은 이를 두고 하는 말이다. 과거의 성공신화에 사로잡혀 이미 낡은 처방을 더 세게 투여하다 결국 파산에 이르게 됨을 경계해야 한다. 이어서 논의되는 '2. 성장의 역설'에서는 '위기는 왜 찾아오는가?'에 대한 주제를 가지고 이러한 '생각의 관성'이 유발하는 위험성에 대해 좀 더 구체적으로 살펴본다.

## 2 성장의 역설

'화창할 때 우산 준비하라.'는 얘기가 있다. 산이 높으면 골이 깊은 법. 성장이 가파르면 가파를수록 그 이후의 급락도 가파른 현상을 나타낸다. 세계 500개 기업이 반세기 동안 경험했던 '성장의 급락' 현상에 대한 연구결과(Harvard Business Review, 2008년 3월호)에 따르면 한 가지 흥미로운 사실이 발견된다. 전 세계 우량기업의 87%는 급격히 성장하다가 갑작스러운 정체 내지 쇠퇴를 경험했다는 것이다.

**성장의 급락(Growth Stall)**

- **지난 반세기 동안 세계 500개 우량기업의 87%는 "Stall Point"를 수 차례 경험(S&P500 지수 대비 지난 10년간 평균시장수익률 74% 하락)했고, 그때마다 경영진이 교체되었다.**

- 미국 기업이사회(Corporate Executive Board · CEB),
'성장의 급락(Growth Stall) 현상에 대한 연구(Harvard Business Review, 2008. 3)'

그 이면의 원인을 보면 규제(7%)와 경기 불황(4%), 지정학적 요인(1%), 노동시장의 경직성(1%) 등 외부 환경 때문인 경우는 13%에 불과한 반면 혁신 실패나 주력 시장의 조기 포기 등 전략적 오류(70%)와 내부 역량 부족 등 조직적 요인(17%)이 전체 원인의 87%는 경영진이 통제할 수 있는 내부요인으로 드러났다.

실제로 '리바이스 청바지'로 유명한 '리바이 스트라우스(Levi Strauss)'는 1996년 70억 달러의 매출을 기록하며 사상 최대 실적을 냈으나 이듬해부터 갑작스러운 침체에 빠졌고 결국 2000년 말 매출이 46억 달러로 줄어들었다. 3M이나 Apple, Daimler-Benz, VOLVO 등 굴지의 기업 대부분은 이 같은 성장의 정체 현상을 겪었다.

이 조사를 수행한 미국 기업이사회(CEB, Corporate Executive Board) 연구진은 다음과 같이 평하고 있다 : "많은 경우 실적이 급상승하다가 갑작스럽게 침체가 나타나기 때문에 경영진들은 이런 현상을 사전에 예상하거나 대처하지 못했다." 이렇듯 한때 잘 나가던 기업이 위기에 직면하게 된다면, 거기에는 용서될 수 있는 것과 용서될 수 없는 것이 있다. 그러나 대부분은 용서될 수 없는 것이다. 왜 용서될 수 없는지 위기(危機)에 관한 세 가지 의문에 대한 논의를 통해 그 이유를 살펴보자.

- 위기는 예고 없이 오는 것인가?
- 위기의 진원은 어디인가?
- 징후에 둔감하기 쉬운 이유는 무엇인가?

### 1. (의문 1) 위기는 예고 없이 오는 것인가?

**거안사위(居安思危).** '평안할 때 위기에 대비하라.'는 공자의 가르침이다. 위기는 예고 없이 찾아오는 것이 아니라는 것이다. 앞서 1부에서 논의했듯이 피터 드러커가 제시한 '쇠퇴의 세 가지 징후'나 아래에 소개된 '하인리히 법칙'도 같은 맥락이다.

**하인리히(Heinrich) 법칙 - 1:29:300**

**"1건의 중대 사건(위기)이 터지기 전에 경미한 사건이 29건 발생하며, 29건의 사건이면에는 300건의 잠재원인들이 반복되어 나타난다."**

- 하인리히, '산업안전사고방지(The Industrial Accidents Prevention)'

신호를 감지하지 못할 뿐, 위기는 결코 하루아침에 발생하는 것이 아니다. 위기는 지속적으로 힘을 축적하다가 일시에 수면위로 오른다. 이는 간과하기 쉬운 징후와 이면의 잠재원인들을 파악하고 대책을 세우면 얼마든지 위기를 극복할 수 있음을 시사한다. 위기가 찾아오는 패턴을 시스템 사고의 금언과 결부 지어보면 다음과 같다.

- '사태가 악화되기 전에 일시적 개선 상태가 먼저 나타난다(Behavior grows better before it gets worse).'

1996년 매출 70억 달러를 기록하며 사상 최대 실적을 냈으나 이듬해부터 갑작스러운 침체에 빠진 리바이스(Levi's)의 사례가 그렇다. 그 원인은 장기적 성장 잠재력을 희생하는 단기적 처방에 매달리는데서 비롯되는 것으로, "소탐대실(小貪大失)"이라는 경구와 맞닿아 있다.

- '원인과 결과는 시간과 공간적으로 서로 가까이에 연결되어 있지 않다(Cause and effect are not closely related in time and space).'

사전에 나타나는 많은 징후들과 그 이면의 잠재원인들을 미리 감지하고 대처했다면 사건은 발생하지 않을 것이다. 그러나 잠재원인들은 징후들로부터 시간과 공간적으로 가까이에 있지 않은 경우가 허다하기 때문에 쉽사리 인지하기 어렵다. 소위 '나비효과(Butterfly Effects)'라는 것이 이를 함축적으로 대변하고 있다.

2. (의문 2) 위기의 진원은 어디인가?

**내우외환(內憂外患)**. 위기는 안으로부터의 안일함과 우둔함에서 비롯된다. 외부로부터의 도전과 역경은 위기를 발화하는 역할을 할 뿐 위기의 근원은 아니다. 성장의 급락을 겪은 원인의 87%는 경영진이 통제할 수 있는 내부 요인이란 사실이 이를 반증한다. 이를 시스템 사고의 금언과 결부지어 살펴보면 다음과 같다.

- '비난할 대상은 외부에 없다(Circumstances are not to blame).'

시스템사고에선 사실상 외부란 개념은 없다. 피드백 대상이 존재할 뿐이다. 우리는 시스템의 일부이고 시스템은 문제의 원인을 포함하고 있다. 곧 (의문 3)에서도 논의하지만, 외환(外患)은 이상 원인에 해당하므로 비교적 쉽게 인지될 수 있다. 문제는 우연원인인 내우(內憂), 즉 안으로부터의 안일함과 우둔함에 있다.

- '자신이 설명할 수 있는 세계만 본다(We only see the world we can describe).'

사람은 현상에 집착할 뿐 그 이면은 잘 보지 못한다. 그렇기에 공자는 군자(리더)의 9가지 생각(思) 중 '시사명(視思明)'을 우선으로 꼽고 있다. 무언가 바라볼(視) 때는 제대로(明) 보고 있는가를 생각(思)하면서 보라는 뜻이다. 수면 아래 잠재원인들은 간과한 채 현상에만 집착하여 문제를 해결하려는 것이 바로 문제다. 이것이 내우(內憂)의 실체다.

**여기서 잠깐!**

아래 그림에서 사건 발생의 잠재원인을 우연원인과 이상원인으로 구분하여 무엇이 각 원인에 해당되는지를 생각해보자.

• 우연원인:

• 이상원인:

### 3. (의문 3) 위기의 징후에 둔감한 이유는 무엇인가?

위기의 징후에 둔감한 이유는, 특히 이 사례처럼 잘나가던 기업의 경우, '자기실현적 예언(Self-fulfilling Prophecy)'의 부작용이기도 하다.

- '어제의 처방이 오늘의 질병을 낳는다(Yesterday's solutions give birth to today's problems).'

아무리 좋은 처방도 그로부터 발생할 수 있는 부작용(예기치 못한 상황)을 항상 염두에 두어야 한다. 모든 것이 잘 진행되고 있는 상황에서 그 이면에 도사리고 있는 정체(쇠퇴)의 징후와 원인적 요소들을 사전에 발견한다는 것은 말처럼 그리 쉬운 일이 아니기 때문이다. "어떤 성공을 달성케 한 인자들은 성공에 이른 순간부터 실패요인으로 작용하기 시작한다."는 경고성 표현은 "항상 자신의 의식을 의식하라."고 한 플라톤(Platon)의 말과 상통한다.

- '미세한 변화가 큰 차이를 초래한다(Small change can produce big results).'

'삶은 개구리 증후군(Boiled Frog Syndrome)'이나 '가랑비에 옷 젖는다.'는 속담처럼 작은 변화는 쉽게 체감되지 않는다. 경미한 변화를 그냥 지나치게 되는 이유는 문자 그대로 '경미'하기 때문이기도 하지만, 많은 경우 그 이면의 잠재원인, 특히 우연원인들이 시스템 내부에 습관처럼 체화되는 만성적 특성 때문이다. 사례에서 내부 요인이 87%를 차지하고 있다'는 것은 자칫 지나치기 쉬운 우연원인들을 간과하거나 과소평가한 결과이다.

## 3 성공적 성장관리

'성장과 투자'를 제대로 관리하기 위해서는 성장 패턴에 대한 기본적 이해가 전제되어야 한다. 아래 그림과 같이 성장주기(Growth Life Cycle) 상에는 항상 세 가지 변형점이 개입된다. 임계점(Critical Point), 변곡점(Inflection Point), 그리고 포화점(Saturation Point)이 그것이다. 성장관리 차원에서 각 변형점이 어떤 의미를 갖는 지 살펴보자. 앞서 제1항에서 보았던 성장의 기본구조 (성장루프(R) + 한계루프(B))를 참조해서 설명하면 다음과 같다.

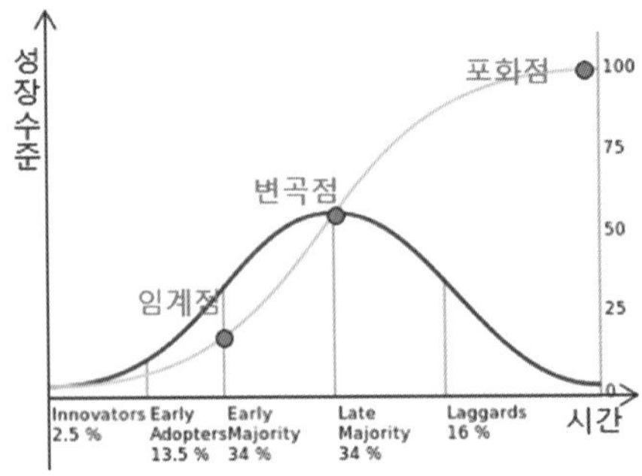

### 1. 임계점 (Critical Point)

'임계점'이란 '자기강화적' 현상이 두드러지게 나타나기 시작하는 시점을 말한다. 초반부터 임계점까지의 구간에서는 한계증상은 나타나지 않는 가운데(β =0) 성장의 힘이 점점 증가(α>0)한다. 이 시점부터는 동일한 투입자원 대비 산출이 급격히 늘어나는 현상이 나타나는데 이를 '자기강화적' 현상이라고 한다. 이는 마치 눈덩이가 비탈을 구르며 스스로 커지는 것과 같다. 따라서 이 시점부터는 고객의 입소문에 의해 별도의 노력을 들이지 않고도 계속 성장할 수 있는 힘을 갖게 됨을 의미한다. 이러한 임계점을 지난다는 것은 손익분기점(break-even point)을 지난다는 것과 같은 의미이며, 전략적으론 '스타(Star)'에서 '캐시카우(Cash Cow)'로 진입하는 것으로 해석할 수 있다. 따라서 갓 진입한 초기시장이라면 임계규모를 확보하기 위한 조치에 총력을 기울여야 한다.

그러나 성장의 과실(순이익)을 체감하려면 '캐즘(Chasm)'이라는 허들을 넘어야 한다. 제프리 무어(Geoffrey Moore, 1946-)가 저서「캐즘 뛰어넘기(Crossing the Chasm)」에서 지적한 것처럼 '캐즘'이란 기술수용주기상의 초기시장과 주류시장 사이에 내재해 있는 깊은 수렁을 의미한다.

### 2. 변곡점 (Inflection Point)

'변곡점'은 성장률이 양(+)에서 음(-)으로 전환되는 시점을 말한다. '한계루프(B)'의 힘, 즉 한계증상이 나타나기 시작(β>0)하면서 시간이 갈수록 한계의 힘은 점차 강화되지만 여전히 성장의 힘이 큰 상태(α>β)를 유지한다. 따라서 성장은 지속되지만 성장률은 점차 줄어드는 현상을 보인다. 한계증상이 나타난다는 것은 쇠퇴가 시작되었음을 의미한다. 따라서 그 원인조사에 착수하고 성장의 한계를 미연에 방지하기 위한 투자를 모색해야 한다. 다만 이를 위한 조치로 다음 두 가지를 유념해야 한다.

**투자는 타이밍이다.** 투자가 효과로 이어지는 시간지연으로 인해 한계 극복을 위한 투자가 효과를 보이지 않는 '저투자 함정(under-investment trap)'을 경계해야 한다. 임계점을 지나서도 외형적으론 성장이 지속되기 때문에 안일하게 있다 결국 포화점에 근접해서야 위기의식을 느끼고 대응에 들어가지만 그때는 늦는다. '그러기 위해서는 변곡점에서부터 그 잠재요인을 파악하여 제거, 완화할 수 있어야 한다. 그러나 한계요인들이 내재해 있는 균형루프(B)의 행태는 서서히 나타나기 때문에 사전에 간파하기란 그리 쉽지가 않다. '한계루프(B)'에 내재된 인지지연(Perception Delay)보다 획득지연(Acquisition Delay)이 더 긴 것이 보통이지만 관리하기는 인지지연이 더 어렵다. 특히 인지지연의 경우 의사결정자의 시각 차이로 인해 보수적 선택을 할 가능성이 있음을 경계해야 한다.

### 3. 포화점 (Saturation Point)

'포화점'은 문자 그대로 성장의 힘과 한계의 힘이 같아지는($\alpha = \beta$) 시점을 말한다. 이 지점에서는 결국 성장을 멈추게 된다. 성장을 멈추더라도 그 상태를 유지할 수만 있다면 그나마 다행이지만 현실은 그렇지 않다. 포화점을 지나면서부터는 한계의 힘이 성장의 힘을 초과($\alpha<\beta$) 하면서 그간 성장을 이끌어왔던 '성장루프(R)'는 선순환에서 악순환으로 반전되어 결국 마이너스(-) 성장을 시작하게 된다. 이러한 불상사를 막으려면 앞서 논의한 바와 같이 변곡점에 접어들면서부터 대비책을 강구해야 한다.

Q6-2-(2) : 성장곡선의 어디에 위치해 있는지 어떻게 알 수 있을까?

이는 매우 중요한 의문이다. 아무리 이론적으로 이해했다손 쳐도 이 질문에 답할 수 없다면 그건 죽은 지식이나 다름없기 때문이다. 우선 앞에 제시된 종(Bell)모양과 'S' 성장곡선의 관계와 차이를 이해해야 한다. 'S' 성장곡선은 누적성장을 나타낸 것이며, 종(Bell)모양은 누적성장을 단위시간당 순수성장 분포를 나타낸 것이다. 따라서 순수성장 분포가 정규분포를 따른다는 가정 하에 시장규모 혹은 점유가능시장규모를 성장의 최대 수용력(Carrying Capacity, K)으로 볼 때, 현재의 성장수준이 대략 0,15K에서 0.20K 정도라면 임계수준에 달한 것으로, 0.5K라면 변곡점에 이른 것으로 해석할 수 있다. 우리 인생의 기대수명을 80년이라 한다면(K=80), 급성장이 시작되는 임계점은 약 13세에서 16세 사이, 그리고 노후증상이 나타나기 시작하는 변곡점은 40세 정도에 해당된다. 독자들은 어떤지 스스로 가늠해보기 바란다.

## 제3절 신시장의 발견

'신시장'이라고 하면 BRICs와 같은 '이머징 마켓(Emerging Market)'이나 이보다 규모가 작은 변방국가의 '프런티어 마켓(Frontier Market)' 등 신흥시장을 연상하기 쉽다. 그러나 여기서 얘기하는 '신시장'은 그러한 공간적 시장을 의미하는 것이 아니라, 4차 산업혁명과 연계하여 현실공간과 가상공간의 융합에 따라 나타나는 '신산업'을 말한다. 아울러 '신시장'은 유통구조의 변화에 의해서도 형성되므로 최근 급변하는 유통구조를 함께 논의하기로 한다.

군자는 하늘(天)을 향하고, 소인은 땅(地)을 향한다.

'君子向天, 小人向地'- 공자

### 1 4차 산업의 실체

산업분류의 연장선에서 혹은 '산업의 네 번째 혁명'이라는 진화적 관점에서 '신시장'을 살펴볼 수 있을 것이다. 이미 제6장 제1절 (1. 산업분류의 함정)에서 논의한 바 있지만 농업, 임산업, 광업, 수산업 등 자연으로부터 '채취(Take)하는 산업'을 1차, 물건을 '만들어내는(Make) 제조'를 2차, 금융 및 교육, 의료 등 비제조를 망라한 '서비스(Give)'를 3차 산업으로 구분한다면 제조와 서비스가 융합된 분야(Fuse)를 '4차 산업'으로서의 신산업으로 규정할 수 있다. 또한 '기계혁명 → 자원혁명 → 통신혁명 → 연결혁명'에 이르는 4차 산업혁명의 산물로서의 신산업을 '4차 산업'이라고 규정할 수도 있을 것이다.

### 1. 분류적 관점에서의 '4차 산업'

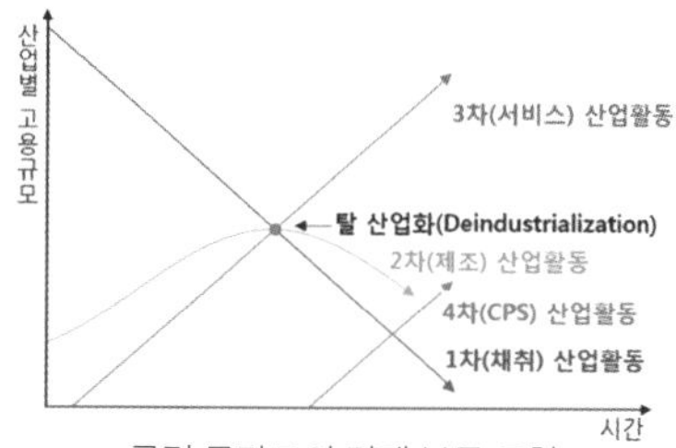

콜린 클라크의 경제 부문 모형

옆의 그림과 같이 4차 산업은 아직은 그 실체가 명확히 드러나고 있지 않아, 현재까지 국민경제에 끼치는 영향은 크지 않다. 그러나 1차보다는 2차 산업이, 2차보다는 3차 산업이 경제에 끼치는 파급효과가 더 컸다는 점을 감안할 때, 가상공간과 물리공간의 '융합'으로 나타나게 될 4차 산업의 파급효과는 실로 '혁명'에 가까울 것임을 예상하기란 그리 어렵지 않다. 제조업이 농업보다 경제적 파급효과가 큰 이유는 제조업이 그 자체로서 뿐만 아니라 농업의 발전에도 기여하기 때문이다. 같은 맥락에서 서비스업이 제조업보다 파급효과가 큰 이유는 제조업뿐만 아니라 농업 등 전 산업을 업그레이드 하는데 결정적 영향을 끼치기 때문이다. 가상공간과 물리공간의 '융합'으로 나타나게 될 새로운 산업은 지금까지의 '산업간 연관효과'의 차원을 넘어 산업분류가 모호해지는 '산업간 융합효과'를 가져올 것이다.

### 2. 진화적 관점에서의 '4차 산업'

18세기 중반부터 19세기 초반까지(1760-1820) 인간의 노동력을 기계로 대체하는 대대적 혁신이 영국에서 시작된 이래 현재에 이르는 진화적 관점에서의 '4차 산업'은 분류적 관점보다 훨씬 더 복잡한 양상으로 나타날 것으로 예상된다. 왜냐하면 각 단계에서의 혁명은 후속단계의 혁명적 결과로 대체된 것이 아니라 지금도 지속되고 있기 때문이다.

예컨대, 기계혁명의 경우 1차 산업혁명 당시의 증기기관 → 전기기관 → 전자기관 → 자율기관으로 진화하고 있으며, 자원혁명의 경우 2차 산업혁명 당시 전기의 에너지원이었던 석탄 → 석유 → 원자력 → 태양광/수소로 진화하고 있다. 1990년대부터 본격화 한 통신혁명은 비트넷 → 인터넷 → 사이버 공간 → 디지털생태계 → 증강현실에 이르고 있으며, 초연결시대를 열고 있는 연결혁명은 사람 → 사람과 사물 → 사물과 사물 → 만물이 연결되는 방향으로 진화하고 있다.

### 3. 통합적 관점에서의 '4차 산업'

분류적 관점과 진화적 관점에서의 '4차산업'은 아래 그림과 같이 1차(Take), 2차(Make), 3차(Give)와는 확연히 구분되는 새로운 산업(Fuse)으로 나타날 것이다. 결국 현실공간의 모든 상황과 사건이 가상공간에서 빅데이터와 인공지능으로 분석, 예측되어 현실공간을 위한 비포서비스(B/S) 산업과 서비스와 제품이 일체화된 '가상물리시스템(CPS, Cyber Physical System)'을 기반으로 한 산업이 등장할 것으로 보인다.

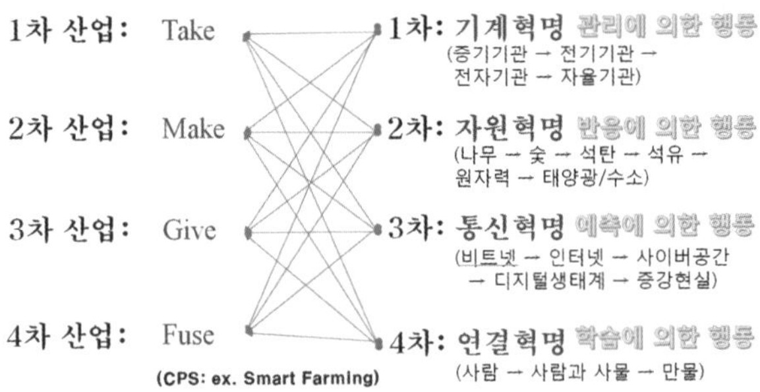


4차 산업의 통합적 (분류적 + 진화적) 관점

## 2 두 세계 사이 ($O_2O$)

여기서 '두 세계'란 수확체감의 법칙이 적용되는 현실공간(오프라인)과 수확체증의 법칙이 적용되는 가상공간(온라인)을 말한다. 최근 이들 두 세계를 하나로 연결하는 $O_2O$(Online to Offline) 관련 산업이 주목을 끌고 있다. 온라인과 오프라인 영역의 융합으로 뚜렷하게 분리되었던 두 시장의 경계가 무너지고 있는 것이다.

Q6-3-(1) : 온라인 시장과 오프라인 시장은 무엇이 다른가?

오프라인 시장이나 온라인 시장이나 다를 바는 없다. 그러나 고객의 연령과 개인적 특성에 따라 소비수요 및 행태가 차이를 보인다는 점에서 성격이 서로 다르다. 가령 나이든 보수적 소비층은 제품과 거래의 신뢰에 대한 민감성이 높아 여전히 오프라인을 선호하는 반면, 스마트폰을 통한 인터넷 활용에 익숙한 젊은 층은 온라인 시장을 선호하는 경향이 뚜렷하다. 온라인에서의 입소문이 오프라인보다 워낙 빠르고 그 파괴력이 큰 만큼 소비자 주도의 맞춤식 성향이 뚜렷하게 나타나는 곳이 온라인 시장이다.

### 1. 유통구조의 변화

현실공간과 가상공간의 경계가 허물어지면서 대표적 디지털경제 현상의 하나인 '연결의 경제(Network Economy)'는 가상공간에서의 신산업 창출로 국한하지 않고 현실공간의 기존산업에 커다란 영향을 끼치고 있다. 제3장 제3절(공유경제)에서 우버(Uber)나 에어비앤비(AirBnB)가 전통산업에 어떤 영향을 끼치고 있는지는 이미 얘기했다. 아울러 향후 기업들의 비즈니스 모델이 어떻게 바뀔 것인지에 대해서도 언급이 있었다.

그러나 이런 논의 외에도 간과할 수 없는 분야가 바로 유통업이다. $O_2O$로 인해 가장 타격이 큰 분야는 바로 유통이다. 요즘 젊은이들이 전통매장에서 구매하는 경우는 거의 사라져가고 있다. 얼마 전만 하더라도 오프라인 매장이 여전히 온라인 매장을 압도했었다. 그러나 최근에는 온라인에서의 직접 구매활동이 두드러진 현상으로 나타나고 있음에 주목해야 한다. 가령 미국 2위 서점 그룹으로 40여 년간 강자의 자리를 유지해온 '보더스(Borders)'는 이미 파산한 상태이고, '반스앤노블스(Barns and Nobles)' 역시 상당한 경영난에 처한 상황이다.

이러한 현상은 소프트웨어가 '시대를 규정하는 아이콘'이라는 점을 정확하게 보여준다. 현재 서점업계를 지배하고 있는 아마존은 분명 소프트웨어 기업이고, 그들의 핵심 서비스는 훌륭한 소프트웨어에서 나온다. 한마디로 다양한 소프트웨어적 서비스가 오프라인에서의 아날로그적 서비스를 압도하고 있음을 단적으로 보여주고 있다. 이는 비단 서적 판매에 국한된 것이 아니라는데 더 큰 심각성이 있다. 전통적 오프라인 사장의 강자들이 $O_2O$ 비즈니스 전략을 새롭게 짜지 않는 한 오프라인 시장의 소비자들이 온라인 시장으로 옮겨가는 것은 시간문제인 것으로 보인다.

### Q6-3-(2) : 소프트웨어로 제품 서비스를 어떻게 구현한다는 것인가?

소프트웨어는 패키지화된 컴퓨터 소프트웨어만을 의미하진 않는다. 특히 $O_2O$ 환경에서 소프트웨어는 플랫폼 기반에서 다양한 서비스가 제품에 부가되는 소위 '제품의 서비스화'를 의미한다. 이에 관해서는 제9장 제3절에서 다시 논의된다.

### 2. 닷컴(.com) 붕괴의 교훈

'4ANY' (Anything to Anyone at Anytime and Anywhere) 서비스가 가능한 $O_2O$ 환경은 소비자 시각에서 매우 매력적일 수밖에 없다. 그러나 비대면 거래라는 측면에서 현실적 제약을 극복하지 않으면 안 된다.

Q6-3-(3) : $O_2O$ 비즈니스는 어떤 한계를 극복해야 하는가?

매우 매력적인 개념과 가능성으로 1990년대 붐을 이뤘다가 붕괴를 맞이했던 인터넷 기업(.COM)들의 사례처럼 새 세대 인터넷 비즈니스의 길을 열고 있는 $O_2O$가 그 가능성을 꽃피우려면 전제조건이 있다. 첫째, 고객과의 신뢰이다. 필자의 경험 상 미국의 경우는 온라인 구매 제품이 맘에 안 들 경우 언제, 어떤 이유로라도 환송이 가능하다. 둘째, 인터넷 기업(.COM)의 붕괴이후 살아남은 기업들의 성공비결을 되씹어봐야 한다.

가상경제의 특성처럼 '승자독식'의 현상이 $O_2O$ 환경에서도 그대로 재현될 가능성이 매우 높다. 서비스 플랫폼의 표준을 장악한 기업이 모든 것을 독식하는 현상이 나타날 것이다. 특히 우리나라와 같이 영세한 유통 소매점들이 많은 시장 환경에서는 $O_2O$ 비즈니스 강자에 의해 전멸할 가능성도 열려있다. 전통시장의 붕괴가 가져올 사회적 파장도 $O_2O$ 비즈니스가 극복해야 할 중요한 과제이다.

다만 오프라인 기업들의 대응여하에 따라서는 $O_2O$ 트렌드가 '모바일 중심(mobile-centric)' 혹은 '모바일 온리(Mobile-only)'가 될지는 좀 더 지켜봐야 한다. 온라인 전자상거래가 그랬듯, $O_2O$ 비즈니스가 활성화된다 하더라도 기존의 상거래 방식을 '대체'하기보다는 거래의 '다양화'로 남을 공산도 적지 않기 때문이다.

## 3 시장 차별화

'신시장'은 새로운 시장만을 의미하는 것은 아니다. 기존 시장에서도 차별화를 추구함으로써 얼마든지 블루오션 효과를 누릴 수 있다. 그 핵심에는 수익모델의 재설정과 통합적 사고에 기반 한 새로운 전략 믹스 가 자리하고 있다.

### 1. 글로벌 기업들의 수익모델 변화

전통기업이 비즈니스 세계관을 전환함으로써 새로운 시장을 열어 갈 수도 있다. 그 핵심은  전통 제조에서 서비스로 비즈니스 세계관을 전환하는 것이다. 가령, 스타벅스(Starbucks)의 경우는 수익원을 '커피'에서 커피마시는 '공간'으로 설정한 것이 결정적 성공요인이었다. 이를 달성하기 위해 커피점에 최초로 와이파이를 설치하고, 누구라도 와서 자기의 공간처럼 커피 마시며 대화를 나누고 사무를 볼 수 있도록 하였으며, 체류시간에 제약을 두지 않았다.

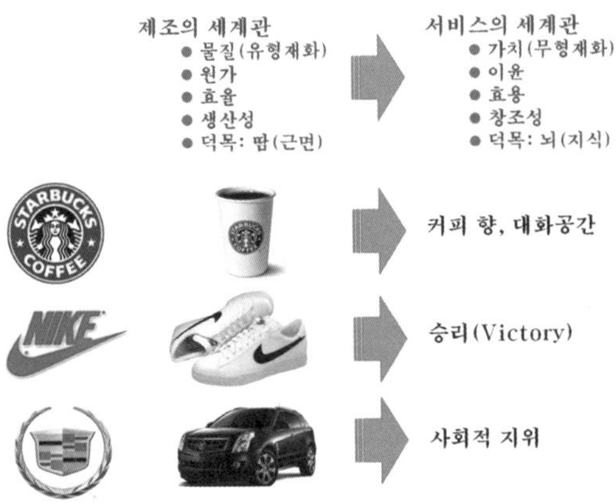

Q6-3-(4) : 비즈니스 세계관의 전환이 어떻게 신시장을 열 수 있는가?

그 이유는 전적으로 조직 구성원의 인식을 바꿔놓기 때문이다. 세계적 스포츠용품 제조업체 나이키(Nike)와 명차 캐딜락(Cadillac)의 사례를 통해 좀 더 그 이유를 살펴보자. 나이키(Nike)는 수익모델을 운동화가 아니라 소비자가 달리기 경주에서 '승리'하도록 돕는 것으로 설정하였다. 만약 수익이 운동화에서 나온다는 세계관에 갇혀 있다면 원가와 품질 개선으로 모든 관심이 집중될 것이다. 그러나 고객의 '승리'에 맞춰진다면 원가와 품질 차원이 아니라 운동화의 구조에서 소재에 이르기까지 모든 것을 원점에서 다시 생각할 수 있도록 조직원들을 유도하게 된다.

한편 캐딜락(Cadillac)은 자신이 판매하는 것을 '자동차가 아니라 사회적 지위'로 새로이 설정하였다. 따라서 자신의 경쟁자는 도요타나 현대자동차가 아니라 세계 최고의 보석상 '티파니(Tiffany)'라는 것이다. 자동차를 판매한다는 세계관과 고객에게 사회적 지위를 판다는 세계관은 천지차이이다. '자동차를 사가는 사람'과 '사회적 지위를 사가는 사람'에게 대하는 태도와 관계는 전혀 다른 것이기 때문이다.

### 2. 기존시장에서의 성공 사례와 시사점

통합적 사고에 기반 한 새로운 전략 믹스로 성장의 한계와 위기를 극복하고 새로운 시장을 개척한 사례는 수없이 많다. 그러나 여기에서는 전통시장에서 전략의 변화로 회생한 리바이스(Levi's)와 성장을 구가하고 있는 이케아(IKEA)를 소개한다.

• 리바이스(Levi's)

'청바지 원조'라고 불리는 리바이스는 1996년 연매출 71억 달러로 최고점을 찍은 이후 내리막길을 걸었다. 2000년대 들어서는 아마존 등 전자상거래 업체, 저가 전략을 펼치는 브랜드들과의 경쟁에서 밀려 매출이 50억 달러 아래로 떨어졌다. 1999년 쇠퇴의 정점에서 당시 최고마케팅책임자(CMO)는 "시장 신호를 읽지 못했거나 무시했다."며 잘못을 인정했다. 이후 10여 년간 매출 50억 달러의 벽을 깨지 못했던 이 회사는 2011년 9월, 리바이스가 P&G(프록터앤드갬블)에서 28년간 일하며 질레트(Gillette) 등 여러 브랜드를 성공시킨 칩 버그(Chip Bergh)를 최고경영자(CEO)로 영입하면서부터 회복세를 보이기 시작하더니 2018년 마의 벽을 뚫고 2019년 상반기 뉴욕증시 재상장을 추진하고 있다.

이러한 리바이스의 부활은 브랜드 이미지의 재탄생, 강력한 연구개발 드라이브, 시장 집중화 등 세 가지 전략요인의 상승작용의 결과이다. '리브 인 리바이스(Live in Levi's)'라는 이미지를 전면에 내세우고, 활용하기 시작했다. 이와 함께 신축성이 뛰어난 여성용 청바지를 가장 먼저 출시했고, 청바지 워싱(자연스러운 물빠짐 무늬)을 90초 안에 입히는 레이저 기술로 생산혁신을 이루었으며, 2017년에는 'Trucker Jacket(트럭 운전사들이 즐겨 입는 데님 재킷)' 출시 50주년을 맞아 구글과의 협력으로 데님 원단에 구리 소재의 전도성 물질을 넣어 소매 부분을 터치하는 것만으로 스마트폰을 제어할 수 있도록 만든 스마트 트러커 재킷(Smart Trucker Jacket)을 출시하는 제품 혁신을 이루었다. 밀레니엄 세대를 겨냥하여 2018년 1월에는 나이키 신발 브랜드 '에어조던 4' 모델에 리바이스의 상징인 '데님'을 입혀 한정 판매함으로써 청바지에 대한 고리타분한 이미지를 쇄신하였다.

• 이케아(IKEA)

가구·인테리어 전문회사인 이케아는 '가구'가 아닌 '문화'의 혁명을 일으키는 전략을 추구하였다. 우선 회사의 로고를 스웨덴 국기가 연상되는 색깔과 문양으로 설정하고 'DIY(Do It Yourself)'라는 문화를 최초로 가구에 접목했다. 노동력을 소비자에게 전가해서 가격을 낮추려는 시도였지만, 간단한 조립을 통해 소비자가 재미와 성취감을 느낄 수 있다는 역발상이 작용한 결과이다. 이로써 저렴한 가격과 체험을 통한 소비라는 두 개의 전략 목표를 동시에 추구할 수 있었다.

또 다른 성공요인은 부드러운 컬러에 단순하고 실용적인 '북유럽 스타일'의 디자인으로 전 세계 가구 소비자를 매료하고 있다는 점이다. 많은 사람들이 좋은 품질과 우수한 디자인 제품을 구입할 수 있도록 해야 한다는 '대중적 디자인(Democratic Design)'이라는 자신만의 디자인 철학을 정립하였다. 이를 위해 디자인, 기능, 품질, 지속 가능성, 합리적인 가격 등 다섯 가지 요소를 설정하고, 제품 개발자, 디자이너, 제조 담당자 등이 함께 이 요소들의 조화로운 균형점을 찾았다.

여기에 카탈로그 마케팅을 적극 활용하고 있다는 점도 차별화된 전략으로 꼽힌다. 1951년 본격적으로 대형 가구를 팔기 시작한 이래 카탈로그는 300페이지가 넘을 만큼 두껍고 34개 언어로 2억 1,100만 부가 발행된다. 디지털 시대에 접어들면서 웹사이트와 연계한 홍보전략도 함께 구사하였다. 제품을 종류별로 모아 전시하지 않고 실제 집처럼 꾸며 놓은 전시장도 핵심 경쟁력이다. 쇼핑과 체험이 어우러진 공간으로 쇼룸을 꾸민 발상은 가구업계의 새로운 트렌드를 만들었다. 1인 가구가 늘어나 '대를 물려 쓰는 가구' 개념이 사라지는 시대적 흐름은 품질은 다소 떨어지더라도 디자인과 가격으로 효율성을 강조하는 시장전략을 만들어내었다.

제7장

# 기업과 창업

### 시리얼(Cereal)의 대명사 '켈로그'의 탄생

현대인의 아침식사 대용으로 애용되고 있는 '시리얼(Cereal)'을 만들어 낸 '빌 캘로그(Kellogg)'는 미국 미시건주의 조그만 도시에서 태어났다. 종교에 심취하여 자녀교육에는 별 관심이 없던 아버지 밑에서 초등학교를 졸업한 후 14살에 아버지의 생업인 빗자루 장사를 도우며 살았다.

그 후 1880년부터 25년간 형, '존 캘로그'의 병원에서 관리인, 때론 청소부로 일하면서 빵이 환자들에겐 안 맞는다는 형의 푸념에 대체식품을 개발해보기로 한다. 롤러(roller)로 눌러내기 전 밀 삶는 시간을 변경해보는 등 각종 시도에도 번번이 환자용 식품으로는 부적합했다. 어느 날 밀을 삶아 놓은 채 이틀 밤을 보내게 되었다. 곰팡이가 펴서 버려야 했지만 아까워 일단 롤러에 넣고 예전처럼 돌려봤다. 놀랍게도 밀알들은 이전보다 훨씬 더 얇고 큰 박편(薄片)으로 한 개씩 분리되어 나왔다. 그것도 워낙 얇아 화덕 열에 자연 건조되어 바삭바삭한 상태로 변해 있었다. 이것이 바로 요즘의 '시리얼'이다.

학력이 일천한 그는 삶은 밀을 하루 이틀쯤 방치하면 '뜸'이 들고, 밀알 내부에 수분이 균등하게 침투되어 얇게 밀어진다는 사실을 알기에 이른다. 형의 병원서 하인 취급받으며 일하던 호구지책 상황, 밀을 삶아 롤러로 누르는 반복된 작업, 삶은 밀을 방치해 둔 실수, 곰팡이가 핀 밀을 롤러에 넣어 얻게 된 박편, 박편이 나오게 된 원인을 찾으려는 의지... 이러한 일련의 사건들 사이에 논리적으로 아무런 연관성이 없어 보인다. 그러나 이후 진전되는 일의 결과에 영향을 끼친다. 운(運)이란 것의 속성은 바로 이러하다.

## 제1절 다시 보는 세계관

기업은 창업에서 출발한다. 누구나 창업은 할 수 있다. 그러나 오래 남는 기업, 존경받는 기업을 만드는 건 누구나 할 수 있는 게 아니다. 기업가의 창업동기가 무엇이었느냐가 성패를 좌우한다. 유감스럽게도 우리에게 비춰지는 기업가들은 그다지 존경스럽지 않다. 우리나라의 기업성장 배경에서도 그 원인을 찾을 수 있지만 기업가정신이 부족해서인 것만은 분명해 보인다.

> 좋은 기업은 훌륭한 상품과 서비스를 제공한다.
> 그러나 위대한 기업은 세상을 더 나은 곳으로 만들고자 노력한다.
>
> – 윌리엄 포드 Jr.(William Clay Ford Jr., 1957- ), 포드자동차 CEO

### 1 샘 월튼의 교훈

"오늘날 수백 만 명의 사람들이 우리 회사가 존재하지 않았을 경우 그들이 처해 있을 형편보다, 우리로 인해 훨씬 나은 처지에 있다고 믿는다. 따라서 나는 이 모든 일에 벅찬 자부심을 느끼고, 이런 삶을 선택해 나의 에너지를 써온 것을 기쁘게 생각한다." 월마트(Wall Mart)의 창립자 샘 월튼(Sam Walton)이 자신의 회고록[33]에 남긴 말이다.

33 샘 월튼(2008). 불황 없는 소비를 창조하라. 21세기북스

시골 잡화점을 세계 최대 유통기업으로 키워 낸 월마트(Wall Mart) 창업주, 샘 월튼은 이런 얘기를 한 적이 있다. "누군가 내게 '돈을 벌었으면 사회에 환원해야 할 것이 아닌가.'라고 말한다면, 나는 이미 기업을 운영하면서 사회에 수많은 공헌을 했노라고 주저 없이 응수하겠다."

### 1. 진정한 기업가 정신

이것이 진정한 기업가이며, 기업가 정신이다. 한국이 민주화가 진행되면 서 시민단체나 진보지식인들이 대기업 CEO들을 대상으로 회사의 이익을 사회에 환원할 것을 요구했다. 그때마다 그들은 머리를 조아리고 읍소하면서 사회에 환원할 것을 약속한다. 그리곤 하는 일이 미술관을 짓거나 장학재단을 만들어 사회에 기여하는 척한다. 물론 모두가 다 그런 건 아니겠지만, 대다수는 그런 모습을 보여 왔다.

Q7-1-(1) : 왜 우리나라 기업 CEO들은 '샘 월튼'처럼 당당하지 못할까?

진정한 기업가 정신은 애플 창업주 스티브 잡스(Steve Jobbs)가 2004년 '비즈니스 위크(Business Week)'와의 인터뷰 내용에서도 엿볼 수 있다. 그는 창업정신, 즉 창업가의 내재적 동기가 후일 기업의 성패에 매우 중요한 요소로 작용하게 됨을 강조하고 있다.

"... 세월이 갈수록 동기(motivation)가 많은 차이를 만들어 낸다는 확신을 갖게 됩니다. 우리는 세계 최고의 PC를 만드는 것이었지, 세계 최대 또는 가장 돈을 많이 버는 기업이 목표는 아니었습니다. 우리의 두 번째 목표는 이윤을 창출하자는 것이었지만, 이는 최고의 제품을 만들기 위해서였습니다."

## 2. 존경받는 기업가

- '경영의 神' 마쓰시타 고노스케,
- '기술의 天才' 혼다 소이치로,
- 'CEO가 존경하는 리더' 이나모리 가즈오.

이들은 독특한 경영철학과 조직운영으로 일본을 대표하는 세계적인 기업을 육성한 기업가들이다. 이들이 일본 사회에서 존경받는 이유는 투철한 '기업가 정신'으로 무장된 이들이었기 때문이다. 그들의 경영철학과 조직운영 기법은 한국의 기업 경영자에게도 많은 시사점을 던지고 있다. 세 사람의 경영이념과 조직운영은 직원과 사회에 대한 진지한 고민의 산물로, 뛰어난 인품, 솔선수범을 통해 직원들의 마음을 얻었다. 공통적으로 이들은 기업의 사회적 사명을 무겁게 인식하였고 윤리경영과 사회책임경영을 실천하였을 뿐만 아니라 전문경영인에게 회사 경영을 맡기고 은퇴한 사람들이다. 창업주의 은퇴 후 경영환경의 변화로 위기를 겪었지만 고유한 경영이념과 조직문화를 바탕으로 위기를 극복하고 더욱 경쟁력 있는 회사로 재도약하였다.

**일본인이 가장 존경하는 3대 기업가**

- 마쓰시타: 세계 최초로 '기업의 사회적 책임(CSR)'을 천명하였으며 사업부제의 창안, 브랜드의 도입, 대리점 제도의 정착 등 일본식 경영의 전형을 확립하였다.
- 혼다: 직원의 개성과 창의성을 존중한 자유로운 기업 문화를 정착시켰고,

기술을 중시하는 경영과 다기능(Cross-functional) 팀의 운영은 새로운 경영 모델로 평가 받고 있다.

• 교세라의 이나모리: 윤리경영과 사회책임경영의 모델을 보여주었고 대기업을 조그만 벤처기업처럼 운영할 수 있는 '아메바 경영'을 창안하여 가장 수익성 높은 회사로 성장시켰다.

(※ 교세라의 '아메바 경영'에 대해서는 제 11장 제 2절 '새로운 조직화 방식'에서 좀 더 구체적으로 논의한다.)

## 2 창업과 창업동기

역대 정부가 창업을 독려하고 각종 지원제도를 내놨지만 실효성은 없었다. 중소벤처기업부가 2018년 정기국회에 제출한 자료에 따르면 국내 창업기업의 5년차 생존율은 27.5% 정도다. 이는 경제협력개발기구(OECD) 주요국 평균(40.9%)에 한참 못 미치는 수치다.

### 1. 후츠파(Chutzpah)정신

국토는 한국의 1/5(한반도의 10%)에 자원빈국, 그러나 인구 780만 명에 벤처기업 3,850개(매년 수백 개의 벤처 창업), 인구 2,000명당 1명이 벤처기업 사장(세계 1위), 미국 나스닥(NASDAQ)에 상장된 이 나라 기업 수는 61개(미국 기업을 뺀 나머지의 75%에 해당), 세계 벤처 캐피탈의 35%가 투자(세계 바이오벤처의 70% 석권), 근로자 1만 명 당 엔지니어 140명(미국의 2배).

Q7-1-(2) : 위 내용은 어느 나라를 말하는 것일까?

이는 이스라엘을 지칭하는 최근의 수식어들이다. 이스라엘은 한 마디로 전국이 벤처 클러스터다. 이게 어떻게 가능할까? 그 해답은 바로 내면에 깊이 자리하고 있는 후츠파(Chutzpah) 정신에 있다 해도 과언이 아니다. '후츠파'란 '건방진', '버르장머리 없는' 정도에 해당된다고 한다. 후츠파 정신에는 우리와는 아주 다른 독특한 문화가 자리하고 있다. '가르치는 자와 배우는 자 사이에 신분은 있으나 계급은 없다.'는 것이 후츠파 정신의 핵심이다. 어릴 적부터 끊임없는 질문과 도전으로 일관한 그들에게 창업가는 최우선의 선호직종이다.[34]

유럽 각국이 경제난에 허덕여도 독일만은 유독 승승장구하고 있다. 그 동인은 한 마디로 '숨은 강자(Hidden Champion)'들이 있기 때문이라고 독일인들은 단언한다. 백년, 이백년 가업을 이으며 기술과 품질로 승부를 보는 강소기업들이 바로 숨은 강자란 말이다. 제조 강국 일본도 독일과 다르지 않다. 반면에 열 마리 황새가 70-80퍼센트를 지배하고 있는 한국의 현재 경제구조로는 결코 선진국이 될 수 없음은 너무나도 자명하다.

본질에 접근하는 차원에서 독자들에게 한 가지 질문을 던지고 싶다. 같은 학교를 졸업한 두 학생이 있다고 가정하자. 한 학생은 사법고시나 행정고시에 합격했고, 다른 학생은 창업했다고 연락이 왔다.

34 "청년! 후츠파 정신으로 일어서라: 1부 '벤처왕국'의 비밀"을 보면서 우리의 상황과 비교해보기 바란다. (http://youtu.be/uhNy4hQSehQ?t=14s)

### Q7-1-(3) : 학교는 이들 학생에게 각각 어떤 반응을 보였을까?

고시합격은 '학교의 경사'로 인식된다. 그래서 정문 앞에 현수막을 걸어 학교를 자랑한다. 반면 창업한다는 학생에겐 아마 이렇게 격려하지 않을까? "(한숨을 감추며...) 그래. 어려운 길 가는구나. 부디 성공하렴."

굳이 매슬로우(Maslow)의 '욕구단계설'을 거론하지 않더라고 사회적 인정 욕구는 인간만이 가지고 있는 매우 중요한 욕구이다. 성장과정에서 선생님이 인정하지 않는 진로를 택할 학생이 몇이나 될까? 오로지 취업을 위해 수험서에 매달리고 면접 보는 법을 공부하는 우리 젊은이들만으로는 선진국 지위에 안착할 수 없다.

국가의 안위는 강건한 국방과 튼튼한 경제에 달려 있다. 특히 요즘같이 우리 젊은이들이 취업난에 허덕이는 상황에서는 벤처와 기업가정신으로 무장된 기업들이 많이 생겨나야 희망이 있다. '고시'를 격하려는 건 아니지만 고시합격생은 고용 창출에 기여하지 않는다. 그러나 창업하겠단 그 학생은 고용을 창출할 가능성은 가지고 있다. 특히 앞으로 4차 산업혁명이 본격화 할 경우 판·검사 역할의 상당부분은 인공지능으로 대체될 가능성이 높다. 적어도 인간이 피할 수 없는 편견과 정치적 판단은 배제할 수 있기 때문이다. 그러나 창업은 인공지능 기계가 하는 것이 아니다. 필요하다면 이를 이용할 뿐이다.

창의성 교육이 중요한 줄 알면서도 정작 창의로 무장되어야 할 뱁새들의 창업은 별로 인정하지 않는 현실로는 미래가 없다. 수많은 뱁새들이 황새의 꿈을 안고 창업에 도전할 때, 그리고 그것을 사회가 진정으로 인정할 때라야 선진국의 꿈은 현실로 다가올 수 있을 것이다.

### 2. 진정한 창업

누구나 창업은 할 수 있다. 그러나 아무나 창업에서 성공을 거둘 순 없다. 창업은 어떤 동기에서 출발하는가에 따라 그 성패가 일단 갈리기 때문이다. 앞서 소개한 잡스의 인터뷰 내용처럼 '내재적 동기(intrinsic motivation)가 차이를 만들어 낸다.'는 믿음에 필자도 적극 동감이다.

> Q7-1-(4) : 여러분이 창업을 한다면 그 동기는 무엇이겠는가?

필시 이런 질문을 오히려 의아하게 받아들일 것이다. 답은 너무 당연할 테니까. "다 먹고 살자고 하는 것 아니요?"라고 반문할 것이다. 그러면 난 이렇게 조언하겠다. "먹고 살려하면, 못 먹고 살게 된다."고. 창업은 먹고 사는 수단이 아니다. 자신이 하던 일을 주워 담아 체계적으로 키워나가기 위해 하는 것이 '창업'이 되어야 한다. 그래야 제대로 먹고 살 수 있다. 창업을 '백수의 마지막 비상구'로 인식하면 그것으로 끝이다.

## 3 기업가와 창업가

앞서도 언급했지만, 기업은 창업의 연장선에 서 있다. 왜냐하면 '기업(企業)'이라는 것의 진정한 의미는 '일을 일궈낸다.'는 것이다. 일(業)을 꾀하여 일궈내는(企) 데에 있어 수익 동기는 전체의 일부일 뿐이다. 애초부터 무언가 혁신적이고 시장을 이목을 집중시킬 수 있는 그런 일을 계획한 것이 아니라 열심히 무언가에 매진하다보니 일이 만들어진 경우가 허다하다.

### Q7-1-(5) : 기업가와 창업가는 같은 것인가, 다른 것인가?

기업이 창업의 연장선에 있다는 측면에선 기업가와 창업가는 맥을 같이 한다. 그러나 한 가지 알아둬야 할 것이 있다, 기업은 일궈내는(企) 과정 속에서 일(業)이 생성되는 반면(企 → 業), 창업은 일(業)을 전제하여 그것을 일궈내려(企) 한다(業 → 企)는 측면에서 전혀 다르다. 따라서 창업 없는 기업은 없지만, 기업 없는 창업은 무수히 많다. 창업은 누구나 할 수 있지만, 기업은 아무나 할 수 없다. 수많은 창업이 기업으로 이어지지 못하고 도태되는 근본 이유이다.

따라서 올바른 창업관이 전제될 때라야, 기업을 담보할 수 있다. 하버드 경영대학원에서 '창업가 정신'을 가르쳐온 다니엘 아이젠버그(Daniel Eigenburg) 교수는 2013년 그의 저서「하버드 창업가 바이블(Worthless, Impossible & Stupid)」에서 창업과 창업가에 대한 잘못된 환상을 지적하고 있다.

'창업가'하면 누가 연상되는지 떠올려보라. '청바지에 스니커즈 운동화'를 신은 20·30대 남성으로 젊고 혁신적이고 전문가적인 이미지가 떠오를 것이다. 아이젠버그의 지론에 따르면 이런 이미지는 언론에 비춰진 것일 뿐 창업가의 실체는 다르다는 것이다. 그의 책 제목처럼 의외로 이들이 처음에 시작하던 일들은 가치 없고('Worthless'), 무모하며('Impossible'), 심지어 멍청해('Stupid') 보이기까지 했다. 우리가 알고 있는 멋진 이미지와 탁월한 혁신성, 뛰어난 기술력 등을 갖추고 출발한 것은 아니라는 것이다. 그가 지적하는 잘못된 창업가 이미지를 몇 가지 소개한다.

**1. 창업가 ⇎ 혁신가**

창업가가 혁신가일 필요는 없다. 혁신은 '참신하고 독창적인 아이디어를 생생하게 표현해내는 것'으로 생각하기 쉽지만, '창업가정신'은 현실적 가치를 생산해내는 것이다. 혁신적인 아이디어가 가치 창조에 중요한 건 분명하지만, 이보다 더 중요한 것은 고된 노력, 야망, 지략, 파격적인 사고방식, 영업 능력, 리더십 등이다. 실제로 창업 당시와 그 후 비즈니즈 모델이 전혀 다른 경우는 상당히 많다.

예컨대 휴렛패커드(HP)의 창업 당시 사업 아이템은 볼링장의 거터(gutter) 감지장치였다. 이어서 자동 변기세척기 등 다양한 제품들을 출시했으나 번번이 실패하다가 마침내 첫 성공작인 '오실로스코프'를 출시하면서 오늘의 휴렛패커드(HP)로 성장하였다.

세계 최대 소셜 네트워크인 페이스북도 처음에는 현재와 전혀 다른 모습이었다. 2003년 당시 하바드 대학교 2학년생이었던 주커버그는 기숙사 학생들을 대상으로 '페이스매쉬(Facemash)'라는 프로그램을 개발했는데, 이것은 학생들 중 두 명의 사진을 보여주고 어느 쪽이 더 잘 생겼는지 투표하는 장난기어린 아이디어에서부터 출발했다.

**2. 창업가 ⇎ 전문가**

창업가에게 법률, 엔지니어링, 과학, 재무 등에 관한 개인의 전문성은 창업에서 필수적인 요소가 아니다. 창업가는 전문가든 아니든 상관없이 새로운 기회를 포착하거나 만들어내려면 무엇보다 남다른 시각으로 시장을 볼 수 있어야 한다.

예컨대, 교토기업 교세라를 창업한 '이나모리 가즈오'는 기술자 출신으로 회계에 대한 아무런 지식도 없었다. 그러나 회계학 전공자들이 내놓는 장부에 상당한 불만을 갖고 있었다고 한다. 자신은 '현재의 숫자'를 알고 싶은데 회계장부들은 '과거의 숫자'들만 보여준다는 것이었다. 스스로 독학해서 시시각각 변하는 '현재의 숫자'를 알 수 있는 장표를 만들어내는데 그것이 '부문별 채산표'라는 것이다. 이 채산표에 현재 숫자 기록이 가능하도록 조직을 부문별로 쪼개서 운영하는 매우 독특한 조직을 창안하게 되는데, 그것이 바로 '아메바 조직'이다.

거대 전자상거래 업체를 이끌고 있는 작은 거인 마윈의 첫 창업은 IT 회사나 전자상거래업체가 아닌 통역 사무소였다. 항저우 사범대학에서 영어교육을 전공하고 항저우전자대학에서 영어강사로 일하던 그는 중국어를 영어로 번역하거나 통역 해주는 사무소를 열었지만 곧 실패했다. 그런 그에게 인생 역전의 기회가 찾아온 건 이후 미국 출장길에서 인터넷을 처음 접하면서다. 그는 '앞으로 인터넷 세상이 올 것이라 직감했다'고 한다.

이런 측면에선 베조스의 창업 일화와 유사하다. 베조스는 프린스턴 개학에서 컴퓨터공학을 공부한 후 대기업을 마다하고 무명의 벤처기업에 입사하는 등 취업을 전전하다 신생 금융회사에 입사해서 1년 만인 26세에 최연소 부사장을 거쳐 수석 부사장이 된다. 1994년 어느 날 자신의 사무실에서 우연히 TV 뉴스에서 인터넷 전자상거래가 급상승하고 있다는 보도를 본 즉시 그는 회사를 그만두고 시애틀로 향한다. 1년 후인 1995년 7월, 그는 시애틀 자신의 집 창고에서 3대의 워크스테이션을 가지고 아마존닷컴(Amazon.com)을 창업하게 된다.

### 3. 창업가 ⇎ 젊은이

창업가정신을 발휘하기 위한 최적의 연령이란 없다. 오히려 늦은 나이에 창업하는 경우 오랜 경력과 경험을 바탕으로 성공 가능성을 높일 수도 있다. 다만 일부 예외를 제외하곤 첨단기술에 기초한 벤처창업은 30대 중반을 넘긴 경우가 거의 없으며, 50대 이후 창업한 경우는 대체로 전통산업에 속한 업종이었다는 것이 주목할 만하다.

레이쥔의 경우엔 마흔을 넘긴 늦은 나이에 샤오미를 창업했다. 잘 나가던 소프트웨어업체 대표이사 출신인 그가 41세의 나이에 정보기술 벤처 창업에 나선 것은 그 자체로 화제였다고 한다. 중국에서도 IT벤처 창업은 20대의 전유물로 받아들여지고 있기 때문이다. 그러나 레이쥔은 젊은이들처럼 중국의 실리콘밸리라 불리는 베이징 IT 클러스터, 중관춘에서 샤오미의 성공신화를 일궈냈다.

흰수염 할아버지 '커넬 샌더스(Colonel Sanders)'로 더 잘 알려진 할랜드 샌더스(Harland D. Sanders)는 호구지책으로 쌓았던 요리비법을 팔려고 트럭에 요리기구를 싣고 전국을 다녔으나 1,008번이나 거절당한다. 1,009번째 시도에서 '웬디스 버거' 창업자인 데이브 토마스에게 치킨 한 조각 당 $0.04의 로열티를 받고 팔게 되면서 가정식 튀김치킨이 일약 전국으로 확산되었고, 이것이 결국 그의 나이 65세에 KFC 1호점을 여는 계기가 된다. 레이 크록이 맥도날드 프랜차이즈를 시작한 건 53세, 허핑턴이 인터넷 신문 허핑턴 포스트를 창간할 때가 55세였다.

## 제2절 기업의 흥망성쇠

일반적으로 성장의 전형은 'S'형 곡선으로 설명된다. 그러나 실제로는 성장 후 갑작스런 침체를 겪거나 쇠퇴를 맞아하는 급락 현상을 보이는 사례가 더 흔하다. 기업이 직면하는 갑작스런 위기는 예고 없이 오는 것 같지만 과거의 성공에 도취된 낡은 관행과 교정되지 않은 세계관으로 인해 누적된 오류의 결과이다. 이 절에서는 기업의 평균수명과 새로이 떠오르는 기업들의 공통적 특성, 위기의 원인과 방지책 등에 대해 살펴본다.

성공을 달성한 순간부터 성공요인은 실패요인으로 작용한다.

- 피터 드러커 (Peter Drucker,1909-2005) 미국 경영학자

### 1 기업의 평균수명

인간의 평균 수명은 고대 로마시대 20세에서 이제 100세 시대를 넘보고 있다. 반면에 기업의 평균수명은 가파른 하향곡선을 그리고 있다. 맥킨지(McKinsey)에 따르면 아래 그림과 같이 1935년 평균 90세에서 2015년 현재 15세로 기업 평균수명이 짧아지고 있다. 심지어 2025년에 이르면 글로벌 500대 기업의 위치를 유지하는 기

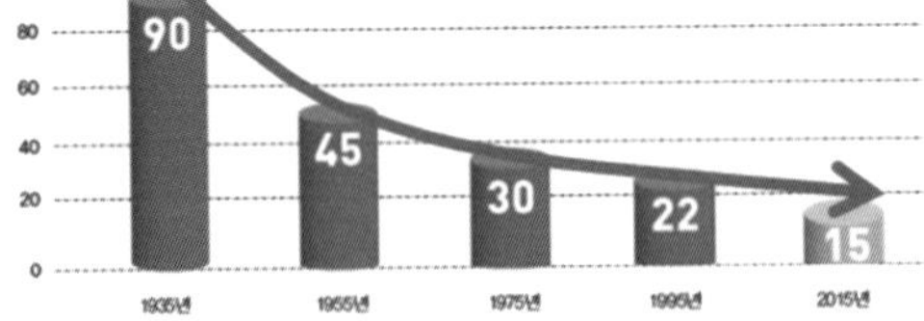

간은 평균 5년에 불과할 것이라는 전망도 있다(KPMG).

S&P(Standard & Poors) 500대 기업의 평균 수명은 1920년대 67년이었지만, 현재는 15년으로 100년이 채 안 되는 기간 동안 약 78%가 줄었다. 또한 창업 후 100년이 지나도록 뛰어난 성과를 유지하고 있는 기업은 50개 정도이며. 아래 그림에서 보듯이 1980년 S&P 상위 5개사 중 40여년이 지난 지금까지 5위권 내에 남아있는 기업은 하나도 없다.

Q7-2-(1) : 이렇듯 기업의 수명이 짧아지는 원인은 무엇인가?

기업의 평균수명이 빠르게 단축되는 이유는 단적으로 'VUCA(Volatility, Uncertainty, Complexity, Ambiguity)'로 대변되듯 경영환경이 나쁘게 급변하고 있기 때문이다. 끊임없는 기술혁신과 더욱 고조되는 경쟁강도, 빠르게 변화하는 고객 수요 등이 함께 작용하면서 고도의 불확실성 환경으로 빠져들고 있다.  존 체임버스 시스코(Cisco)회장은 '10년 후면 현존하는 기업 중 40%만이 남아 있을 것'이라는 비관적 전망까지 내놓고 있다. 한편 포춘 글로벌(Fortune Global) 500대 기업의 변화를 보면, 1955년부터 2014년 사이 60년간 500대 기업의 지위를 유지하고 있는 기업은 전체의 12%에 해당하는 61개에 불과했다. 지금부터 25년쯤 후인 2045년에 이르면 포춘 500대 기업의 70% 정도는 현재 태어나지도 않은 기업들로 채워질 것이라는 전망도 있다.

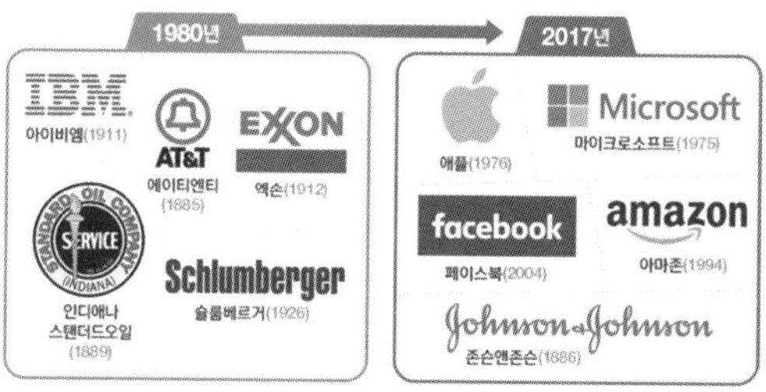


출처: 천성현(2018). 100년 기업 영속의 조건, 포스코리포트

## Q7-2-(2) : 급변하는 환경 속에 장수할 수 있는 비결은 무엇인가?

최근 경영계의 화두는 '어떻게 하면 장수할 수 있을 것인가'에 관한 것이라 해도 과언이 아니다. 인간의 경우 보통 '장수'라 하면 평균 기대수명 이상 생존하는 경우를 말한다. 따라서 같은 잣대를 적용해본다면 거래소 상장 기업의 경우 장수기간은 대략 30년 정도로 보면 무리가 없을 것이다. 흥미로운 사실은 실패한 기업의 경우 공통점이 비교적 쉽게 드러난다. 실패한 기업들은 변화와 위기를 감지하지 못한 채 실기하거나 과거의 성공신화에 집착해 새로운 혁신을 도모하지 않는다는 공통적 특성이 있다. 한 마디로 '문제가 없다.'는 문제를 안고 있다. 이에 반해 성공한 기업들은 나름의 독특한 면모들을 가지고 있어 장수의 비결을 일반화하기는 어려움이 있다는 점이다.

그러나 일반적으로 오래 장수하는 기업들은 결코 '늙은 기업'이 아니라는 점이다. 맹자의 얘기처럼 천(天)의 시(時)를 읽는, 즉 환경변화를 읽어내는 능력 개발에 주력하고, 그에 따른 새로운 전략개발과 이행방안을 모색한다. 예컨대 외부의 시각으로 내부를 혁신(Outside-In)하는 독일의 대표적 장수기업, 지멘스(Siemens)는 '미래연구팀(Picture of the Future)'을 상시 운영하여 메가트렌드와 그 변화의 동인을 분석한다.

또 다른 장수의 요건으로는 업종의 안정성과 같은 환경적 요인도 일정부분 작용한다. 가령 코카콜라(CocaCola), 네슬레(Nestlé), 존슨앤존슨(Johnson&Johnson), 바스프(BASF) 등 이름만 들어도 알 수 있는 장수기업들은 구축된 브랜드 파워를 가지고 소비재나 소재에 집중하면서 비교적 경기 변동의 영향에서 벗어날 수 있었다.

어느 의학교수의 얘기에 따르면 젊은 사람과 늙은 사람의 결정적인 차이는 젊은 세포와 늙은 세포의 역할 차이에 비롯된다는 것이다. 젊은 사람 몸에는 젊은 세포가 중심에, 늙은 세포가 주변에 위치해 있는 반면에 늙은 사람의 경우는 정 반대로 늙은 세포가 중심에 있고 늙은 세포가 주면으로 밀려나 있다고 한다. 기업경영도 같은 원리가 적용된다. 젊은 사람들의 역동성과 창의, 경험 많은 늙은 사람들의 지혜가 적절히 결합하되 젊은 사람들이 핵심 역할을 하고 늙은 사람들이 측면에서 조언하는 형태의 배합이 조직생리상 이상적 배합이다.

## 2 잘못된 가정

기업이 쇠퇴하거나 위기에 내몰리는 핵심원인은 대부분 환경 변화 대응 실패와 방만한 사업 확장에 있다. 기존의 성공신화에 사로잡혀 쇠퇴의 조짐이 나타나도 경영 관행이나 기술 등 같은 처방을 고수한 채 사업을 확장하는 오류에 빠진다. 기업이 쇠퇴는 내부 병폐(이를 '우연원인'이라고 함)가 누적되어 나타나기 때문에 감지가 쉽지 않고 다양한 원인이 복합적으로 작용하기 때문에 처방을 발견하기도 어렵다.

### 1. 쇠퇴의 진행과정

일반적으로 기업의 쇠퇴는 아래의 표와 같이 징후의 출현 → 구조조정 → 일시 회복 →위기의 재도래 등 네 단계를 거치게 된다.[35]

35 J. Beaty (2001). 거상: 대기업이 미국을 바꿨다. 물푸레, pp. 305-589.

| 쇠퇴의 징후 | 해체 또는 구조조정 | 일시적 회복 | 위기의 재도래 |
|---|---|---|---|
| -관료주의 만연<br>-기술투자 소홀<br>-모험정신 약화<br>-방만한 사업다각화 | -다운사이징<br>-합병, 분할 매각<br>-아웃소싱<br>-생산공장 해외이전<br>-노조와의 협상 | -본업으로 회귀<br>-고부가사업 집중<br>-수익성 개선 | -시장점유율 하락<br>-고비용 압박<br>-기술우위 약화<br><br>⇒퇴출, 피인수 |

그 과정에서 피상적 경영지식이 동원되어 치료를 해보지만 일시적 개선효과는 있어도 그 효과가 지속되지는 않는다. 사실 우리가 익히 알고 있는  다운사이징(Downsizing), 아웃소싱(Outsourcing), 전사품질관리(Total Quality Control), 리엔지니어링(Re-engineering), 6-시그마(6-Sigma), 전사자원관리(Enterprise Resource Planning), 공급사슬관리(Supply Chain Management), 경제가치분석(Economic Value Analysis) 등은 그 유용성에도 불구하고 공통적으로 '어떻게 하느냐'에 관한 도구라는 점에서 쇠퇴의 근본적 치유책은 될 수가 없다. 경영자, 특히 장기간 성공을 누려온 기업경영자들이 당면한 핵심 도전은 '어떻게 하느냐'보다 '무엇을 하느냐'의 선택에 관한 것이기 때문이다. 즉 선택을 지배하는 가정이 잘못된 상태에서 올바로 일을 처리하는 처방책을 동원해봐야 근본적 치유는 되지 않는다.

Q7-2-(3) : 제1장에서 논의된 선택과 여기서의 선택은 뭐가 다른가?

올바른 선택의 중요성에 대해서는 이미 제1장 (제1절 성과의 근원)에서도 논의되었다. 그것이 성과의 작동원리에 대한 일반론이었다면, 여기서 얘기하려는 선택은 경영성과를 위한 선택의 핵심은 무엇인가에 관한 것이다. 피터 드러커(Peter F. Drucker)의 지론에 따르면 그것은 '체계적 폐기

(systematic abandonment)'를 위한 선택을 말한다. 그는 이를 가리켜 "무엇을 새롭게 할 것인가에 대한 생각에 앞서 기존의 것들에 대한 체계적 폐기를 시작해야 한다. 그리고 이러한 폐기는 기존의 것에 대한 성찰과 문제의식으로부터 출발한다."고 말하고 있다.

### Q7-2-(4) : 체계적 폐기는 왜 중요하며, 어떻게 가능한가?

혁신의 기본가치를 어디에 두어야 하는가. 새로운 것을 만들어 내는 것이 우선인가 아니면 기존의 것들을 폐기하는 것이 우선인가? 두 가지 모두 다 중요하다. 그러나 명확한 문제의식 없이는 기존의 것을 폐기하는 것에 대한 구성원들의 공감도 어렵게 된다. 뿐만 아니라 혁신을 위한 혁신에 몰두하여 멀쩡하게 잘 작동하는 것들마저 새롭게 바꾸어 부작용과 혼란을 초래할 수도 있다. 혁신을 추진함에 있어 폐기를 창조에 우선해야 하는 이유는 현실적으로 더욱 중요한 의미를 갖는다. 창조에 앞서 폐기를 우선 논의할 수 있는 여건과 문화가 마련된다면 이는 곧 구성원의 조직 몰입을 고취하여 '우리의 것'과 '나의 것'에 대한 차이를 좁히는 결과를 가져올 것이며 그로 인해  혁신의 성공적 추진기반이 마련됨을 의미하는 것이기 때문이다.

폐기의 대상을 체계적으로 폐기하려면 환경 등 상황 변화에 대응한 세계관의 재검토와 재정립이 요구된다. 피터 드러커는 이를 '기업이론(Business Theory)'이라 지칭했지만, 이를 제1장에서 제시했던 성과의 작동 구조에 대입해보면 결국 경영세계관, 즉 '기업가정(Business Assumption)'과 직결되는 문제이다.

구조조정과 각종 혁신활동에도 불구하고 기업이 성과를 내지 못한다면 그것은 조직을 설립하고 운영하는 데 기초가 되었던 '가정'들이 더 이상 현실에 부합하지 않게 되었다는 것을 의미한다. 그 '가정'이란 주로 다음 사항에 관한 것들이다. 첫째, 조직원의 행위에 관한 가정이다. 해야 할 일과 하지 말아야 할 일들을 결정하며, 조직에게 바람직한 결과가 어떤 것인지 점검해야 한다. 둘째, 시장과 관련하여 고객과 경쟁자들의 가치관 및 행동에 관한 가정도 중요하다. 보유하고 있는 기술들의 상호 작용과 조직의 강점과 약점을 다시 살펴야 한다. 셋째, 기업이 무엇으로 수익을 거두는가에 관한 가정으로, 수익모델이 새로운 환경에 부합되는가에 대한 의문을 던져야 한다.

기업을 비롯한 모든 조직은 나름의 기업 이론을 갖고 있다. 그러나 명확하고 일관성 있는 가정이라야 비로소 강력한 힘을 발휘할 수 있다. 기업의 가정은 20세기 후반 제너럴모터스(General Motors)나 IBM 같은 회사들이 성공을 거둘 수 있었던 이유와 그들이 좌절을 겪었던 이유를 설명해준다. 사실 큰 성공을 거둔 경영조직들 가운데 상당수가 각종 질병에 시달리고 있는 이유도 그들의 기업 가정이 더 이상 타당하지 않기  때문이다.

### 3 기업가정의 조건

피터 드러커에 따르면 기업가정은 세 부분에 대한 설정 혹은 재검토 되어야 한다. 조직을 둘러싼 환경, 조직의 궁극적 목표 및 사명, 사명을 이행하는 핵심역량에 대한 가정이다.

### 1. 기업가정의 3대 부문

**조직의 환경에 대한 가정.** 조직이 소속된 사회와 그 구조, 시장, 고객 그리고 기술에 대한 가정들이다. 아날로그 시장을 주도했던 코닥사는 자신들이 디지털 카메라 기술을 가지고 있었지만, 기존 필름 시장을 유지하기 위해서 이 변화를 거부했다. 또 다른 사례로는 피처폰 시장의 강자였던 노키아도 스마트폰이 등장한 이후에 같은 실수를 반복한 사례로 꼽힌다. 휴대폰 생산 업체인 삼성전자, LG전자도 비슷한 상황이었으나 발 빠르게 대처한 삼성전자와 그렇지 못한 LG전자와의 차이는 엄청나다.

**조직의 목표에 대한 가정.** 기업의 궁극적 목표는 무엇인가. 이에 대한 답을 얻기 위해서는 우선 기업의 동기부터 살펴 볼 필요가 있다. 이윤동기인가, 아니면 효용동기에서 출발한 것인가를 자문해 볼 필요가 있다. 이윤동기(Profit Motive)라면 기업은 돈을 버는 것이 목적일 것이요, 효용동기(Utility Motive)라면 고객을 창조하는 것이다. 결론부터 얘기하면 기업은 효용동기로부터 출발해야 큰돈을 벌 수 있다. 이익은 기업경영에 있어 목적이 아니라 제약 조건일 뿐이다. 그 이유는 아래의 그림에서 분명하게 알 수가 있다. 시장의 잠재수요를 유효수요로 전환해야 고객이 창조되며, 유효수요가 임계규모 이상 증가해야 수익이 발생할 수 있는 시장이 창출된다. 결국 기업이 지속 가능한 생존을 위해서는 고객이 느끼는 유효수요를 창조해야 한다. 그리고 그 유효수요의 창조는 곧 기업의 근본 동기라야 한다.

**조직의 핵심역량에 대한 가정.** 조직의 사명을 달성하는데 필요한 핵심역량에 대한 가정들이다. 4차 산업혁명의 파고는 이미 일어난 미래이다. 그것은 분명한 형태를 드러내지 않을 뿐 이미 우리 곁에 와 있다고 생각해야 한다. 모든 기기는 이제 데이터를 기반으로 연결되었을 때 그 가치를 더 높일 수 있다. 이제는 스마트 기기가 대세가 될 수밖에 없다. 하드웨어 기술과 소프트웨어 기술의 결합이 핵심 역량으로 바뀌고 있다. 이 부분은 모두 지식 근로자와 관련되어 있다. 시대 변화가 빠르게 진행되는 뉴노멀(New Normal) 시대, 저성장이 보편화 되어가는 경제 환경 속에서 기업이 지속적으로 성과를 만들어가기 위해서는 핵심역량에 관한 '기업가정'을 재정립해야만 한다.

### 2. 쇠퇴하는 조직의 3가지 징후

기업가정들은 현실과 부합해야 하며, 부문별 가정들이 상호 부합하여 시너지를 낼 수 있어야 한다. 또한 조직 전체에 걸쳐 알려지고 구성원들이 충분히 이해할 수 있어야 한다. 이러한 가정들은 주기적 재점검이 반드시 수반되어야 한다. 급변하는 속경 속에서는 모든 기업가정이 진부해지고 효력을 잃게 되므로 최소 3년에서 5년에 한 번씩 재검토되어야 한다. 어떤 조직이 쇠퇴일로를 걷는다면 그것은 그 조직의 가정이 진부해졌음을 의미하는 것으로, 이때 조직 내에 나타나는 현상은 이미 앞서 언급한 바와 같이 '문제'의 제기와 관련된 것이다.

제1장 제1절(1. 올바른 선택)에서도 제시한 바 있듯이, 피터 드러커는 조직이 쇠퇴하는 징후를 세 가지 적신호로 제시하고 있다. 첫째, 관행화된 답에 따라 기계적으로 시행하면서 그 답이 나오게 되었던 문제가 무엇이었는지 모르는 학습부재(學習不在)의 시지퍼스 병리현상(Sisyphus Complex)이 조직을 지배한다.

둘째, 급변하는 환경 속에서 '문제가 없다면 그것이 바로 문제'임에도 불구하고 문제의식이 없이 과거에 작동했던 '묵은 지식(Inert Knowledge)'에서 헤어나지 못하는 자아도취(自我陶醉)의 메두사 병리현상(Medusa

Complex)이 나타난다.

셋째, 새로운 문제를 묵살하거나 방어적인 현상이 나타난다. 새로이 제기되는 문제의 탓을 외부로 돌리고 자신의 합리화에 급급하여 과거의 처방을 더욱 강화하는 자용즉소(自用則小)의 프로크루스테스 병리현상(Procrustes Complex)이 만연한다.

이러한 조직의 병리현상은 제12장 제3절 (2. 문제없는 조직의 질병)에서 다시 논의되지만, 기업이 쇠퇴의 조짐을 보인다면 기존의 가정이 지금의 현실을 정확하게 반영하고 있는지에 대해 다시 질문을 던지고 철저하게 검토해 보아야 한다. 어제의 처방이 오늘의 질병을 낳기 때문에 하는 말이다.

## 제3절 창업의 조건

너무도 많은 사람들이 창업을 잘못 이해하고 있다. 단순히 사업체를 차리는 것이 창업이 아니다. 창업은 누구나 할 수 있다. 그러나 백수에서 탈출하는 마지막 비상구로 창업을 한다면 그건 백발백중 망하는 길이다. 창업이란 자기가 모종의 목적의식을 가지고 하던 일을 주워 담는 그릇을 만드는 일이 창업이다. 이 절에서는 창업의 조건에 대해 논의한다.

백 번 넘어질 각오가 되어 있지 않다면,
수없이 거절당할 준비가 되어 있지 않다면,
세상 사람들에게 외면당할 준비가 되어 있지 않다면
창업해선 안 된다.

- 마윈(馬雲, 1964-), 알리바바 창업주

### 1 자아의 힘

일체유심조(一切唯心造). 이미 수차례 강조했지만 모든 건 마음으로부터 시작되며 마음가짐에 따라 최종 성과는 달라진다.[36] '마음'은 자신을 어떤 존재로 인식하는가 하는 '자아'와 직결된다.

36 제13장 제2절(3. 성공하는 직장인의 조건)에서도 재차 마음과 성과의 관계를 논의하고 있다.

### 1. 거울 속 자아

우리의 자아는 자신의 의지로 만들어지거나 스스로 만들어가는 것이 아니라 사실상 성장과정에서 주변 사람들이 자신에게 보여 온 반응에 의해 결정된다. 이것을 '거울 속 자아(Looking-Glass Self)'라 한다. 위 그림에는 고양이가 거울 앞에 앉아 있고, 거울 속에는 사자가 비춰져 있다. 이 고양이는 자기 자신을 무엇으로 알까? 이 세상 그 누구도 자신의 모습을 직접 자기의 육안으로 본 사람은 아무도 없다. 그래도 자신의 모습을 안다. 그것은 비춰진 모습을 통해서만이 가능하다. 이 그림에서 고양이 역시 비춰진 모습으로 자신을 인식한다. 비록 객관적으론 고양이에 불과하지만, 자신을 사자로 인식한다. 이것이 바로 '비춰진 자기의 모습', 즉 '자아'라는 것이다. 이러한 자아가 중요한 이유는 아래 도식처럼 궁극적으로 성과를 좌우하기 때문이다.[37]

心 ➡ 思 ➡ 行 ➡ 習 ➡ 果

단선적 사고

Q7-3-(1) : 자아(心)를 강화하려면 어떻게 해야 하나?

자아를 강화시키기 위한 수단은 자아(심)에서 성과(과)에 이르는 단선적 사고를 피드백 사고로 바꿔보면 쉽게 발견된다. 아래 그림에서 무언가 성과(과)를 일궈내면 자아(심)가 강화될 수 있음을 알 수 있다. 결국 성과

37 이와 관련된 추가 논의는 제13장 제2절(1. 경험과 '1만 시간 법칙')에서 다시 이루어진다.

의 결정요인인 자아를 강화하려면 소기의 성과를 거두는 것이 중요하다.

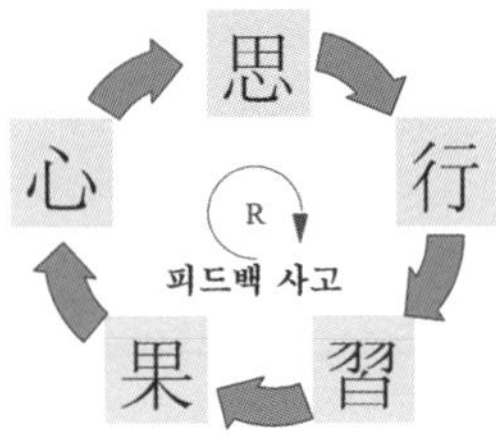


여기서 한 가지 유념해야 할 것은 선순환과 악순환은 그 구조가 동일하다는 점이다. 목표를 너무 높이 잡아 성과를 내지 못하고 실패하면 자아는 위축된다. 따라서 조금만 노력하면 달성할 수 있는 정도의 목표를 설정하고 이를 달성해내는 것이 무엇보다 중요하다.

### 2. 할머니 벤처 사장

일제 강점기에 어쩔 수 없이 배운 일본어 실력으로 죽기 전에 무엇인가 이바지해야겠다고 생각한 어느 할머니가 벤처기업 사장으로 변신한 비화를 살펴보자. 학교 선생에서 은퇴한 후 일본인 관광객들에게 한국 역사와 문화를 해설하는 가이드를 자처하게 된다. 그러던 어느 날 오후 부엌 싱크대에서 수도 밸브를 틀어놓은 채 설거지를 하고 있는 며느리의 모습을 물끄러미 쳐다보다가 줄줄 새는 물이 아까워 한 마디를 던졌다. "아가야. 거 물 좀 아껴 써라." 이 말에 서운한 며느리는, "그럼 어떡해요. 빨리 설거지를 마치고 아이 학원서 데려와선 곧바로 저녁 해야 하는데..." 한손엔 수세미, 다른 한손엔 접시를 들고 서둘러 설거지를 마치려니 수돗물이 줄줄 새도 어쩔 수 없는 것 아니냐는 반문이었다. 며느리의 이러한 응수에 '어디다 말대꾸냐'며 윽박지를 만도 한데, 이 할머니는 그러지 않았다. 그 말도 일리가 있기 때문이었다. 할머니는 문득 수도꼭지의 설계에 치명적인 약점이 있음을 며느리의 푸념에서 알게 된다. 수도꼭지가 손으로 조작하도록 설계, 배치된 이유는 단순히 그게 편리하기 때문일 것이다. 그러나 지금 며느리처럼 양손이 다른 물건을 쥐고 있을 경우 수돗물 양을 조절할 수 없는 상황이 발생한다. 손이 여유가 없다면 발로 조작하면 되지 않겠는가! 곧바로 이 할머니는 인근 대학 기계설계과 교수를 찾아가 발로 조작할 수 있는 밸브를 설계해달라고 부탁했다. 복잡한 기계를 설계하는 교수의 입장에선 그 정도 설계는 식은 죽 먹기였을 것이다. 곧바로 할머니는 특허를 신청하고 발로 수돗물을 제어하는 장치를 만든다. 그리고 그 제품에 '발바리'란 브랜드를 붙이고, 매출이 오르자 벤처기업 '이지 밸브'를 창업하게 된다.[38]

## 2 결핍의 힘

결핍에 대한 인간의 반응은 대략 두 가지 형태로 나타난다. 하나는 신세타령 속의 현실 순응이요, 다른 하나는 자신의 처지를 극복하려는 자발적 노력이다. 결핍에 대한 이러한 상반된 반응을 허츠버그(Frederick Herzberg, 1923-2000)는 2요인으로 설명하고 있다. 흔히 이를 '동기-위생이론(Motivation-Hygiene Theory)'혹은 '2요인 이론(Two Factor Theory)'이라고 한다.[39] 위생요인은 임금, 안정성, 근무조건, 지위 등 업무 외적인 상황 및 주변 요인들을 말하며, 동기요인은 성취감, 보람, 자아실현, 책임성 등 업무 자체의 내적 요인들을 말한다. 아래 그림과 같이 이들 양대 요인은 서로 대체될 수 없으며, 위생요인의 경우 충족되더라도 불

38 http://www.tagstory.com/video/video_post.aspx?media_id=V000277100

만이 줄어들 뿐 만족감이 증가하지 않는 반면에 동기요인 충족될 경우 만족감이 상승하지만 충족되지 않더라도 불만족은 발생하지 않는다. 따라서 결핍에 대응하는 두 가지 행태 중 신세타령 속 자신의 처지에 순응하는 자세는 위생요인이 충족되거나 자신이 위생요인에 맞추는 수동적 자세인 반면, 처지를 극복하려는 자발적 노력은 동기요인을 충족시키고자하는 자세로 해석될 수 있다.

▪허츠버그(Hertzberg)의 2요인

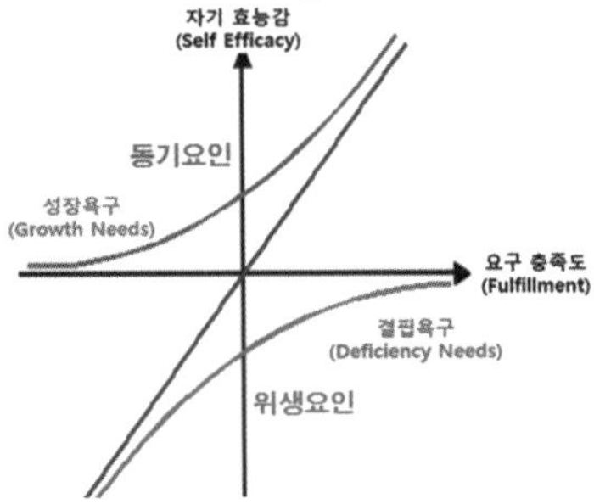


### 1. B급 인재의 반란

'사회는 성적순이 아니다.'라는 말을 들어 본 적이 있을 것이고, 주변에서 이 말이 사실임을 확인할 수 있는 사례를 접한 적이 있을 것이다.

> Q7-3-(2) : 사회는 왜 학교의 성적순이 제대로 반영되지 않을까?

기본적으로는 학교의 성적은 수직적이며 절차적 사고에 능한 머리가 우수한 실적을 나타내지만, 사회는 수평적이고 직관적 사고에 능한 머리가 더 유리하기 때문이다. 학교는 인적 유대관계가 성적에 반영되지 않지만 사회는 이 요소가 상당히 작용하기 때문일 수도 있다. 그러나 한 가지

---

39 동기이론은 내용(content)과 과정(process)으로 양분되는데, 허츠버그의 2요인이론은 매슬로우의 욕구 5단계 이론, 앨더퍼의 ERG이론 등과 함께 내용(요인)이론으로 분류된다. 한편 어떤 과정을 거쳐야 동기가 유발되는가에 관한 과정이론은 기대이론, 공정성이론, 목표설정이론 등이 있다.

빼놓을 수 없는 것은 '보상본능(Compensation Instinct)'이 얼마나 작용하느냐가 사회에선 중요한 요소로 작용한다. 여기서 보상본능이란 허츠버그의 위생요인에 대한 충족욕구를 말하는 것이 아니다. 자신의 부족함을 집요한 노력과 끈기로 채우려 하는 요구를 말하는 것으로 동기요인에 해당된다.

미국 유학시절 박사과정 지도교수가 제자들이 모인 자리에서 하신 말씀이 지금도 기억에 생생하게 각인되어 있다. "수많은 제자들을 키워봤지만, 결국 사회에 나가 성공하는 사람은 머리 좋고 성적이 우수한 A급 인재가 아니라 보상본능이 강한 B급 인재들이었다." 세월이 흘러 필자도 교수가 되어 제자들을 키워보니 이 말이 사실이란 걸 체감하게 된다.

독자 중에서 혹시라도 평소 자신의 부족함으로 주눅 들어 있었다면, 그에 앞서 자신의 부족함을 채우려는 보상본능이 얼마나 강하게 작동하고 있는지 스스로에게 물어봐야 한다. 결코 학교의 성적은 사회의 성적이 아니기에 하는 말이다. 이제 보상본능이 강한 이러한 B급 인재의 반란 사례를 소개하기로 한다.

### 2. 자장면 배달부 '번개돌이'

이 이야기의 주인공은 1980년대 중반 지방의 한 고등공민학교를 다니던 중 공부에 흥미가 없어 자퇴를 하고 돈을 벌 마음으로 무작정 상경한다. (※ 이 대목에서 남다른 보상본능이 보인다. 그럭저럭 졸업장이나 따려고 시간을 보내는 게 일반적인데, 자퇴를 하고 서울로 왔다는 것은 남다른 행보임에 틀림이 없다.) 그러나 세상을 너무 만만하게 보았던가. 중졸학력에 할 줄 아는 게 없으니 몸으로 때우는 수밖에 없었다. 그래서 선택한 것이 아파트 공사장 인근 자장면 집 배달부였다.

누구나 그러하듯, 이 사람 역시 어제 일을 오늘 반복하며 배달부로 세월을 보냈다. 그러던 어느 날 문득 초심을 떠올리게 된다. "내가 왜 학교 때려 치고 서울에 왔지? 돈 벌려고 온 것 아닌가?" 그날부터 자기도 자장면집 사장이 되기로 결심했다. 자장면 집 사장이 되겠다고 마음을 먹은 순간부터 알고자 하는 욕구가 강하게 일어났다. (※ 학교에서는 이를 '내재적 동기'라고 가르친다.) 어제처럼 오늘도 배달주문이 들어왔다. 어느 아저씨에게서 온 주문을 받고 얼마 후 다른 집 아줌마에게서도 주문이 들어왔다. 그는 철가방에 주문받은 자장면을 넣고 배달을 나섰다.

아줌마는 자장면을 받아들곤 그를 보며 환하게 웃었다. 이렇게 빨리 배달 오는 경우는 없었기 때문이었다. 아줌마의 환한 웃음 속에서 그는 자신이 무엇을 했기에 그토록 만족해하는지 잘 몰랐다. 아무리 생각해도 고객을 위해 한 것이라곤 배달한 것 밖에 없는데... 문득 자신이 실수한 것을 알게 되었다. 당시는 걸어서 배달을 했기 때문에 먼저 주문한 사람에 먼저 배달을 했어야 했는데, 실수로 늦게 주문한 아줌마에게 먼저 갔던 것이다. 이런 사소한 실수를 통해 그는 당시의 자장면 집 성공의 핵심요인은 신속배달이란 걸 알게 되었다 한다. (※ 학교에서는 이를 'CSF: Critical Success Factor'라고 가르치지만 몇이나 이런 능력을 갖출 수 있을까? 이런 건 배운다고 실천 가능한 것이 아니다.) 그는 곧바로 사장에게 이렇게 제안하였다.

"낡은 오토바이라도 좋으니 한 대 사주세요. 돈 벌어드릴 테니." 결국 그는 배달용 오토바이를 얻게 된다. 옆의 사진은 후일 그가 성공하고 나서 각색해서 찍은 것이다. (※ 이렇듯 직장인이 회사에 기여하기 위해 적극적 제안을 할 사람이 몇이나 될까?)

자장면 집 사장이 되기 위한 그의 궁금증은 계속

됐다. 그날도 아파트 공사장에 배달나갔다가 식사하는 인부들을 물끄러미 바라보았다. 그에겐 사람의 입이 모두 돈(수익원)이었다. 이때 불현듯 떠오른 의문은 '마진이 박한 자장면 외에 비싼 것을 팔 수 있는 방법은 없을까?' 간구하면 얻을 수 있는 법. 문득 '땀 흘려 일한 끝에 얼큰한 국물을 마시면 무슨 생각이 날까?'라는 의문으로 이어졌다. (※ 이를 학교에서는 '가설'이라 가르친다. 실험실, 각종 도구, 지도교수 등등 가설검증을 위한 여건이 마련되지 않으면 검증은 불가하다. 어설프게 한 공부는 이래서 문제가 있다.) 다음 번 배달에선 짬뽕국물을 가지고 가 한 종지씩 나누어줬다. 그리고 반응을 살폈다. (※ 이미 그에겐 아파트 공사장이 실험실이요, 인부들은 실험대상, 짬뽕국물은 시약이다.) 한 인부가 '누구 한턱낼 사람 없나? 어이~ 군만두하고 양장피 좀 가져와.'라고 했다. 그러자 다른 인부가 '소주는?' 자장면이 후식 짬뽕국물을 낳고 짬뽕국물이 소주를, 소주가 안주로 이어졌다. (※ 이를 학교에서는 가치사슬이라 가르친다.) 그는 드디어 10년 후 어느 대학 후문 근처에 '번개반점'이란 중국집을 차리게 된다. 그의 꿈이 이루어지는 순간이었다. 그 후 그는 '신지식인('98)'의 반열에 오르면서 일약 유명세를 타게 된다.

### 3 사랑의 힘

재봉틀, 일회용밴드, 주름빨대, 바비인형 이들의 공통점은 무엇일까? 바로 사랑하는 사람을 위해 만들어낸 발명품이라는 것이다. 사랑은 따스하거나 뜨거운 열정의 씨앗이다. 열정은 무언가 만들어내는 동력이다. 흥미롭게도 사랑의 에너지가 발명품으로 이어지는 경우는 상당히 많다. 특히 사랑의 에너지는 다른 에너지와 달리 세심함이 담겨 있어 일상 속 작은 아이디어나 역발상, 우연한 실수를 역사적 발명으로 바꾸어낸다.

### 1. 수의사가 발명한 공기타이어

공기타이어는 자동차가 발명되면서 더불어 탄생한 것으로 여기기 쉽지만 1885년 독일의 다임러와 벤츠가 최초의 가솔린 자동차를 발명했을 때만 해도 공기타이어는 존재하지 않았다. 마차 나무바퀴에 주변을 금속으로 씌운 것이었기 때문에 속도를 내는 데도 한계가 있었을 뿐 아니라 탄성이 없어 조금만 오래 타도 울림 때문에 머리가 아플 정도였다. 이 같은 단점을 해결한 이는 자동차 기술자가 아니라 엉뚱하게도 스코틀랜드 수의사 던롭(John Boyd Dunlop, 1840-1921)이었다.

1887년 아일랜드의 작은 도시 벨파스트에서 살던 그는 외동아들에게 세 바퀴 자전거를 선물했다. 그런데 자전거만 타고나면 두통을 호소하곤 했던 아들이 어느 날 자전거를 타다 넘어져 얼굴을 심하게 다치는 사고가 발생했다. 던롭은 사랑하는 아들의 상처를 보며 돌멩이에 부딪쳐도 넘어지지 않는 바퀴를 만들기로 결심한다. 바퀴에 무쇠 대신 고무를 입혀보았지만 덜컹대기는 마찬가지였다. 어떻게 하면 편안하고 안전한 바퀴를 만들 수 있을까 고민하던 차에 아들이 바람 빠진 축구공을 들고 와 공기를 넣어 달라고 했을 때, 문득 던롭은 고무바퀴에 공기를 넣어 보자는 생각을 하게 된다. 결과는 대성공이었다. 질기고 늘어나는 성질을 지닌 고무와 공기압의 만남은 노면 충격을 효과적으로 완화시켜 승차감을 향상시킬 수 있는 획기적인 방법이었던 것이다. 1888년 특허를 신청한 그는 다음해 아일랜드의 수도인 더블린에서 '던롭공기타이어회사'를 설립하고 본격적인 생산에 들어갔다.

사실 공기타이어는 1845년 스코틀랜드의 로버트 윌리엄 톰슨이 특허를 취득했기 때문에 특허 취득 2년 만에 등록 취소를 당한다. 그럼에도 던롭이 성공을 할 수 있었던 것은 끊임없는 연구와 강한 추진력 때문이었다. 모든 타이어의 색이 검은 것은 내구성을 증대시켜주는 카본 블랙이라는 혼합물을 섞기 때문이다. 카본 블랙은 던롭이 공기 타이어를 개발하던 중 우연히 발견해 1910년부터 처음 사용했다. 당시 자전거 붐을 타고 공기 타이어는 유럽과 미국 전역에서 선풍적인 인기를 끌었다.

### 2. 3대에 걸쳐 일궈낸 장난감 혁명

역사상 가장 인기 있는 20세기 최고의 장난감으로 알려져 있는 '레고(Lego)'는 덴마크 작은 시골마을의 목수였던 올레(Ole Kirk Christiansen)와 그의 아들 갓프레드(Godfred), 그리고 갓프레드의 아들 키엘드(Kjeld) 등 3대에 걸쳐 진화하게 된다.[40]

• (제1대) **레고의 초석을 닦다.** 레고 창업주 올레(Ole)는 할 줄 아는 게

오로지 목공일 밖에 없었다. 1916년 목공소를 차려지만 1924년 아들들의 실수로 화재가 발생, 목공소가 전소하는 불운을 겪는다. 이어 세계 대공황 여파로 목공소를 닫고 정신적 후원자였던 아내마저 잃는 아픔을 겪는다. 홀로 네 아들을 부양해야 했던 올레는 엄마를 잃은 자식들에게 즐거움을 주고자 나무를 깎아 장난감을 만들게 된다. 목각장난감의 디테일과 월등한 품질에 아들들은 물론 주변 사람들에게 상당한 호감을 얻으면서 올레는 목각장난감을 만들어 판매하는 용기를 얻게

40 https://youtu.be/kcC_Asqa6EY

된다. 그러던 중 새로운 기회가 그에게 찾아온 듯 했다. 장난감의 정교함과 품질을 전해들은 한 도매상인이 크리스마스 시즌에 맞춰 상당한 규모의 주문을 한 것이다. 그러나 회사의 부도로 계약을 이행할 수 없다는 서신을 받게 된다. 하는 수 없이 올레는 만들어 놓은 장난감들을 직접 차에 싣고 판매에 나섰지만 경험이 없던 그는 생필품, 식품과 교환하는 방식으로 장난감을 넘길 수밖에 없었다. 엄청난 시련이었지만 올레는 브랜드의 중요성을 이때 인식하게 된다. 그래서 만든 이름이 '레고(Lego)'다. 덴마크어로 '레그 고트(Leg Godt)'의 앞 글자를 따서 지은 레고는 '잘 놀자'라는 의미이다. 그러나 라틴어로 레고가 '모으고 조립하다(I put together.)'란 의미를 담고 있는지는 몰랐다. 우연히도 레고는 그 이름에 담긴 라틴어 의미처럼 조립하는 장난감으로 진화하게 된다. 1936년 '레고'는 이렇게 출발하게 된다.

• (제2대) **장난감의 신 개념을 수립하다.** 올레의 아들 갓프레드는 학교를 마치고 아버지를 돕기 시작했다. 어느 날 그는 원가를 절감하려고 세 겹 바르던 니스 칠을 두 겹만 발라 만든 오리인형을 내놓았다가 아버지에게 엄청나게 혼나고 기차역으로 달려가 오리인형을 모두 회수해 밤새 다시 칠해서 출하했다는 일화는 후일 그로 하여금 정직과 최고의 품질 정신을 기업문화로 만들어내도록 했다. 레고의 고집스런 품질관리 덕에 매출 신장이 이어졌다. 품질에 대한 자부심과 정직 하나로 2차 세계대전에서도 살아남았다. 그러나 그들에게 다시 시련이 찾아온다. 1942년 두 번째 화재가 발생한 것이다. 그러나 이는 목조장난감 제조를 플라스틱 사출방식으로 바꾸게 된다. 당시 모든 사람들이 '플라스틱은 품질 좋고 튼튼한 나무를 절대 대체하지 못할 것'이라 했지만 이에 굴하지

않고 수없는 실패 끝에 거의 10년 만에 제대로 된 레고 블록을 만들어 낸다. 그 배경에는 1954년 런던 장난감박람회에 가기 위해 탄 배에서 우연히 만난 영국 유통업자가 던진 한 마디가 있었다. '완성된 장난감은 결코 성공할 수 없다. 아이들이 스스로 장난감을 만들어 낼 수 있도록 놀이시스템을 만들어야 한다.' 이 한 마디는 1958년 레고가 장난감을 조립식 시스템으로 바꿔놓는 결정적 계기가 된다.

• (제3대) **본격적 성장의 시대를 열다.** 1979년 키엘 키르크가 31세의

젊은 나이에 레고를 경영하게 되지만, 그로 인해 레고는 본격적인 성장의 시대로 접어들게 된다. 1932년 레고 창립 후 10억 덴마크 크로네(당시 환율로 1.8억달러)를 달성하는데 1978년까지 46년이 걸렸지만 키엘은 10년 동안 5배의 매출 증가를 이룩한다. 1979년부터 1993년까지를 본격적인 성장기라고 하는 이유는 바로 이 때문이다. 그는 기업경영을 더욱 과학화하고, 특히 미니 블록과 미니어처 형상(Miniature)들의 손쉬운 조립이 가능하도록 표준화하는 한편 놀이시스템 전체를 재정립, 확장하였다.[41]

41 레고는 1990년대 후반부터 저렴한 유사제품의 등장과 비디오게임의 보급으로 급기야 2003-2004년 엄청난 위기에 봉착한다. 2005년부터 '블록으로 돌아가자(Back to the Brick)'는 집중화 전략 하에 비디오 게임 부분에서 라이센스 기반의 제품과 레고 스타워즈(Lego Star Wars), 레고 마인드스톰(Lego Mindstorms) 등 나이든 사용자들을 겨냥한 제품을 출시하고 인터넷을 전략적으로 활용하여 성인들의 레고 커뮤니티를 조성하면서 장난감 업계의 왕좌를 다시 차지하게 된다. 레고는 경영혁신사례로 자주 등장하는 만큼 자료입수를 통해 살펴 볼 것을 권한다.

제8장

# 고객과 서비스

### 현장에서 길을 찾은 레이 크록(Ray Kroc)

콜럼버스가 미국을 발견했고 제퍼슨은 미국을 건국했으며, 레이 크록은 패스트푸드 맥도날드로 미국의 이미지를 만들었다. 1983년 미국 잡지 <에스콰이어(Esquire)>가 20세기 미국인 생활방식에 기여한 50인을 선정하면서 남긴 말이다. '할리우드 영화', '코카콜라', '리바이스 청바지'와 함께 '미국'을 연상케 하는 것으로 맥도날드 햄버거가 빠질 수 없다.

원래 맥도날드(McDonald's) 브랜드는 레이 크록이 53세가 되던 해 맥도날드 형제로부터 로열티를 주고 인수한 것이다. 그의 이러한 안목은 수십 년간 영업사원으로 현장을 누빈 결과였다. 크록은 창업 이후 단 한 번도 현장을 떠나지 않은 리더로 유명하다. 그는 매일 새로 문을 연 매장에서 직접 햄버거를 먹으며 고객들의 반응을 살폈으며, 주방, 화장실, 좌석 등을 돌며 휴지 하나 떨어진 것도 용납하지 않았다. 현지 물가에 따라 책정되는 빅맥의 가격 비교를 통해 각 나라 통화의 실질적인 가치를 측정하는 경제지표를 '빅맥 지수'라 하는데, 이 빅맥 역시 현장에 귀를 기우린 결과였다. 펜실베니아 유니언타운 맥도날드 점장이 만들어 출시했던 것을 맥도날드의 공식 메뉴로 채택한 것이다.

맥도날드 회사의 모든 방에는 그가 신앙처럼 믿은 것이 액자 속 글로 담겨져 있다고 한다. '재능만으로는 안 된다. 위대한 재능을 가지고도 성공하지 못한 사람은 많다. 천재성으로도 안 된다. 성공하지 못한 천재는 웃음거리만 될 뿐이다. 교육으로도 안 된다. 세상은 교육받은 낙오자로 넘치고 있다. 오직 인내와 결단 그리고 끈기만이 무엇이든 이룰 수 있다.'

## 제1절 다시 보는 세계관

기업경영에서 고객과 서비스는 내부와 대치되는 시장 지향적이다. 내부 지향적 이슈들은 상대적으로 관리가 용이하지만 고객과 서비스는 사실상 통제 및 관리의 범주 밖에 있다. 그럼에도 불구하고 고객을 상대하는 역량은 기업의 성패를 좌우한다. 이 절에서는 고객과 관련된 전통적 세계관과 그에 따른 활동 중 이슈가 될 만한 것을 선별해서 살펴본다.

진정한 마케팅은 광고나 판매 수단의 동원을 불필요하게 하는 것이다.

- 필립 코틀러(Philip Kotler, 1955- ), 미국 경영학자

### 1 피터 드러커의 선언

"마케팅은 실패했다." 이는 현대경영학의 대부라고 일컬어지는 드러커(Peter Drucker)의 일갈이다. 그는 왜 마케팅이 실패했다고 했을까? '소비자 보호운동'보면 알 수 있다. 마케팅이 진정성을 담고 있다면 소비자 보호운동이 필요할까? 고객의 효용에 기업의 목표가 맞춰져 있었다면 마케팅 역시 고객의 효용에 맞춰졌을 것이다. 그러나 목표가 수익 증대에 맞춰졌기 때문에 소비자들은 스스로 자신들을 보호할 수밖에 없는 상황이 되었다는 것이다.

### Q8-1-(1) : 기존의 마케팅은 어떤 본질적 문제를 안고 있는가?

여기까지의 내용을 읽어보면 너무 원론적이며, 도덕적인 수준에 머무른 듯 보인다. 그러나 이는 상도덕을 강조하고자 함이 아니다. 기업의 수익과 고객의 수요를 충족시키려면 그러하다는 것이다. 이는 앞서 제5장 제3절(3. 전략적 사고 3요소)에서 논의한 시간적 사고와 보다 밀접한 관련이 있다. 고객이 소비자 보호운동에 나서도록 하는 마케팅은 마치 바퀴가 뻑뻑하다고 회전축에 물을 넣는 것과 같기 때문이다. 단기적으론 증상이 개선될 수 있으나 머지않아 상황이 더욱 악화된다는 점을 강조하기 위함이다.

#### 1. 죽음의 회전문

시스템 사고에 근거하여 지금까지의 마케팅의 사고체계를 인과지도로 나타내면 옆의 그림과 같다. 이 그림은 마케팅이 실패했다고 하는 이유만을 설명하고자 아주 간단하게 작성된 것이다. 수익을 올리려는 욕구 내지는 그에 따른 매출 압박이 강할수록 판촉 중심의 마케팅을 보다 적극적으로 전개하게 되고(매출압박 → 판촉활동), 적극적 판촉활동은 단기적으로 수익 증대 내지는 매출 압박을 해소하는데 기여한다(판촉활동 → 매출압박). 그러나 이러한 선택은 중장기적으로 이익률 감소나 생산능력을 초과하는 수주로 인해 품질과 고객관계 등 관리상의 문제를 초래하여 오히려 매출이 떨어지는, 즉 문제 상황을 더욱 악화시키는 결과를 초래할 수 있다. 여기서 무리한 판촉활동을 선택하게 되는 이유는 그로 인한

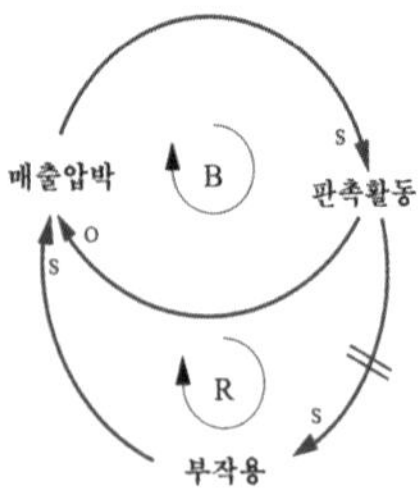

효과는 단기에 나타나는 반면 부작용은 시간이 지난 후에 나타나기 때문이다. 따라서 균형루프 B에 집착하는 반면 시스템 전체를 지배하는 악순환의 강화루프 R은 간과하게 된다. 이러한 이유로 루프 B를 '죽음의 회전문'이라고 부르기도 한다.

## 2. 진정한 마케팅의 조건

코틀러(Philip Kotler)의 말처럼 진정한 마케팅은 시장이 원하는 것이 무엇인지 밝혀내는 일이지, 현란한 광고나 판매 수단을 동원하는 것이 아니다. 뒤집어 얘기하면 별도의 광고나 판매 캠페인을 벌일 필요가 없을 정도로 고객의 신뢰와 니즈에 부합되는 제품을 내놔야 하며 이를 실현하기 위한 시장조사가 마케팅의 본질이라는 것이다.

Q8-1-(2) : 진정한 마케팅은 어떻게 실천할 수 있는가?

이렇게 진정한 마케팅이 실천되려면 우선 우리의 사업(business)은 무엇이며, 무엇이 되어야 하는가에 대한 고찰이 우선되어야 한다.

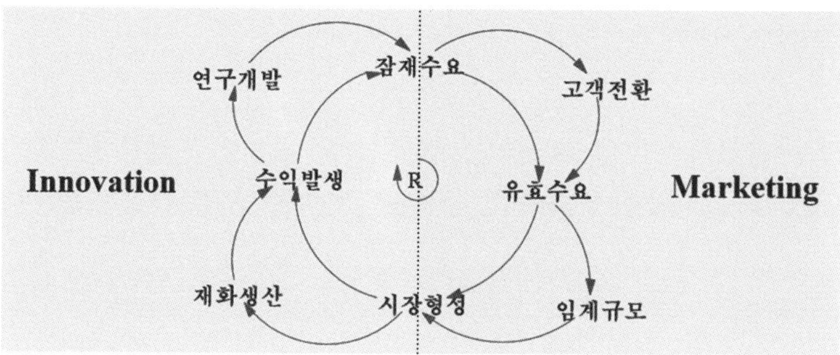


유효수요와 수익발생의 동태적 메커니즘

고객과의 관계는 고객으로부터 출발하는 진정한 마케팅의 발현이어야 한다. 판매의 관점에서 시작되는 고객관계관리(CRM)라면 잘못된 것이다. 대개는 판매와 관계된 여러 가지 활동을 조직적으로 수행하는 행위를 마케팅이라 하지만, 여전히 그것은 판매이지 마케팅이 아니다. 판매는 이윤동기에서 출발하지만, 마케팅은 효용동기에서 출발하기 때문이다. 판매는 우리 제품, 우리 시장에서 출발하지만 마케팅은 고객, 고객의 니즈와 가치에서 출발한다. 따라서 마케팅은 '우리가 팔려고 하는 것이 무엇인가'라고 질문하지 않는다. '고객이 얻고자 하는 것이 무엇인가'라고 질문한다. 마케팅이 궁극적으로 지향하는 것은 고객을 충분히 알고 이해함으로써 제품과 서비스를 적절하게 제공하여 그것들이 스스로 팔리게 하는 행위이다.

## 2 겸손 속의 교만

'고객만족', '고객감동'은 현대 경영조직에서 고객의 중요성을 강조하는 가장 흔한 표현이다. 그러나 한 번 생각해보자. 고객을 만족시킨다거나, 감동시킨다는 취지 자체는 좋다. 그러나 문제는 어떻게 고객을 만족시킬 것이며, 감동시킬 것인가 하는 의문에 이르게 되면, 이러한 구호성 표현은 여전히 공급자 위주의 발상일 뿐이다. 고객에게 낮은 자세를 취하는 것 같지만 그 자세 속에는 교만이 숨어 있다.

Q8-1-(3) : 고객만족, 고객감동을 추구하는 게 왜 교만인가?

고객만족이나 한 걸음 더 나가 고객감동을 추구한다는 것 자체를 문제 삼는 것이 아니다. 늑대가 왔다고 외쳐대는 양치기 소년처럼 자칫 그로 인해 오히려 고객의 신뢰를 잃을 수 있는 잠재적 문제를 강조하고자 함이다. 만족이나 감동에 대한 정확한 이해 없는 구호성 '고객만족', '고객감동'은 오히려 고객의 실망과 불만을 안겨주기 때문이다.

이러한 필자의 주장은 다음 두 가지 이유에서 찾을 수 있다. 첫째, 고객은 이미 오래 전에 고정 표적에서 이동 표적으로 바뀌었고, 이제는 가치 창출의 협력자로 부각되고 있는 점이다. 둘째, 바로 이어지는 '3. 시장 조사의 함정'에서도 논의가 있지만, 고객은 이제 자신이 무엇을 더 필요로 하는지 알지 못하며, 설혹 조사를 통해 알아낸다 해도 이를 제품과 서비스에 반영할 때 즈음이면 고객의 잠재적 니즈는 이미 바뀐 상태가 되어 있다.

### Q8-1-(4) : 진정한 고객만족, 고객감동을 추구하는 방법은 무엇인가?

고객에 의해 사업의 내용이 규정된다. 따라서 집중해야 할 부분과 시장지위에 대한 결정을 핵심으로 하는 마케팅 목표가 무엇보다 먼저 설정되어야 한다. 우리의 사업은 무엇이며 앞으로 무엇이 되어야 하는가는 고객을 통해 알 수 있다. 모든 사업은 최소한 두 종류 이상의 고객이 있다. 각 고객은 우리가 제공하는 효용에 대해 서로 다른 기대와 가치관을 가지고 있다. 그러나 이들은 공히 우리의 효용을 인정하고 구매할 때 판매가 이루어진다. 또한 이 질문은 우리의 고객이 어디에 있는가와 무엇을 구입하는가에 대한 후속 질문을 낳는다.

우리가 수행하는 사업에 대한 회고(우리의 사업은 무엇인가?)는 회사가 성공적으로 운영되고 있을 때 진지하게 이루어져야 한다. 성공은 언제나 그 성공을 가능케 한 요소들을 진부하게 만들어버리는 속성을 가지고 있기 때문이다. 성공은 언제나 새로운 문제를 만들어 내며, 그 문제는 고객으로부터 유발된다. 따라서 새로운 방향과 목표 설정은 다음의 물음에 대한 답을 찾는데서 출발해야 한다.

고객의 관점에서 '우리가 제공하지 못하는 효용은 무엇인가?' 그리고 '그것은 어떻게 제공될 수 있는가?' 우리의 사업은 무엇이 되어야 하는가는 바로 이러한 물음에 대한 답으로부터 얻어질 수 있으며, 고객관계의 핵심 기능은 이에 부합되어야 한다. 그러나 이러한 새로운 목표는 추상적이어서는 안 되며 성과를 측정할 수 있는 기준이 되어야 한다. 측정되지 않으면 관리될 수 없기 때문이다.

마케팅의 목표는 반드시 혁신 목표와 연계하여 설정되어야 한다. 왜냐하면 마케팅과 혁신은 기업 성장의 양대 축인 동시에 상호 선순환의 피드백 관계에 놓여 있기 때문이다. 마케팅의 목표가 '고객 창조'에 있다면 '우리 사업은 무엇인가'에 초점이 맞춰져야 한다. 그에 따라 혁신은 새로운 '고객효용 창조'에 초점을 두고 이로부터 '우리 사업은 무엇이 되어야하는가'라는 문제의식에서부터 출발해야 한다.

마케팅 목표와 이와 연계한 혁신 목표가 설정되고 나면 이를 달성하기 위한 후속 목표 - 조달자원(인적, 재정적, 물적 자원의 조달, 이용, 개발) 목표, 생산성(자원의 투입 대비 산출) 목표, 사회적 목표(사회적 책임 및 사명), 그리고 최종적으로 이익 목표 - 등이 설정되어야 한다. 다만 이익 목표의 경우 이익 그 자체는 사실상 목표라기보다는 핵심적 필요조건이다. '이익'이 기업 존립의 필요조건이라면 고객만족과 고객감동이라는 고객 목표는 기업 존립의 충분조건이라야 한다.

논의를 정리하는 차원에서 마케팅 목표와 혁신목표의 핵심사항을 표로 정리하면 다음과 같다.

| 마케팅 목표 | 혁신 목표 |
|---|---|
| •기존시장의 제품과 서비스<br>•기존제품 및 서비스의 폐기<br>•기존시장의 신제품 및 서비스<br>•새로운 시장에 대한 목표<br>•유통조직에 대한 목표<br>•서비스 기준 및 성과 목표 | •제품 및 서비스의 혁신<br>•소비자행동, 가치와 관련된 혁신<br>•효용을 시장에 제공하기 위한 다양한 기술과 활동 |

## 3 시장조사의 함정

학교에서 배우는 시장조사론의 핵심은 어떤 상품이나 서비스가 어떻게 구입되며 사용되고 있는가, 지역별 매장별 얼마나 팔렸으며, 어떤 평가를 받고 있는가를 알기 위한 조사이다. 이에는 상당히 다양한 조사가 포함되지만 대체로 구입사용실태 파악, 판매계획, 제품계획, 수요예측 등 4가지로 분류된다. 시장조사는 마케팅의 일차적인 과정으로 마케팅 전략수립과 관련한 의사결정을 지원하기 위한 소비자 관련 정보수집 방법이기도 하다. 결국 시장조사의 핵심은 '고객의 요구사항 파악'으로 집약된다.

Q8-1-(5) : '시장조사'는 어떤 한계를 가지고 있을까?

결국부터 애기하면 조사해봐야 별로 얻을 게 없다는 것이다. 시장조사는 크게 사전조사와 사후조사로 대별된다. 시장조사는 제품을 시장에 출시한 사후적 관리에는 도움이 된다. 그러나 제품기획을 위한 사전조사는 별 도움이 되지 않는다. 그 이유는 단적으로 요즘 시장의 소비자는 이제 더 이상 '고정표적(fixed target)'이 아니기 때문이다. 빠르게 움직이는 '이동표적(moving target)'으로 변화한 건 이미 오래 전 얘기이다.

따라서 시장조사로는 새로운 제품 기획의 단초를 얻을 수 없다. 그 이유는 두 가지로 집약된다. 첫째, 고객은 자신의 무엇을 필요로 하는지 사실상 모르기 때문이다. 거의 모든 경영서에 빠짐없이 등장하는 '고객의 요구사항 파악'이란 말은 이제 거의 무의미해졌다. 요즘같이 제품들이 정교하게 나오는 상황에서 고객은 제품에 관한 한 자신이 무얼 더 원하는지 알지 못한다. 예컨대 스마트폰 이전에 사용했던 폴더폰(3G 모바일폰)에 대해 어떤 아쉬움이나 불만이 있었는지 스스로 물어보라.

둘째, 설혹 시장조사를 통해 고객의 요구사항이 파악된다 해도 이를 반영해서 제품을 완성할 즈음이면, 소비자들은 이미 다른 제품을 원할 것이기 때문이다. 조직의 행동이 '반응'에서 '선제'로 바뀌어야 하는 바로 여기에서도 발견된다. 따라서 고객의 의견을 반영하는 것도 중요하지만 이는 참고사항일 뿐 시대 변화의 흐름을 읽고 거기서 신제품의 힌트를 얻으려는 노력이 훨씬 중요하다는 점을 잊어서는 안 된다.

셋째, 제품기획에 관한 한 더 이상 고객에게 묻지 말라는 것이다. 앞에 지시한 두 가지 이유 외에도 정보환경이 변했음을 주목해야 한다. 제3장에서도 논의가 있었지만, 이제는 데이터를 자의적으로 수집하던 시대는 가고 있다. 지능화된 정보환경이 데이터를 제공하는 시대로 변모하고 있는 것이다. 따라서 이제 중요한 것은 고객별, 매장별, 지역별 판매현황이나 전통적 시장조사 활동 범주에 포함되는 일들은 시간을 투자해가면 별도로 데이터를 입수할 이유가 없다. 거래시점에서 자동적으로 수집된다.

이상 논의한 이류와 근거로 볼 때, 우리가 정설로 알고 있는 '시장조사'와 '그 방법론'은 재검토되어 되어야 마땅하다.

### Q8-1-[6] : '고객 요구사항' 파악 및 반영은 이제 무의미한 것인가?

'고객이 짜다면 짠 것'인데 그럴 리 없다. 다만 방식을 바꿔야 한다는 것이다. 이제는 고객이 아니라 '고객의 그림자'를 읽어서 그들도 모르는 잠재수요를 알아내는 것에(제2절 참조) 시장조사의 초점을 두어야 한다. 기존의 시장조사론은 더 이상 맞지 않는다. 아니면 상당히 제한적이다. 따라서 '시장조사론'은 새로운 환경에 부합되도록 다시 조율되어야 할 것이다.

# 제2절 고객의 그림자

기업경영에서 고객은 처음이자 마지막이다. 전략, 생산, 판매, 서비스, 심지어 인적자원개발까지 모든 경영활동은 결국 고객에서 출발해서 고객으로 끝난다. 그럼에도 불구하고 고객에 대한 이해는 여전히 부족하다. 잘못 이해하고 있는 경우도 허다하다. 따라서 이 절에서는 고객의 진정한 의미부터 고객과의 관계까지 핵심 이슈들을 선별해서 논의한다.

고객과 만나는 15초 동안(진실의 순간)에 기업의 운명이 결정된다.

- 얀 칼슨(Jan Carlson, 1941- ), 스칸디나비아항공 CEO

## 1 고객의 의미

고객은 나에게 어떤 존재인가? 너무나 당연해서 다소 엉뚱한 질문같이 다가올 수 도 있을 것이다. 그러나 답해보라. 십중팔구 '나의 제품이나 서비스를 사는 존재 아닌가?'라고 반문할 것이다. 피상적으론 틀림이 없는 대답이다. 필자는 다시 이렇게 묻고 싶다. '당신이 경영자라면 물건을 사가는 존재를 어떤 식으로 대우할 것이며 그들이 재구매를 하도록 유도하려면 뭘 어떻게 할 것인가?' 그러면 여러분은 다시금 명쾌한 답을 내놓을 것이다. '친절하게 대하고 가성비(가격 대비 성능)를 준수할 것'이라고. 그러면 난 또 다시 물을 것이다. '옆집도 친절하고 당신 못지않게 가성비 좋은 제품을 내놓는다면 어떻게 할 것이며, 또 친절의 기준은 무엇인가?'

이 질문에 이르면 쉽사리 답을 내놓지 못할 것이다. 자신의 기준에서는 친절하고 경쟁력 있는 가성비를 갖추고 있다고 생각하지만 고객의 기준은 전혀 아닐 수 있다. 고객의 중요성은 바로 이 지점부터 시작된다.

> Q8-2-(1) : 그렇다면 고객은 어떻게 이해되어야 할까?

우리는 흔히 고객을 자신과 분리된 거래의 상대로만 인식해왔다. 그러나 역설적으로 가장 중요한 고객은 자기 자신이며, 고객의 표정과 반응에 자기가 숨어 있다. 고객은 자신과의 긴밀한 피드백 관계에 놓여 있는 존재이기 때문이다.

### 1. 고객의 실체

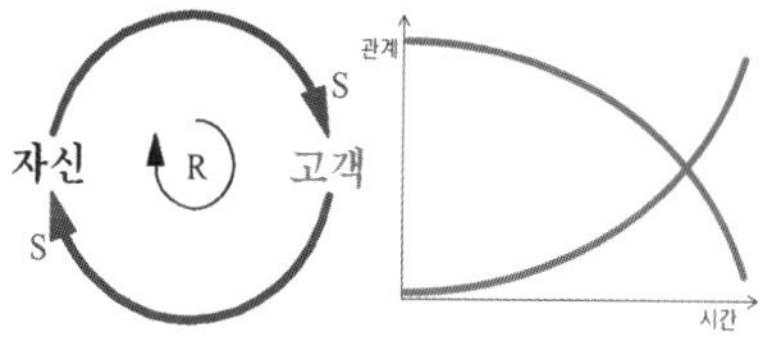


고객의 실체에 대해 좀 더 구체적으로 살펴보자. 옆의 그림처럼 고객과 자신의 양(+)의 피드백 관계에 놓여 있다. 이를 강화루프라고 하는데, 선순환과 악순환 중 어느 한쪽으로 강화시키는 특성을 갖는다. 강화루프의 특성은 선순환과 악순환의 구조가 같다. 즉, 악순환(vicious circle)과 선순환 (virtuous circle) 모두 동일한 양의 피드백 구조를 갖는다. 선순환도 악순환으로 바뀔 수 있으며, 악순환도 선순환으로 전환될 수 있다. 다만 선순환이 악순환으로 바뀌는 것은 일시에 일어날 수 있지만, 악순환이 선순환으로 전환되기까지에는 시간지연이 개입된다. 신뢰 형성에 그 만큼 시간이 소요되기 때문이다.

이렇듯 자신과 강화적 피드백 관계에 놓여 있다는 점에서 고객의 실체를 이해하는 것은 상당히 중요한 일이다. 고객과의 관계에서 항상 유념할 사항을 네 가지로 집약하면 다음과 같다.

첫째, 고객도 인간이다(Customer is a human). 자칫 고객을 판매의 대상으로만 바라 볼 뿐, 그들도 인간이란 사실을 잊고 신뢰 구축의 중요성을 망각한다. '아홉 가지 잘하다가 한 가지를 못하면 모든 게 허사'가 되는 것은 신뢰의 경우처럼 극면하게 나타나는 사례도 드물다. 구축하긴 어려워도 잃기는 아주 쉬운 것이 신뢰이며, 인간의 속성이 그러하다는 사실을 잊어서는 안 된다.

둘째, 고객은 우리의 거울이다(Customer is a mirror of our company). 고객이 짜다면 짠 거다. 나와 우리 회사의 성과는 고객의 반응이 그대로 말해준다. 우리의 성과가 부실하면 고객의 반응도 부실할 것이고, 성과가 좋다면 고객의 반응도 좋을 것이기 때문이다.

셋째, 고객은 시장의 센서이다(Customer is a sensor of the market). 시장의 변화는 고객의 소비행동에서 읽을 수 있다. 앞서 제1장 제3절 (1. 된장녀의 교훈)을 돌이켜보라. 고객은 이제 제품 판매의 대상으로 간주되어서는 안 된다. 환경 변화를 감지할 수 있는 핵심 수단으로 바라봐야 한다.

### 2. 고객에 관한 관점의 진화

기업이 시장을 인식하기 시작한 제2세대 경영세계관부터 현재에 이르기까지 고객을 보는 관점이 대체로 네 세대를 거쳐 진화해왔다. 그에 따라 고객관계를 관리하는 경영의 초점도 달라졌다.

• **제 1세대 고객** : 1970년대만 해도 기업은 소비자를 수동적 구매자로 인식하였다. 고객이 동질의 단일한 욕구를 가지고 기업이 만들어 공급하는 상품을 수동적으로 구매한다고 보았던 것이다. 따라서 기업과 고객과

의 관계는 획일적 물품이 고객에게 일방적으로 팔리는 단순한 판매의 관계였다.

• **제 2세대 고객** : 1980년대 들어 시장에서 경쟁이 치열해짐에 따라 기업은 고객의 중요성을 제대로 인식하기 시작하였다. 공급이 수요를 초과하고 소비자들의 파워가 증대되면서 품질관리에 대한 관심이 고조되었다. 품질관리 경쟁으로 품질 차별화가 어려워지자 경영자들은 고객 서비스와 CS(Customer Satisfaction)의 중요성을 인식하기 시작하였다.

• **제 3세대 고객** : 1990년대 경쟁이 격화되자 획일적 마케팅 캠페인으로는 다양화, 개성화된 고객 요구를 충족시키기에 역부족이라는 인식이 확산되었고, 정보기술의 진전에 따라 데이터베이스 마케팅(DBM)이 등장하였다. 기업은 고객과 관련된 내외부 자료를 이용하는 DBM을 시도하였다. 그러나 고객 데이터는  고객관리 용도로 제한되었고 기업 시각에서의 일방적, 인위적 시장의 분류 수준에 머물러 있었다.

• **제 4세대 고객** : 1990년대 후반 고객관리가 기업의 성과와 생존에 직접적 영향을 미치면서 CRM 시대가 열리고, 가치사슬을 역류하여 고객은 능동적 참여자로 변모하였다. 일방적 관계의 DBM과는 달리 기업과 고객이 쌍방향적 동반자로 바뀐 것이다. 결국 전사적 고객관리를 지향하는 CRM은 고객의 변덕스런 '요구' 변화와 정보기술 혁신으로 인한 기업의 대응 '수단' 확보로 가능했던 것이다. 인터넷의 사회화로 더욱 다양해진 채널을 통해 고객정보를 수집할 수 있게 되었으며, 고객 접점을 보다 다양화 할 수 있게 되었다. e-CRM은 인터넷을 통하여 데이터웨어하우스(DW)로 모아진 고객 관련 데이터를 웹 기반의 마이닝(Web Mining) 기법으로 분석하고 이를 토대로 고객층의 정교한 세분화와 개인 고객과의 1:1 관계 형성을 실현할 수 있게 되었다.

|  | 판매(1970년대) | CS(1980년대) | DBM(1990년대) | CRM(90년대 후반) |
| --- | --- | --- | --- | --- |
| 對고객 관점 | 수동적 구매자 | 선택적 구매자 | 개성화, 다양화된 구매자 | 능동적 파트너 |
| 고객과의 관계 | 전체 시장에 일방적 공급 | 고객 만족도 (CSI)측정, 일방적 관계 | 그룹화된 고객과의 일방적 관계 | 개별고객과 쌍방향 의사소통 |
| 고객관리 | 단순 영업 위주 | 영업과 판매 위주의 서비스 | IT 기술팀 위주 | 전사적 관리 |

주: CS = Customer Satisfaction, DBM = Database Marketing
CRM = Customer Relationship Management

## 2 고객과 그림자

앞서도 언급했듯이 '고객'은 '나의 거울'이다. 고객을 보면 내가 무엇 하는 사람인지 알 수 있으며, 고객의 반응에서 내가 일을 얼마나 잘 처리하고 있는지 알 수 있기 때문이다. 그러나 고객 그 자체만 보아서는 고객 만족, 고객 감동을 실현하기 어렵다. '만족'의 개념은 기대와 현실의 차이에서 결정된다. 제공된 현실이 고객의 기대에 못 미칠수록 불만은 증대될 것이다. 그러나 제공된 현실이 고객의 기대보다 높을수록 만족은 증대할까? 개념적으로는 그러하지만 현실세계에서는 반드시 그렇지만은 않다. '만족'이라고 하는 것은 '불만족'이 소멸하는 것일 뿐 엄밀한 의미에서 '만족'이 늘어나는 것은 아니다. 경우에 따라서는 지나친 응대나 기능 제공이 고객을 불편하게도 만든다. 가령 '사탕은 달다.' 그렇다고 단맛이 지나치면 오히려 역효과를 초래할 수 있다. 지나친 친절도 마찬가지이다.

Q8-2-(2) : '만족'과 '불만족'은 서로 상반된 개념인가?

만족과 불만족은 상반된 개념이지만, 현실세계에서는 위에서 논의한 바와 같이 반드시 그렇지는 않다. 불만족을 해소해가면 만족으로 이어질 것 같지만, 같은 차원에서의 개선으로는 불만족이 사라지는 것일 뿐 만족감은 상승하지 않는다. 이런 의미에서 볼 때는 만족과 불만족은 다른 차원의 것이다. 진정으로 고객 만족을 추구하려면 고객이 감동할 수 있어야 가능하다. 그리고 고객 감동은 제품이나 서비스의 차원을 달리할 때 실현될 수 있다. 이는 제8장 제3절(2. 제 4세대 서비스)의 내용과 개념적으로 유사하므로 이를 다시 읽어보기 바란다.

고객 만족(만족과 불만족의 기존 관념에서 벗어나도록 여기서는 굳이 '감동'으로 '만족'을 대신하기로 한다.)을 실현하려면 고객 그 자체만을 보아서는 안 된다. 감동은 고객의 기대를 뛰어넘는 차원의 그 무엇이라야 한다. 그러기 위해서는 '고객의 그림자'를 읽어야 한다. 이는 데이터마이닝 분야에서 널리 회자되는 경구이다. 고객이 '개체'라면 고객의 그림자는 '관계'이며 '패턴'이다. '고객의 그림자'는 고객도 모르는 고객의 요구를 읽어내는 수단이 된다. 두 가지 사례를 통해 고객의 그림자를 읽는다는 것이 무엇을 의미하는 것인지 좀 더 살펴보기로 하자.

### 1. (미국)슈퍼마켓 사례

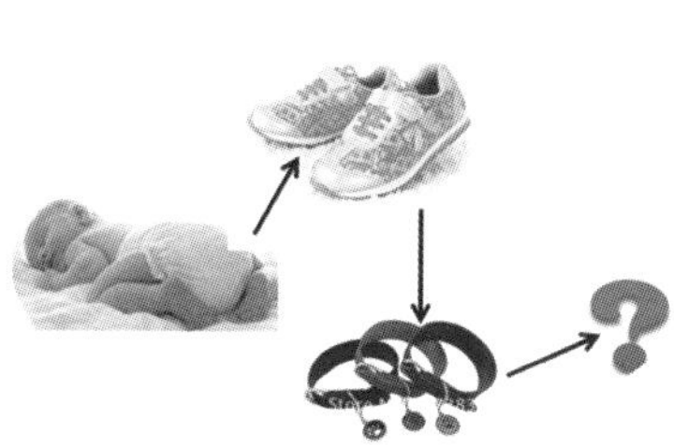

갓난아이를 둔 젊은 주부가 기저귀를 사러 마트에 갔다. '소비자 행동'이 그러하듯 필요한 물건만 사고 나오는 경우는 흔치 않다. 이 여성 역시 기왕 마트에 간 김에 카트를 끌고 여기저기 눈요기를 겸해서 둘러보던 중 예쁜 조깅운동화가 눈에 들어왔다. 계획한 건 아니지만 이것 역시 카트에 담았다. 계산대 입구에 이르자 자그만 진열대에 놓인 애완견용 개목걸이가 또 눈에 들어 그것도 카트에 담고 출납원 앞에 섰다.

출납원은 카트에 담긴 제품들을 꺼내 POS 단말기로 계산을 한다. 영수증이 나오는가 싶더니 그 종업원은 서랍에서 쿠폰을 한 장 꺼내 제품과 함께 종이 쇼핑백에 넣어주면서 이렇게 말을 건넨다. "이거 개밥 20% 할인 쿠폰인데요. 기한은 이번 주말까지입니다. 안녕히 가세요."

Q8-2-(3) : 하필이면 왜 개밥 쿠폰을 건네줬을까?

이 마트의 종업원들은 대금 계산 시 POS 단말기 화면 하단에 나타나는 메시지를 보도록 교육을 받았던 것이다. 그때 화면에 나타난 메시지는 바로 "이 고객이 개밥 사러올 확률은 70%."라는 것이었다. 그래서 교육받은 대로 개밥 쿠폰을 내어준 것이었다. POS의 기본 기능은 대금 결재 과정에서 제품별 매출과 재고를 실시간 관리하는 것이지만, 이곳 마트는 여기에 한 가지를 더 추가하였다. 개목걸이를 산 고객이 그 다음 무엇을 샀던가를 과거 이력데이터를 통해 추적한 결과 개밥 사러올 확률이 70%였던 것이다. 20% 할인 쿠폰 때문에 고객은 매장을 다시 찾는다. 이렇듯 고객을 한 번 더 매장에 끌어들이면 매출은 30%에서 최대 40%까지 신장한다. 이것이 바로 '고객의 그림자'를 읽는 힘이다. 이와 같은 사례는 온라인 쇼핑몰에서 사용하는 '추천시스템'으로 이미 보편화 되어있다.

고객에게 친절하도록 종업원들에게 강조하는 이유도 기실 고객이 매장을 더 찾아오도록 하는 유인책이다. 그러나 이는 이미 한물간 전략이다. 친절하지 않은 매장은 이제 찾아보기 어려울 뿐만 아니라 이 정도의 유인책으로는 종업원에게 감정노동을 강요하는 역효과만 초래할 뿐 실효성은 거의 없다. 비록 오래 전 사례이긴 하지만, 이처럼 정보통신 기술을 활용해서 고객의 그림자를 읽어내어 다시 매장을 찾도록 하는 방법은 분명 친절 서비스보다 더 강력한 힘을 발휘한다.

### 2. (일본) 자전거포 사례

'자전거포' 하면 왠지 너저분하고 정리가 잘 안된 매장일 것으로 연상될 수 있지만, 이 사례의 매장은 오히려 스탠드바를 연상케 한다. 궁글게 굽은 긴 테이블 저편에 종업원이 있고, 이편으론 다리 긴 회전의자들이 서너 개 배치되어 있다. 그리고 의자 앞 테이블 위에는 고객이 볼 수 있는 터치스크린이 놓여 있다. 자전거는 어디에도 보이지 않는다. 고객이 매장에 들어서면 의자에 앉아 터치스크린을 보도록 안내한다. 자전거의 부분별 부품이 화면마다 펼쳐진다. 고객은 원하는 부품을 터치만 하면 된다. 자전거 완성에 필요한 모든 부품들을 선정하고 나면 3D/VR(3차원 가상현실) 기능이 탑재된 파노라마로 자전거를 앞뒤좌우로 회전해가면 살펴본다. 맘에 들면 최종 엔터키를 누른다. 여기까지는 요즘 웬만한 곳이면 어렵지 않게 볼 수 있는 광경이다.

매장 뒤편에서는 조립공이 벽에 달린 모니터를 보면서 부품을 조립하는데, 자전거를 완성하는데 소요되는 시간은 대략 30분. 고객이 기다리는 동안 커피나 차를 대접하면서 선물로 건네는 자전거 하이킹 코스 책자를 보도록 유도한다. 이 정도는 요즘 웬만한 곳이라면 다 하는 서비스이다. 이 사례는 좀 다르다. 기다리는 30분 동안 옆의 터치스크린으로 게임을 하도록 유도한다. 처음엔 귀찮아 거절하는 수도 있지만, 종업원의 권유와 그가 넘기는 화면을 보고 일단 스크린을 터치한다.

Q8-2-(4) : 왜 고객에게 게임을 하도록 유도할까?

먼저 묻는 것이 연령, 성별, 학력, 직종 등의 간단한 인적 통계항목들이다. 키보드 입력이라면 번거로워 중단하겠지만 스크린만 터치하면 된다. 이렇게 시작된 게임의 결과는 컴퓨터에 내장되어 데이터로 누적된다. 이 데이터는 어디에 쓰일까? 많은 고객들이 남긴 흔적은 데이터로 분석되어 다음과 같은 '고객의 그림자'를 읽어낸다. '방년 18세에서 20대 초반 여자 대학생은 각진 형보다 둥근 형을 선호하며, 무채색보단 유채색을, 그중에서도 노란색 계층을 좋아한다.' 게임은 바로 자전거 소비자들의 선호 성향을 읽어내도록 설계된 것이다. 그리고 이로부터 읽어낸 고객의 그림자는 부품 디자인에 반영된다.

## 3 고객관계를 넘어

고객관계는 이제 더 이상 영업·마케팅 부서만의 업무가 아니다. 전사적 차원에서 혁신의 시발점으로 인식되어야 한다. 혁신이란 기존의 것을 향상시키는 것이 아니다. 새로운 차원의 효용을 제공할 수 있는 단초는 바로 내부 구성원이 아니라 고객과의 관계 속에서 얻어진다.

Q8-2-(5) : 고객의 그림자를 읽는 시도는 CRM의 진화된 모습 아닌가?

고객관계관리(CRM: Customer Relationship Management)의 핵심은 우리 제품에 대한 그들의 입소문과 재구매로 한정되지 않는다. 그보다 더 중요한 건 고객과의 상호작용과정에서 새로운 아이디어를 캐치하거나 혁신의 단초를 얻어내는데 있다. 앞서 설명한 '고객의 그림자'를 읽는 것도 이러한 차원에서 의미가 각별하다.

그러나 앞서 소개한 미국 슈퍼마켓이나 일본 자전거포 사례는 시장에 찾아온 고객의 흔적을 데이터로 분석하여 고객의 그림자를 읽어낸 다소 소극적 방식이라면, 고객행동모니터링(CBM: Customer Behavior Monitoring) 사례로 여기서 소개할 두 가지 경우는 시장을 찾아가 고객의 그림자를 읽으려는 보다 적극적인 방식이다. 결국 '고객의 그림자'를 읽어내려는 시도라는 측면에서 볼 때 정보집약적 고객관계관리(CRM)와 CBM은 그 궤를 같이 한다. 따라서 양자 간 우월성의 상대적 비교라는 차원보다는 상황에 따라 적절히 혼합하는 믹스(mix)전략이 바람직하다.

### 1. 진열대 센서의 비밀

어느 유통업체의 이야기다. 실제 상호를 밝히지 않은 채 사례를 소개하는 것을 이해하기 바란다. 이 회사는 고객 모르게 상품 진열대 뒤쪽에 깨알만한 모니터용 녹화렌즈와 센서(sensor)를 부착해놓았다. 목적은 고객들의 행동의 모니터링 하고자 함이다. 어떤 상품 앞에서 얼마나 많은 사람들이 얼마 동안 체류하는지, 그리고 그들은 무엇을 보면서 제품을 구입하는지 등을 알고자 함이다. 이를 통해서 인구학적 특성별로 어떤 제품을 선호하며, 선호의 기준의 무엇인지를 파악해낼 수 있다고 한다. 심지어는 동종 제품별 매출과 가격, 디자인 등을 비교해보면 매출에 끼치는 영향요인이 무엇이며, 그 영향 강도는 어느 정도인지 가늠해 볼 수 있다. 사실 이러한 적극적 시도는 자칫 개인 사생활 침해로 연결될 수도 있어 신중을 요하는 측면이 있다.

### 2. 자전거 모터가 양수기로

영국의 한 전동자전거 회사는 인도 시장을 주목하였다. 아직 자동차를 살 수 있을 만큼 국민들의 구매력이 없을 뿐만 아니라, 도로 사정이 안 좋아 자동차는 적절한 시장이 아니라고 판단했다. 그 대신 거친 도로나 산악, 비탈길로 달릴 수 있는 전동자전거를 수출하기로 한다. 수년 후 해외 마케팅 담당자가 인도를 방문했을 때 우연히 이상한 상황을 목격하게 된다. 자사가 판매한 전동자건거가 거리에서 잘 눈에 뜨지 않는 것이었다. 그는 판매된 전동자전거가 어디로 사라졌는지 알아보기로 했다. 결과는 상당히 예상 밖이었다. 모터만 따로 떼어 이를 양수기 펌프용으로 대다수의 고객이 활용하고 있던 것이다. 그들에겐 이동수단도 필요했지만 그보다는 우기에 침수된 집에서 물을 빼내는 것이 더 절실했기 때문이다. 고객의 이러한 의외의 행동에서 이 회사는 양수기의 잠재시장을 발견할 수 있었다.

## 제3절 서비스의 실체

1970년대를 기점으로 현재까지 '서비스'에 대한 관점의 변화는 향후 '서비스'가 어떻게 진화할지 가늠할 수 있는 중요한 단서가 될 수 있다. 아울러 서비스에 대한 기존 세계관의 한계와 새로운 방향 모색은 제품과 서비스의 경계가 모호해지는 상황에서 나름의 의미를 찾을 수 있을 것이다.

고객은 항상 자신만이 특별한 대우를 받기를 원한다.

- 앤드류 카네기(Andrew Carnegie, 1835-1919), 미국 철강재벌

### 1 서비스의 진화

서비스(Service)란 무엇인가? 서비스와 관련된 선각자들의 명언이나 금언을 찾아본 적이 있다. 놀랍게도 한결같은 공통 키워드는 '친절과 공손'이었다. 그러나 이는 아래에 소개되는 제1세대 서비스 세계관에서 비롯된 왜곡된 인식일 뿐이다.

#### 1. 서비스에 대한 왜곡된 인식

서비스는 제품의 생산과 판매를 위해 곁다리로 수반되는 행위가 더 이상 아니다. 서비스는 기업 활동 전반에 부가되는 가치창조 행위이다.

Q8-3-(1) : 그렇다면 고객에 대한 '친절과 공손'은 불필요한 것인가?

이 질문에 답하기에 앞서 친절이란 무엇인가를 다시 생각해봐야 한다. 고객이 진정 원하는 친절은 사실상 판매원에게서 나오지 않는다. 매장의 배치 및 환경, 상품의 진열 및 선택의 다양성, 그리고 편리한 쇼핑과 적정한 가성비 등에서 나온다. 공손하고 친절한 응대는 인간관계의 덕목이므로 유독 서비스에만 국한해서 적용될 수는 없다. 이제 서비스는 '제품 판매의 시녀'가 아니다. 주변에서 흔히 볼 수 있는 점원들의 '배꼽인사'는 더 이상 고객을 감동시키지 않는다. 고객의 입장에서 지나친 친절은 오히려 불편을 초래한다.

한편 판매원 입장에서는 서비스에 대한 잘못된 인식으로 허구한 날 '친절교육'과 '감정노동(Emotional Labor)'을 강요받는다. 서비스에 대한 잘못된 인식은 고객의 잘못된 행동을 유발하기도 한다. '고객은 왕'이란 인식으로 판매원에게 '갑질'을 서슴지 않는다. '고객은 왕'이란 인식은 '고객은 봉'이라는 인식의 대척점에 있는 것일 뿐이다. 공급자가 주도하던 제1세대 경영세계관에서는 '고객은 봉'이었다. 그러나 시장을 의식하기 시작한 제2세대 이후 소비자가 주도하는 제3세대에 접어들면서 '고객은 왕'으로 바뀐 것이다. 이제 고객은 '왕'도 '봉'도 아니다. 고객은 기업이 충분히 알아야 할 대상이며 서로 상생을 위한 협력자일 뿐이다.

### 2. 서비스 세계관의 진화 과정

제조중심의 산업사회가 절정을 이루던 1970년대를 기점으로 현재에 이르기까지 대략 10년을 주기로 서비스의 세계관은 진화해왔다.

• **제 1세대 (1970년대) :** 서비스는 부를 창출하는 재화와는 구분되는 부수적 활동 혹은 재화에 '덤(add-on)'으로 얹어주는 것으로 간주되었다. 이러한 시각은 재화와 구분되는 개념으로 서비스를 최초로 규정한 아담 스미스(A. Smith)의 세계관에 영향을 받은 것이다. 그는 서비스 활동을 '부를 창출하지 못하는 비생산적 노동'으로 규정하고, 유형재화가 아닌 모든 활동을 서비스로 간주하였다. 또한 세이(J. B. Say)는 제품에 효용을 부가하는 모든 비제조 활동을 서비스로 간주하였으며, 마샬(A. Marshall)은 생산과 동시에 소비되는 모든 것을 서비스로 정의하였다. 이렇듯 고전 경제학자의 영향을 받아 제 1세대의 서비스는 재화에 추가되는 덤, 제조 활동에 수반되는 비생산적 활동으로 간주되었다.

• **제 2세대 (1980년대) :** 다수의 공급자들이 시장에 출현하면서 판매 활동이 중시되고 서비스는 판매활동의 일환으로 간주되기 시작하였다. 판매원과 고객 간 접촉활동이 서비스의 근간을 이루면서 서비스 품질에 의한 고객만족은 재구매와 직결된다는 의식이 싹트면서 서비스는 간접적으로 수익 창출에 기여하는 대고객 활동으로 인식되었다. 이 당시 경영학은 서비스를 활동과 속성 등 두 가지 측면에서 정의하였다. 활동적 측면에서 서비스는 '제품 판매를 위해 제공되거나 제품 판매에 수반되어 제공되는 모든 부수적 활동'으로, 속성적 측면에서는 '소유권의 이전이 일어나지 않는 무형의 재화'로 정의하고 있다. 결국 이 당시 서비스란 '유형재화의 판매와 관련된 일체의 활동으로서 판매를 촉진하고 고객의 불만을 처리하는 행위'로 집약된다.

• **제 3세대 (1990년대) :** 서비스의 관점이 '고객 접점에서의 판매활동'에서 진일보하여 '수익구조 영향요인'으로 바뀌기 시작했다. 특히 정보통신기술의 발전은 개인별 맞춤형 판촉활동을 강화하고, 제품과 회사에 대

한 고객의 충성도를 제고하는 수단으로 서비스가 인식되는 계기가 되었다. 이로써 고객관계관리(CRM)가 IT기반으로 이루어지면서 시장 및 고객 정보가 새로운 전략자원으로 활용되기 시작했다. 2세대 서비스가 판매 차원의 '대중서비스(Mass Service)'라고 한다면 3세대 서비스는 고객별 니즈에 부합되는 '개별서비스(Customized Service)'라고 할 수 있다. 그러나 공통점은 고객 접점에서의 제품 판매를 촉진하는 차원에서 이루어지는 일체의 활동으로 서비스의 개념이 정착되었다.

• **제 4세대 (2000년대)** : 고객이 가치창조의 이용자원(operand resource)으로 인식되던 것과 달리 2000년대 들어서면서부터는 가치창조의 능동적 활동자원(operant resource)으로 인식되기 시작했다. 고객은 이제 공급자가 자의적으로 이용할 수 있는 종속적 대상이 아니라 공급자의 생존에 영향을 끼치는 능동적 주체로 바뀐 것이다. 이로써 서비스도 유형재화(tangible goods)에 대응되는 정태적 개념으로서의 무형재화(intangible goods) 차원을 넘어 가치창조과정(value creation process)의 동태적 개념으로 바뀌게 되었다. 이런 배경에는 시장을 공급(제공자)과 수요(고객)의 이원적 관점에서 두 주체가 함께 상호작용하는 일원적 공간의 관점으로 바뀐 것과 밀접한 관련이 있다. 지금까지 논의한 서비스 세계관의 진화과정을 집약하면 아래와 같다.

서비스 세계관의 진화

| 세대 | 서비스 세계관 (핵심관점) | |
|---|---|---|
| 제 1세대<br>(1970년대) | •제품에 추가되는 덤(adds-on)<br>•제조와 제품판매에 부가되는 비생산적 활동 | •시장을 제공자, 소비자의 이원적 공간으로 인식 (Marketing to)하는 제품중심논리 (G-D Logic)가 지배 |
| 제 2세대<br>(1980년대) | •유형재화와 구분되는 무형재화<br>•획일적 대중마케팅(Mass Marketing) | |
| 제 3세대<br>(1990년대) | •유형재화와 구분되는 무형재화<br>•차별적 개별마케팅(Customized Marketing)과 고객관계관리(CRM) | |
| 제 4세대<br>(2000년대) | •동태적 가치창조과정(Producing & Resourcing)<br>•고객 :가치창조의 능동자원(Operant Resource)<br>•조직 활동을 지원하는 개념에서 경쟁우위를 위한 전사차원의 본원적 활동 | •시장을 제공자, 소비자의 일원적 공간으로 인식 (Marketing withj)하는 서비스중심논리 (S-D Logic)가 지배 |

## 2 4세대 서비스

앞서 논의한 서비스 세계관의 진화를 서비스 품질요소(Service Quality Element) 분류모델에 대입하여 그림으로 제시하면 아래와 같다. 참고로 서비스 품질요소란 Kano(1984)[42]의 분류에 따르면 일원적(One-dimensional), 당연적(Must-be), 매력적(Attractive), 무차별(Indifferent), 역품질(Reverse) 등 5가지 품질요소로 구분한다. 이렇게 품질요소를 분류한 근본 이유는 특정 서비스 요건이 충족되어감에 나타나는 고객이 느끼는 만족수준과 만족의

42 Kano, Noriaki et al.(1984). "Attractive quality and must-be quality" The Journal of the Japanese Society for Quality Control, April, pp.39-48.

변화패턴은 해당 서비스의 특성에 따라 달라진다는 가정에서 출발한다.[43]

예외적 상황을 설명하는 무차별(Indifferent) 요소와 역품질(Reverse) 요소를 제외하면 1960년대 서비스의 개념이 태동하면서 현재에 이르기까지의 과정을 적절히 설명할 수 있을 뿐만 아니라 서비스 개념의 변화과정에 대한 경영상의 함의를 상당히 내포하고 있다.

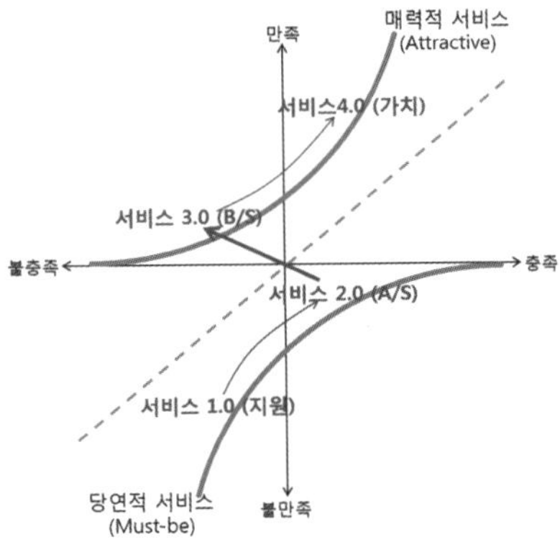


## 1. 당연서비스와 매력서비스

일원적 서비스 요소는 우리가 상식적으로 알고 있듯 서비스 품질이 좋으면 그에 따라 만족도 선형적으로 증가한다는 것이다. 그러나 이 정도의 상식으론 고객 및 서비스 관리에 있어 심각한 오류를 범할 수 있다. 앞서 제2절(2. 고객과 그림자)에서 고객 만족과 불만족, 고객감동에 대한 논의를

43 한편 서비스품질을 측정하려는 시도는 Parasuraman, Berry, 그리고 Zeithaml(1985)에 의해 처음으로 제안되는데, 이를 'Servqual'이라 칭한다. 'Servqual'은 서비스에 대한 고객의 기대(E: Expectation)와 지각(P: Perception)의 차이(E-P)로 그 품질이 결정된다는 가정을 기저에 깔고 있다. 그러나 이러한 가정은 치명적인 한계를 가지고 있다. 품질의 이상점(Ideal Point)를 알 수 없다는 것이다. PZB가 제시한 Servqual에서 서비스는 Kano의 품질요소로 보면 일원적 요소에 해당된다.
Parasuraman, A., Valarie A. Zeithaml, & Leonard L. Berry(1985), "A Conceptual Model of Service Quality and its Implications for Future Research," Journal of Marketing (49), pp.41-50.

한 바 있듯이, 품질이 강화될수록 고객만족은 높아질 것이란 단선적 사고는 위험하다.

Q8-3-(2) : '달아야 사탕이다.'라는 명제는 참일까 거짓일까?

결론부터 얘기하면 거짓이다. 단맛은 사탕에서 요구되는 최고한의 조건이다. 그렇다고 단맛을 강화 할수록 고객의 만족이 오르지 않는다. 친절도 마찬가지이다. 이렇듯 이상점(Ideal Point)이 없는 동일 차원에서의 품질 개선은 불만족이 사라지는 것이지, 그것이 곧 만족으로 이어지는 것은 아니다. 진정한 고객만족은 감동을 의미하는 것이며, 그 감동은 기대를 뛰어넘는 전혀 다른 차원의 서비스라야 한다.

이런 의미에서 당연서비스(Must-be Service)와 매력서비스(Attractive Service)의 차이를 이해하는 것은 매우 중요하다. '당연서비스'는 문자 그대로 제공되면 당연한 것이라고 느끼는 요소이다. 그런데 흥미로운 것은 당연한 것으로 인식하는 서비스가 제공되지 않거나 부실할 때는 상당한 불만감을 초래한다. 가령 우리가 흔히 즐겨먹는 자장면을 생각해보자. 항상 서비스로 함께 나오는 단무지나 양파조각이 어느 날 제공되지 않는다면 어떨까? 상당한 불만을 느끼게 될 것이다. 제공될 때는 전혀 아무런 의식도 없다가 제공되지 않으니 불만이 급증하는 이런 요소를 당연서비스 요소라 한다. 한번 갖게 된 고객의 불만을 전환시키려면 몇 배의 노력이 요구된다는 점을 감안하면 당연서비스 요소가 무엇인지 파악하여 면밀히 관리할 필요가 있다.

한편 매력서비스는 고객이 전혀 예상하지 못한 그런 차원의 서비스를 말하며 이런 서비스가 제공될 때 고객은 감동하게 된다. 위에 제시한 그림을 보면 이러한 매력서비스는 일원적 서비스나 당연서비스와 같은 선상에 있지 않다. 그것은 제공되는 서비스의 차원이 서로 다르기 때문이다. 요즘같이 경쟁이 치열하고 변화가 무쌍한 상황에서 선도적 우위(Leading Edge)를 점하려면 고객감동을 일으킬 수 있는 매력서비스가 무엇인지, 그리고 그것은 어떻게 찾아낼 수 있는지에 관심을 집중해야 한다. 이미 제2절(고객의 그림자)에서 논의했듯이 매력서비스를 찾아 제공하려면 고객 그 자체가 아닌 '고객의 그림자'를 읽어야 한다.

### 2. 반응서비스와 선제서비스

반응서비스는 통상 우리가 알고 있는 애프터서비스(After Service), 즉 사후서비스를 말한다. 이는 회사가 제품을 판매한 후 해당 제품에 대한 고객의 요구나 불만사항에 대응하는 반응적 서비스이다.

Q8-3-(3) : '애프터 서비스'는 어떤 품질요소(서비스)에 해당할까?

고객은 애프터서비스를 당연한 것으로 간주한다. 해당 회사로부터 제품을 샀으므로 사후관리를 요구할 권한이 생겼기 때문이다. 이러한 당연서비스의 경우 아무리 신속하고 친절하게 대응해도 고객의 불만이 해소될 뿐 만족은 증대되지 않는다. 기본적으로 요구, 요청해서 이루어지는 서비스이기 때문이다. 사후에 서비스가 이루어지는 한 고객의 불만은 사라질지언정 고객의 감동은 기대할 수 없다. 서비스의 중요성이 날로 증대되고 있는 현실에서 그렇다면 어떻게 서비스 경쟁력을 가질 수 있을까? 누누이 얘기했지만 발상을 바꾸지 않고 이루어지는 점증적 개선으론 경쟁력 확보를 기대하기 어렵다.

그 대안은 사후(반응)서비스를 선제서비스로 서비스의 차원 자체를 바꾸는 것이다. 제2장 제4절(융합의 세계)에서 '경계의 소멸'을 논의했었다. 4차 산업혁명 시대에 접어들면서 마지막 경계가 무너지고 있음에 주목해야 한다. 그것은 바로 가상공간과 물리공간의 일원화이다. 이것이 서비스와 제품이 융합된 제4세대 제품('커넥티드')을 잉태하고 있으며, 이를 통해 서비스는 사후서비스에서 선제서비스(Before Service)로 패러다임 자체가 바뀌고 있음에 주목해야 한다.

**서비스의 핵심 명제**

- (명제 1) 가치는 '개별'이 아닌 '관계(사이)'에서 발생된다. 따라서 서비스의 가치가 발현되기 위해서는 고객의 관점을 수목적 개인(人)에 관계적 개인(人間)으로 바꿔야 한다.
- (명제 2) 효용은 '대중'이 아닌 '개인(니즈)'에서 결정된다. 따라서 서비스의 효용을 담보하기 위해서는 고객을 수동적 소비자(Consumer)가 아닌 능동적 소비자(Prosumer)로의 역할을 할 수 있도록 해야 한다.
- (명제 3) 경제는 '생산'이 아닌 '시장(유통)'에서 실현된다. 따라서 서비스가 경제자원으로 활용되려면 고객이 능동적 소비자(Prosumer)에서 진일보한 창의적 소비자(Cresumer)로서의 역할을 할 수 있는 환경을 조성해야 한다.

## 3 서비스의 제품화

3차 경계의 소멸로 가상공간과 물리공간이 일원화되고 있다. 그 결과 가상공간에서 이루어지던 서비스와 물리공간에서의 제품이 하나로 융합되고 있다. 그것이 바로 '서비스의 제품화(Service Productization)'와 '제품의 서비스화(Product Servitization)'이다. 제품과 서비스가 하나로 수렴된다는 측면에서 볼 때, 서로 동일한 개념을 공유하고 있기 때문에 굳이 이렇게 둘로 구분하는 것은 의미가 없을 수도 있다. 그러나 융합과정의 이해를 돕기 위해 여기서는 '서비스의 제품화'를 논의하고, '제품의 서비스화'는 제9장 제3절에서 별도로 취급하기로 한다.

'서비스의 제품화(Service Productization)'란 사람이 제공하던 서비스를 제품에 담는 시도이다. 이런 이유로 일각에선 '서비스의 제품화'를 용기에 담는다는 의미로 'Encapsulation'이라하기도 한다. 좀 더 규범적으로 설명하면 아래 그림의 예시와 같이 가상공간의 잠재 서비스 가치를 물리적 재화로 바꾸어낸 것을 말한다. '서비스의 제품화'는 사람에 의해 제공되던 혹은 예전에는 불가능했던 서비스가 가상공간의 잠재력을 통해 물리적(제품)으로 현시되는 것을 의미한다.

서비스의 제품화 예시

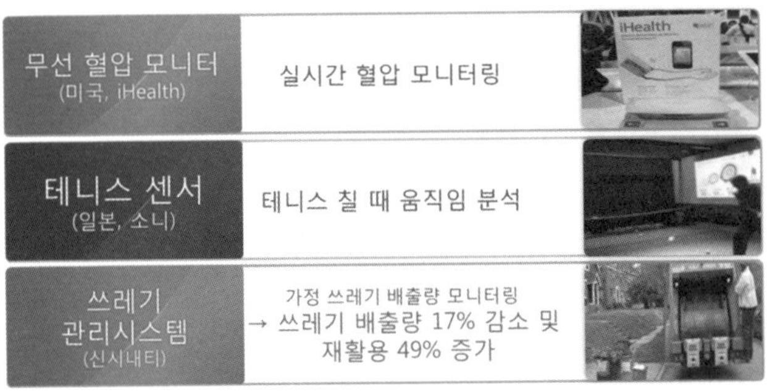


출처 : 미래창조과학부, 사물인터넷 기본계획, 2014.05 (부분수정)

결국 '서비스의 제품화'는 서비스의 효용을 제품이란 그릇에 담아내는 것을 말한다. 따라서 서비스가 부가된 제품일수록 효용성은 높아진다. 가령 우리가 손 안에 두고 있는 스마트폰을 생각해보자. 기술적 관점에서 보면 스마트 폰은 '전화기와 컴퓨터가 결합된 산물'이다. 그러나 서비스 관점에서 보면 '앱'으로 현시된 다양한 서비스의 전달수단일 뿐이다. GPS 기반 내비게이션 장치는 도로주행에 필수적 부가서비스인 길안내를 제품화한 것이고, 인공지능 활용 진단처방시스템 '왓슨(Watson)', 인공지능 로봇에 의한 물류창고관리 등이 서비스를 제품화한 대표적 사례이다.

### Q8-3-[4] : 서비스를 어떻게 제품에 담는다는 것일까?

서비스를 제품에 담아내는 데에도 나름의 방식이 있다. 그러나 그 방식은 시장, 고객, 전략 등에 따라 상당히 가변적이며, 창의를 요하는 것이기 때문에 제품을 만들 듯 획일적 표준화는 불가능하다. 설혹 정형화된 규범적 방식 제시가 가능하다 할지라도 그것은 바람직하지 않다. 가령 추억을 와인으로 제품화한 사례(제9장 제2절 2. 왕복사고와 발상)처럼 창의와 아이디어가 더욱 중요하기 때문이다.

다만 서비스를 제품에 담아내기 위한 기본 원칙과 유념사항을 담은 개념적 틀은 가능할 수 있을 것이다. 우선 가장 중요한 것은 서비스에 대한 이해가 전제되어야 한다는 점이다. 서비스가 효용을 발휘하기 위해서는 '소비의 개인화' 원칙을 준수해야 한다. '소비의 개인화'란 서비스의 비표준화, 즉 개인별 맞춤식 서비스라야 가능하다. 이를 일정수준의 표준화가 불가피한 제품에 담아야 한다는 것이 문제이다. 이 문제는 추억을 와인으로 제품화하되, 와인병과 와인 자체는 표준화 된 것이지만, 병에 두르는 라벨을 추억의 사진으로 대체함으로서 해결될 수 있다.

제9장

# 생산과 제품

### 청바지 리바이스(Levi's)의 부활

1853년 천막 천으로 작업복을 만들어 광부들에게 입히면서 '튼튼한 바지'의 대명사로 자리하며 줄곧 압도적 시장점유율로 청바지 신화를 만들어낸 리바이스는 1996년 연매출 71억 달러로 최고점을 찍은 이후 내리막길을 걸었다. 본문 제2절(2. 성장의 역설)에서도 언급되지만, 특히 2000년 말 매출이 46억 달러로 급락한 이후 10여 년간 단 한 번도 반전을 맛보지 못했다. 캘빈클라인(Calvin Klein), 게스(Guess) 등 프리미엄 청바지를 생산하는 경쟁 업체들의 공격적인 마케팅에 선두를 빼앗긴 후 회생하지 못했다.

그랬던 '리바이스'가 2019년 1분기 기업공개(IPO)를 하고 뉴욕 증시에 재상장을 추진한다. 예정대로 상장하면 35년 만에 증시에 복귀하는 셈이 된다. 청바지 전설의 귀환이 관심을 끄는 것은 전문가들 사이에서 '성장의 역설'의 대명사로 불렸기 때문이다.

이 회사가 회복세를 보이기 시작한 것은 2011년 프록터앤드갬블(Proctor & Gamble)의 브랜드마케팅 전문가 칩 버그(Chip Bergh)를 CEO로 영입하면서부터다. 과거의 영광에 묻혀 별 다른 브랜드 없이 안주하던 조직문화를 완전히 바꾸기로 결심한 그는 경영진을 전면 교체하고, 입는 청바지가 아니라 '함께 하는 청바지(Live in Levi's)'란 이미지로 차별화 했다. 신축성이 뛰어난 여성용 청바지를 가장 먼저 히트시켰고, 청바지 워싱(washing)을 90초 내에 입히는 레이저 기술도 개발했다.

## 제1절 다시 보는 세계관

시장과 기술 환경이 변화함에 따라 제품 생산방식도 변화하고 있다. 생산의 주체는 누구인가에 대한 엉뚱한 의문도 제기된다. 또한 생산에 수반되는 원가와 재고의 문제도 재조명되고 있다. 여기에서는 이런 이슈들에 대해 다시 생각해볼 수 있는 기회를 갖고자 한다.

위대한 목수는 아무도 보지 않는다고 해서
장롱 뒷면에 형편없는 나무를 쓰지는 않는다.

- 스티브 잡스(Steve Jobbs, 1955-2011), 애플 창업주

### 1 생산 방식의 진화

공장에서의 생산방식은 사람의 노동이 얼마나 개입되는가에 따라 진화해왔다 해도 과언이 아니다. 18세기 중반, 19세기 초에 걸쳐 세상을 바꿔놓은 산업혁명 이전에는 모든 것을 사람 손으로 만들었고 그 동력은 발에서 나왔다. 얼마 전만 해도 유행했던 '발로 뛴다.'는 표현은 육체노동의 상징이었다.

#### 1. 1세대 생산방식 - (고정작업대)

1900년도 공장제도가 처음 도입된 제1세대 경영 초반( -1915)에는 제품 하나

를 위해 여러 사람이 모여들어 탑을 쌓듯 했다. 조립되는 제품의 작업대는 한 지리에 고정되어 있고 소요 부품을 가져다 조립하는 사람들이 이동하는 방식이었다. 여전히 발로 뛰는 형국이었다.

### 2. 2세대 생산방식 - (컨베이어벨트 + Cell)

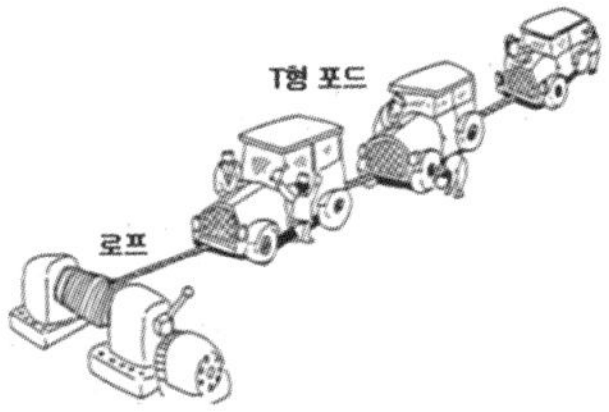

석탄으로 생산되는 전기가 컨베이어벨트를 돌리기 시작하면서 조립공은 정해진 자리에 고정되고 벨트를 따라 부품이 이동하는 방식으로 바뀌게 된다. 고정 작업대가 이동 작업대로 바뀌면서 생산의 동력이었던 사람의 발은 역할이 줄어들었으나 한 공정(작업자)에서의 정지나 지연이 전체 공정(작업자)에 영향을 끼치는 치명적인 문제를 낳았다. 결국 전체 공정의 성과는 처리속도가 가장 낮은 공정에 맞춰지는 '하향평준화'를 유발하게 된다. 또한 아날로그식 컨베이어벨트 시스템 설치는 투자비용도 많이 들뿐만 아니라 시장수요의 변화에 신속히 대응할 수 없는 문제를 드러냈다. 이 문제를 해결하기 위한 대안으로 나온 방식이 셀(Cell) 생산방식이다. 1970년대부터 보편화하기 시작한 이 생산방식은 스웨덴의 볼보(Volvo)차 공장에서 시작되었다. 궁극적으로 한 사람의 숙련된 노동자가 모든 공정을 담당하여 완제품을 만들어내는 '자기완결형' 생산방식으로 공간의 효율적 활용이란 차원에서만 아니라 주문생산에 적합한 방식이다.

비록 사람의 발이 컨베이어벨트로, 켄베이어벨트가 셀로 바뀌는 진화를 거쳤으나 생산은 여전히 공장노동자들의 손에 의해 이루어졌다. 그 잔재는 '제조'를 의미하는 'manufacturing'에 남아 있다. 손을 상징하는 'manu-'와 물건의 집합명사인 'facture-'가 합성된 단어이다. 결국 'manufacturing'이라 함은 손으로 물건을 만든다는 의미를 반영하고 있는 것이다.

### 3. 3세대 생산방식 - (Lean + FMS)

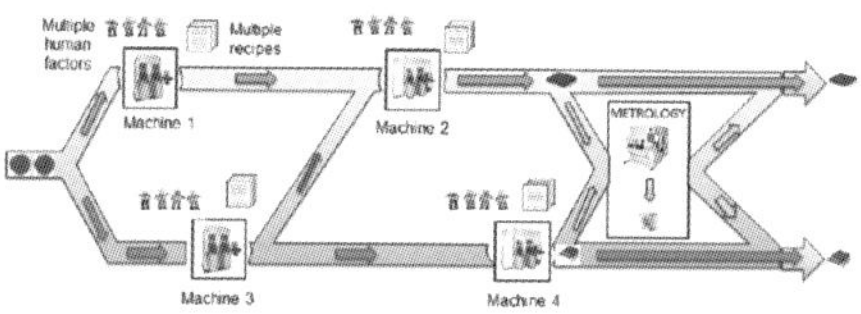
FMS (Flexible Manufacturing System) 개념도

생산 공정의 구조 자체는 컨베이어(Conveyer)에서 셀(Cell)로 진화하면서 많은 문제를 해결했지만, 생산과정에서의 낭비적 요소는 여전히 남아 있었다. 이 문제를 해결하고자 제시된 것이 '린(Lean)' 방식이다. 이는 문자 그대로 시간적, 물질적 낭비를 철저히 배제하자는 데서 출발한다. 생산에 기여하지 않는 모든 일과 7가지 - 공정(Processing), 생산(Production), 재고(Inventory), 결함(Defects), 배송(Transportation), 대기(Waiting), 작업자 동선(Motion) 부문에서의 소모적 요소를 최소화하려는 시도에서 출발했다. 린 방식은 도요타(Toyota)의 대표적 생산방식으로 알려져 있는데, 기존의 밀어내기(Push) 시스템으로 인한 과잉인력, 과잉재고 등의 부담을 덜기 위해 끌어당기기(Pull) 방식의 적시생산(JIT)을 기본으로 한다.

시장이 소비자중심으로 이동하면서 다품종 소량생산 체계로의 필요성이 대두되었는데, 그에 따른 원가 상승 압박을 해소하기 위한 방안으로 제시된 것이 바로 유연생산시스템(FMS: Flexible Manufacturing Systems)

이다. FMS는 공정이 컴퓨터로 제어되어 같은 설비에서 공정을 변화해가면서 다양한 제품을 만들어내는 체제이다. 개념적으로는 그룹테크놀로지(GT) 에서 출발하였기 때문에 가장 고도로 자동화된 GT라고도 한다.

#### 4. 4세대 생산방식 - (스마트 공장)

지멘스(Siemens)의 데모 스마트 공장

스마트공장(Smart Factory)은 정보기술을 기반으로 제조 전 과정을 자동화·지능화하여 최소의 비용 및 시간으로 제품을 생산하는 미래형 공장을 말한다. 공장 내 설비와 기계에 설치된 센서를 통해 데이터가 실시간으로 수집·분석되어 공장 내 모든 상황들이 일목요연하게 제시되고, 이를 분석해 목적된 바에 따라 스스로 제어하도록 설계된다. 독일은 전 세계 공장을 한 곳에서 제어할 수 있는 스마트 공장 플랫폼(Industry 4.0)을 구축하기 위해서 제조의 선두주자 지멘스(Siemens), 전장설비업체 보쉬(Bosch), IT기업 SAP 등이 연합하고 있다.

## 2 생산의 주체

생산의 주체는 누구인가? 엉뚱한 질문 같지만 그렇지 않다. 만약 이 질에 생산자 아니고 누구냐고 반문한다면 이는 낡은 세계관에 갇혀 있음을 반증하는 것일 뿐이다. 시장과 기술 환경의 변화에 따라 생산 주체도 진화하고 있음에 주목해야 한다. 이 역시 편의상, 그리고 논의의 일관성 차원에서 네 세대로 구분하여 제시하기로 하자.

## 1. 제품중심논리(GDL)와 서비스중심논리(SDL)

제8장 제3절(1. 서비스의 진화)에서도 간략히 언급된 바 있으나, 다음과 같은 질문으로부터 전통적 제품중심논리(GDL: Goods Dominant Logic)와 서비스중심논리(SDL: Service Dominant Logic)의 차이를 살펴보기로 한다.

Q9-1-(1) : 제조회사가 파는 것은 무엇인가?

제품중심논리(GDL)로는 당연히 만든 물건을 파는 것이다. 그러나 서비스중심논리(SDL)로는 제품이 아니라 제품에 담긴 효용을 파는 것이다. 단적으로 제1장 제3절(1. 된장녀의 교훈)에서도 논의 되었지만 밥집에서 파는 것은 밥이 아니라 맛이다. '밥을 판다'는 세계관이 제품중심논리(GDL)라면, '맛을 판다'는 세계관은 서비스중심논리(SDL)이다.

제품중심논리(GDL)의 핵심은 우선 '제품에 가치가 담겨 있다'는 세계관으로부터 출발하며, 이러한 논리는 다음과 같은 일련의 행태적 결과를 유발한다. 첫째, 제품이 완성되어 의도한 기능과 성능을 발휘하는 순간부터 그 가치는 발생하므로 가치의 측정은 제품의 완성도를 측정(Conformity Assessment)함으로써 가능하다는 개발자 중심의 논리가 성립된다. 즉 가치발생의 주체는 제품의 개발자 내지는 공급자가 된다는 것이다. 둘째, 제품이 곧 가치이며 제품은 해당 가치를 담는 그릇(Container of the values)이다. 고객은 단순히 대가를 지불하고 이를 소비하는 수동적 자원(operand resource)으로 인식된다. 셋째, 제품의 품질이 곧 가치이므로 시장은 제품과 돈을 교환하는 '거래의 공간(Transaction Space)'으로 간주된다.

한편 서비스중심논리(SDL)의 핵심은 '제품을 이용자가 활용하는 시점에서 가치가 발생'한다는 세계관으로부터 출발하며, 이러한 논리는 다음과 같은 일련의 행태적 결과를 유발한다. 첫째, 제품은 가치를 전달하는 매체(Output as a vehicle of value)일 뿐 실제 가치는 소비자가 이용하는 시점에서 발생한다. 따라서 가치의 측정 주체는 그 제품을 사용하는 이용자가 된다. 둘째, 공급자는 가치를 제안(Proposing)하는 주체일 뿐 가치 결정(Pricing)은 제품을 이용하는 고객의 몫이라는 것이다. 결국 소비자는 가치를 창조하는 능동적 주체로서 기업과 함께 가치를 창조하는 협업의 동태적이며 능동적(operant resource) 자원으로 인식된다. 셋째, 시장은 가치 창조를 위한 '협업의 공간(Collaboration Space)'으로 인식된다.

### 2. 생산 주체의 변화 과정

Q9-1-(2) : 생산의 주체는 누구인가. 즉 생산은 누가 하는가?

엉뚱한 질문 같지만, 이 질문은 제품중심논리(GDL)와 서비스중심논리(SDL)와 긴밀한 관련이 있다. 만약 '말도 안 되는 질문'이라 생각한다면, 제품중심논리(GDL)에 갇혀 있음을 반증하는 것이다. 서비스중심논리(SDL) 체계에서는 소비자를 포함한 시장의 주체들이 제품을 만든다고 본다.

• **1세대 (생산자):** 물건을 만드는 주체는 생산자라는 것은 명백한 사실이다. 그러나 이는 제품중심논리(GDL)로만 사실일 뿐이다. 어떤 효용을 담을 것인가는 생산자가 아니라 소비자에 의해 결정된다. 예컨대, 제7장 제3절(3.사랑의

1930년대 레고의 목각장난감

힘)에서 소개했던 기업 '레고(Lego)'의 제품을 가지고 설명한다면, 옆의 그림과 같은 완제품(목각장난감)이 생산자가 만들어낸 결과물이다.

• **2세대 (유통업자):** 제품은 고객의 접점에 있는 유통업자들이 만든다.

1958년 최초 레고블록

'레고(Lego)'가 장난감의 패러다임 자체를 바꿔놓은 건 창업주 크리스티안센 가문이 아니었다. 1954년 런던 장난감박람회로 가는 배에서 영국 유통업자가 '완성된 장난감은 결코 성공할 수 없다.'고 건넨 한 마디가 있었기에 블록조립식 장난감이 가능했던 것이다.

• **3세대 (소비자):** 고객도 모르는 고객 수요에 맞는 제품을 생산자가 일방적으로 만들어 낼 수 있을까? 아이디어도 소재가 있어야 나온다. 그 소재는 바로 고객으로부터 나온다. 레고블록과 미니어처(Miniature)들의 손쉬운 조립이 가능하도록 조립요철을 표준화하여 놀이시스템 전체를 재정립한 것은 비디오게임으로 이탈하는 고객들이었다.

미니어처

• **4세대 (잠재소비자):** 장난감은 어른이 만들지만 이를 가지고 노는 소비층은 어린이라는 고정관념에서 벗어나 당시 잠재소비자였던 키덜트(Kid+Adult)들의 수요에서부터 레고 스타워즈(Lego Star Wars), 컴퓨터로 만드는 움직이는 레고, 마인드스톰(Lego Mindstorms) 등 신제품이 만들어진다.

마인드스톰

## 3 원가와 재고

원가를 포함한 금전 관리는 경영의 가장 중요한 요소이며, 현금의 흐름을 왜곡하는 결정적 요인은 재고이다. 따라서 생산과 제품을 논의하면서 원가와 재고를 빼놓은 수는 없다. 특히 여기서는 원가와 재고를 관리함에 있어 현금의 흐름 관리 측면에서 잘못된 혹은 간과하기 쉬운 점들만 선별해서 논의한다.

### 1. 원가관리의 오류

어느 부서(업무), 어떤 상황에서 발생하든 비용의 가치는 모두 동일(원가의 균질적 시각)하므로 부문별 혁신을 통해 절감한 원가의 합은 회사 전체의 이익에 공헌한다. 따라서 제품생산과 직접적인 연관이 없는 각종 비용(간접비)을 직접 투입된 총 비용을 기준으로 제품에 배부한다.

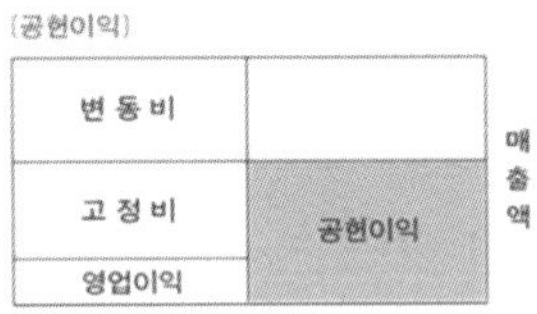


매출액 10,000
변동비 4,000
- 변동매출원가 3,900
- 변동판매비 100
공헌이익 6,000
고정비 3,600
- 고정매출원가 1,900
- 고정판매비 1,700
영업이익 2,400
손익분기점매출액 6,000
(=고정비/공헌이익률
= 3,600/0.6)

> Q9-1-(3) : 이렇듯 원가의 균질적 시각은 어떤 문제를 안고 있을까?

그러나 간접비의 비율이 확대된 지금, 현행 회계시스템에서 제공하는 제품원가는 다음과 같은 이유에서 경영의사결정에 전반적인 왜곡을 초래한다. 첫째, 1920년 원가회계방식이 만들어졌을 당시 직접비는 제조원가의 90%를 차지했지만 이미 백 년이 지난 지금 간접비가 직접비보다 훨씬 큰 비중을 차지하고 있음에도 불구하고 전혀 변하지 않고 있다. 둘째, 임금과 같은 직접노무비는 이미 고정비화 되었지만, 간접비를 여전히 직접노무비를 기준으로 배분하는 것도 정보의 왜곡을 심각히 초래하고 있다. 셋째, 재고관리의 오류에서도 언급되지만 비용을 재고자산에 배부하므로, 재고가 늘어날수록 이익이 확대되는 결과(매출원가 = 당기제조원가 + 기초재고-기말재고)를 초래한다. 넷째, 현재의 회계정보체계는 제품별 원가 의사결정에는 그나마 활용될 수 있으나, 제품 간 영향과 점차 중요도 더해가고 있는 서비스에 대한 영역에 대해서는 사용할 수 없다. 다섯째, 병목자원과 비병목자원은 생산의 쓰루풋(throughput)에 끼치는 영향이 상당히 다름에도 불구하고 전통적 원가회계는 이를 구분하지 않는다.

이런 문제들을 해결하기 위해서 제시된 방안은 대략 두 가지로 집약된다. 첫째는 제품중심이 아닌 활동중심으로 원가를 반영하자는 것이다. 이를 '활동기준회계(ABC: Activity Based Costing)'라 하는데, 이는 원가를 유발하는 활동들을 정의한 후 원가를 보다 상세히 배분함으로써 간접비를 절감할 수 있는 여지를 찾아내고자 함이다. 그러나 간접비를 작업시간과 설비작동시간 등에 비례해서 개별 제품에 분배하는 기존 원가회계의 틀을 벗어나지 못하는 한계가 있다. 둘째, 외형 위주의 전사적인 손익정보에 더하여 부가가치 정보, 즉 영업이익에 자본코스트가 감안된 경제적 부가가치(EVA: Economic Value Added)를 반영하는 것이다. 그러나 부가가치와 현금흐름으로 대표되는 EVA는 새로운 성과평가의 패러다임으로 유용할 수는 있어도 원가회계의 대안으로서의 회계시스템으로는 적절하지 않다.

### Q9-1-(4) : 그렇다면 원가회계를 대체할 수 있는 대안은 무엇인가?

결국 현재의 원가회계는 간접비 배부기준이 잘못된 것이라기보다는 배부하는 것 자체가 문제다. 또한 제품별 공헌이익률은 같지 않으므로 고부가가치와 저부가가치 제품을 구분할 필요가 있다. 그 연장선에서 변동비의 최소화와 수율의 극대화에 혁신의 초점을 두어야 한다. 그러기 위해서는 원가관리 방식의 발상 자체를 바꿔야 한다. 원가관리의 궁극적 목표는 현금의 흐름 관리를 정확히 하자는 것이고 간접비 배분이 현금 흐름을 왜곡하는 것이라면 간접비가 배부된 원가의 개념을 탈피하는 것이 해결책일 것이다. 이를 위해 제시된 개념이 '쓰루풋회계(Throughput Accounting)'라는 것이다. 여기서 쓰루풋이란 매출로 발생되는 수익에서 재료비를 제외한 금액(간접비 + 이익)을 말한다. 의사결정기준을 제약(Constraints)에서의 쓰루풋 향상에 두고 비제약에서의 비용 절감은 차순위에 두자는 것이 바로 제약이론(TOC: Theory of Constraints)의 핵심이다.

TOC를 제안한 고드랫(Eliyahu M. Goldratt, 1947-2011)은 원가회계를 쓰루풋회계로 대체하게 되면 전체최적화가 달성될 수 있다고 주장한다. 기존 방식들은 대개 사업별, 제품 및 자원별로 분할해서 관리하며, 서로의 연관성과 종속성을 간과하고 있다. '복잡하면 분할(Divide and Conquer)'하라는 분업이론에 충실할 뿐이라고 비판한다. 이렇듯 부분의 합이 곧 전체라는 '요소환원주의'에 근거한 회계시스템은 전체 흐름을 저해할 뿐만 아니라 사슬의 장력을 관리하기 보다는 개별 고리를 관리하는 우를 범하게 된다는 것이다. 따라서 조직 전체의 쓰루풋을 결정하는 제약을 집중관리 하려면 사업간, 제품 간, 자원 간 상호 연관성에 주목하여 제약에서의 쓰루풋 흐름을 최대화하면 전체성과는 그만큼 개선된다. 이것이 TOC가 자기고 있는 핵심사상이다.

### 2. 재고관리의 오류

현재 회계방식에서는 재고가 늘어날수록 순익이 증가한다. 재고를 자산으로 처리하기 때문이다. 재고를 자산으로 간주하는 현재까지의 원가회계는 시장이 무한하다는 잘못된 가정 하에 만들어진 것이다. 많이 만들면 원가가 낮아지기 때문에 재고 생산을 기초로 판매 전략을 세운다. 언젠가는 팔리기 때문이다. 그래서 '재고'는 대차대조표상에서 자산으로 분류된다. 재고관리와 관련하여 잘못된 가정들을 추가로 열거하면 다음과 같다. 첫째, 재고가 많으면 결품 위험과 수요 증가 시의 기회손실을 막을 수 있다. 둘째, 작업자와 설비를 놀리는 것은 낭비이므로 최대한 활용해야 하며, 준비교체는 많이 할수록 낭비이므로 횟수를 최소화해야 한다. 셋째, 설비를 많이 가동할수록 제품단위당 제조원가는 감소하며, 설비를 놀리면 비용이 증가하고 재무상태가 나빠진다.

모든 비용이 재공품에 부과되었다가 제조를 마치면 제조원가로 대체되고 판매될 때까지 재고자산의 원가로 남아 있다가 판매시점에 '매출원가'라는 비용으로 처리된다. 비용을 재고자산에 배부하므로 기말재고가 많아질수록 손익계산서상의 이익은 더 증대된다. 원가가 발생된 기간에 곧바로 비용으로 처리되지 않고 판매시점에 처리되어 실제비용의 발생시점과 처리시점이 달라지고 순 이익은 실제보다 더 많은 것으로 나타나 현금 흐름을 왜곡시키는 결과를 낳는다. 따라서 재고를 재료비로만 평가하고 재고의 증가를 자산으로 취급되지 않도록 할 필요가 있다.

이를 위해 '쓰루풋회계(Throughput Accounting)'에서는 현금의 흐름을 쓰루풋(Throughput), 재고 및 투자(Inventory/Investment), 운영비(Operating Expense)등 세 가지로만 구분해서 파악한다. 'T(쓰루풋)'는 매출(S)에서 재료비(M)를 제외한 금액(T = S-M)으로 설정되며, 'I(재고/투자)'는 생산 및 판매에 소요되는 비용이나 설비 투자 금액이며, 'OE(운영비)'는 투입(I)을 산출(T)로 바꾸는데 소요되는 모든 비용을 말한다. 결국 순이익은 '(T-OE)'이며, 경제적 부가가치를 반영하는 투자수익률은 '((T-OE)/I)'가 된다. 또한 재고회전율은 '(T/I)'로, 생산성은 '(T/OE)'로 각각 나타난다. 이렇듯 단순화한 경영지표들은 무엇을 어떻게 대응해야 하는지를 쉽게 알도록 해준다. 가령 재고를 줄이면 투자수익률과 현금흐름이 개선된다.

## 제2절 신제품의 발견

'신제품'하면 연구개발, 첨단기술과 신선한 디자인이 연상된다. 틀린 말은 아니지만, 그 보다 더 본질적인 것은 바람결에 스치듯 평범한 주변사람들의 언행에서 문득 떠오른 비범한 아이디어에서 출발한다는 점이다. 이 절에서는 히트 상품들이 어떻게 개발되었는지 사례들을 통해서 알아본다.

고도의 기술보다 중요한 건 고객의 니즈이다.

- 로널드 자렐라(Ronald Zarrella, 1949- ), GM 부사장

### 1 반전사고와 벤처링

'반전사고'란 문자 그대로 기존의 생각을 뒤집는 것이다. '붙다'에 대한 생각을 뒤집으면 '떨어지다'일 것이며, '녹음'의 반대는 '재생'이 될 것이다. '붙지 않는 풀', '녹음되지 않는 녹음기(재생만 되는 녹음기)'라는 뒤집어진 발상에서 각각 포스트-잇(Post-It)과 워크맨(Walkman)이 나왔다. 이들 제품은 각각 3M과 소니(SONY)를 세계적 혁신기업의 반열에 올려놓았다.

#### 1. '붙지 않는 풀'

어느 날 사내 방송을 통해 전 직원에게 새로운 지침이 전달되었다. "오늘부터 퇴근 전 법정근무시간의 15%는 일하지 마세요. 물론 책정된 급여는 다 줍니다. 단, 일하던 현장을 절대 떠나서는 안 되며, 일손을 놓고 퇴근

을 기다리는 동안 업무와 관련된 거라면 무슨 생각이든 개의치 말고 사장에게 알리기 바랍니다. 이상." 갑작스런 이런 방송에 즉각 다양한 반응을 나타내었다. 쉴 수 있는 시간을 계산해보는 사람, 무슨 흑막이 있지는 않나 궁금해 하는 사람, 아예 무반응인 사람들도 있었다. 그러나 날이 갈수록 직원들은 출근하면서부터 '오늘은 무슨 생각을 하면서 시간을 보낼까'에 대한 부담과 근무시간 단축으로 인해 누적된 작업량 때문에 스트레스를 받는 상황에 이르게 되었다.

그러던 어느 날 3M 산하 '본드' 제조공장에서 문제가 발생하였다. 생산라인에서 불량이 나기 시작한 것이다. 대책 없이 일손을 놓고 불량품을 물끄러미 쳐다보던 한 공원(工員)의 머리를 스치고 지나가는 게 있었다. 당시 젊은 공원들 사이에는 자신들이 타고 다니는 낡은 차에 시뻘겋게 쓴 녹을 가리기 위해 각종 무늬를 떠서 오려낸 종이를 본드로 차에 붙인 후 스프레이 페인트로 형상을 만들어 장식하던 것이 유행이었다. 이때 붙였던 종이를 떼어내느라 휘발유로 차체에 붙은 접착제를 녹이다가 문양까지 뭉개지는 사례가 적지 않았다. 그 공원의 머리 떠오른 생각은 바로 이것이었다. 어차피 업무와 관련하여 아무생각이나 떠오르면 알리라 했으니, 접착력이 떨어지는 오늘의 이 불량품을 그 용도로 쓰면 좋겠다고 사장에게 메모로 제안하였다.

사장은 이 공원의 생각을 접한 순간 곧바로 회사 연구소로 전달되어 제품화에 착수하게 되는데, 이게 바로 그 유명한 메모지 "포스트-잇(Post-It)"이다. 여기서 중요한 대목은 사장은 왜 이 공원의 제안을 높이 평가했을까 하는 점이다. 바로 반전사고가 작동했기 때문이었다. 공원의 제안은 잘 붙어서 문제가 되는 경우를 얘기하고 있지 않은가.

'붙다'와 '떨어지다'의 경계는 얼핏 보아 서로 넘나들 수 없는 장벽에 가로 놓여 있는 것 같다. 그러나 이는 수직적 사고의 세계에서만 그럴 뿐 수평적 사고의 세계에서는 붙일 수도 뗄 수도 있는 융통성이 발휘되며 그 경계와 체계를 파괴한다. 풀은 접착력이 생명이다. 붙지 않는 풀은 이미 풀이 아니다. 그러나 접착력이 떨어지는 불량 풀에서 '포스트-잇'같은 메모지용 풀이 발명된 것이다. 이것이 반전사고의 힘이다.

**2. '녹음되지 않는 녹음기'**

'SONY' 하면 떠오르는 제품 워크맨(Walkman)은 중간관리자의 보는 눈(視)에서 나온 것이다. 70년대 중반 소니는 라디오를 만들어내고 있었다. 경쟁이 치열해지자, 새로운 고부가가치 시장인 녹음기 생산에 착수하였다. 모두들 생산 현장에서 열심히 녹음기를 조립하고 있는데, 한 공원이 하라는 일은 안하고 무언가 담긴 가방을 어깨에 메고 헤드폰을 머리에 쓴 채 음악을 들으며 돌아다니는 것이었다. 당시 기술이 그리 발달하지 못한 터라 녹음기는 덩치가 커서 한 장소에 두고 녹음과 재생을 할 수밖에 없었다. 그런데 공장장이 우연히 한 공원이 녹음기에서 녹음장치를 떼어내고 대신 재생장치만 들고 다니며 스테레오 음악을 즐기는 현장을 목격하게 된다. 녹음기에서 덩치 큰 녹음장치를 떼어내고 대신 조그만 재생장치만 넣어 메고 다니며 스테레오 음악을 즐기는 공원의 나태한(?) 행동을 목격한 현장관리자는 야단을 치기에 앞서 그 공원의 모습에서 제품의 미래를 보게 된다. 당시만 해도 전화를 하려면 전화기 있는 곳에 가야하고, 음악을 들으려면 녹음기 있는 곳에 가야 하는 고정제품(fixed goods)이 전부인 세상이었다. 그런데 이 공원은 걸어 다니면서 음악을 듣는 것이 아닌가! 한마디로 공원의 행동에서 관리자는 고정제품에서 이동제품(moving goods)으로 바뀌는 미래 시장을 읽은 것이다. 녹음되지 않는 녹음기! 이런 반전사고로 SONY는 'Walkman'을 개발하게 된다.

## 2 왕복사고와 발상

'왕복사고'는 시스템사고에서 얘기하는 '피드백 사고'나 앞서 필자가 강조한 '대립적 사고'와 다르지 않다. 생각에 마침표를 찍지 않고 순환하는 사고를 왕복사고라 한다. 그 과정에서 계획하지 않았던 놀라운 아이디어들이 도출되는 경우가 많다.[44] 두 가지 사례를 통해서 왕복사고의 위력과 경영학적 함의를 살펴보기로 하자.

### 1. '뽕잎 고등어'의 비화

전라북도 부안군 변산 인근에서 간고등어로 고소득을 올리는 주인공의 '뽕잎고등어' 개발 비화를 소개한다. 이 사람은 뽕나무 농사로 양잠을 하던 부친의 도움으로 서울로 유학 와서 대학을 마치고 회사에 취직하게 된다. 세월이 흘러 중견사원이 되었을 때 그는 가업을 일구겠다는 각오로 퇴직하고 귀향한다. 그러나 막상 고향에 와보니 양잠업은 이미 사향산업이 되어 있었다. 하는 수 없는 고심 끝에 지참금으로 어선을 한척 사서 고등어 잡이 선주가 된다.

44 여서에 소개되는 사례들은 경영학적 의미를 더하기 위해서 사실에 기초하여 스토리를 각색했음을 밝힌다.

• **시련에 직면하다.** 그러다 그는 심각한 문제에 직면하게 된다. 고기를 많이 잡으면 자기만 많이 잡는 것이 아니기 때문에 경락가격이 떨어지고 고기를 못 잡으면 그 만큼 매출이 떨어지는 것이었다. 이런 양난의 상황은 왜 발생하는 것인지 명쾌하게 그 원인을 알 수가 없었다. 그러던 중 '제3의 물결'이란 책에서 '소비의 대중화는 가고 소비의 개인화 시대가 올 것'이라고 한 앨빈 토플러의 글귀가 떠올랐다. '차별화'라는 경영전략 용어도 머리를 스쳤다.

• **신제품을 개발하다.** 자신이 직면한 양난의 상황은 자신이 잡은 고등어가 다른 고등어와 하등 다를 바가 없는데서 비롯되었음을 깨닫는다. 한 마디로 차별화가 되어 있지 않은 것이 문제임을 알게 된 것이다. 그러나 어떻게 고등어를 차별화 할 수 있을지 쉽사리 답이 나오지 않았다. 그러 던 어느 날 문득 부친이 남겨놓은 뽕나무 단지를 물끄러미 바라보다, 애물단지가 된 뽕잎을 활용할 수 있겠다는 생각이 떠올랐다. '뽕잎'과 '고등어'는 어떤 관련성이 있을까? 그것은 바로 건강의식이 고조되면서 '웰빙(Well Being)'이 사회적 흐름이 되고 있는 상황에서 '뽕잎'과 '고등어'는 모두 '웰빙'을 매개로 하여 서로 관련이 있음을 간파하게 된다. 게다가 '월빙'을 위해 기꺼이 돈을 투자하는 계층은 부유층이란 사실도 머리에 들어왔다. 끓는 물에 뽕잎을 우려낸 후 잡아온 고등어를 수협 집하장으로 가져가지 않고 뽕잎 물에 고등어를 하루 동안 재웠다. 그리고 시식을 해보았다. 비린내가 사라지고 더욱 쫄깃해진 식감에 뽕잎의 향도 느껴졌다. 제품의 차별화가 이루어진 순간이었다.

**• 유통을 뚫다.** 그렇다면 굳이 수협공판장으로 갈 것이 아니라 직접 판로를 뚫기로 작정한다. 대상은 바로 웰빙을 중시하는 부자동네 주부들이다. 그런데 문제는 부유층의 강한 '소비의 개인화' 성향, 즉 아무나 쉽사리 소비할 수 있는 건 구매하려 들지 않는 그런 성향을 극복해낼 수 없었다. 고등어 얘기만 하면 전화를 끊는 것이었다. 그러나 그는 포기하지 않고 부유층 주부모임 회장을 직접 찾아간다. 그리고 시식을 권하면서 '뽕잎고등어'임을 강조한다. 권유에 못이긴 회장은 맛을 보더니 표정이 달라졌다. 이렇게 판로를 개척한 그는 이어서 고급 백화점 식품코너에 어렵지 않게 상품을 납품하게 된다. 이 뽕잎고등어는 지금도 일반고등어에 비해 서너 배 높게 팔려나간다.

**2. '기념하는 와인' - 주지몽**

경북 의성과 청송 사이에 1996년 설립된 '한국애플리즈'라는 영농법인이 있다. 이 회사는 두 가지로 유명해졌다. 첫째는 '글자사과'(광합성에 차이를 주어 글자를 입힌 사과)요, 둘째는 '기념하는 와인' 때문이다. 이 주인공 역시 사과농장을 하는 부모의 도움으로 서울서 학업을 마치고 엔지니어로 회사를 다니다 귀농을 결심하게 된다.

**• 뼈저린 실패를 맛보다.** 정작 고향에 와서 보니 영세한 농가들이 각자 소규모 사과농장들을 꾸려가고 있었다. 품질관리도 제대로 안 되고 농가들끼리의 가격경쟁으로 서로 피해를 보는 상황을 목격하게 된다. 그는 분할손이 너무 커서 연합하지 않으면 모두가 죽는다고 일일이 농가를 찾아다니며 설득을 시도하였다. 또한 사과 그 자체만으론 소득을 올리기 어려우니 상품성이 떨어지는 사과들은 사과주로 만들어 팔자고 제안하였다. 일부 농가는 그의 설득에 따라 소액씩 투자하여 사과주 만드는 설비와 시

설을 만든다. 그러나 결과는 참담하였다. 소주, 막걸리는 마셔도 사과주를 마시는 사람은 극히 적다는 사실을 간과한 것이었다. 결국 재고만 잔뜩 쌓인 채 사과주 공장은 문을 닫게 된다. 혼자 실패해도 견디기 어려운 상황에서 멀쩡한 농가들에게 피해를 입혔으니 그의 심적 고통은 엄청난 것이었다.

• **악어농장에서 새로운 아이디어를 얻다.** 그는 잠시 일을 접고 바람도 쐴 겸 태국으로 단체관광을 떠난다. 통상 이런 식의 관광은 여행사가 정해놓은 일정과 코스에 따라 움직인다. 악어농장에 들러 악어 쇼를 보면서 그는 문득 이런 의구심이 생겼다. 자신뿐만 아니라 동료 관광객들은 왜 돈을 주고 악어 쇼를 보면서 아슬아슬한 순간들에 박수치며 열광하는가. 가장 큰 이유는 악어가 우리에게 낯선 동물이기 때문일 것이다. 그렇다면 그가 하다 실패한 사과농장의 봄철 사과 꽃은 동남아인들에게 낯설고 신기한 광경일 수 있겠다는 생각이 들었다. 귀국하자 곧바로 여행사 사장을 만나 동남아 관광객들이 자신의 사과농장에 들를 수 있도록 세 번의 기회를 줄 것을 간곡히 요청했다. 자신의 구상을 들은 여행사 사장은 그의 요청을 승낙하였다. 이것이 그가 재기할 수 있는 계기가 된다.

• **사과농장을 관광상품으로 일구다.** 동남아 관광객을 유치하기 위한

그의 구상은 다음과 같았다. 우선 봄철 만발한 사과 꽃 속에서 관광객들이 추억을 쌓을 수 있도록 하고 그 추억이 담긴 사진에 '한국애플리즈'를 새긴 후 비닐 코팅을 하여 선물로 주었다. 사과가 열리는 여름철엔 관광객들이 원하는 문구를 검정 비닐테이프에 새겨 이를 사과에 원하는 만큼 두를 수 있도록 하였다. 자신만의 '글자사과'를 만들어 사과에 추억을 담는 것이었다. 이

방식은 가을철 사과가 붉게 물들 무렵 그들의 재방문을 유도하는데 아주 큰 효과가 있을 뿐만 아니라 원하면 배송까지 가능토록 하였다.

• **애물단지 사과주가 효자상품으로 변신하다.** 체험관광을 하는 동안

그들의 순간순간을 '한국애플리즈'가 새겨진 사진에 담아 접착 비닐로 코팅하여 사과주 병에 감았다. 세상에 하나밖에 없는 상품 라벨, 자신만의 사과주가 탄생하는 순간이다. 기념하는 이 와인('나만의 사과주')은 한 병에 미화 20불씩에 팔린다고 한다. 희소성 때문일 것이다. 2008년 7월 현재 연간 50억 원 매출을 올리는 한국애플리즈는 사과 석류 등을 만든 와인을 미국, 유럽 등지에 수출까지 하고 있다.

## 3 연상과 원격결합

'연상(Association)'은 어떤 대상에 대한 유사성과 인접성을 다른 사물에 투영해 새로운 심상을 불러일으키는 사고 작용이다. 연상은 대략 순차적 연상과 발산적 연상으로 구분되지만, 무언가를 연상하면서 이 둘을 동시에 하는 경우가 흔히 발생한다.

### 1. 갈색 립스틱

1980년대 중반, 색조화장품으로 승부 보는 다국적 기업 '메이블린(Maybelline)'은 세계 최초 갈색 립스틱을 시장에 선보이면서 일대 돌풍을 일으킨다. 그러나 립

스틱 색깔이 총개머리에서 나왔다는 사실을 아는 이는 거의 없을 것이다.

메이블린은 매년 새로운 색깔에 생동감 있는 이름을 가진 립스틱으로 시장수요에 부응해왔으나, 더 이상 새로운 색깔을 뽑아 낼 수 없는 지경에 이르게 된다. 경영자는 물론 모든 직원들이 그 해 매출 부진에 상당히 우려하고 있었다. 그러던 어느 날 한 직원이 점심 후 쉬는 시간에 PC통신을 하다 우연히 'Remington Arms'라는 총포제작회사 사이트에서 짙은 갈색에서 엷은 갈색에 이르기까지 다양한 총개머리 색깔을 자랑하는 100여 장의 사진과 마주치게 된다. 그렇지 않아도 색깔 때문에 고심하던 차에 그 직원은 "여자 입에 바르나 총 개머리판에 바르나 색은 색인데..."하며 푸념을 하게 된다. 이 소릴 들은 옆 동료가 다가오더니 "어디 봐. 그렇군. 우린 색 안 나와 야단인데 여긴 색 많네..."하며 맞장구를 쳤다.

말하는 입보다 듣는 귀가 더 중요한 법. 이들의 푸념에서 순간 영감을 얻은 현장관리자는 이를 상부에 보고하기에 이른다. 여성운동이 거세게 일어나던 당시 상황은 '개성', '능력', '건강'을 여성의 새로운 미적 기준으로 제시하고 있었다. 개성이 새로운 아름다움의 기준이라면 붉은 색의 신데렐라 계통이 아닌 갈색이 추세에 맞을 수도 있다는 판단이었다. 신데렐라식의 미적 기준을 벗어난 갈색 립스틱은 이렇게 조직원의 푸념을 제대로 들어서 태어나게 된 것이다. 당시 개성을 강조하는 여성의 미적 유행과 맞물리면서 이 갈색 립스틱은 공전의 히트를 치게 된다.

### 2. '콜라 병'의 탄생

코카콜라 유리병의 생김새를 모르는 이는 아마 거의 없을 것이다. 그 비화를 소개한다. 1914년 미국 코카콜라(Coca-Cola)사는 다음과 같이 실용성과 아름다움을 두루 갖춘 5개 조건을 모두 만족하는 경우 심사를 거쳐 최대 1000만 불의 상금을 지급하겠다는 병 디자인 공모를 냈다.

① 깜깜한 밤에 만져만 보아도 코카콜라 병임을 알 수 있어야 할 것
② 깨진 병조각 더미에서도 코카콜라 병을 즉시 식별할 수 있을 것
③ 물에 묻어도 손에 잡은 병이 쉽게 빠져나가서는 안 될 것
④ 보기보다는 내용물이 적게 들어갈 수 있어야 할 것
⑤ 이들 조건을 모두 만족 시키면서도 모양이 예뻐야 할 것

이 공모에서 최종 채택된 디자인(Contour Bottle)은 의외로 전문가가 아닌 조그만 유리병 공장의 공원 '러스(Ruth)'라는 젊은 청년이었으며 그가 받은 상금은 무려 600만 불에 이르렀다고 한다.

러스(Ruth)는 1905년 미국 조지아 근교의 가난한 농군의 아들로 태어났다. 하지만 그는 어려운 가정형편으로 인하여 중학교에도 진학하지 못하고 도시로 상경하여 신문 배달, 심부름꾼 등을 거쳐 병 공장의 공원으로 일하게 되었다. 그에겐 주디(Judy)라는 여자 친구가 있었는데 그녀는 이 공모를 보고 러스에게 전해주게 된다. 아마 남자 친구가 병 공장에서 일하고 있으니 자연히 눈길이 그 광고에 닿았을 것이며 별 생각 없이 그것을 러스에게 전해주었을 것이다. 그러나 러스는 이를 본 순간 도전해보기로 작심한다.

주디의 만류에도 불구하고 직장을 휴직하면서까지 6개월여 디자인에 몰두하였으나 그 결과는 허사였다. 그러던 어느 날 주디가 다시 러스를 찾아오게 되는데 그는 그녀를 본 순간 그의 얼굴이 햇살처럼 빛났다. "잠깐! 주디. 그대로 서 있어." "왜 그래, 러스?" 영문도 모른 채 놀라는 주디의 모습을 빠른 속도로 스케치해 나갔다. 그날 주디는 당시 유행하던 통

이 좁고 둔부의 선이 아름답게 나타나는 긴 주름치마(hobble skirt)를 입고 있었다. 그는 그 주름치마에 가려진 예쁜 둔부와 주름을 강조한 새로운 병을 고안해 낸 것이다. 참고로 그는 7살 때 토끼 한 마리를 잡으려고 15시간이나 쫓아다닐 정도의 놀라운 집념의 사람이었다고 전한다.

연상 작용은 누구나 한다. 그러나 러스처럼 여자 친구의 주름치마를 보고 콜라 병 디자인을 연상할 수 있었던 힘의 원천은 무엇일까. 코카콜라 병이 탄생된 이 일화는 지어낸 것이지도 모르겠으나 우리에게 던지는 시사점이 매우 크다. 이 사례와 같이 문득 떠오르는 사고의 파편은 누구에게나 일어날 수 있으나 결코 집요한 고심 없이는 가능하지 않다.[45] 설혹 소중한 그 무엇과 조우한다하여도 고뇌 없이는 우연처럼 보이는 세렌디피티를 만났던 사실조차 인식하지 못하게 된다. 과학에서조차 실수나 우연에서 빚어진 '위대한 발견'을 중시한다.

45 무언가 소중한 것과 조우하게 되는 것을 "세렌디피티(serendipity)"라 한다.

## 제3절 제품의 실체

제품의 주체가 생산자에서 이용자로 이동해감에 따라 제품의 사상도 그와 함께 진화를 거듭해왔다. 제품은 그 동안 어떻게 진화해왔는지, '커넥티드(Connected)'로 지칭되는 제 4세대 제품의 실체는 무엇인지, 그리고 가상공간이 현실공간에 스며들면서 나타나는 '제품의 서비스화(Servitization)'란 무엇을 말하는 것인지 살펴보기로 한다.

제품의 품질관리가 실패할 경우 그 원인은 다음 두 가지 원인 중 하나이다.
열정 없는 시스템 혹은 시스템 없는 열정

- 톰 피터스(Tom Peters, 1942- ), 작가, 경영학자

### 1 제품의 진화

고객에 대한 세계관이 과거의 고정 표적(Fixed Target)에서 이동표적(Moving Target)으로, 나아가 가치창조의 주요 원천(Value Resource)으로 진화함에 따라 제품의 개념 역시 변화의 과정을 거쳐 왔다. 기본적으로는 수동적 소비자용 '컨슈밍 제품(Consuming Product)'에서 능동적 소비자용 '프로슈밍 제품(Prosuming Product)'으로 진화를 거듭하고 있다. 아래 그림과 같이 제품에 대한 재량의 무게중심이 생산자에서 소비자로 이동해감에 따라 제품의 진화는 대략 네 세대로 구분된다.

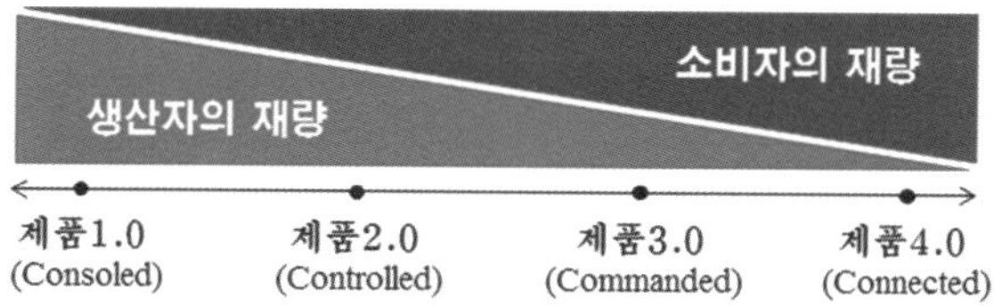


1. 제품 1.0 (Consoled)

단기능 고정식 일체형 제품(콘솔)으로 유선전화기를 연상하면 이해가 쉬울 것이다. 이런 유형의 제품들은 기능의 단순성 때문에 조작의 편리함은 있으나 사람이 직접 제품의 효용을 소비하려면 사람이 직접 제품이 놓인 곳으로 가야만 하는 불편함을 감수해야 한다. 제품의 디자인은 전적으로 생산자에 의해 결정되며 소비자는 대가를 치루고 제공된 제품의 효용만을 소비할 뿐 기능의 선택이나 확장 및 조작에 개입의 여지가 전혀 없다. 제품에 담긴 저변의 사상은 비단 제품에만 국한되지 않는다. 기술의 제약도 큰 원인이긴 하나, 공급자 중심적인 당시의 시대적 세계관을 반영하는 것이다. 이는 마치 고객이 구입 제품에 대한 불만이나 문제를 해결하려면 구입처를 직접 찾아가야만 했던 것과 유사하다는 점에서 이러한 주장은 뒷받침 될 수 있다.[46]

2. 제품 2.0 (Controllable)

기능은 제품1.0에 비해 다양하게 반영되어 있고, 제품 자체를 직접 만

46 이어서 설명되는 제품의 세대별 예시는 앞서 제1절(2. 생산의 주체)에서 제시되었던 레고의 제품 변화를 함께 참고하면 이해에 도움이 될 것이다.

지며 조작하던 방식에서 원격 조작을 가능케 함으로써 제품과 이용자 간의 물리적 거리를 허용한다. 이로써 이용자의 동선 및 동작 최소화를 추구할 수 있게 되었다. 그러나 사람이 직접 제품이 놓인 곳으로 가야만 해

당 제품의 효용을 소비할 수 있는 고정식의 한계는 근본적으로 벗어나지 못했다. 제품의 디자인은 제품1.0처럼 전적으로 생산자에 의해 결정된다는 점에서는 별 차이가 없으나 소비자는 기능 선택의 여지가 생겼다는 측면에서 진일보한 모습을 보인다.

**3. 제품 3.0 (Commandable)**

메뉴방식보다 이용자의 재량을 부여하는 것은 명령어 방식이다. 제품2.0과 비교할 때 제품3.0의 확연한 차이는 이용상의 재량과 이동성의 강화라는 두 가지 측면으로 집약된다. 첫째는 명령어나 'DIY(Do-It-Yourself)' 방식을 구현함으로써 제품 소비에 이용자의 재량을 대폭 확대하는 것이다. 둘째는 이동성(mobility)을 강화함으로써 사람이 제품이 있는 곳으로 가던 것을 제품이 사람을 따라오도록 만든다는 점이다. 휴대성과 무선을 이용하여 이동성이 강화된 제품(Fixed Goods → Moving Goods)이라는 것이다. 레고 블록으로 장난감을 시스템화한 것은 바로 이용자의 재량을 대폭 확대한 전형적 예시이다.

**4. 제품 4.0 (Connected)**

이제 제품은 더 이상 그 자체로만 존재하지 않는다. 다른 제품과 연동

되어 기능을 발휘한다. 이것이 바로 제품의 시스템화이며, 그러한 제품을 '커넥티드 프로덕트(Connected product)'라 한다. 이에 대해서는 다음에 이어지는 (2. 4세대 제품)에서 별도로 논의가 되겠지만, 이제 제품은 관련 제품들과 호환 및 연동을 통해 제품 생태계가 만들어지지 않으면, 'Stand-alone'식의 개별 단품만으로는 살아남기 어렵다. 1979년 카세트 기반 '워크맨'으로 처음 휴대용 오디오 기기를 개발한 이후 전 세계 휴대

용 음악 기기 시장을 이끌어 왔던 소니(SONY)는 2001년 애플이 아이팟을 내 놓으며 사실상 주도권을 빼앗겼다. 콘텐츠, 플레이어 장치 등 모든 면에서 우월했던 소니가 참패한 이유는 하나다. 그것은 바로 '커넥트(connect)'의 싸움에서 진 것이다.

## 2 4세대 제품

제 4세대 제품은 한마디로 '커넥티드(connected)'로 그 특성을 규정할 수 있다. 스마트 폰이 '스마트'한 이유는 바로 '커넥티드' 역량 때문이라 해도 과언이 아니다. 커넥티드 제품은 물리적 요소, '스마트' 요소, 연결성 요소 등 세 가지 핵심요소로 구성된다. '스마트' 요소는 기존 제품이 가지고 있는 물리적 요소의 기능과 가치를 확장하며, 연결성 요소는 스마트 요소의 기능과 가치를 확장하는 한편, 스마트 요소의 일부를 물리적 제품 자체의 틀을 벗어나 외부 세상으로 옮겨주는 역할을 한다. 이를 세 가

지 요소는 선순환적 가치 향상과 확장을 도모한다.

이렇듯 신개념의 제품들이 출현하게 된 배경에는 단연 정보기술(IT)이 자리하고 있다. 기계와 전기부품들로 구성되었던 개별 단품들이 하드웨어, 센서, 저장장치, 마이크로프로세서, 네트워크를 무수히 다양한 방식으로 결합한 복합시스템으로 거듭나고 있는 것이다. 스마트한 커넥티드 제품으로 인해 제품의 활용도가 계속 확장되는 한편, 전통적 제품의 경계를 가로지르고 뛰어넘는 기회가 기하급수로 확대되고 있다. 레고의 '마인드 스톰(Mindstorm)'은 아날로그 블록과 미니어처에 프로세스와 센서를 달아 인터넷에 접속하여 움직이는 레고가 된 것은 '커넥티드 제품'의 한 가지 사례일 뿐이다. '사물인터넷(IOT)'이 화두로 떠오르면서 스마트한 커넥티드 제품이 초래할 기회는 무궁무진하다. 그러나 한 가지 유념해야 할 것이 있다. 그것은 바로 '커넥티드 제품'의 차별적 특성은 제품 자체가 지닌 '변화하는 속성'이라는 점이다. 제품의 확장된 기능과 제품에서 생성되는 정보야말로 새로운 경쟁의 시대를 여는 요체이며 원동력이다. 따라서 기업들은 기술 그 자체를 넘어 향후 커넥티드 제품으로 초래될 경쟁의 변화 양상에 주목해야 한다.[47]

### Q9-3-(1) : 커넥티드 제품은 기본적으로 어떤 요건을 필요로 하는가?

변화를 주도하고 있는 정보기술은 지난 50년 동안 두 차례에 걸쳐 기

---

47 Porter, Michael E. and Heppelmann, James E. (2014). "How Smart, Connected Products Are Transforming Competition," Harvard Business Review(HBR) November Issue.
Porter, Michael E. and Heppelmann, James E. (2015). "How Smart, Connected Products Are Transforming Companies," Harvard Business Review(HBR) October Issue.

업 간 경쟁과 전략에 획기적인 전환을 가져왔다. 현대적 의미의 정보환경이 조성되기 전에는 제품들이 기계적으로 작동했다. 그에 따라 가치사슬 내에서의 기업 활동은 서면 등 오프라인으로 이루어졌다. 그러다가 1960년 중반부터 1970년대에 컴퓨터 보급과 활용이 확산되면서 가치사슬 내 기업 활동은 빠르게 자동화되기 시작했다. 1980년대와 1990년대 인터넷이 컴퓨터와 연결되면서 기업 활동 전반에 걸친 조직화와 통합이 이루어졌고 외부 가치사슬과의 연동으로 기업의 활동 거점은 빠르게 확장되어 갔다. 특히 고객과의 관계(CRM), 공급사슬(SCM) 등이 기업 내부 활동과 연동되면서 새로운 변화를 초래하였다.

컴퓨터의 도입, 그리고 인터넷으로의 연결 등 두 차례의 변화는 제품 자체에는 거의 영향을 끼치지는 못했다. 그러나 이제 제품에 정보기술 내재화가 빠르게 진행되면서 제품 자체가 자기제어적인 최적화와 자율적인 지능화 현상이 나타나고 있다. 센서와 외부 데이터 소스를 통해 제품의 상태 및 운영상황에 대한 종합적인 모니터링이 가능하다. 또한 원격으로 혹은 클라우드에 저장된 알고리즘으로 제품의 작동을 제어할 수 있으며, 상황 모니터링 정보가 제어 기능과 결합되면서 기존에는 불가능했던 다양한 방식으로 제품의 성능을 최적화하는 것이 가능해지고 있다. 궁극적으로는 모니터링, 제어, 최적화가 상호 상승작용을 통해서 자율 지능화가 이룩될 것이다. 자율주행자동차, 드론 등 최근 언론에 자주 보도되는 것들이 커넥티드 제품의 전형이다. 아래 그림은 스마트(Smart)와 커넥티드(Connected)가 결합되어 제품 자율화에 이르는 과정을 설명하고 있다.

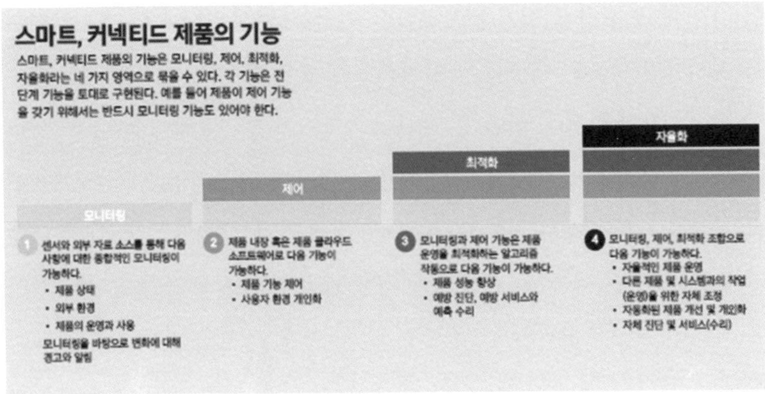


출처: http://www.hbrkorea.com/magazine/article/view/5_1/article_no/389#

### Q9-3-(2) : 커넥티드 제품은 기업에 어떤 영향을 미치게 될까?

사실 이 질문에 대해서는 추측만 가능할 뿐 누구라도 명쾌한 대답을 내놓기는 어려울 것이다. 확장의 가능성과 진화의 가변성이 무궁무진하기 때문이다. 그러나 한 가지 분명한 건 정보(데이터)와 분리되어 있던 지금까지의 제품과 달리 제품 스스로가 정보를 생산하고 이를 통해 모니터링, 제어, 최적화, 자율화가 가능하게 됨으로써 앞으로의 모든 변화는 이로 인해 촉발될 것이라는 점이다. 모니터링, 제어, 최적화, 자율화는 인간의 영역이었고 이를 위해 데이터를 인위적으로 입수하지 않으면 안 되었었다. 그러나 4세대 제품이 본격화될 즈음이면 제품 스스로가 지능화된 정보환경을 조성하게 될 것이며, 이것이 기업 활동과 내·외부 가치사슬에 끼치는 영향은 상상력과 창의력에 좌우될 것이다.

## 3 제품의 서비스화

'제품의 서비스화(Product Servitization)'란 제품으로 하여금 예전에 사람이 하던 일들을 대신 하도록 하는 시도이다. 사람이 하던 일들, 즉 감지 및 모니터링, 제어, 최적화, 자율화 등을 제품에 내재화하는 것이 '제품의 서비스화'이다. 일각에서는 상품의 판매모델이 점차 서비스 모델로 변화하고 있는 것을 의미하기도 한다.

### 1. 인간이 제공하던 서비스를 제품이 대체

인간 지능의 재재화로 제품 자체가 스스로 서비스 할 수 있는 사례는 무수히 많이 나타나고 있다. 가령 등의 조명을 사람이 조절하던 것이 등에 센서를 부착하여 조명이 자동 조절되도록 함으로써 에너지를 절감하거나, 사람이 일일이 시간을 맞춰 약을 먹어야 하던 일이 약병에 지능형 센서를 부착하여 복용시점 자동알림 서비스를 제공하는 것 등이 그 사례이다. 앞서도 논의한 바와 같이 스마트와 커넥티드로 그 특성이 규정되는 제4세대 제품들은 모두 '제품 서비스화(Product Servitization)'의 산물이라고 해도 과언이 아닐 것이다. 서비스 주체가 '인간에서 제품으로' 대체되려면 아래 그림과 같이 물리적 재화에 가상공간의 잠재가치를 부가하여 제품 생태계를 이룰 때 가능해질 것이다.

물리공간의 제품이 가상공간의 서비스와 결합되면서 제품 스스로 서비스를 제공할 수 있는 결정적 요인은 서비스의 기초가 되는 데이터와 제품의 일원화 때문이다. 예전에는 데이터와 제품이 분리되어 있었기 때문에 정보처리를 위해 데이터를 수집하고 분석, 판단하는 일체의 과정에 인간이 개입하지 않으면 안 되었다. 그러나 이제는 제품 스스로 생성하는 데이터를 분석, 판단함으로써 인간의 서비스를 대체할 수 있게 된 것이다. 현재의 자동차와 자율주행(무인)자동차를 비교해보면 제품의 서비스화가 무엇을 말하는 것인지 이해가 쉬울 것이다.

제품의 서비스화 개념도

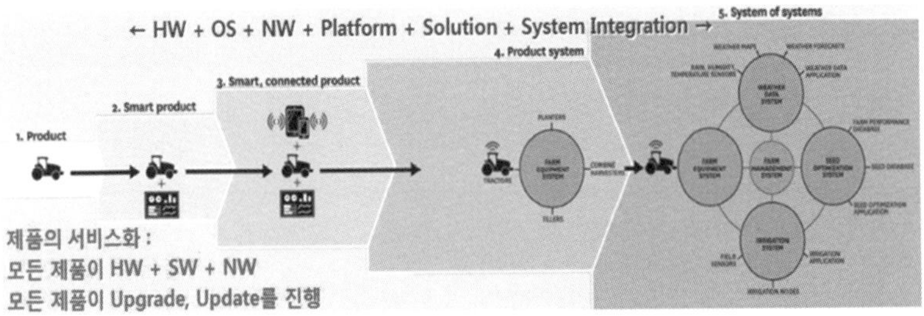


출처 : Michael E. Porter and James E. Heppelmann (2014). "How Smart, Connected Products Are Transforming Competition", Harvard Business Review,(HBR). November Issue.

## 2. 제품 판매가 서비스 판매로 변화

제품을 판매하기보다는 서비스를 판매하는 사업모델들이 두드러지게 나타나고 있다. '대여(Rental)'가 그 전형적 모델이다. 자동차, 침대, 정수기 등 상당히 다양한 제품군에서 적용된다. 거기에 부가하여 신용카드사와의 협력을 통해 고객이 사용한 포인트 적립금으로 대여료의 일부를 대신함으로서 소비 효용의 극대화를 추진하는 사례도 눈에 띈다.

최근 초연결 환경 하에서 제품과 서비스를 구분하는 것은 사실상 의미가 없다. 거의 모든 제품이 서비스화 되고 있기 때문이다. 또한 경쟁과 협업이 동시에 진행되는 상황에서는 포터의 '5대 경쟁세력 모형'을 재검토할 필요가 있다. 그가 제시한 동종 경쟁자, 잠재 진입자, 대체자, 제공자, 구매자 등 경쟁세력들의 구분이 점차 모호해지고 있기 때문이다.

제10장

# 정보와 지식

### 지상(地上)으로 내려온 지식

지식은 시대를 거치면서 '천상(天上)의 지식', '연옥(煉獄)의 지식', '지상(地上)의 지식'으로 진화, 확대되었다.

• '천상(天上)의 지식' – 중세 이전까지는 소크라테스가 인간을 도덕적·정신적으로 성장케 하는 것을 유일한 기능으로 생각했듯, 지식은 '삼학(三學)', 즉 논리(論理)이자, 문법(文法)이며, 수사학(修辭學)을 의미했다. 동양도 마찬가지였다. 유학자들에게 지식이란 무엇을 어떻게 말해야 하는가를 아는 것이었으며, 도가(道家)와 선승(禪僧)들에게 지식이란 자신에 대한 깨달음과 지혜에 이르는 수단이었다.

• '연옥(煉獄)의 지식' – 상업이 번성하면서 자신만의 경쟁력 있는 물건을 만들어 내는 실천적 지식이 생겨나게 되었는데, 이것이 바로 '연옥의 지식'이다. 이러한 지식은 상업적 이유에서 동서를 막론하고 공유되거나 전파되는 것이 아니었다. 이러한 실천적 지식을 '비결(秘訣)' 혹은 '비법(秘法)'이라 하였으며, 이를 공유하거나 전수 받기 위해서는 도제 생활을 통한 경험적 접근만이 유일한 수단이었다.

• '지상(地上)의 지식' – 산업혁명이후 공장제도가 도입되면서부터 비밀스런 장인의 경험은 체계화된 지식으로 바뀌었고 도제 대신 대다수의 사람들에게 전수되는 체제가 출현하게 되었다. 현대적 의미에서 지식을 대변하는 '테크놀로지'란 장인의 암묵지(skill)를 의미하는 'technē'와 이를 형식지화 하는 수단인 'logy'가 합성된 것이다.

## 제1절 다시 보는 세계관

'정보'라는 단어만큼 널리, 자주 회자되는 것도 흔치 않다. 요즘을 고도의 '정보화시대'라고 한다는 사실을 모르는 이는 없을 것이다. 그러나 '정보'가 무엇이며 '정보화시대'란 어떤 의미를 갖는 것인지 명쾌하게 얘기할 수 있는 이도 그리 많지 않을 것 같다. 이 절에서는 '정보'와 그로부터 형성되는 '지식'에 관한 이해를 도울 수 있는 주요 사항들을 논의한다.

가르쳐 줄 사람은 세상에 아무도 없다. 스스로 배울 뿐이다.

- 헤라클레이토스(Heraclitus, B.C 540?-480?), 고대 그리스 철학자

### 1 세 가지 우문

'정보화 시대'란 표현은 1980년 앨빈 토플러의 저서 '제3의 물결'이 출간되면서 본격 회자되기 시작했으니, 이를 처음 듣는 이는 없을 것이다. 그러나 그 함의를 이해하려면 뜬금없어 보이는 몇 가지 질문에 답할 수 있어야 한다.

#### 1. '정보'에 대한 일반화의 오류

'정보화시대'란 무엇을 말하는가? '정보화시대'라는 표현에 담긴 함의는 우리가 익히 들어왔던 대로 '정보'가 중요시 되는 시대, 즉 정보가 돈이요 경쟁력이 되는 그런 시대란 의미일 것이다.

### Q10-1-(1) : 그렇다면 정보가 중요치 않았던 시대가 있었던가?

그렇다. 인류의 역사 이래 '정보'가 중요치 않았던 적은 없었다. 마라톤 전쟁의 승리를 알리기 위해 달렸던 것이 그러하며, 왜구의 침략을 알리기 위해 남해에서 한양까지 설치한 봉수대도 정보 전달을 위한 것이었다. 그렇다면 왜 요즘을 '정보화시대'라고 하는가? 그것은 바로 '정보의 결합성(정보가치의 승수효과)'에 있다. 아래 그림과 같이 정보를 많이 가질수록 개별 정보들의 결합을 통해 가치를 발생 시킬 수 있는 여지가 커진다. 게다가 가치발생이 선형적으로 증가하는 것이 아니라 기하급수적으로 증가한다. 컴퓨터 정보통신망의 보편화로 이제 한 곳에 앉아서도 얼마든지 정보를 입수할 수 있는 상황이 되었다.

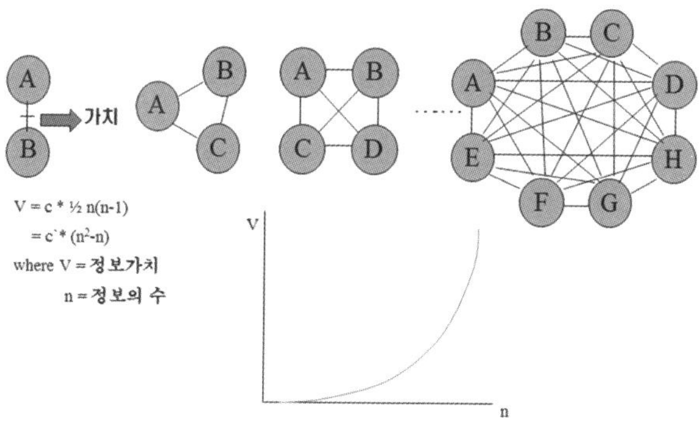


### Q10-1-(2) : 정보가 돈이 된 적이 있는가?

수 없이 들었던 바와 같이 과연 '정보'가 돈이 될까? '정보 = 돈'이라는 등식을 그대로 받아들인다면 '정보'로 인해 큰 손실을 본 경우는 어떻게 설명할 것인가? '정보'는 곧 돈이요, 경쟁력이라는 명제는 항상 참은 아니다. 정보가 돈이요, 경쟁력이라는 주장이 참이 되려면 아래의 세 번째 질문에 답할 수 있어야 한다.

> Q10-1-(3) : 지식의 모태인 '정보'는 명사인가 동사인가?

당연히 사전적 정의로는 명사이다. 그것도 추상명사이다. 과연 이런 식으로 알아서 '사랑은 움직이는 거야.'라는 광고카피가 나올 수 있을까? 추상적 개념일수록 명사는 동사로 간주해야 그 본질을 이해할 수 있다. 같은 맥락에서 '정보'의 본질을 이해하려면 동사로 간주해야 한다.

## 2. '정보'의 4가지 차별적 특성

정보는 인지하고, 해석하며, 교류하는 행위가 수반된다. 아래 그림에 제시된 바와 같이, 이로부터 정보의 네 가지 차별적 특성을 파악해낼 수 있다. 정보가 돈이요, 경쟁력이라는 주장이 참이 되려면 정보의 이 네 가지 특성에 부합되는 소양과 능력이 개발되어야만 한다.

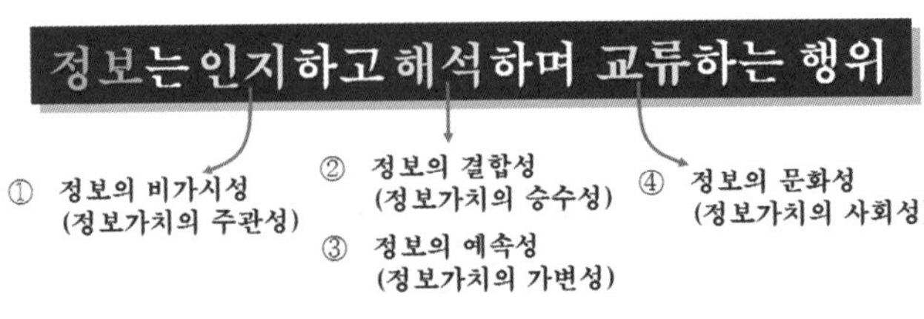


• **정보의 비가시성(정보가치의 주관성):** 정보는 쉽사리 보이는 것이 아

니다(Information is not easily visible). 정보는 인지하는 '행위'적 성격이 매우 강하기 때문에 정보의 가치는 매우 주관적이다. 정보는 개인의 문제의식과 호기심, 알고자 하는 열망 등에 의해 상황인식이 형성되지 않는 한 쉽사리 보이지 않는 특성을 지니고 있다. 정보의 가치는 수신자가 가지고 있는 문제의식과 정보의 부합 정도에 따라 크게 달라진다. 정보입수의 선택적 행위가 나타나는 이유는 바로 이 때문이다. 진정으로 보는 눈과 듣는 귀가 있을 때 정보는 보이고 들린다. 따라서 정보의 제 1특성은 조직의 관점에서 볼 때, 수신자의 몰입과 적극적 참여의식이 크게 작용한다.

• **정보의 결합성(정보가치의 승수성)** : 정보 그 자체는 가치를 갖지 않는다(Information is of no value in itself). "구슬이 서 말이라도 꿰어야 보배"라 했듯이, 정보의 가치는 상승작용적이다. 즉, 개별 정보는 다른 정보와 결합, 비교, 연계되지 않는 한 가치를 발생하지 않는 특성을 가지고 있다. 정보의 가치는 수신자가 다른 정보와 연계하여 해석할 때 발생되며 정보의 동종 간 결합보다는 이종 간 결합으로 발생되는 가치가 훨씬 더 크다. 닭과 닭이 열심히 교배해봐야 닭 이외의 새로운 것은 나오지 않는다. 따라서 정보의 제 2특성은 이종 정보 간 결합에 결정적으로 작용하는 수신자의 창의성이 매우 중요함을 시사한다.

• **정보의 상황예속성(정보가치의 소멸성)** : 정보는 시간과 상황 예속적이다(Information is time-dependent and situation-specific). 따라서 정보의 가치는 시간이 경과함에 따라 소멸하는 특성을 지니고 있다. 어느 특정 상황이 종료되면 그에 대한 정보의 가치는 급격히 소멸하기 때문에, 정보의 가치를 유지하기 위해서는 논리적 체계 속에서 이를 일반화하여 유사한 상황에 적용될 수 있도록 하는 것이 매우 중요하다. 따라서 정보의 제 3특성은 논리적 표현력을 조장할 수 있는 합리적 조직문화가 정보화

를 촉진하는데 또 다른 중요한 요소임을 의미한다.

• **정보의 문화성(정보가치의 사회성)** : 정보는 관계요 문화다(Information is a relationship and a culture). 조직 내에 적절한 정보문화가 배양될 때라야 정보의 가치는 창출되며 파급된다. 예컨대 어느 한 사람이 자신이 인지한 정보 및 생각을 문서, 말, 수학적 표기 등의 형식을 빌려 표현하게 되면 이를 접한 다른 이들은 그 정보를 자신이 가지고 있는 정보 혹은 생각을 통해 확인, 비교, 또는 잘못된 부분을 지적, 수정, 보완 하는 등 보다 진보된 새로운 정보를 만들어 낸다. 따라서 정보의 제 4특성은 활발한 대화와 토론 등 개방된 조직문화가 결정적인 것임을 시사한다.

## 2 장인과 지식인

가령 우리 할머니는 김치, 된장찌개 등 전통 한식을 기가 막힐 정도로 잘 만든다고 가정해보자. 할머니는 음식 만드는 노-하우를 가지고 있음이 분명하다. 그렇다고 그 할머니를 한식 요리의 지식인이라고 하는가? 마찬가지로 구두를 아주 잘 만들거나 빵을 잘 굽는 이들을 해당 분야의 지식인이라 하지 않는다.

Q10-1-(4) : 물건 만드는 비법 보유자를 왜 굳이 '장인'이라 부를까?

이들을 지식인이라 하지 않고 '장인(匠人)'이라 부르는 이유는 해당 분야의 노-하우, 즉 지식을 가지고는 있지만 그 지식은 비법이나 비결에 속하는 암묵지에 머물고 있기 때문이다. 이를 뒤집어 얘기하면, 설혹 음식

맛은 우리 할머니보다 떨어질 수 있지만 TV, 잡지 등에 자주 등장하는 유명 요리사들을 우리는 업계의 지식인으로 분류한다. 그 이유는 자신이 갖고 있는 노-하우를 형식지화 하고 이를 정당화 하는 능력을 갖고 있기 때문이다. 이해를 돕기 위해 한 가지 더 예를 들어보자. 교회당에서 열심히 기도하는 촌로(村老)와 열심히 설교하는 목사(牧師) 중 누가 더 신앙심이 깊을까? 알 수 없지만 설교하는 목사가 설교를 들으며 기도하는 촌로 보다 신앙심이 깊다는 보장은 없다. 오히려 신자인 촌로가 더 깊을 수 있다. 그럼에도 불구하고 목사는 설교하고, 촌로는 듣는다. 그 이유는 무얼까?

여기서 우리가 알 수 있는 것은 지식의 핵심에는 '논리적 정당화(justification)'가 자리하고 있다는 점이다. 따라서 자신이 진실이라고 믿고 있는 것을 논리적으로 표출하는 능력이 없으면 그 사람은 지식인이 아니다. 결국 지식이란 후속 논의되는 지식의 세 번째 정의와 같이 '정당화된 진정한 믿음', 즉 JTB(Justified True Belief)이다. 자신이 참(진리)이라고 믿는 것을 정당화 한 것, 즉 일정한 논리적 틀 속에 자신이 알고 있는 것을 표출한 것이 곧 지식이라는 것이다. 정당화가 배제된 '진정한 믿음(True Belief)' 그 자체는 신앙(信仰)이다. 그러나 거기에 정당화(Justification)가 추가되면 신학(神學)이 된다. 이것이 지식의 힘이다.

### 2. '지식'의 4가지 정의

정보가 지식의 원천 자원임을 감안하면 지식도 앞서 살펴 본 정보의 4대 특성을 그대로 담고 있음을 어렵지 않게 짐작할 수 있다. 그간 각종 문헌에서 소개하고 있는 지식의 정의를 정리하여 이를 확인해 보자.

• **정의 1:** 지식이란 '경험이나 학습을 통해 얻은 사실, 진리 등에 대한 이해와 깨우침(Knowledge is the awareness and understanding of facts, truths or information gained in the form of experience or learning)'이다. 이 정의에 따르면 문제의식, 호기심 등 알고자 하는 욕구가 지식형성의 시발점이며, 정보의 제 1특성(정보의 비가시성)과 맞닿아 있음을 알 수가 있다. 그렇기 때문에 스베이비(Karl-Erik Sveiby, 2003)는 '알고자 하는 욕구 그 자체도 지식(Desire to know itself is also knowledge)'이라고 주장한다. 결국 조직원의 알고자 하는 욕구를 촉진하는 내면화(Internalization)는 지식경영의 1차 대상인 것이다.

• **정의 2:** 지식이란 '자신이 가지고 있는 개별적 정보의 파편들을 상호 연결 지어 인지된 결정체(Knowledge is appreciation of the possession of interconnected details)'이다. 결국 지식의 가치는 개별적으로 존재하는 의미들이 서로 비교, 결합될 때 발생한다. 이러한 지식의 정의는 정보의 제 2특성(정보의 결합성)에 그대로 부합됨을 있음을 알 수가 있다. 그렇기에 폴라니(Polanyi, 1964)는 '알아가는 과정 자체도 지식(Knowing or a process of knowing is also knowledge)'으로 간주되어야 한다고 주장한다. 결국 정보의 파편들을 연결지어 새로운 가치 발생을 촉진하는 종합화(Combination)는 지식경영의 두 번째 대상이 된다.

• **정의 3:** 지식이란 '정당화된 진정한 믿음(Knowledge is equivalent to JTB: Justified True Belief)'이다. 자신이 참(진리)이라고 믿는 것을 정당화한 것, 즉 일정한 논리적 틀 속에 자신이 알고 있는 것을 표출한 것이 곧 지식이라는 것이다. '논리적 정당화'를 핵심으로 하고 있는 이러한 정의는 정보의 제 3특성(정보의 상황예속성)과 밀접한 관련이 있음을 알 수가 있다. 그렇기에 중세 철학자들에게 '지식은 논리(論理)이자, 문법(文法)이며, 수사학(修辭學)'이었다. 결국 암묵적으로 자신이 알고(인지하고) 있는 것을 논리적으로 표출하는 능력과 문화, 즉 외부화(Externalization)는 지식경

영의 세 번째 대상이 된다.

• **정의 4:** 지식이란 '정당화된 진정한 믿음(JTB: Justified True Belief)에 미지수 X가 추가된 것(Knowledge is a combination of JTB account plus a societal factor, 'X')'이다. 이를 수학 등식으로 표현하면 Knowledge = (Justification + Truth + Belief) + X로 나타낼 수 있다. 여기서 'X'는 지식 성장의 사회적 요소를 의미하는 것으로, 이를 처음 주장한 게티어(Gettier, 1964)의 이름을 따서 "Gettier Problem"이라 한다. 암묵지(체화지)를 형식지(방법지)로 바꿔내는 외부화(Externalization)가 이루어지면 이를 접한 다른 이들이 자신의 또 다른 지식 혹은 생각을 통해 확인, 비교하거나 잘못된 부분을 지적, 수정, 보완 하는 등 보다 진보된 새로운 지식을 만들어 낸다는 것이다. 지식의 이러한 특성은 정보의 제 4특성(정보의 문화성)과 일치하는 것임을 알 수가 있다. 결국 지식 성장에 반드시 필요한 사회화(Socialization) 과정은 지식경영의 네 번째 대상이 된다.

### 3 지식경영 세계관의 진화

지식이 무엇보다 중요한 자산이라는 사실은 재론의 여지가 없다. 그 때문에 유용한 지식을 체계적으로 공유하고, 관리하고자 다양한 방법을 모색해왔다. '지식경영'이란 개념은 20세기 중반 컴퓨터의 활용이 보편화되면서 지식을 체계적으로 관리하려는 시도에서 출현하였다. 그 이후 지금까지 지식영영의 세계관은 대체로 네 단계(4C: Container → Community → Contents → Context)를 거치면서 진화해왔다.

### 1. 제 1세대 지식경영 (Container)

지식을 체계적으로 관리하려는 시도는 1990년대 초반 지식을 데이터처럼 관리할 수 있는 대상(Knowledge = Object)으로 간주하는 세계관에서 출발했다. 지식도 데이터가 데이터베이스에 저장, 축적되어 조직원들 사이에 공유되는 것처럼 지식저장소(Container)를 만들어 지식을 저장, 관리할 수 있을 것이라는 가정이 있었던 것이다.

> Q10-1-(5) : 지식은 데이터처럼 관리될 수 있는 것인가?

이러한 초기 지식경영은 기본적으로 'Not to Reinvent the Wheel'이란 취지에서 시작되었다. 특정 지식을 보유한 사람이 퇴근을 하거나 퇴직을 하여도 그 지식은 회사 내에 남도록 함으로써 원점에서 해당 지식을 축적하지 않고도 다른 사람이 활용할 수 있도록 하자는 취지였다. 얼핏 보아서는 매우 그럴듯한 발상이지만 이러한 가정에는 두 가지 심각한 오류가 있음이 드러났다. 첫째는 사람의 머릿속에 있는 소중한 지식을  타인과 쉽사리 공유하려 하지 않는다는 것이다. 둘째는 설혹 공유가 가능하다 하더라고 컴퓨터시스템으로 이루어지는 공유 지식은 전체 지식의 극히 일부에 지나지 않는다는 점이다. 옆의 그림처럼 지식을 형식지와 암묵지로 양분할 때, 컴퓨터로 관리, 공유될 수 있는 지식은 사람이 가지고 있는 지식의 최대 20%에 불과하다. 나머지는 컴퓨터로 관리될 수 없는 암묵지이다. 암묵지(체화지)는 형식지(방법지)와 달리 'KMS'라고 하는 전산시스템으로 유통, 공유, 관리될 수 있는 대상이 아니다. 스웨덴의 지식경영학자 스베이비(Karl-Erik Sveiby)는 "사람은 말할 수 있는 것보다 훨씬 많은 걸

알고 있다."고 강조하면서 형식지의 한계와 암묵지의 강력한 힘을 설명한 바 있다. 결국 제 1세대 지식경영은 컴퓨터 지식저장소에 쓰레기만 가득한 채 무위로 끝나는 결과를 가져왔다.

### 2. 제 2세대 지식경영 (Community)

1990년대 후반부터 2000년 초반에 걸쳐 지식에 대한 세계관의 무게중심이 '관리의 대상(Object)'에서 '성장의 과정(Process)'으로 이동하게 된다. 한마디로 형식지는 최대한 'Container'로 관리하되, 사람에 체화되어 있는 암묵지를 관리하려면 지식 그 자체를 관리하려 하기 보다는 해당 지식을 누가 보유하고 있는 지를 파악하고 관련 지식이나 관심을 가진 사람들의 커뮤니티를 관리하는 시도가 나타나게 된다. 그 대표적 사례가 바로 'CoP(Community of Practice)'라는 것이다.

'Cop'란 사람들이 일터나 조직에서 한 번씩 겪어봤을 경험들을 공유하고, 서로의 관계 속에서 자연스럽게 무언가를 배우는 환경을 조성하고자 함이다. CoP는 비슷한 일을 하는 사람들끼리 모여서 공통의 관심사에 대해 자유롭게 의견을 주고받는 비공식적인 순간에 제대로 된 학습이 일어난다는 점에 착안한 것으로, 인간 중심의 지식성장과정을 관리하려는 의도가 내재해 있다. 제11장 제3절 (3. Ba와 Small Talk)에서 논의되는 '공동의 장(Ba)'도 CoP의 연장선에서 해석될 수 있다.

Q10-1-(6) : 제2세대 지식경영은 비효율적, 비체계적이지 않은가?

'Cop'와 같이 사람들의 비공식 접촉은 지식의 성장과정을 촉진하려는 시도라는 측면에서는 긍정적이지만 체계적 관리가 어렵다는 한계가 있다. 이를 보완하기 위한 것이 바로 컴퓨터 기반의 'Contents' 관리이다.

### 3. 제 3세대 지식경영 (Contents)

2000년대 중반에 접어들면서 콘텐츠(Contents)의 중요성에 대한 인식이 증대되기 시작했다. 여기서 콘텐츠란 특정 지식을 누가 보유하고 있는지에 대한 내용을 말한다. 데이터 사전(Meta Data)을 통해 원하는 데이터에 접근하듯이 개별 지식을 컴퓨터로 관리하려 했던 제1세대와 달리 누가 어떤 지식을 가지고 있는지에 대한 콘텐츠를 메타데이터 형식으로 관리함으로써 이용자들이 이를 통해 원하는 지식을 보유한 사람과 접촉할 수 있도록 하자는 것이다. 결국 제3세대 지식경영은 1세대와 2세대의 장점을 결합한 결과물로 해석될 수 있다.

### 4. 제 4세대 지식경영 (Context)

2000년대 후반부터 현재에 이르면서 지식경영 패러다임은 급격한 변환기를 맞고 있다. 지식이나 정보 처리의 관점을 바꿔서 한 영역의 지식이나 정보에 국한하지 않고 영역 간 정보나 지식을 결부지어 맥락(Context) 혹은 숨겨진 관련성을 찾아내고자 하는 시도가 활발히 진행되고 있는데 그것이 바로 '빅데이터(Big Data)'이다. 이에 대해서는 제2절에서 논의가 계속된다.

## 제2절 데이터 세계관의 변화

사람이 밥을 먹고 살 듯, 서비스는 데이터를 기반으로 한다. 제8장에서 보았듯 서비스의 세계관이 4개의 세대에 걸쳐 진화하면서 데이터의 세계관도 함께 진화해왔다. 이 절에서는 그간 데이터 어떻게 인식되어 왔으며 경영조직에서 데이터의 역할은 어떠했는지, 그리고 최근 부상하고 있는 '3S'란 무엇이며 그 중요성과 시사점은 무엇인지 알아본다.

기업에게 부족한 건 돈이 아니라 미래에 대한 통찰이다.
샘 월튼(Sam Walton, 1918-1992), 월마트 창업주

### 1 세대별 데이터 세계관

2017년 5월 현재 애플, 알파벳(구글 지주회사), 마이크로소프트(MS), 아마존, 페이스북의 기업가치가 세계 1~5위를 차지했는데, 이들의 공통점은 소프트 IT(정보기술)기반의 데이터 기업이란 점이다. 이 기업들은 인공지능(AI) 기술과 함께 다른 기업들이 좇아가기 힘든 수준의 빅데이터를 확보하고 금융·교통·유통 등 여

데이터 중심 소프트 파워의 위력

러 분야와 결합하며 막대한 부가가치를 창출하고 있다. 또한 '공유경제(Sharing Economy)'를 실현하고 있는 에어비앤비(Airbnb)나 우버(Uber) 역시 데이터로 승부를 가르는 사례로 눈여겨보아야 할 기업들이다.[48]

### 1. 데이터의 역할 변화

서비스의 세계관이 4개의 세대에 걸쳐 진화하면서 데이터의 세계관도 함께 진화해왔다. 이 절에서는 그간 데이터가 어떻게 인식되어 왔으며 경영조직에서 데이터의 역할은 어떠했는지 살펴보자.

Q10-2-(1) : 데이터는 경영에서 어떤 위상을 점하고 있는가?

• **데이터 1.0 :** 데이터는 단위업무의 지원수단으로 간주되었다. 따라서 전산이 도입되면서 단위업무별로 데이터는 개별 파일의 형태로 관리되었는데, 이러한 처리방식을 EDP(Electronic Data Processing)이라 한다. 개별 업무용 전산프로그램에 데이터가 종속되는 DP의 문제점은 기본적으로 데이터의 중복성이며, 중복성은 같은 데이터 항목의 불일치로 인해 업무 및 의사결정에 혼란을 초래하였다. 특히 전산시스템의 활용이 더욱 보편화됨에 따라 업무용 응용프로그램이 급증하면서 파일방식의 데이터 관리가 초래하는 데이터의 중복성과 그에 따른 불일치는 더 이상 수작업으로 교정할 수 있는 문제가 아닌 지경에 이르게 된다.

• **데이터 2.0 :** 데이터의 중복성이 초래하는 연쇄적 문제(중복 → 불일치 → 의사결정의 혼란)를 근본적으로 해결하기 위한 수단으로 도입된 것이

48 '공유경제'에 대한 보다 구체적인 내용은 이미 제3장 제3절에서 논의되었다.

바로 데이터베이스의 개념이다. 이는 업무별로 데이터를 관리하는 것이 아니라 사내의 모든 업무에서 필요로 하는 데이터들을 DBMS(데이터관리시스템)를 통해서 데이터베이스에 저장하여 관리하도록 함으로써 데이터의 독립성을 보장토록 하는 조치이다. 이런 데이터 관리의 신 개념은 업무 간 데이터 공유를 촉진함으로써 조직의 부서 및 업무 사이에 존재하는 인터페이스(업무 지연의 주범) 수를 획기적으로 줄여주는 효과를 가져왔다. 전사 차원의 핵심자원으로 부서 간 데이터 공유는 조직 전체의 반응성 증대에 상당한 기여를 하게 되었다.

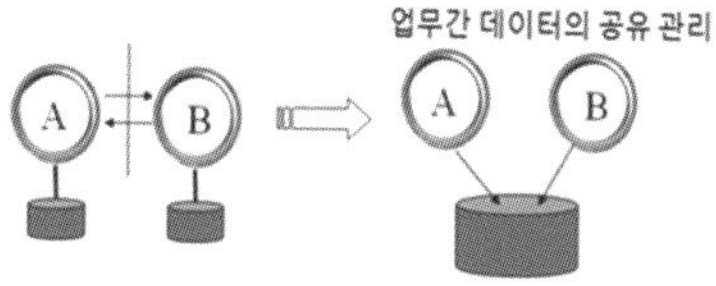


• **데이터 3.0** : 공급자의 사무공간과 소비자의 생활공간을 연결할 수 있는 데이터는 사물인터넷이 제공하는 '감지데이터(Sensor)'이다. 국민의 생활공간에 있는 각종 구조물에 감지장치를 부착하고 그에 대한 위치정보를 활용하여 감지데이터(Sensor Data)를 실시간을 수신하게 되면 사무공간으로 국한되어 있던 내부 업무프로세스를 소비자의 생활공간까지 외부로 확장하는 효과를 거둘 수 있기 때문이다. 이와 함께 인터넷사회관계망에서 유통되는 감성데이터(Social Data)와 지리정보기반의 공간데이터(Spatial Data) 등 소위 '3S'데이터에 주목해야 한다.

• **데이터 4.0** : 그간 데이터처리 영역에서 배제되었던 사물인터넷의 감지데이터(Sensor Data), 위치기반의 공간 데이터(Spatial Data), 소셜미디어의 감성 데이터(Social Data) 등, 소위 '3S Data'는 국민의 생활공

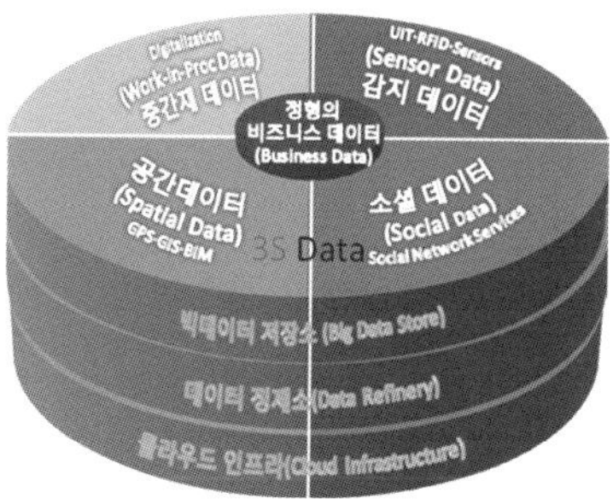

간과 정부의 사무공간을 하나의 융합공간(Convergent Space)으로 만들어 냄과 동시에 현실공간과 가상공간을 연결함으로써 보다 지능화된 업무환경이 조성될 것이다. 이와 함께 기존의 업무데이터와 새로이 부상하는 '3S Data'가 결합되면서 인공지능 기술을 활용한 빅데이터는 경영 패러다임을 바꿔놓고 있다. 이로 인해 데이터를 바라보는 세계관은 기존의 '업무자원'에서 새로운 '가치자원'으로 바뀌고 있으며, 그에 따라 데이터 처리방식에도 획기적 변화가 일어나고 있다. (이에 관해서는 3. 빅데이터가 'BIG'인 이유에서 다시 설명된다.)

## 2 '3S' 데이터의 출현

정보기술의 발전은 감지데이터(sensor data), 감성데이터(social data), 공간데이터(spatial data) 등 지금까지의 정보처리 대상에서 배제되었던 새로운 유형의 데이터를 엄청난 양으로 발생시키고 있으며 이를 통해 고현실(High Reality) 사회의 출현을 앞당기고 있다. 소위 '3S 데이터'로 통칭되는 이런 유형의 데이터는 보다 정확한 현상 진단과 상황 파악, 그리고 그에 기초한 예측에 결정적 기여를 한다는 측면에서 정보처리의 일대 혁신을 가져올 것으로 전망된다.

### 1. '3S' 데이터란?

'3S 데이터'라고 함은 'Social, Sensor, Spatial' 등 세 가지 유형의 데이터를 말하는 것으로, 이들은 빅데이터가 출현하게 된 결정적 이유가 될 뿐만 아니라 인터넷 사회관계망(SNS), 사물인터넷(IOT), 위치기반서비스

(LBS) 등 정보통신기술 서비스의 보편화로 새로이 부각되고 있다.

• **Social Data** : 이는 인터넷 소셜미디어(Social Media)에서 발생, 유통되는 데이터를 지칭하는 것으로, 이는 주로 사회관계 속에서 서로 주고받는 의견이나 생각의 표현을 통칭하여 '감성데이터'라 한다.

• **Sensor Data** : 점차 활용 영역을 넓혀가면서 전통적 영역 간 경계를 허물어뜨리고 있는 사물인터넷(Internet of Things)이 물리공간에 존재하는 사물의 위치와 속성, 그리고 실시간 상태의 변화를 감지하는 신호(Signal)데이터를 지칭하는 것으로 간단히 '감지데이터'라 한다.

• **Spatial Data** : 위치기반 서비스(LBS)와 지리정보로 생성되는 '공간데이터'를 의미하는 것으로, 이는 스마트폰과 같은 지능형 모바일 단말에는 이미 오래 전에 적용되어 왔으나, 감성데이터와 감지데이터의 가치 발생에 필수적 요소로 자리하고 있다.

### 2. '3S 데이터'에 주목해야 하는 이유

'3S 데이터'는 양적 규모에서 뿐만 아니라 발생 진원이 조직의 내부가 아닌 외부환경이라는 점은 다섯 가지 차원에서 상당한 의미를 갖는다.

첫째, 데이터 관리 차원에서, 전통적 정형 데이터는 조직의 목적과 업무적 시각에서 수집·관리되어 왔지만, '3S 데이터'와 같은 비정형 데이터는 수집·관리 주체가 특정되지 않는다.

둘째, 데이터 생성과 이용 차원에서, 전통적 데이터가 조직원에 의한, 조직원을 위한 것이라면, '3S 데이터'는 전적으로 대중의 일상 속에서 발생하고 이용된다.

셋째, 데이터 이용자 관점 차원에서, 전통적으로 데이터 이용자는 제공자와는 별개의 주체로서 '수동적 소비자(Comsumer)'로 간주된 반면,

'3S 데이터' 이용자는 이용과 동시에 제공자 역할을 하는 '능동적 소비자(Prosumer)'라는 점이다.

넷째, 보다 현실적인 이유로는 데이터처리 영역에서 배제되었던 '3S 데이터'는 소비자의 생활공간과 공급자의 사무공간이 단일의 융합공간(Convergent Space)으로 바뀌면서 서비스의 근간을 수동적 '반응', 즉 사후서비스(After Service)에서 능동적 '선제', 즉 사전서비스(Before Service)로의 획기적 전환점을 마련하는 계기가 될 수 있다

다섯째, '3S 데이터'는 빅데이터 처리 기반이며, 빅데이터는 인공지능의 중요한 핵심 소재가 될 수 있기 때문이다.

### 3 빅데이터가 'BIG'인 이유

전 세계적으로 '빅데이터(Big Data)' 열풍이 점입가경이다. 메타그룹(현재 가트너)의 애널리스트 더글라스 레이니(Doug Laney)는 2001년 자신의 연구보고서에서 데이터의 급성장에 따른 이슈와 기회를 데이터의 양(volume), 생성 속도(velocity), 형식의 다양성(variety) 등 소위 '3V'로 설명하였는데, 이후 이것이 가장 보편적으로 사용되는 빅 데이터의 정의가 되었다.

가트너(2012)는 기존의 정의를 다음과 같이 개정하였다: "빅 데이터는 큰 용량, 빠른 속도, 그리고(또는) 높은 다양성을 갖는 정보 자산으로서 이를 통해 의사 결정 및 통찰 발견, 프로세스 최적화를 향상시키기 위해서는 새로운 형태의 처리 방식이 필요하다." IBM은 정확성(Veracity)이라는 요소를 더해 4V로 정의하였고, 브라이언 홉킨스(Brian Hopkins) 등은 가

변성(Variability)을 더 추가하여 5V로 정의하고 있다.

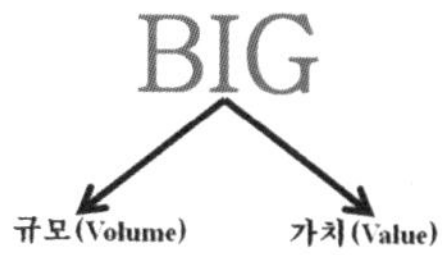


빅데이터의 '빅(BIG)'은 두 가지 의미를 함께 담고 있다. 첫째는 흔히들 알고 있듯이 데이터(특히 비정형 데이터)의 발생량이 엄청나다는 의미에서의 'BIG'이요, 둘째는 데이터에 무한한 가치가 숨어있다는 의미에서의 'BIG'이다. 특히 후자와 같이 데이터는 이제 단순히 업무 지원에 필요한 자료가 아니라 새로운 가치를 만들어내는 자원으로 인식되고 있다는 점에 주목해야 한다. 빅 데이터의 본질에 대한 정확한 이해가 수반되지 않는 한 데이터를 무궁한 가치자원으로 바꾸어낼 수는 없기 때문이다.

Q10-2-(2) : 왜 'BIG'이며, 어떻게 데이터를 가치로 바꿀 수 있는가?

흔히 빅데이터가 '빅(BIG)'인 이유를 3V, 즉 데이터 규모(Volume)가 커지고, 데이터 형식이 다양화(Variety)되며, 데이터 발생 속도(Velocity)가 가파르게 증가하고 있음에서 찾는다. 그러나 이는 기술적 관점에서 본 피상적 현상일 뿐 빅 데이터의 본질을 얘기하는 것은 아니다. 이런 식으론 어디까지가 스몰이고 어디부터가 빅인가에 대한 질문에 무력할 수밖에 없으며, 빅 데이터 시대에 제대로 대응할 수 없다.

빅 데이터가 빅(BIG)인 진정한 이유는 특정 영역에 국한하여 상시적 업무 차원에서 데이터를 처리(Data Processing)하는 것이 아니라 그와 관련성이 없어 보이는 다른 데이터와의 맥락을 처리(Context Processing)함으로써 새로운 가치를 만들어내는 능력에서 비롯된다. 고객 그 자체가 아닌 고객의 그림자를 읽으라는 것이 맥락 처리의 핵심이다.

**빅데이터가 '빅'인 이유**

'빅데이터'란 그간 데이터 처리 대상에 포함되지 않았지만 특히 정보기술의 발전으로 새로이 부각되고 있는 '3S'데이터와 전통적 업무지원 데이터 간 맥락(연계) 처리를 통해 새로운 가치를 끌어내고자 하는 새로운 데이터 처리방식이다. 따라서 빅데이터는 데이터 처리의 새로운 접근법으로 이해되어야 한다.

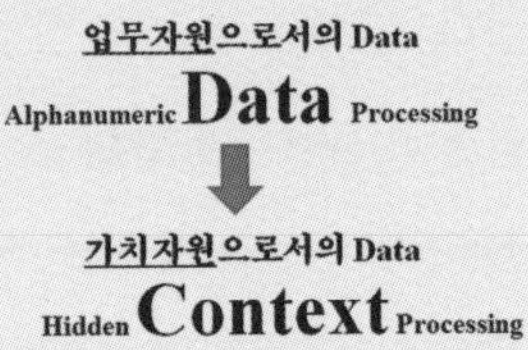


한 영역의 데이터와 다른 영역의 데이터를 연결 지어 분석하려니 데이터 규모(Volume)가 커지는 것이고, 처리될 데이터 형식(Variety)이 다양화되며, 새로운 데이터의 발생 속도(Velocity)가 가파르게 증가할 수밖에 없는 것이다. 특히 전통적 데이터 처리 영역에서 배제 되었던 소셜 미디어의 비정형 데이터(Social Data), 사물인터넷의 감지 데이터(Sensor Data), 위치기반의 공간 데이터(Spatial Data) 등이 업무용 정형 데이터와 다양하게 결합되면서 빅데이터를 '빅(BIG)'으로 만들 수 있는 기회가 열리고 있다. 특히 업무중심의 전통적 정형 데이터와 대중의 생활 속에서 생성, 유통되는 비정형 데이터, 감지 데이터, 공간 데이터 등의 다양한 결합이 빅 데이터를 빅(BIG)으로 만드는 진정한 이유이다. 예컨대 빵의 종류별 매출을 계산하는 차원에서 날씨 데이터와 빵의 매출 데이터를 연계지어 보면 어떤 날씨에 어떤 종류의 빵이 많이 팔리는지 알 수 있게 되어 재고의 효율적 관리와 매출 증대에 기여할 수 있다.

이러한 빅데이터 시대에 능동적으로 대응하기 위해서는 적어도 두 가지 조건이 충족되지 않으면 안 된다. 첫째는 창의적 능력이다. 전혀 관련이 없어 보이는 영역 간 데이터를 서로 연결 짓는다는 것은 기술이 해결할 수 있는 문제는 결코 아니다. 이것은 사람의 문제이며 창의의 본질인 '비롯함'의 문제이다. 둘째는 활용적 능력이다. 고현실 사회(Hyper Reality Society)에 접어든 지금 빅데이터가 제시하는 가치를 얼마나 활용할 수 있을지 스스로 물어봐야 한다.

의료계는 보다 정확한 진단과 처방을 위해 데이터 영역을 계속 확대하면서 그에 따른 판독능력을 끊임없이 배양해왔다. 의사는 인턴, 레지던트의 지난한 수련기간을 거치게 되는데, 이들의 수련은 한 마디로 각종 차트나 영상에서 데이터를 읽어내는 훈련을 하는 것이라고 집약해도 크게 무리는 아니다. 옛날부터 현재에 이르기까지 의사들은 맥박이라는 촉각에서 청진기로부터 받는 청각데이터, 나아가 x-레이의 2차원 시각데이터에서 MRI, CT와 같은 3차원 시각데이터까지 활용하고 있다. 그렇다면 독자가 소속된 조직에서는 문제의 진단과 정책 개발을 위해 어떤 데이터를 활용하고 있는가. 빅데이터는 이러한 관점에서 새로운 과제를 우리에게 던지고 있다.

## 제3절 정보시스템의 역할 변화

컴퓨터 기반의 정보시스템이 경영조직에 본격 도입되기 시작한 1980년 이래 이제는 정보시스템 없는 경영은 상상할 수 없는 수준에 와 있다. 투자대비 효익에 비추어볼 때 과연 정보시스템은 산업영역이나 기업의 특성과 관련 없이 같은 효익을 제공하는가에 대한 의문이 제기될 수 있다. 따라서 여기서는 정보시스템의 역할을 경영환경의 특성에 비추어 구분해보고, 향후 정보시스템의 발전방향을 조망해본다.

정보시스템은 만들어지는 것이 아니라 성장하는 것이다.

- 필자, 정보시스템 금언

### 1 IT생산성 역설

연구논문을 검색하던 중 2004년 12월에 발표된 한 논문이 내 시선을 끌었다. 학계의 일각에서 제기되어 온 '정보기술 생산성 역설(IT Productivity Paradox)'이 현실로 나타나고 있음을 제시하고 있었기 때문이었다. 그 내용은 대략 다음과 같다. 연간 매출 대비 정보기술 투자는 전체 조사 대상 기업(7,500개) 평균 3.7%, 그에 비해 기업성과 상위 25개 기업은 평균 0.8%에 그치고 있는 것으로 드러났다. 더욱 놀라운 것은 정보기술 투자율이 높은 기업들이 동종 업계 우수 집단에 비해 최대 50%까지 성과가 저조한 것으로 나타났다. 물론 매출액과 같은 기업성과는 다양한 요인이 작용한 결과이기 때문에 정보기술투자의 유효성을 평가한다는 것은 논리적으로 무리가 따를 수 있다. 그러나 정보기술투자가 기업성과에 더 이상 유의미한 기여를 하지 못하고 있음을 반증하고 있음에는 틀림없어 보인다.

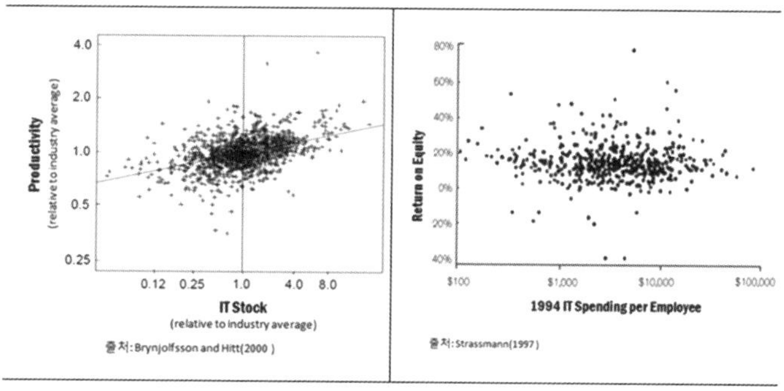


IT 생산성 역설 (IT Productivity Paradox)

Q10-3-(1) : IT생산성 역설이 현실이라면 그 이유는 무엇인가?

'정보기술 생산성 역설'이 현실로 나타난 현상의 이면에는 정보기술투자 자체에 문제가 있는 것이 아니라 기존의 정보화 추진방식이 더 이상 작동하지 않음을 의미하는 것이다. 정보시스템을 일상 업무처리 중심의 '운영계(Explicit Level)'와 의사결정지원 중심의 '정보계(Tacit Level)'로 구분할 때, 운영계 시스템의 경우 정보기술 투자와 기업성과는 높은 상관관계를 갖는 반면 인적, 사회적 요소가 크게 작용하는 정보계 시스템의 경우에는 그 만큼 실패 확률이 높기 때문이다.

지식경영시스템(KMS), 임원정보시스템(EIS) 등은 전형적인 정보계 시스템이다. 조직의 정보기술 의존도가 갈수록 확대되고 운영계 시스템에서 정보계 시스템으로 정보기술 투자가 집중 될수록 정보시스템 사업은 정보기술 생산성 역설이 그 만큼 더 크게 작용하게 된다.

### Q10-3-(2) : MIS 분야 종사자들에겐 어떤 영향이 있을까?

'정보기술 생산성 역설'이 사실로 드러난다면 기업은 정보기술 투자에 관심이 줄어들 것이고, 그에 따라 MIS 분야 종사자의 수요가 줄어들 것이란 예상을 할 수 있지만 사실은 그렇지 않다. '정보기술 생산성 역설'이 일부 현실로 드러난 근본 이유는 정보기술 그 자체의 문제가 아니라 이를 적용하는 관점과 방식에 문제가 있었기 때문이다.

바로 앞에서 논의한 바와 같이, 조직의 운영계와 정보계의 특성 차이를 반영하지 못한 채 운영계에서 잘 작동하였던 솔루션을 정보계에 적용한 결과이다. 정보처리 환경과 정보 수요가 달라지면 정보시스템 구현방식도 달라져야 마땅하지만 그러지 못한 것이 주요 원인이다. 이러한 맥락에서 볼 때, 운영계는 경영학적 지식이 없이도 전산시스템을 구현할 수 있지만, 정보계의 경우는 경영학적 지식뿐만 아니라 사회과학 전반의 배경지식을 겸비한 전문가의 도움이 절실히 요구된다. MIS 전문가는 전산과 경영에 대한 전문성을 겸비한 혼혈아라는 점에서 오히려 MIS 전문성에 대한 수요는 더욱 늘어날 것이 분명하다.

특히 정보기술의 전략적 활용과 함께 Inside-out 보다는 Outside-in 접근방식이 한층 더 요구되는 최근의 상황을 감안할 때, 전산 및 정보기술의 전문성 보다는 오히려 경영학을 포함한 사회과학적 지식의 수요가 더욱 증대될 것이다. '잘 설계된 시스템과 작동 가능한 시스템은 전혀 별개의 것(A well designed system is one thing, a workable system is another.)' 이라는 금언은 정보시스템의 사회적 특성을 강조하는 것으로, 4차 산업 혁명시대로 접어들면서 더욱 정보기술의 잠재력과 사회적 요소에 대한 이해를 겸비한 인재에 대한 수요는 더욱 증대될 것이다.

## 2 정보시스템의 위상 변화

정보기술(Information Technology, IT) 잠재력에 대한 막연한 기대에 앞서 경영자들은 자신의 조직에 정보기술이 중요한지, 또 어떻게 중요한지를 이해할 필요가 있다. 맥팰란과 맥킨니(McFarlan & McKenney, 1983)는 기업에서 정보기술이 가지는 중요성을 알려주는 개념적인 틀로서 전략격자모형을 제시하였다.

IT/IS 전략격자모형

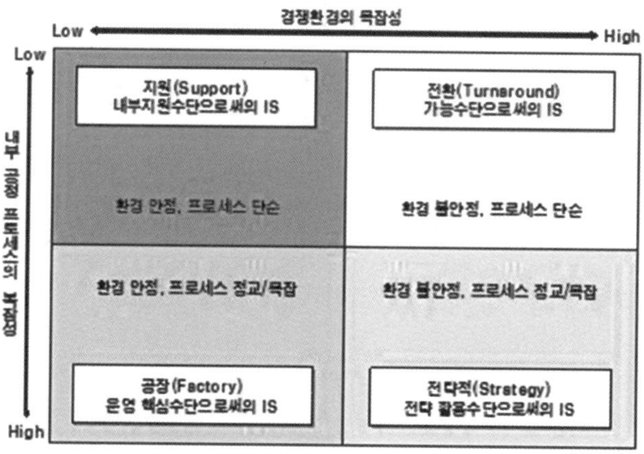


자료: Cash J. F. McFalan F. W. McKenney J. L.(1983), Corporate Information Systems Management - The Issues Facing Senior Executives(3rd ed), McGraw -Hill.

• **지원**(Support) : 정보시스템이 현재나 미래에 별로 큰 영향을 미치지 않는다면 정보기술은 일종의 "지원활동"으로 간주된다. 이 경우 정보기술에 대한 투자는 평균치를 넘지 않으며 경영층의 관심도 높지 않다. 정보기술에 대한 자세는 '우리가 당신을 찾기 전에는 우리를 찾지 말라'는 식이다. 내부 효율성 증진을 위한 몇 개의 관리 시스템이 설치되어 있고 제고공정 개선을 위한 전문기술의 도입이 완만하게 진행되는 경우에 해당된다.

• **공장**(Factory) : 정보시스템이 현재의 운영 및 관리에는 핵심적이지만 미래전략의 중심에는 있지 않다면 정보기술은 일종의 "공장활동"으로 간주된다. 현재는 고도의 시스템이 사업의 계획과 통제를 위해 설계되어 있지만, 기본적인 시스템 이외에는 사업을 근본적으로 변환시킬 새로운 응용시스템의 개발은 계획되고 있지 않다. 이 경우 정보기술은 원래의 위치에서 벗어나면 안 되고 엄격히 관리되어야 하는 '작업장'으로 인식된다. 또 정보기술 예산은 항상 중시되며, 시스템은 정지되는 일 없이 효율적으로 운영되어야 하므로 정보기술임원은 실력 있고 신뢰할 수 있는 중견관리자로 임명된다.

• **전환**(Turnaround) : 기존 정보기술의 중요성은 그다지 높지 않은 반면 현재 계획되고 있거나 개발 중인 시스템은 앞으로 조직의 생존이나 성장을 결정할 만큼 중요한 경우가 이에 해당한다. 이 상황에서는 정보기술 예산은 급격히 증대되며 정보기술 리더십이 중요한 요소로 부각된다. 또 정보기술 담당 중역이 임명되고, 임원들을 대상으로 한 정보관리 교육이 실시된다. 이 경우의 기업의 정보시스템 전략은 IT 잠재력과 기업 운영 및 전략의 일치도, IT에 대한 최고경영층의 전략적 의사결정(효율인가, 가치창조인가), 기업의 경쟁환경의 변화 등 3가지 요인에 의해 결정된다.

• **전략**(Strategic) : 정보시스템이 현재 조직에 핵심적일 뿐만 아니라 조

직의 미래가 그에 의해 좌우된다면, 정보기술 활동은 "전략활동"으로 간주된다. 업무의 수행이 컴퓨터 없이는 불가능하며 신규 새로운 제품과 서비스의 개발 역시 컴퓨터에 의지한다. 또한 사업의 다각화 역시 컴퓨터, 정보통신망, 통합 데이터베이스 등에 의존하게 된다. 결국 제품-시장 전략과 정보기술 전략은 실타래처럼 서로 엉키게 되며 정보기술은 사업의 핵심요소로 운영된다. 이 경우 정보기술에 대한 투자는 기업 자본예산의 대부분을 차지하게 되며, 정보기술 관리자는 최고 경영층의 일원이 될 공산이 크다.

### Q10-3-(3) : IT전략격자는 35년 전에 제시된 것인데 아직 유효할까?

기업의 전략격자모형은 또한 전략적 사업단위(Strategic Business Unit, SBU), 사업부 등 독자적 제품 시장을 가지고 있는 주체들을 대상으로 한다. 따라서 여러 개의 사업부로 이루어진 다각화된 기업은 각 사업부별로 각기 다른 전략격자를 가지게 되며, 정보기술 활동에 대한 관리도 사업부별로 달라진다. 한 사업부의 정보기술의 중요성 또한 시간이 흐름에 따라 변할 수 있기 때문에 이러한 변화의 시점을 제때에 파악하는 것은 매우 중요하다. 과거에 '지원' 혹은 '공장'에 해당되었던 많은 사업부들이 고객, 공급자 또는 경쟁업체들의 압력, 산업구조의 변화, 또는 정보기술이 제공하는 새로운 사업기회 등으로 인해 '전환' 또는 '전략'의 위치로 급속히 변하고 있다. 이상에서 나타난 시사점은 결국 현재와 미래의 정보기술 관리는 정보시스템이 가지는 중요성에 따라 결정된다는 점이다. 그러므로 모든 경우에 통용되는 정보관리 원칙이란 위험할 수 있으며, 상황에 따라 적절히 조절되어야 한다.

## 3 조직원과 대중의 차이

인터넷의 사회화는 대중의 숨어있는 재능과 창의를 발견하고 이를 발현할 수 있는 기회를 열어 놓았다. 문제는 이러한 잠재적 가치를 어떻게 끌어내어 사회적 자산으로 삼을 수 있을 것인가에 봉착한다. 통상 우리가 알고 있는 조직도 일종의 사회적 집단이지만 인터넷 구성원으로서의 대중은 조직원과 상당히 다른 특성을 갖고 있기 때문이다. 이를 대중의 '소셜(SOCIAL)'적 특성이라 한다면, 그 특성은 아래 표와 같이 '개인화'된 인간이 불특정 대중과의 '관계' 설정 속에서 '협력'을 통해 자아를 확장해 가는 인간의 속성으로 규정할 수 있다. 이러한 대중의 특성이 정보처리 관점에서 조직원의 특성과 어떠한 차이를 보이는지 좀 더 구체적으로 살펴보면 다음과 같다.

조직원과 대중의 차별적 특성 비교

| | 조직원 (Members) | 대중 (Crowds) |
|---|---|---|
| 구조 | •기계적 관료제 (구심점 존재)<br>(Mechanic Bureaucracy)<br>•아날로그 조직화<br>(Structured Analogue) | •유기적 전체제 (구심점 없음)<br>(Organic Holocracy)<br>•탈구조적 비조직화<br>(Structure-free Digital) |
| 관계 | •특정집단 간 동기식 소통<br>(Synchronous Communication.)<br>•이해집단 간 구성원의 규범적 협력<br>(Institutive Collaboration) | •불특정 다수의 비동기식 소통<br>(Asynchronous Communication)<br>•이해관계 없는 대중의 사회적 협력<br>(Social Collaboration) |
| 행위 | •통제가능(Controllable)<br>•집중적(Centralized)<br>•표준(Standards)<br>•예측가능(Predictable)<br>•직접연결(Directly Linked) | •통제불능(Uncontrollable)<br>•분산적(Decentralized)<br>•비표준(Non-Standards)<br>•예측불능(Unpredictable)<br>•간접연결(Indirectly Linked) |

### 1. 정보처리 관점에서 본 대중의 특성

우선 구조 차원에서, 조직원으로서의 개인은 조직 전체의 지향하는 바와 규율에 따라 행동하게 되지만 대중으로서의 개인에게는 이와 대조적으로 어떠한 제약이나 요구를 부여할 수 없으며, 개인의 활동을 인위적으로 조직화 할 수도 없다. 현실공간의 조직이 기계식 기능 중심의 관료조직(Functional Bureaucracy)이라고 한다면 가상공간의 조직은 특정 영역이 없는 유기적 관계 중심의 통합조직(Social Holocracy)으로 규정할 수 있다. 플랫폼이 기술적으로 오픈 플랫폼을 전제로 하는 이유도 바로 여기에 있다.

둘째, 관계 차원에서 개인의 존재는 소통(communication)과 협업(collaboration)에 있어 일반 조직원으로서의 개인과 대중의 일원으로서의 개인이 상당히 다르다. 일반 조직원 사이의 소통은 반드시 대상이 존재하며 그 대상이 몇 명인가에 따라 (1 : 1) 혹은 (1 : N)로 구분되지만 대중의 소통은 그 대상이 특정되지 않은 상태에서 자신의 의견을 남기면 불시에 또 다른 개인이 반응을 남기는 다자 간(N : M) 소통이다. 전자가 특정 대상을 전제로 소통방식인 '동기식 소통(Synchronous Communication)'인 반면, 특정 대상이 없는 후자의 방식은 '비동기식 소통(Asynchronous Communication)이다. 인터넷의 사회화가 진전되면서 비동기식 소통은 보편적 소통수단으로 자리하고 있으며, 이는 매스 커뮤니케이션(Mass Communication)과 대비되는 '소셜 커뮤니케이션(Social Communication)'이다. 협업 역시 정반대로 나타난다. 조직 구성원 간 협업이 이해관계 중심의 제도적 협업(Institutive Collaboration)이라면 가상공간에서의 대중 속 개인의 협업은 이해관계를 떠난 불특정 다수의 사회적 협업(Social Collaboration)이다.

셋째, 행위 차원에서 개인을 볼 때도 극명한 차이를 보인다. 가상공간의 구성원(Crowds)과 특정 조직의 구성원(Members)은 다음과 같은 측면에서 대조를 이룬다. 조직원이 특정된 공통가치 지향적이라면 대중은 불특정 개별가치 지향적이며, 행동 표준을 통해 조직원은 통제가 가능한 반면 대중은 사회적 가치규범에 의해 간접적 권고만 가능할 뿐 강제는 불가능하다. 조직원은 동일한 이익을 위해 긴밀하게 연결되어 있지만 대중은 관심을 통해서만 간접적인 관계를 갖는다.

대중의 잠재적 가치를 어떻게 끌어낼 수 있는 단초는 바로 앞서 논의한 대중의 특성을 올바로 이해하고 이를 토대로 대중을 조직화(Crowd-based Organization)하는 것이다. 개별적이고 독립적인 대중을 자연스럽게 조직화하여 그들의 잠재력을 가치로 이끌어내기 위한 수단은 바로 대중의 생태계를 마련해주는 것이며, 대중의 생태계 조성은 데이터 플랫폼을 제공하는 것으로부터 출발할 수 있다.

### 2. 데이터 플랫폼 설계를 위한 시사점

지금까지 논의한 대중의 특성은 향후 공공정보화 추진 기조를 기존의 표준·획일적(Mass) 정보화에서 사회·관계적(Social) 정보화로 전환해야 함을 시사한다. 그러기 위해서는 대중의 '소셜(SOCIAL)'적 특성이 반영된 데이터 플랫폼 구축이 전제되어야 한다. 플랫폼 관리를 염두에 둔 시각에서 데이터 플랫폼은 여타 정보시스템과 마찬가지로 두 가지 적용되는 대원칙이 있다.

첫째, '플랫폼은 일거에 만들어지는 것이 아니라 시간 위에서 성장, 진화해간다는 것이다. (Platform is not made at once, but grows over time.)' 이 원칙이 의미하는 바는 바로 사후관리의 중요성이다. 플랫폼을 잘 구축하는 것도 중요하지만 지속적으로 성장, 진화할 수 있도록 관리하는 것이 더욱 중요하다는 점이다.

둘째, '(기술적으로) 잘 설계된 플랫폼과 (사회적으로) 작동 가능한 플랫폼은 전혀 별개의 것이다.(A technically well-designed platform is one thing, a socially workable platform is another.)' 이는 플랫폼의 실용성이 그에 적용된 기술의 우수성보다 더 중요함을 시사한다.

결국 데이터 플랫폼 구현 원칙은 지속성장 가능성(sustainable)과 현실 적용 가능성(practicable) 등 두 가지로 집약될 수 있다. 이들 두 가지 원칙에 따라 설계 주안점을 여섯 가지로 제시하면 아래 그림과 같다. 결국 데이터 플랫폼이 지향하는 바는 'S·O·C·I·A·L'이다. 인위성이 개입될 수 없는 대중의 특성상 데이터 플랫폼 설계의 핵심사상을 '소셜(SOCIAL)'에 두고 구체적 설계의 주안점을 도출할 필요가 있다. 이는 마치 발효의 과정과 유사하다. 인위적 개입은 숨 쉬는 항아리와 재료, 그리고 효모균이 먹을 수 있는 설탕 정도에 불과하며, 발효는 효모가 하는 것과 같은 이치이다. 플랫폼이 항아리라면 '소셜(SOCIAL)'적 기능은 설탕, 데이터는 기초재료에 비견되며, 효모는 바로 대중이다.[49]

데이터 플랫폼 설계 및 지향점

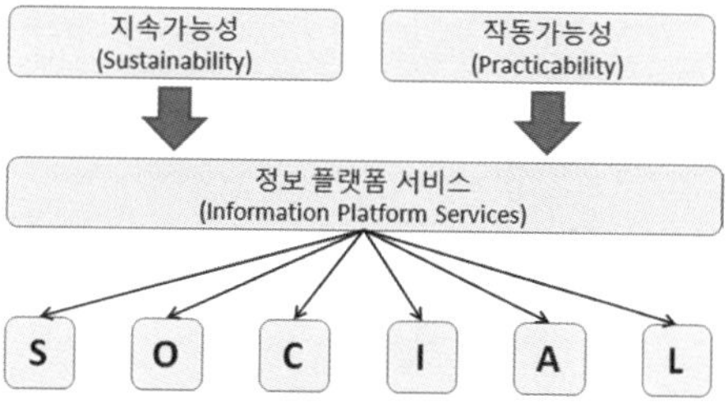


플랫폼의 사회적 속성: 'S•O•C•I•A•L'.

- 흥미적 속성(Stimulus-rich)
- 유기적 속성(Organic)
- 협력적 속성(Collaborative)
- 지능적 속성(Intelligent)
- 순응적 속성(Adaptive)
- 연결적 속성(Linked)

49 데이터 플랫폼 설계 주안점에 대한 보다 구체적인 내용은 아래 문헌을 참조 바람. 김상욱·이재숙(2017). "정보처리관점에서 본 대중의 특성과 공공데이터 플랫폼 설계 시사점에 관한 탐색 연구," 한국융합학회논문지, 제8권 제11호. pp.373-382.

제11장

# 조직과 리더십

### 공유비전 - HAL (Hitachi Aims to Lead IBM)

일본의 전기·가전회사인 '히타치(Hitachi)'는 관련 업종 다각화 전략의 일환으로 컴퓨터 업계로 진출하고자 하였다. 이때 이 회사의 경영층은 '타도 IBM'을 전략 기조로 내세우고 전 직원이 합심하여 IBM을 따라 잡을 수 있도록 전 조직원을 대상으로 모토를 공모하기에 이르렀다.

얼마 후 'HAL'이라는 글귀가 이 회사의 전역에 나돌았다. 도대체 'HAL'이란 무엇일까? 히타치의 직원 그 누구에게나 물어도 대답은 한결 같았다. "우리 회사는 컴퓨터 업계로 진출하면서 '타도 IBM'을 기본으로 하고 있습니다. 만약 IBM 보다 한 발짝만 앞설 수 있다면, 영원히 IBM을 따돌릴 수 있는 것 아니겠습니까?" 알파벳순으로 'I'보다 한발 앞선 것이 'H'요, 'B'보다 한발 앞선 것이 'A'이며, 'M'보다 한발 앞선 것이 'L'이니, '우리는 HAL'이라는 식이다. 더욱이 의미심장한 것은 HAL은 '히타치는 IBM 타도를 목표로 한다.'라는 영문 'Hitachi Aims to Lead IBM'의 머리글자를 의미하고 있는 것이다.

다소 장난스러운 모토이지만, HAL은 히타치 컴퓨터 제품의 상표로서의 가치도 충분히 있을 뿐만 아니라, 더욱 중요한 것은 이 모토가 조직의 상부가 아닌 하부 조직원에게서 나왔고 어느 직원에게나 쉽게 마음에 와 닿을 수 있는 회사 전체의 공유가치를 형성하고 있다는 점이다. 그러나 HAL과 같은 모토는 그냥 얻어지는 것이 아니다. 권위주의가 타파되고 처벌 지향적 리더십에서 권장 중심적 리더십으로의 전환이 무엇 보다 중요하다.

# 제1절 다시 보는 세계관

경영조직의 구조, 중간관리자의 역할, 조직원을 하나로 결집시키는 비전과 공유가치 등 주요 사안과 관련하여 재검토 혹은 유념해야 할 사항들을 짚어보고, 급변하는 환경에 부합되는 새로운 조직화 방식, 그리고 리더의 역할과 자격요건 등을 살펴본다.

CEO의 결심이 회사를 바꾸고, 리더의 진심이 구성원을 변화시킨다.

- 곤도 노부유키(近藤宣之, 1934-), 일본레이저 CEO

## 1 피라미드의 교훈

조직을 개념적으로 설명할 때는 예외 없이 피라미드 모양을 동원한다. 그리곤 이를 수직으로 쪼개서 부서별 기능을, 수평으로 쪼개서 계층별 활동을 설명한다.

Q11-1-(1) : 왜 항상 조직을 그릴 때 피라미드로 그릴까?

한 마디로 그 이유는 분업과 통제범주의 한계 때문이다. 산업혁명이후 분업의 원칙은 생산성 증대를 위한 금과옥조로 간주되어 왔다. 공장제도가 도입되고 수많은 사람들이 공장으로 몰려오면서 조직의 하부는 점차 더 많은 단위 업무로 분할되었다. 통제 범주의 한계 때문에 몇 개의 단위 업무를 묶어 상부에서 관리하도록 조직화를 반복하다보면 계층이 형성된다. 이런 조직화 방식이 바로 피라미드 구조를 유발하는 것이다.

사회학자 막스 베버(Marx Weber)가 간파한 바와 같이 조직이 커지게 되면 관료제 조직이 된다. 규모의 경제가 전략적 초점이 되어 왔던 산업사회의 각 조직은 '공식화, 계층화, 집권화'라는 특성을 갖는 관료제 조직을 구성하여 조직운영의 효율성을 추구하게 되었다. 관료제조직은 계층적 피라미드 형태의 특성을 지니게 되며, 조직 운영에 필수적인 공식화는 조직 활동에 있어 규칙과 절차를 강제하게 된다.

### 1. Y축에서의 문제점

• **문제 1** : 조직 계층의 분화가 심화됨에 따라 조직의 명령 및 보고계통(communication line)이 상당히 길어진다. 아직도 많은 조직에서 채택하고  있는 '품의제도'도 여기서 유래한 것으로, 경우에 따라서는 10여개 이상의 도장을 받아야 최종 의사결정이 이루어지게 되는 사례까지 발생한다. 이러한 상황에서는 권한이 최고경영자에게 집중될 수밖에 없다.

• **문제 2** : 환경변화에 대응한 조직의 탄력적 적응력이 상실된다. 조직의 비대화는 조직의 경직성을 강화하게 되고 조직의 경직성은 의사결정 효율성의 저하를 촉진하며 정보의 원활한 흐름을 저해하게 된다. 이는 결국 조직의 활력과 혁신의욕의 쇠퇴, 종업원의 소속감 저하를 강화하는 결과를 낳는다.

• **문제 3** : 정보 흐름과 물질 흐름의 불일치가 심화되고 있다. 정보의 흐름은 기능부서 중심으로 상하 수직적 흐름이 주류를 이루고 있는 반면, 물질(공정 혹은 업무처리 과정)의 흐름은 기능부서를 횡단하여 수평적으로 이루어진다. 원론적으로 볼 때, 정보흐름과 물질흐름은 동전의 양면과 같은 것으로써 같은 방향으로 이전되어야 한다. 그러나 후기산업사회 조

직에서는 양자가 전혀 다른 방향으로 흐르고 있다는데 문제가 있다.

2. X축에서의 문제점

• **문제 1** : 기능적 분업이 심화됨에 따른 총체적 효율이 저하된다. 아담 스미스의 분업화 이론과 테일러리즘(Taylorism)에 따른 과업의 과학적 관리는 업무의 효율화 및 최적화를 추구해왔으며, 대량생산체제 하의 효율성 제고에 결정적 기여를 했다. 그러나 관련 업무들의 연결체인 프로세스 관점에서 볼 때, 총체적 업무성과는 기대에 미치지 못하고 있음이 드러나게 되었다. 조직의 기능적 세분화와 계층적 세분화가 심화되면 단위업무간 연결점이 증가하게 되고, 이는 조직의 총체적 효율을 저해하는 요소로 작용하기 때문이다.

• **문제 2** : 가치창조를 위한 업무의 비중이 지나치게 낮다. DEC 컨설팅에 따르면 실제 업무의 70-80%는 가치를 창출하지도 못하고 업무 그 자체 혹은 업무를 수행하는 자신을 위하거나 낭비적인 일로 소모되며, 단지 20-30% 정도의 노력만이 가치를 창출하는 일을 하고 있다고 한다. 가치창조는 업무가 연계가 원활히 이루어질 때 가능한 것인데 반해 분업화에 의한 업무의 단절은 업무의 반복적 수행을 강화하고 있다.

피라미드 조직에서의 또 다른 문제점은 중간관리자 역할의 상대적 약화로 인한 대량의 실업사태가 발생할 수 있다는 점이다. 실제 우리나라의 경우 1990년대 후반 외환위기를 맞으면서 그런 일이 발생했고, 4차 산업혁명이 본격화되면 또 다시 대규모 구조조정이 일어날 가능성이 매우 높다. 다만 이 사태를 정치적으로 어떻게 해결하느냐에 따라 양상은 다소 달라지겠지만, 적어도 경영의 원리로는 불가피한 상황에 직면할 것이 거의 확실하다. 이에 대해서는 (2. 중간관리자의 역할)에서 논의가 계속된다.

## 2 중간관리자의 역할

축구에서 높은 성과를 내는 강팀들의 공통적 특성은 미들필더(middle fielder)들의 신속한 공수 전환 능력이다. 경영조직도 이와 마찬가지로 환경변화에 따른 중간관리자의 신속한 대응능력은 매우 중요하다. 그러나 네이스비트(J. Naisbitt)는 1982년 저서「메가트랜드(Megatrends)」에서 '중간관리자의 위기시대'가 도래할 것임을 예고한 바 있다. 반면에 지식경영학자 노나카(Ikujiro Nonaka)는 1989년 그의 저서「지식창조기업(Knowledge Creating Company)」에서 '가치창조 촉매자로서의 중간관리자 역할'을 강조하고 있다.

Q11-1-(2) : 같은 대상에 대해 상반된 시각을 보이는 이유는 무엇일까?

'경험'을 바라보는 차이에서 비롯된 것이다. 이들의 저서가 나온 시기는 1980년 앨빈 토플러가 저서 「제 3의 물결(The Third Wave)」를 통해 세 번째 거대한 변화, 즉 정보사회의 도래를 예고한 지 얼마 후라는 점에서 변화에 대응하는 중간관리자에 대한 시각 차이 때문이다. 비록 중간관리자를 얘기하고 있지만, 중간관리자들은 경력자들이란 점에서 결국 변화에 대입해본 '경험'의 가치를 어떻게 볼 것인가의 문제로 귀결된다.[50]

50 '경험'에 대해서는 제13장 제2절 (1. 경험과 '1만 시간' 법칙)에서 다시 논의된다.

### 1. 중간관리자를 보는 상반된 시각

• **시지퍼스 콤플렉스** (Sisyphus Complex) : 네이스비트가 '중간관리자의 위기'를 지적한 것으로 보아 중간관리자를 시지퍼스의 콤플렉스에 빠져 있는 집단으로 간주한 것으로 추측된다. 그들의 경험을 자원으로 보기보다는 생각의 관성과 시지퍼스와 같이 반복되는 일상의 경험, 즉 학습 없는 타성과 관행으로 변화와 혁신을 거부하는 집단으로 본 것이다. 나아가 조직에서 전통적 중간관리자의 역할이 상당부분 상실될 것이란 전망도 '중간관리자의 위기'에 방점을 찍는 이유가 될 수 있다.

조직 관리의 원칙이 과거 피라미드 조직 관리에서 중시되던 '통제범주의 한계(span of control)'에서, 점차 수평적 조직으로 변해감에 따라 '소통범주의 한계(span of communication)'로 변화하고 있다. 또한 정보사회에서 나타나는 전문화, 다양화, 탈규제화 등은 산업사회에서 연속·반복적으로 일어나던 변화를 불연속·혁신적으로 변화의 전형을 바꾸고 있음도 주목해야 할 사항이다.

환경 변화가 연속, 반복적으로 이루어지던 시절에는 관성에 의한 중간관리자의 경험이 나름대로의 가치를 가지고 있었다. 피라미드 구조의 기계식 관료조직에서 중간관리자의 역할은 다음과 같은 두 가지 측면에서 중요시 되어왔다. 첫째, 피라미드 구조의 긴 명령·보고계통을 효율적으로 유지하기 위해서는 전략경영층의 계획이나 명령하달 사항을 하부조직에 전달하고 하부조직의 상황 및 현황을 상부에 보고하는 조직 의사소통체계의 연결자(linker) 역할이 필수적이었다. 둘째, 방대한 하부조직의 효율적 통제를 위해서는 현장에 정통하여 종업원의 업무를 지도, 관리할 수 있는 중간계층이 필요하게 되었다.

그러나 환경이 불연속, 혁신적으로 급변하고 있는 새로운 상황에서는 중간관리자가 지니고 있는 관성적 경험의 가치가 상대적으로 약화되고 오히려 새로운 지식과 창의적인 사고가 더욱 중요하게 인식되고 있다. 한마디로 경험에 의한 효율적 관리, 통제는 더 이상 작동하지 않는다. 나아가 조직 상하부의 직접 대화를 가능케 하는 정보시스템은 결국 연결자로서 중간관리자의 역할을 약화시키고 있다. 미국 제너럴 일렉트릭(GE)의 전 회장, 잭 웰치는 'NETMA (Nobody ever tells me anything.)'라는 표현으로 중간관리층의 한계를 함축적으로 얘기한 바 있다.

• **오디세우스(Odysseus)의 지혜** : 그렇다면 노나카는 왜 중간관리자의 역할이 중요하다고 했는지 살펴보자. 경험이란 예나 제나 중요한 자산임에는 틀림이 없다. 그러나 경험이 진정한 자신이 되기 위해서는 전제조건이 따른다. 그것은 바로 기존의 답에 기초한 관성적 경험이 아니라 문제의식에 기초한 동태적 경험이라야 한다는 것이다. 동태적 경험은 유연한 사고를 유발하며, 그렇기에 상황에 따라 대처하는 답이 다르다.

오디세우스는 우리가 들어본 적이 있는 "트로이 목마"를 고안해서 트로이 전쟁을 승리로 이끈 장본인이다. 그리스 철학자 플라톤(Platon)은 오디세우스의 거짓말을 이른바 '좋은 거짓말'이라고 했다. 불가피한 거짓말이란 뜻일 것이다. 사건이 연속적, 반복적으로 발생하는 단선적 환경에서는 헤라클레스나 아킬레우스처럼 저돌적이고 행동이 앞서는 영웅을 요구했다면 오디세우스가 고향으로 돌아가는 긴 여정 속에서 부닥치는 우여곡절처럼 불연속, 혁신적으로 변화하는 동태적 환경에서는 '트로이 목마'

와 같은 유연한 창의를 필요로 한다.

## 2. 중간관리자의 새로운 역할

노나카 이쿠지로가 지식창조 과정에서 중간관리자의 역할이 중요하다고 한 이유는 지금까지 논의한 경험의 두 가지 역설, 즉 시지퍼스 콤플렉스와 오디세우스의 지혜 중에서 후자를 기본 가정으로 했기 때문이다. 시지퍼스 콤플렉스를 벗어나 오디세우스의 지혜를 갖춘 중간관리자를 전제로 그가 제안한 MUD를 이해하지 않으면 또 한 번 관성적 경험을 하는데 그치고 말 것이란 점을 유념해야 한다.

노나카가 제안한 MUD 프로세스는 기실 그 내용을 보면 아주 간단한 것이다. 여태까지 의견수렴 및 의사소통은 하향식(top-down)과 상향식(bottom-up)으로 대별되었으나, 가치를 창출하려면 중간층으로부터 업(up), 다운(down)을 반복해야 한다는 것이다.

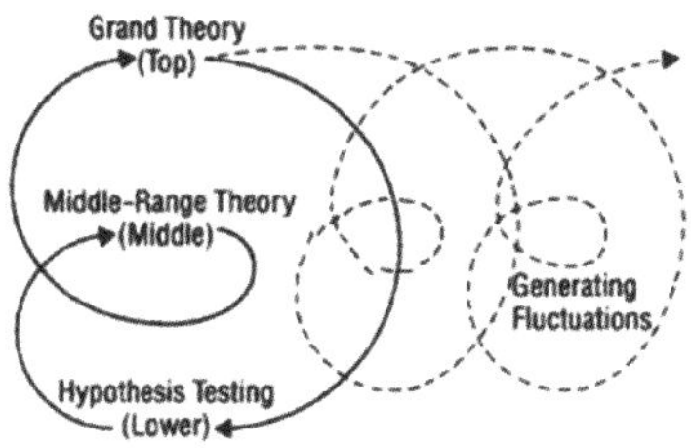


하향식은 일사불란한 전달체계를 확립하여 조직의 효율성을 담보하는 것으로, 정보처리 관점에서 보면 상부의 명령 혹은 가이드라인 에 따라 연역적(deductive)으로 수행하는 방식이다. 반면에 상향식은 조직의 하부로부터 의견을 수렴하여 경영에 반영하는 귀납적(inductive) 방식으로, 민주적이지만 효율성을 희생하는 대가가 따르는 문제가 있다. 또한 하향식은 조직원의 창의를 죽이는 반면, 상향식은 창의성을 살린다는 의도는 좋으나 그들의 행태나 제안에서 가치를 발견해 내기가 현실적으로 쉽지 않다는 어려움이 있다.

결국 노나카가 얘기하는 MUD는 하향식과 상향식의 절충방식이다. 상부의 비전과 사상을 실천 가능한 대안(workable practices)으로, 하부 조직원들의 행태 및 제안을 비전과 사상으로(즉, 지식경영에서 얘기하는 '일반화') 바꿔내는 '변환자(transformer)'로서의 역할을 중간관리자가 수행해야 한다는 것이다. 이러한 역할은 결국 그들이 쌓아온 경험으로 가능하며, 그 경험은 오디세이와 같이 유연한 사고와 지적 호기심으로 무장된 동태적 경험이라야 가능한 것이다.

## 3 비전과 공유가치

'비전(vision)'은 누구나 한 번쯤 입에 올려보았을 만큼 오늘날 기업경영에 상당히 중요한 개념으로 자리하고 있다. 그러나 막상 '비전'이란 무엇인가에 대한 명쾌한 답을 제시하는 이도 쉽지 않다. 비전이란 '오늘 이루어지지 않은 내일의 현실'을 말한다.

### 1. 조직 역량의 원천

포지션별로 가장 우수한 선수를 뽑아 베스트 11을 구성한 축구팀이라고 해서 가장 우수한 성과를 올린다는 보장은 없다. 개별 선수들의 우수성은 성과의 가능성(Potential)일 뿐 실제 성과(Performance)는 팀의 우수성에 좌우되기 때문이다. 팀의 우수성은 '팀워크(teamwork)'에서 나온다.

Q11-1-(3) : 비전과 가치의 공유는 왜 필요한가?

조직도 하나의 시스템으로 간주할 때, 이 질문에 답은 명쾌해진다. 시스템만이 가지고 있는 고유 특성은 '시너지(Synergy)', 즉 시스템 에너지(System Energy)이다. 조직의 힘은 어디에서 나오는 지 간단한 시스템 이론으로 알아보자. 시스템 개념을 설명할 때 동원된 세 가지 키워드 '목표', '구성요소', '상호작용' 중에서 시너지를 발생시키는 것은 바로 '상호작용'이다. 그리고 이 상호작용을 촉진하는 결정적 수단이 바로 공동의 목표이다. 공유비전은 바로 이 공동 목표의 개념적 표현이다. 결국 공유비전이란 조직이 지향하는 목표에 구성원들이 몰입하여 선순환의 상호작용을 촉진함으로써 시너지를 발생시킬 수 있는 핵심수단이 된다.

### IBM 창업자 왓슨(Watson)의 놀라운 비전

프린스턴대학 교수이던 홀러리스(Hermann Holerith)는 미국 통계청 용역으로 인구조사를 수행하면서 자료처리를 위해 '천공카드(Punchcard)'를 발명한다. 이를 계기로 1896년 '계산기제작사(TMC; Tabulating Machine Company)'를 설립한다. 그러나 사업에 실패하면서 1924년 IBM 창업자인 왓슨(T.J. Watson)이 회사를 인수하게 된다. 역시 '공부하는 머리와 장사하는 머리는 별개'인가보다. 회사를 넘겨받은 왓슨은 "회사명을 보니 망하게 생겼다"면서 IBM(International Business Machine)으로 바꾸게 된다.

강제병합으로 조선의 마지막 황제 순조가 형식적인 명맥을 유지하던 시절 왓슨은 이미 '국제화(International)'를 예견하였다. 뿐만 아니라 컴퓨터의 상용화를 예견하고 '전산'이나 '컴퓨터'란 명칭이 아닌 '비즈니스 머신(Business Machine)'이라는 파격적인 용어를 사용하였다. 그의 이러한 선견지명과 비전은 오늘의 IBM을 만든 근본이 되었다.

## 2. 공유비전의 함정

앞서 언급한 바와 같이 '비전'은 '오늘 이루어지지 않은 내일의 현실'이다. 내일의 현실이 되려면 그 만큼 구체적이며 실천적이어야 한다. 개인이 아닌 조직의 구성원들이 공유해야 하는 비전은 더욱 그렇다.

'당신 조직의 비전은 무엇입니까?'라는 질문에 몇이나 대답할 수 있을까. 그 비전을 표방하는 모토(motto)가 가슴에 와 닿는지 묻는다면 '그렇다'고 대답할 수 있는 사람은 또 몇이나 될까. 이렇듯 대부분의 조직이 내세우는 비전은 상당히 추상적이거나 단순히 '비전을 위한 비전'으로 특정인 혹은 특정 집단에 의해 구성원에게 부여되는 것들이다.

'HAL'과 같은 모토는 그냥 얻어지는 것이 아니다. 권위주의가 타파되고 처벌 지향적 리더십에서 권장 지향적 리더십으로의 전환이 무엇보다 중요하다.[51]

### 시스템(System)과 컬렉션(Collection)

Source: Daniel H. Kim(1999), Introduction to Systems Thinking, Pegasus Communications. Inc.

시스템(System)과 외형적으론 전혀 차이가 없는 것이 있다. 그것은 바로 '컬렉션(Collection)'이다. 그러나 시스템과 달리 컬렉션은 상호작용이 존재하지 않기 때문에 '시스템 에너지'를 발생시키지 못한다. 귀하의 가정은 '시스템'인가, '컬렉션'인가?

51 리더십에 관한 보다 구체적인 논의는 제11장 제3절(리더와 리더십) 참조

Q11-1-(4) : 그럼 공유비전으로 'HAL'은 어떤 면에서 잘 된 것인가?

알파벳순으로 'IBM'보다 한발 앞선 'HAL'. 여러분이 HAL을 두고 웃었다면 일단 비전으로 성공한 것이다. 가슴이 아닌 머리로만 공유되는 비전은 아무런 의미가 없기 때문이다. '공유'되어야 함을 전제할 때, 이모토가 조직의 상부가 아닌 하부 조직원에게서 나왔고 어느 직원에게나 쉽게 마음에 와 닿을 수 있는 회사 전체의 공유가치를 형성하고 있다는 점이다. 마지막으로 비전과 이를 공유하는 현장직원의 업무가 잘 연결되지 않는다는 치명적 약점을 해소했다는 점이다. 비전의 방향이 분명하다. 그 대상은 IBM이다. 각 업무분야에서 IBM의 해당업무를 표적으로 할 수 있지 않은가.

## 제2절 새로운 조직화 방식

앞서 제1절에서 전통적 조직형태인 피라미드 구조의 문제점과 중간계층의 관리자에 대한 상반된 시각을 살펴보았다. 이 절에서는 그 후속으로  피라미드 조직 대안으로 하이퍼텍스트 조직과 아메바조직, 그리고 지식 형성을 촉진하는 수단으로서의 'Ba' 등 새로운 조직화방식에 대해 논의한다.

혁신의 발상은 머리에서 나오지만
이를 실천하는 원동력은 가슴에서 나온다.

- 슘페터(Joseph A. Schumpeter), (경제학자, 1883~1950)

### 1 하이퍼텍스트 조직

환경이 급변하고 경쟁이 가중되는 상황에서 경영조직은 새로운 조직화 방식을 모색해왔다. 특히 '기업 경쟁력'의 핵심으로 등장한 '지식'의 효과적인 창조와 저장 및 활용이 생존의 필수 요소로 대두되면서 그에 걸맞는 조직화를 추구하였다. 그러던 중 1995년 일본의 경영학자 '노나카'와 '다케우치'는 '지식창조기업'(The Knowledge-Creating Company)이라는 책에서 새로운 조직으로 '하이퍼텍스트 조직(Hypertext Organization)'을 제시하게 된다.

#### 1. 저변의 사상

지식경영과 가치창조를 위해서는 지식의 창조 측면과 활용·축적 측면을 겸비한 유연한 조직이 필요하다. 효율적 운영을 목적으로 하는 기존의 조직과 지식성장을 목적으로 하는 새로운 조직 사이를 자유로이 오가며 양자의 상승효과(synergy)를 발휘하는 소프트웨어가 내재된 조직구조를 만들 필요가 대두되었다. 결국 '수직적 계층조직'의 장점인 효율성과 '수평적 조직구조'의 창의성을 함께 보유할 수 있는 대안으로 제시된 조직구조가 바로 '하이퍼텍스트 조직'이다.

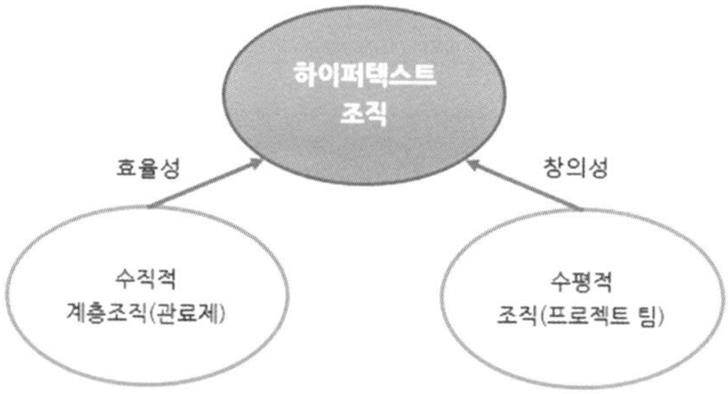


원래 '하이퍼텍스트(Hypertext)'란 컴퓨터 화면에 나타나는 여러 층의 텍스트를 의미하는 용어로, HTML을 통해 다수의 텍스트나 텍스트 층으로 이동할 수 있는 동적 기능을 갖고 있다. 이를 조직에 응용한 것이 바로 '하이퍼텍스트 조직'이다. 창조성과 효율성이라는 두 가지 상반되는 원리가 양립하면서도 기능교체가 역동적으로 이루어지는 조직이다.

## 2. 조직구조

하이퍼텍스트 조직은 입체적 3D (지식 창조·활용·축적) 구조로, 아래 그림과 같이 '프로젝트팀 계층', '사업단위 계층', 지식 축적의 장으로서의 '지식기반 계층'으로 조직화 된다.

• **프로젝트팀 :** 몇 개의 프로젝트팀이 제품개발 등 새로운 지식을 창조

하는 일을 한다. 구성원은 다양한 사업단위에서 차출되어 프로젝트가 끝날 때까지 팀에 전속된다. 원 소속 부서를 떠나 프로젝트에만 전념한다는 측면에서 '매트릭스 조직'과 다르다.

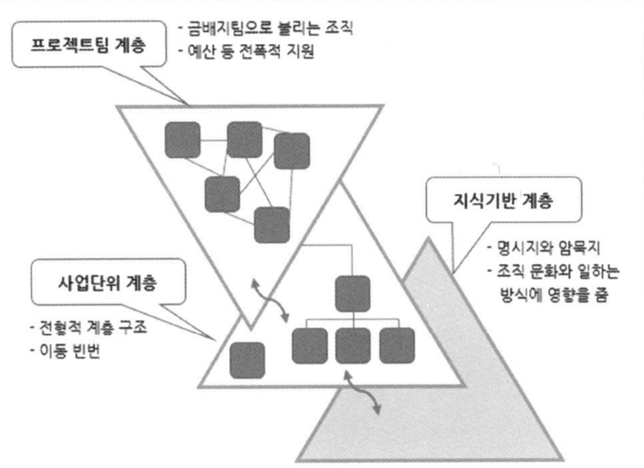

출처: 노나카 이쿠치로 외, <지식창조기업>, 세종서적, 1999

• **사업단위층 :** 통상 업무의 효율성이 중요하므로 관료제 구조가 적당하며 명령과 이행의 관계 즉 전통적 피라미드형 위계질서가 준수된다. 그러나 지식 활용을 위한 최적의 프로세스가 내재화 된다는 점에서 기존의 피라미드 조직과는 차이를 보인다.

• **지식기반층 :** '하이퍼텍스트 조직'의 특성이 잘 나타나 있는 부분으로 프로젝트팀에서 창출된 지식이 분류되고 재구성된다. 프로젝트팀과 사업단위층 양쪽에서 창출된 전혀 다른 성격의 지식이 축적되고 교환될 수 있도록 양 계층을 연결하고 그들의 원활한 활동을 촉진한다. 연구소의 일부 기능, 정보센터, 지식관리시스템 등이 여기에 속한다. 또한 조직 문화에 내재된 지식도 이 층의 무형요소이다.

**두더지게임기와 자동차**

휴양지나 사람이 많이 지나다니는 도심을 걷다 보면 두더지게임기를 보게 된다. 이 두더지게임기와 자동차 중 어느 쪽이 더 복잡한 시스템일까? 자동차가 훨씬 복잡할 것으로 생각하기 쉽지만 그렇지 않다.

통상적으로 시스템의 복잡성은 불확실성과 비례한다. 불확실성으로 볼 때 비록 게임기의 두더지는 8개 남짓, 그러나 이들은 각각 돌출적으로 행동하므로 불확실성은 매우 높다. 반면에 자동차의 구성요소는 두더지게임기에 비할 수없이 많지만 이를 운영하는 운전자는 핸들과 가속페달, 감속페달로 이 모든 것을 쉽사리 제어한다.

자! 두더지 게임기와 자동차 중 어느 쪽이 더 복합한지 다시 한 번 생각해 보자. 여기서 우리는 시스템의 복잡성은 구성요소(Component)의 수가 아니라 통제점(Control Point)의 수에 좌우됨을 알 수 있다. 구성요소를 줄이는 것이 아니라 네트워킹을 통해 통제점의 수를 줄이는 것이 조직관리 핵심 포인트다.

## 2 교세라의 지혜

1959년 남의 공장 구석에서 종업원 28명과 함께 브라운관에 사용되는 절연용 부품을 생산하던 무명의 회사가 60년이 지난 현재 221개 계열사에 종업원 6만 명이 일하고 있는 회사로 성장했다. 세라믹 전자부품 분야 세계 1위, 창사 이래 연속 흑자를 거두고 있는 이 회사는 바로 '교세라(京セラ)'이다. 심지어 일본의 잃어버린 20년이라는 시기에도 10% 이상 영업이익률을 냈다. 일본인들이 가장 존경하는 기업인 3인중 한명인 '이나

모리 가즈오'가 창업한 이 회사는 아주 독특한 방식으로 조직을 운영하고 있는데, 그것이 바로 '아메바 조직'이다. 교세라의 독창적 조직화 방식에서 얻는 교훈을 소개한다.

### 1. 교세라의 경영철학

'이나모리 가즈오(稻盛和夫)' 교세라 명예회장의 경영철학은 한 마디로 '경천애인(敬天愛人)'이다. '경천(敬天)'의 핵심은 '자조자천조지(自助者天助之)'이다. 우리가 흔히 알고 있는 '하늘은 스스로 돕는 자를 돕는다.'는 말이다. '애인(愛人)'의 핵심은 종업원을 '함께 발전하는 협력자'로 간주하는 것이다. 그의 '애인(愛人)'은 이것으로 끝나지 않는다. 회사의 지속가능발전을 염두에 두고 본인이 은퇴하기 10년 전부터 계승자 후보 4명을 발탁하여 그들과 함께 공부하면서 훈련을 통한 현장 감각을 익히도록 하였다. 자신들의 전공 외 인사, 재무, 영업 등 경영의 다양한 분야에서 경험을 쌓도록 함으로써 부분이 아닌 전체를 읽는 '통합적 사고'를 배양토록 유도하였다. 그가 가진 '애인(愛人)'의 핵심은 종업원을 그저 부리는 대상으로 보지 않고 회사의 명운을 가르는 핵심 자원으로 간주했다는 점이다. 이러한 그의 경영세계관은 '교세라'의 조직문화로 스며들었고, 이로 형성된 조직문화는 오늘의 '교세라'를 만드는 기초가 되었다. 일본인들이 그를 존경하는 이유를 이러한 그의 경영철학에서 엿볼 수 있다.

### 2. 교세라의 문제의식

재차 강조하지만 문제없는 답은 없다. 새로운 답은 문제의 제기와 그에 대해 알고자 하는 치열한 고민과 열정에서 나온다. '아베바 조직' 역시 창업 당시 '이나모리 가즈오'가 가졌던 문제의식에서 출발한다. 그것은 바로 서구식 원가회계는 자기 회사에 맞지 않는다는 것이었다. 원가회계정보는 사후보고용이 아니라 마치 하늘을 나는 비행기의 계기판처럼 '살아있는 숫자'이어야 한다는 것이다.

• **과거가 아닌 '현재의 숫자'를 볼 수는 없을까?** 기술자 출신(일본 남부 가고시마대 공학부 화학과 졸업)으로 회계학 지식이 전혀 없던 그는 '현재의 숫자'를 알고 싶은데 회계학 전공자들이 제시하는 장부들은 왜 한결같이 '과거의 숫자'를 보여주는가에 대한 의문을 가졌다고 한다. 경영 결과를 보여주는 것이 회계라면 그건 주주나 금융기관 등을 위한 보고용이지 경영자를 위한 것은 아니라는 것이다.

• **'공정별 손익계산'이 가능할까?** 생산을 거쳐 제품이 시장에서 팔릴 때까지 기다리면 그땐 '과거의 숫자' 밖에 얻지 못한다. 현재의 숫자를 알려면 '공정마다 손익계산'을 할 수 있어야 한다. 그러려면 기본적으로 생산원가와 판매가격이 산출되어야 하는데 각 공정별로 매상을 계상한다는 것이 불가능해보였다. 고민 끝에 그는 '손익계산'에 대한 생각을 근본적으로 바꾸기로 하였다. 모든 공정을 하나로 묶어서 볼 것이 아니라 공정을 단일 회사(독립채산체)로 간주하면 '공정별 손익계산'이 가능할 것이라는 생각에 이르게 된다.

• **그렇다면 조직을 어디까지 분할할 것인가?** '시간당 채산'이 가능하려면 공정별 손익계산이 가능해야 하는데 중간공정의 손익을 계산한다는 것이 쉬운 일은 아니다. 고민 끝에 그는 교토 히가시야마(東山)의 도자기 업계에서는 장석(長石)을 구입하여 이를 분쇄해서 점토로 만든 것을 도자기 굽는 곳에 원료로 파는 사업이 있다는 것을 알게 된다. 여기서 그는 중간공정도 독립적 손익계산이 가능할 수 있다는 것을 알게 되었다. 즉 원료 부문만으로도 완결된 비즈니스가 있을 수 있음을 알게 된 것이

다. 교세라가 아직 중소영세기업이었을 당시 세라믹 제품의 제조공정은 대략 원료에서 성형, 소성(세라믹을 고온에서 굽는 공정), 가공까지 네 개의 공정으로 나눌 수 있었다. 각 공정을 완결 비즈니스로 보고 공정간 거래로 간주하면 각 공정을 독립사업체(이를 후일 '아메바'라 칭하게 됨)로서 채산을 계산할 수 있을 것으로 생각한 것이다.

• **아메바의 매상을 어떻게 계상할 것인가?** 아메바를 독립채산으로 운영하려면 아메바별로 매상을 계산해야 한다. 이것은 이전 공정에서 발생한 비용에 이익을 붙여 다음 공정에 파는 연쇄적 방식으로 가능하다. 가령 원료부문에서의 매도가 성형부문에서는 매입으로 반영되는 것이다. 성형공정에서는 사내 매입의 원료를 사용하여 성형을 하여 다음 공정인 소성부문에 매도한다. 이때 성형부문에서는 기계설비의 감가상각과 금리, 금형, 소모품, 그 외 발생 경비에 이익을 붙여 소성부문에 매도하면, 소성에서도 전기로의 감가상각과 금리, 전기세 등, 여러 경비에 이익을 붙여서 마지막 가공부문으로 매도된다. 가공에서도 역시 경비와 이익을 반영하여 영업에 팔게 되면 영업은 수수료를 받고 최종적으로 고객에게 판매하는 형태가 되는 것이다. 이처럼 사내에 있어서의 아메바별 손익계산 채산표를 집계하면 사내매도와 사내매입의 합계가 상쇄, 소거되고 일반적인 손익계산서 상의 매상을 계산할 수 있도록 구조화 된다.

### Q11-2-(1) : 혹시 아메바 조직간 불협화음이나 갈등은 없을까?

부문별 독립채산식의 운영은 현재의 숫자를 알 수 있다는 최대의 장점에도 불구하고 운영상의 몇 가지 문제가 있었다. 아메바별 책임자는 채산이라는 것을 중시할 수밖에 없기 때문에, 모든 공정이 이전 공정으로부터

싼 값에 매수하고자 하는 반면, 후속 공정에는 비싸게 매도하고자 하는 과정에서 반드시 분쟁이 생기게 된다.

이 문제를 해결하기 위해서 교세라가 취한 정책은 두 가지로 집약된다. 첫째는 순망치한의 정신을 조직의 문화로 자리 잡도록 하는 것이었다. 아메바 경영은 교세라의 성장에 결정적 요소이며, 이를 성공시키기 위해서는 개인적 탐욕을 버리고 공명정대의 정신을 갖도록 하였다. 이나모리 회장은 이를 "교세라 필로소피"라 칭하고 아메바경영 조직의 문화로 정착시켜 나갔다.

둘째는 성과평가에 근거한 보수 제도를 도입하지 않았다. 이는 "교세라 필로소피"에도 그대로 반영되어 있다. 성과주의는 사내 인간관계를 무너뜨릴 수 있다고 믿었기 때문에 부문별 이익은 공표하지 않도록 하는 대신 '시간당 채산표'를 경영의 근간으로 삼았다. '살아 있는 숫자'를 통해 회사 전체의 경영성과를 높이기 위한 조치일 뿐, 부문별 개인별 성과 평가를 위한 수단은 아니라는 것이다.

셋째, 인건비를 경비로 계상하지 않는 지혜를 발휘하였다. 부분별 채산을 산정하려면 인건비 반영이 필수적이다. 그러나 그리되면 적은 인원으로 구성된 아메바의 경우는 구성원들의 급료까지 전부 공개되는 결과를 초래하게 되므로 인건비는 경비에서 제외하고 대신에 총시간으로 부가가치를 나눈 시간당 부가가치를 계산해서 채산성의 지표로 삼고 있다.

### 3. 조직의 고정관념을 깬 아메바 조직

기업 성장(Fat)이 조직의 유연성(Flexibility)과 신속성(Fastness)을 저하시키는 것은 불가피하다. 이것이 소위 '3F의 딜레마'다. 교세라는 그 해법을 아메바에서 찾았다. 아무리 거대기업이라도 아메바처럼만 움직인다면

3F의 달성이 가능하다고 본 것이다. 아메바경영은 자기완결형 소집단·부문채산제로 정리된다.[52] 말단조직의 신축성을 최대한 보장한다. 개개인의 강력한 열정을 살리고자 조직원 수를 규격화하지 않았다.

아메바조직의 인원수는 3~4명에서 많게는 40~50명에 이른다. 구성원도 자주 교체된다. 조직을 둘러싼 고정·파괴가 일상적이다. 제조업이면 공정별로, 영업은 지역·상품별로 아메바조직이 꾸려진다. 이익관리는 독립채산에 따라 각 아메바의 리더가 챙긴다. 이때 리더는 흑자를 위한 자발적인 수익창출 유인효과에 직면한다. 즉 교세라는 수천 개의 아메바가 합쳐진 조직이다. 아메바조직은 매월 매출·경비를 조사해 채산표를 만든다.[53] 그 차이가 이익이다. 이익을 노동시간으로 나눈 '시간당 채산성'이 세포분열의 근거다.

이나모리 회장은 일본항공(JAL)을 살려내는 3년간 무급여 구원투수가 되기도 했다. 일본 정부는 2010년 2월 2조 3221억 엔 적자로 자본잠식에 빠져 파산한 일본항공을 맡아달라고 이나모리 교세라 회장에게 요청했다. 그 결과 13개월 뒤 일본항공은 흑자로 전환했다.

### 3 Ba와 Small Talk

한 사람의 생각은 다른 사람의 생각을 촉진시킨다. 상대방과의 대화 속에서 자신의 생각이 좀 더 정리가 되고 새로운 생각이 추가되는 경우를 누구나 한 번쯤은 겪은 적이 있을 것이다. 이것이 토론과 의사소통의 위력이다. 이미 제3장 제1절 (3. 대중의 두 얼굴)에서 소개한 바 있지만, 가령 페이퍼 클립의 용도를 혼자 생각한다면 평균 10가지 정도에 불과한 반면 여

럿이 모여 함께 생각하면 그 수는 급격히 늘어난다. 실제로 클립의 용도는 200여 가지에 달한다고 한다. 이것이 대중의 위력이다.

여러 명이 모여 새로운 생각을 도출해내고 그로부터 지식을 성장시키기 위해 제안된 것이 바로 'Ba'라는 것이다. 이는 일본의 지식경영학자 노나카와 코노(Nonaka & Konno, 1998)가 제시한 'SECI 모델'에 반영되어 있는 개념이다.[54]

SECI 모델은 지식의 생성과 성장은 암묵지(Tacit Knowledge)와 형식지(Explicit Knowledge)의 변환과정으로 이루어진다는 믿음에 기초하고 있다. 아래 그림에서 보는 바와 같이 암묵지가 암묵지(Tacit → Tacit)로 이전되는 과정을 '사회화(Socialization)', 암묵지에서 형식지(Tacit → Explicit)로의 변환을 '외부화(Externalization)', 형식지에서 형식지(Explicit → Explicit)로의 전환을 '종합화(Combination)', 형식지에서 암묵지(Tacit → Explicit)로의 변환을 '내면화(Internalization)'라고 규정하고 있다. 이들 네 가지 분면에는 각각 그에 부합되는 지식성장 촉진을 위한 플랫폼인 '장(場)'이 필요한 데 이를 'Ba'라고 부른다.

52 '아메바 경영'은 독립채산이 가능한 작은 조직으로 끝없는 분열을 거듭하는 아메바를 닮았다고 해서 붙여진 이름으로, 교세라의 독창적 관리회계시스템이다.

53 부문별 독립채산 계산방식 등의 구체적 내용은 아래 문헌을 참조하기 바란다. MIT Sloan Management Review, "Amoeba Management: Lessons from Japan's Kyocera", Fall 2012.I 이나모리 가즈오(2007). 아메바경영(우성주 역). 예문출판

54 Ikujiro Nonaka and Noboru Konno(1998). "The Concept of 'Ba': Building a Foundation for Knowledge Creation", California Management Review, Vol 40, No. 3.

지식생성과정(SECI)에서의 플랫폼(Ba)

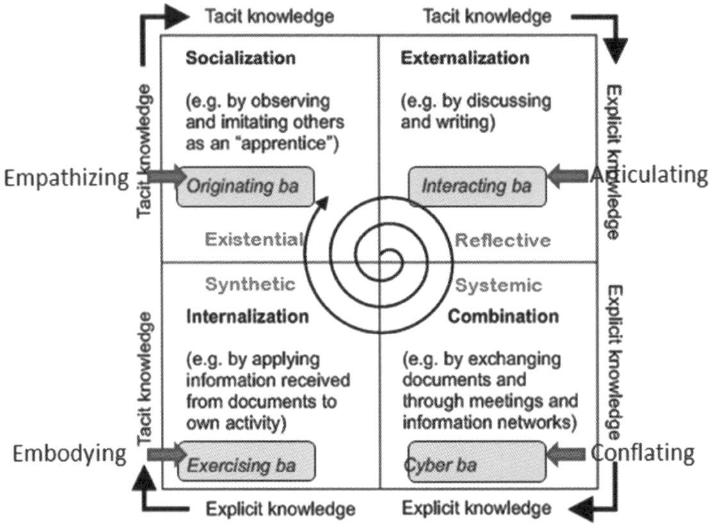


Nonaka & Konno(1998)의 SECI 모델 수정, 반영

조직의 지적자산을 늘리고 이를 관리하고자 하는 시도는 1958년 폴라니(Michael Polanyi)에 의해 지식의 개념이 최초로 경영에 접목된 이래 줄곧 있어왔다. 1990년대에 들어서면서 '지식경영'의 흐름은 기술 중심의 공학적 시각(IT-oriented)과 인간중심의 경영적 시각(People-oriented)으로 구체화되기 시작했다. 공학적 시각은 지식을 객체(knowledge = object)로 간주하고, 정보기술로 이를 관리하고자 하는 것으로, 이로부터 '지식관리시스템(KMS)'라는 용어가 만들어졌다. 한편 인간중심적 시각은 지식을 과정(knowledge = process)으로 간주하고, 지식 그 자체보다는 지식창출과정을 관리하고자 하는 것으로, 그 맥락에서 'Ba' 즉 '지식교류의 장(場)'이라는 개념이 형성되었다.

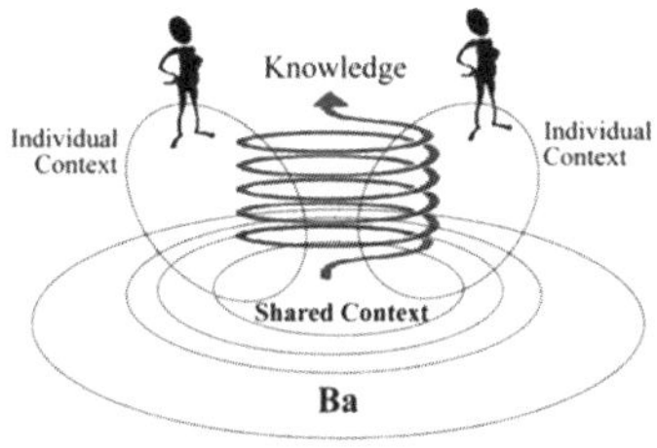


Q11-2-(2) : '바(Ba)'를 구성하려면 어떤 조건들이 충족되어야 할까?

지식 성장과정을 설명하는 SECI 모델의 4가지 분면은 각각 나름의 특성을 가지고 있기 때문에 지식성장을 촉진시키기 위한 '바(Ba)'역시 지식성장단계에 따라 그 구성요건을 달리한다.

**1. 아이디어 생성 바** (Originating Ba)

사회화(Socialization) 과정에서 새로운 생각을 활성화하려면 몇 가지 전제조건이 필요하다. 첫째, '호문즉유(好問則裕)'의 감정이입(Empathizing)이 요구된다. 둘째, 참여와 몰입에 필요한 새로운 것에 대한 관심과 문제의식(Critical Mind)을 가지고 있어야 한다. 셋째, 적극적 지각작용(Cognition)이 일어나야 한다. 타인의 생각이나 감정, 태도 등 모든 것들이 자신의 생각을 촉진하므로 어떤 외압이나 형식이 전제되면 안 된다. 넷째, 이러한 상호 교류 속에서 새로운 그 무엇을 읽어낼 수 있는 창의가 요구된다. 이를 '경험적 창의(Experiential Creativity)'라 하며, 이러한 창의를 촉진하려면 개념적 모호함에 관대해야 한다. 불현듯 떠오르는 아이디어를 촉진하는 격의 없는 스몰토크(Small Talk)는 바로 '아이디어 생성 바'에서 이루어진다.

사회화 촉진을 위한 아이디어 생성 바

| 개인적 조건 | 환경적 조건 |
| --- | --- |
| • 감정이입 (Empathizing)<br>• 관심과 문제의식 (Critical Mind)<br>• 적극적 인지작용 (Cognition)<br>• 경험적 창의 (Experiential Creativity) | • 면대면 비공식 만남 (Informality)<br>• 참여자의 다양성 (Heterogeneity)<br>• 주제의 비설정 (No Topics)<br>• 리더의 비지정 (No Leader) |

## 2. 주제중심 토론 바 (Interacting Ba)

사회화 과정에서 도출된 아이디어의 개념적 모호성을 제거하고 생각을 구체화한 방법지가 도출되는 외부화(Externalization) 과정에서도 나름의 전제조건이 필요하다. 첫째, '촌철살인(寸鐵殺人)'의 표현능력(Articulating)이 요구된다. 둘째, 자신과 비슷한 생각을 선호하기보다는 다른 생각을 포용하고 이를 숙고하는 반추의식(Reflective Mind)이 필요하다. 셋째, 특정 아이디어 대한 구체적 실천방안이 도출되면 그 가치가 유사 상황에도 적용될 수 있도록 일반화(Formulation)하여 보편적 가치로 확장하는 능력이 요구된다. 넷째, 주제중심의 토론과정에서 핵심을 짚어 생각을 명료하게 나타내는 창의가 요구된다. 이를 '표현적 창의(Enunciated Creativity)'라고 하며, 비유와 수사(Rhetoric)를 동원할 수 있는 능력이 요구된다.

외부화 촉진을 위한 주제 중심 토론 바

| 개인적 조건 | 환경적 조건 |
| --- | --- |
| • 표현능력 (Articulating)<br>• 다른 생각의 숙고의식 (Reflective Mind)<br>• 생각의 보편일반화작용 (Formulation)<br>• 표현적 창의 (Enunciated Creativity) | • 형식을 갖춘 공식모임 (Formality)<br>• 참여자의 전문성 (Professionalism)<br>• 명확한 주제 설정 (Topics Assigned)<br>• 리더의 지정 (Leader for Anchoring) |

### 3. 연결과 결합 바 (Connecting Ba)

종합화 과정(Combination)을 촉진하기 위한 장(場)이 바로 유사한 주제들과의 연결과 결합의 플랫폼(Connecting Ba)이다. 공표된 명시지와 다른 명시지들이 결합, 연계되어 또 다른 지식이 파생되거나 지식을 정제하는 작용이 촉진되기 위해서는 나름의 전제조건이 필요하다. 첫째, '온고지신(溫故知新)'의 변증법적 사고과정에서 기존에 '답'으로 알고 있던 것에 대한 새로운 의문 제기와 자신의 생각이나 주장의 가치를 확인(Verification) 하는 능력이 필요하다. 둘째, 관련이 없어 보이는 지식 사이의 유사성을 발견하여 서로 결합하는 원격결합능력(Remote Conflating)이 요구된다. 셋째, 그러기 위해서는 배경지식을 넓게 가지고 있어야 한다. 넷째, 다른 지식과의 유사성 혹은 관련성을 통한 결합을 체계화할 수 있는 창의가 요구되는데, 이를 '실험적 창의(Experimental Creativity)'라고 한다.

종합화 촉진을 위한 연결과 결합 바

| 개인적 조건 | 환경적 조건 |
|---|---|
| • 원격결합능력 (Remote Conflating)<br>• 결합된 생각의 체계화 (Systemic)<br>• 개념의 가치 확인 능력 (Verification)<br>• 실험적 창의 (Experimental Creativity) | • 다양한 명시지 접근환경 (Accessibility)<br>• 자료탐색 및 추출 (Search & Retrieval)<br>• 생각의 체계적 편집수단 (Systemizing)<br>• 개념의 정당성 확인 장치 (Filtering) |

### 4. 명시지의 체화 바 (Exercising Ba)

지식을 체화하는 내면화(Internalization) 작용이 촉진되기 위해서는 첫째, '만법유식(萬法唯識)'의 이중고리학습(Double-Loop Learning)이 요구된다. 세상의 모든 이치는 아는 만큼 보이는 것이므로, 자신의 세계관이 보정될 수 있는 '가슴으로의 학습(Embodying)'이 필요하다. 둘째, 이러한 체화과정에서 기존 사상에 투영하여 새로운 사고모델이 합성(Synthetic)될 수 있는 진정한 이해와 깨우침이 요구된다. 셋째, 새로 깨우친 바를 자신만의 표현방식으로 나타내 봄으로써 각인(Impression)하는 작용이 수반되지 않으면 안 된다. 넷째, 새로운 지식의 체화는 직접경험이 중요한 만큼 자신이 처한 여건에 맞춰 이를 실천할 수 있는 창의가 요구되는데, 이를 '실천적 창의(Exercising Creativity)'라 한다.

내면화 촉진을 위한 명시지의 체화 바

| 개인적 조건 | 환경적 조건 |
| --- | --- |
| • 이중고리학습 (Embodying)<br>• 신구사상의 합성능력 (Synthetic)<br>• 깨우침의 각인작용 (Impression)<br>• 실천적 창의 (Exercising Creativity) | • 다양한 연습도구 (Exercising Tools)<br>• 적용의 유연성 (Situation-independent)<br>• 시공간 무제약 (Place-independent)<br>• 멘토/동료의 참여 (Mentor & Colleagues) |

## 제3절 리더와 리더십

리더의 덕목과 역량에 대한 시각은 동양과 서양의 시각 다소 다른 측면이 있다. 서양에서는 이끌어갈 대상을 다루는 능력과 방법에 방점을 두는 반면 동양은 리더 스스로의 덕목과 능력을 강조한다. 이러한 차이를 염두에 두고 여기서는 리더의 자격요건, 리더가 극복해야 할 최대의 난제, 그리고 미래지향적 리더의 사고 등에 대해 논의한다.

혁신의 발상은 머리에서 나온다. 그러나 실천의 원동력은 가슴에서 나온다.

\- 슘페터 (Joseph A. Schumpeter, 1883~1950), 미국 경제학자

### 1 리더의 조건

사전적 정의로는 '리더'란 '앞에서 이끌어가는 자'를 말한다. 그러나 이 정의에는 함정이 있다. 자칫하면 권위적(강압적) 리더가 되기 쉽기 때문이다. 드러커(Peter Drucker)는 '진정한 리더란 사람을 이끌어가는 자가 아니라 뒤에 추종자를 가지고 있는 자'라 했다.

#### 1. 리더십에 대한 동서양의 시각

바람직한 리더의 전형은 시대와 환경에 따라 그 모습이 변해왔다. 사건이 연속적, 반복적으로 발생하는 단선적 환경에서는 헤라클레스나 아킬레우스처럼 저돌적이고 행동이 앞서는 영웅을 요구했다면 불연속, 혁신

적으로 변화하는 동태적 환경에서는 오디세우스 같이 유연한 창의를 필요로 한다. 사실 오디세우스와 같은 인물이 없었다면 고대 그리스 문명은 존재할 수 없었을 것이다. 리더십에 대해 서양은 이끌어갈 대상을 다루는 능력과 방법에 방점을 둔다. 반면에 동양은 리더 스스로의 덕목과 능력을 강조한다. 리더의 가장 큰 덕목은 '멋'이다. 그러나 진정한 '멋'은 치장해서 얻을 수 있는 게 아니다. 내공의 발로이다.

Q11-3-(1) : 그렇다면 리더의 '멋'은 어디에서 나오는 것인가?

이 대목에서 중국 춘추전국시대 '도척(盜跖)'이란 인물을 통해 부하들이 느끼는 '리더의 멋'은 어디에서 나오는지 살펴보자. 대도(大盜)로 묘사되는 도척은 5가지 도(道)를 적시한다. 어느 날 도척의 부하 중 하나가 그에게 이렇게 물었다. '형님, 기왕에 나도 도적의 길로 들어선 바에야 형님 같이 멋있는 도적이 되고 싶은데, 형님이 멋있다고만 느낄 뿐 왜 멋있는지 알 수 없으니, 그 이유를 좀 알려주시오.' 이에 도척은 '성(聖)·용(勇)·의(義)·지(知)·인(仁)' 다섯 가지를 얘기했다고 한다.

## 2. 리더의 5가지 덕목

진정한 리더십은 지위나 제도에 의해 작동하는 것이 아니다. 설혹 작동한다 해도 그 효과는 결코 오래가지 않는다. 특히 요즘 같이 변화무쌍한 환경에서는 더욱 그러하다. 부하들이 닮고 싶은 멋진 리더의 덕목으로 도척이 제시한 다섯 가지 조건은 그 어떠한 리더십 이론보다도 강력한 힘을 발휘한다. 글이 짧았던 부하는 도척이 제시한 다섯 가지가 무엇을 의미하는지 몰라 '그 다섯 가지가 무얼 의미하는 거요? 쉽게 설명해주시요.'라고

청했다. 이에 도척은 다음과 같이 하나씩 설명하면서 자신이 왜 부하들에게 멋있는 도적으로 비춰지는지를 설명하였다.

• **성(聖)** : 도척 왈 "도적에게도 '공정'이란 게 있으며, 그 첫 단계가 털 집을 물색하는 일일 터. 너희들은 집 안을 들여다봐야 견적이 나오지만, 난 멀리서도 안을 보지 않던가. 안을 들여다보지 않고도 안을 볼 수 있는 능력, 그것이 '성(聖)'이다."[55] 투구가 찌그러지면 영(令)이 서지 않는 법. 성(聖)은 최우선의 덕목이다.

• **용(勇)** : 도척은 부하들에게 계속 말을 이었다. "털 집이 물색되고 나서 내가 언제 너희들을 앞세운 적이 있던가? 그 위험 지역을 공략할 때 선봉에 선 것은 언제나 나였지 않았던가. 이것이 진정한 '용기(勇)'이다."

• **의(義)** : "집을 다 털고 나서 내가 언제 너희들을 뒤에 두고 먼저 그 자리를 뜬 적이 있던가? 현장을 마지막으로 떠난 사람은 바로 나였지 않았나. 그것이 진정한 '의(義)'로움이다.

• **지(知)** : "너희들은 턴 것이 얼마인지에만 관심 있을 뿐, 들어간 비용은 얼마인지 관심이 있었던가. 집을 터는 데 들어간 비용과 털어낸 장물의 가치를 분별하는 능력이 진정으로 '아는(知)' 것이다."

• **인(仁)** : "내가 언제 동향이라고, 후배라고해서 일할 기회를 더 준 일이 있었는가. 일할 기회는 공평하게 성과는 공정하게 나누는 것이 진정으로 '어진(仁)' 것이다."

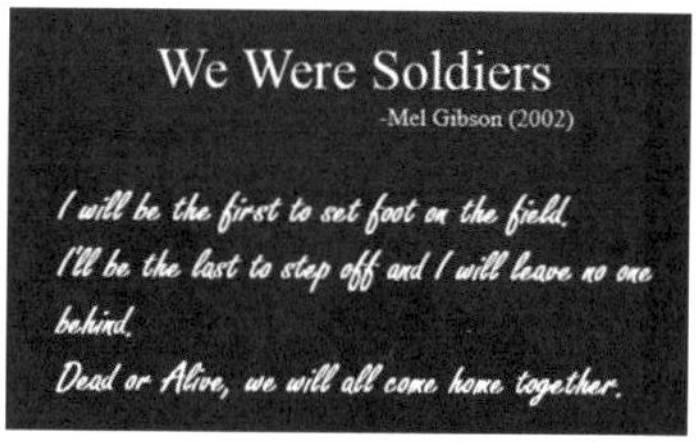

https://youtu.be/svqJ7S4Czio?t=1m25s

도척은 "이 다섯 가지를 갖추지 않고서 큰 도적이 된 사람은 없다"고 일

55 이미 제1장 제3절(3. 성(聖)에 이르는 길)에서 상세히 논의가 되었으므로 추가 논의는 생략한다.

갈한다. 2002년도 영화 '맬 깁슨' 주연 '위 워 솔저스(We Were Soldiers)'에도 이 '다섯 가지 리더의 조건'이 투영되어 있다. 독자들 스스로 이 영화를 통해 리더십을 음미해보기 바란다.

## 2 리더의 딜레마

나와 우리의 간극 산업혁명 이후 야생동물은 멸종 직전에 이르렀지만, 가축은 오히려 그 수가 엄청나게 늘어났다. 이렇듯 우리의 것과 나의 것은 엄청난 차이를 보인다. 마찬가지로 우리의 것을 강조하는 조직의 책임자와 내 것을 중시하는 조직원 사이의 입장 차이도 항상 경영의 핵심 사안으로 자리해왔다. 경영학의 '조직행동론'도 이러한 배경에서 시작된 분야이다.

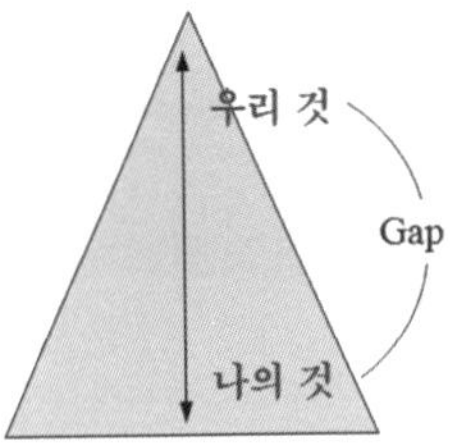


### 1. 나와 우리의 간극

혁신의 발상은 '우리의 것'을 강조하는 지도층일 수 있으나, 이를 실천하는 것은 '나의 것'에 대한 의식이 보다 강하게 작용하는 하부의 대중이다. 따라서 혁신의 주체적 의식을 이들에게 심어주지 않는 한 실질적이며 지속가능한 혁신은 거의 불가능하다.

Q11-3-(2) : 어떻게 우리와 나 사이의 입장 차이를 줄일 수 있을까?

각종 인센티브의 도입으로 우리 것과 나의 것에 대한 입장 차이(gap)를 좁힐 수는 있으나 근본적인 처방은 아니다. 양동작전이 필요하다. 외부의 적을 만들어 공생공멸의 위기감을 불러일으키는 것이 그 첫째요, 조직원이 공유할 수 있는 비전과 가치를 만들어 내는 것이 두 번째이다. 전자는 외부로부터 결속요인을 찾는 것이며 후자는 내부로부터 몰입요소를 찾아내는 것으로, 우리 것과 나의 것의 차이를 줄이는 데는 양자 모두가 필요하다. 이러한 측면에서 볼 때 제11장 제1절 (3. 비전과 공유가치)에서 소개한 히타치(Hitachi)의 공유가치 슬로건 'HAL'은 나와 우리의 간극을 좁히기 위한 두 가지 조건을 모두 만족하고 있다는 점에서 의미가 있다.

위에서 혁신을 강조하면 할수록 아래에서는 열심히 시늉을 낸다. 그 결과 혁신을 위한 혁신에 매진하여 경쟁적으로 새로운 성과(?)를 만들어 낸다. 물론 이러한 시도 자체도 보기에 따라서는 의미가 있다. 그러나 혁신이 왜 필요한지 머리가 아닌 가슴으로 공감하지 못한다면 혁신은 오히려 혼란과 분열을 초래할 수 있다. 혁신에 수반되는 저항을 적절히 관리하기 위해서 리더는 '소통의 리더'로 거듭나야 한다.

다소 우스갯소리 같지만, 리더의 유형을 지성(intelligence)과 근면성(dilligence)을 기준을 구분하면 ①멍부(멍청하고 부지런함), ②멍게(멍청하고 게으름), ③똑부(똑똑하고 부지런함), ④똑게(똑똑하고 게으름) 등 4가지로 구분된다. 이중에서 혁신리더로서 가장 경계해야 할 타입은 단연 '멍부'이다. 멍청하면서 부지런하여 자신이 전문가인양 착각하여 구성원들을 잘못된 방향으로 몰아가는 리더이다. 반면 가장 바람직한 유형은 '똑게'이다. 똑똑하여 혁신을 어떻게 추진해야 하

는지 알면서도 게을러서(?) 조직원들에게 맡기는 여유 있는 리더이다. 한 번쯤 곰곰이 생각해볼 일이다.

### 2. 저항과 변화대리인 (Change Agent)

혁신은 반드시 모종의 저항을 수반한다. 변화의 과정에서 나타나는 저항은 대체로 두 가지 유형으로 분류된다. 하나는 이질적 저항이요, 다른 하나는 소외적 저항이다. 전자가 '외침의 저항'이라면 후자는 '소리 없는 저항'이다. 이러한 저항을 적절히 관리할 수 있는 방법은 변화의 대상을 변화의 주체로 그 의식을 바꿔주는 일이다. 구성원들에게 혁신의 주체의식을 불어넣는 가장 효과적인 방법은 바로 대화이다. 이들이 윗사람들과의 대화를 통해 자신의 의사가 수용됨을 확신토록 하는 유력한 길은 현 시스템의 문제를 구체적으로 제기토록 하고 그에 귀를 기울이는 여유를 보여주는 것이다.

맹자는 이를 가리켜 '유여시우화(有如時雨化)'라 했다. '산천초목을 푸르게 변화시키는 것도 다 때가 있다.'는 의미이다. 단언컨대, 조직의 혁신은 기존관행에 대한 구체적 문제 제기와 건설적 비판이 자유롭게 이루어지고, 혁신을 지휘하는 조직의 장은 이를 공개적으로 청취, 토론하는 자신감과 여유를 갖는다면, 그리고 그러한 소통문화가 정착되어간다면 진정한 혁신은 이미 절반 이상은 달성된 것이다. 이러한 기본 토양을 조성하려는 노력 없이 추진되는 혁신은 '혁신을 위한 혁신'에 그치고 말 것이다.

그러나 설득과 대화를 통한 변화관리는 비율적이며 상당한 시간을 요할 뿐만 아니라, 설득하는 사람 자체에 대한 저항도 결코 무시할 수 없다. 정약용은 목민심서(牧民心書)에서 혁신과 관련하여 이런 말을 남겼다. '만약 백성이 변화를 거부한다면, 사실 그것은 변화 그 자체에 대한 저항이 아니라 변화를 외쳐대는 자에 대한 저항이다.' 그래서 나온 개념이 변화대리인이다. '변화대리인'이란 '일련의 변화 과정에서 대상 조직 및 집단의 선별적 초기 수용집단으로서 변화를 추진하는 대리인'으로 정의할 수 있다. 변화대리인은 변화 대상 집단의 상하부를 연결하는 중간계층에서 긍정적이며 수용적 성향이 강한 사람들이 선발되어야 한다. 변화대상 조직원의 20%를 설득할 수 있으면 자기강화적(Self Reinforcing) 힘이 생겨 변화는 스스로 확산된다. 전체의 대략 20%는 임계규모에 해당하기 때문이다.

## 3 미래지향적 리더의 사고

제4차 산업혁명시대에 진입하는 지금 리더는 과거와 '다르게' 생각하는 사고 및 접근 방식이 요구된다. 초연결시대로 대변되는 혁명적 환경 하에서 필요한 리더의 사고방식을 한 문장으로 표현하면 '밖에서 안으로(outside-in) 향하면서 증거에 기반(evidence-based)하여 협업적(collective)으로 사고'[56]는 것이다.

### 1. 외부 중심적 사고 (Outside-in)

지금까지 경영자의 사고는 내적 역량에 기초하여 외적 대응 및 전략을 전개하는 'Inside-out'의 사고가 주류를 이루었다. 그러나 이러한 내부 중심적 사고는 내적 여건과 제약을 먼저 고려하는 역과작용으로 외부의

56 이상현(2014). "미래경영을 위한 리더의 사고," POSRI 보고서, POSCO경영연구소

주요 변화요인을 파악하는데 한계를 가질 수 밖에 없다. 그러나 앞서 제1장 제1절(성과의 근원)에서 논의했듯이 진로를 바꾸는 선택은 환경 변화에 대한 올바른 이해에서 이루어지는 것임을 감안할 때, 외적 환경의 주요 변화요인을 파악한 후 그에 부합되는 자원 전개 메커니즘을 설계하고 선택하는 'Outside-in'의 사고가 중요하다.

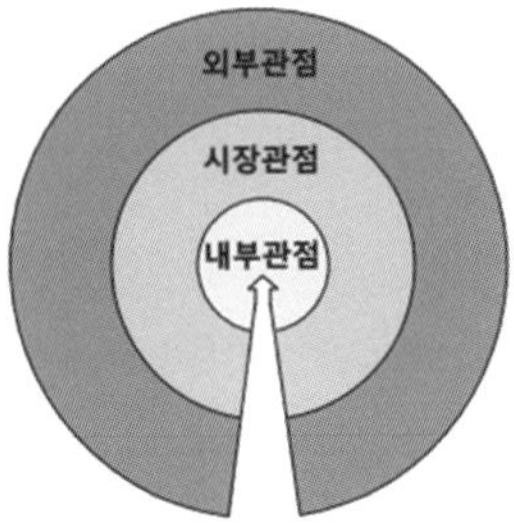


외부 중심적 (Outside-in) 사고

특히 가상공간을 중심으로 한 디지털 경제, $O_2O$(Online-to-Offline) 등 사업 환경이 소프트화하고, 지식과 창의에 기반 한 역량이 더욱 중요해짐에 따라 과거 산업시대에 적용되었던 'Inside-out'의 사고로는 적절히 대응할 수 없다. 실제로 미국 펜실베니아대학 와튼스쿨(Warton School)의 조지 데이(George S. Day) 교수에 따르면, 성공적으로 이윤을 창출한 기업의 리더들은 철저히 외부 환경(사회 변화, 시장 상황 등)을 우선 고려하는 전략을 견지해왔다.[57] 존슨앤드존슨(Johnson & Johnson), P&G (Proctor & Gamble), 애플(Apple), 피델리티(Fidelity), 시스코(Cisco), 월마트(Walmart), 아마존(Amazon), 이케아(Ikea), 텍사스인스트루먼츠(TI) 등 11개사를 조사한 결과 이들 기업의 성공요인은, 리더가 하나의 기업으로서 자사가 갖고 있는 경계와 제약에서 벗어나, 외부 환경을 우선 고려하는 'Outside-in' 방식을 활용하고 있다는 것이다. 제5장 제1절 (1. 마이클

OUTSIDE/IN
PERSPECTIVE TO STRATEGY

57 George S. Day and Christine Moorman(2011). "An Outside-in Perspective to Strategy," Marketing Magazine, pp. 22-29. Fall 2011.

포터의 한계)에서 논의되었던 가치사슬의 역류도 'Outside-in' 사고방식의 일환으로 해석해도 무방하다.

### 2. 증거기반 사고 (Evidence-based)

리더의 직감과 경험칙은 무시할 수 없는 중요한 의사결정 요소이다. 그러나 '어제의 처방이 오늘의 질병을 낳는다.'는 시스템사고의 금언이 그러하듯 단속적 혁신적으로 변화를 거듭하는 환경 하에서 그가 믿고 있던 사실과 경험은 '위험한 반쪽짜리'일 가능성이 매우 높다. 과거에 작동했던 처방들이 지금의 경영환경에서도 조직의 목표를 달성하는데 기여하는지 기존의 가정들을 재검토하지도 않은 채 그대로 적용하려는 것은 매우 위험한 생각이다. 잘 나가던 기업이 위기에 처하거나 도산에 직면한다면 그것은 상당부분 과거의 처방에 집착하여 같은 방식을 더 세게 밀어붙인 결과이다. 따라서 과거의 경험과 지식에 의존하는 것이 아니라, 현재의 실증적 증거에 기반 한 의사결정을 지향해야만 한다.

알루미늄 생산업체 알코아(Alcoa)는 1980년대 말 알루미늄 수요 감소와 공급 과잉에 대응하여 소재 사업으로의 다각화를 시도했으나 실패를 거듭하게 된다. 이때 CEO로 영입된 폴 오닐은 알코아의 경쟁우위는 본업인 알루미늄 제조 역량 강화에 있다고 판단하고, 450가지 평가 기준을 마련하여 레이놀즈, 알칸 등 경쟁업체뿐만 아니라, 듀퐁, 제록스 등 유사 제조업체까지 벤치마킹하여 제조역량을 비교하였다. 이런 수치에 근거한 비교 결과를 본 중역들은 자사가 처음으로 발명한 알루미늄 주조공정에서조차 경쟁에 뒤지고 있었음을 깨닫고 새로운 전기를 마련하게 된다.

### 3. 협업적 사고 (Collaborative)

산업 구조가 더 복잡해지고 기업 간 상호의존성이 높아지면서, 소수의 기업들이 자신만의 공급업체나 고객하고만 계약을 맺는 시대는 사라지고 있다. 더욱이 이제는 경영활동의 상당부분이 기업 경계를 넘어서는 곳에서 발생하고 있다. 따라서 생태계 참여자들이 기술, 지식과 경험을 공유하고 협력적 역량이 발휘되도록 참여자간 소통 촉진 및 협력기반 조성이 매우 중요해지고 있다. 하버드 비즈니스 스쿨의 캔터(Kanter) 교수는, 요즘과 같은 상황에서는 필요한 역량과 자원을 독자적으로 확보하는 것보다 투자의 과실과 위험을 나누는 협업이 매력적이라고 강조한다.

워크맨에서 CD플레이어 까지 '90년대 세상의 혁신을 주도한 소니(SONY)는 최고의 PC, 휴대용 오디오, 플래시메모리, 배터리, 콘텐츠 부서를 모두 보유하고 있었다. 그러나 소니는 애플이 수많은 외부 기업들과 협업하여 기술과 제품의 통합에 성공하는 동안 폐쇄적인 생태계에 안주한 결과 애플의 아이튠즈라는 협업 플랫폼에 적절하게 대응하지 못하고, 기존의 선도 분야에서 애플에게 참담히 패배한 사실은 협업적 사고의 중요성을 반증한다.

제12장

# 인적자원과 문화

## 벌거벗은 임금님

메인프레임 판매사에서 고객 맞춤형 솔루션을 제공하는 회사로 IBM의 세계관을 근본적으로 바꾸어 놓은 루 거스너(Lou Gerstner)의 에피소드는 조직문화가 어떻게 싹트는지를 설명할 수 있는 일화로 유명하다. 출근 첫날 파란색 셔츠를 입었는데, 그 다음 임원회의에 가보니 모두 파란색 셔츠를 입고 있었다는 것이다.

이 일화는 안데르센의 동화『벌거벗은 임금님』에 나오는 이야기를 연상케 한다. 안데르센은 이를 통해 사람의 어리석음 그 자체를 얘기하고자 한 것이라기보다는 정신모델(mental model)에 묶여 버리기 쉬운 인간의 허점을 지적하고자 한 것으로 해석할 수 있다. 임금의 위엄과 교묘한 허위로 치장된 베틀 짜는 형제의 권위가 사람들로 하여금 세상(임금의 벗은 몸)을 있는 그대로 볼 수 없는 정신모델에 속박되도록 만들었던 것이다.

물론 종교적 세계관이 지배했던 중세의 천동설(天動說)은 코페르니쿠스(Nicolaus Copernicus)가 지동설(地動說)을 제시하기 전까지 그 누구도 이의를 제기하지 못했다. 심지어 그 마저도 종교의 위세 앞에서는 공개적으로 천동설(天動說)을 부인하지 못했다. 안데르센은『벌거벗은 임금님』이야기를 통해 바로 이러한 인간의 인식작용을 꼬집고자 한 것이다. 여기서 임금은 교황이요, 베틀로 옷(?)을 짜낸 형제는 천동설(天動說)을 주장한 신학자들이며, 임금의 벗은 몸을 지적한 어린 아이는 바로 코페르니쿠스였다.

# 제1절 다시 보는 세계관

리더십이 뒷받침된 인적자원은 13척의 배로 수백 척의 적을 이길 수 있으며, 가난과 폐허에서 기적을 일궈낼 수 있는 강력한 힘을 발휘한다. 이런 역사적 교훈은 기업경영에도 그대로 적용된다. 다만 시대의 변화에 따라 요구되는 인재상은 달라질 수 있으며, 문화의 차이에 따라 같은 인재도 다른 행태를 보일 수 있다. 4차 산업혁명시대에 바람직한 인재상은 무엇이며, 인적자원의 환경적 영향요소인 조직문화는 어떤 것이 되어야 할지에 생각해보기로 한다.

보수와 인센티브가 중요한 이유는
부적격자에게서 적합한 행동을 끌어내고자 함이 아니다.

- 콜린스(Jim Collins, 1958- ), 경영컨설턴트. <Good to Great> 저자

## 1 바람직한 인재상

조직의 진정한 자원은 인적자원뿐이다. 아무리 물려받은 재산이 많아도, 아무리 천연자원이 풍부한 나라라도 물리적 자원은 '가능성'에 불과할 뿐 진정한 성과를 담보하진 않는다. 최종 승리를 결정하는 건 결국 구성원의 역량이다. '명장이 명마를 알아보는 법.' 올바른 인재를 알아보는 능력은 경영자의 가장 큰 덕목이다.

### 1. 효율적 인간과 창의적 인간

지금까지 이 책에서 조직을 두 가지 방식으로 묘사했다. 하나는 조직의 구조를 '파라미드'로 설명하면서 그 이유와 문제점을 논의했었다. 또 다른 하나는 조직의 활동적 영속성을 설명하면서 자전거를 타는 사람에 비유했었다. 이번에는 조직의 운동궤적을 아래 그림과 같이 타원에 비유하고자 한다. 자전거를 타고 페달을 밟으면서 어떤 궤적을 따라가는지를 설명하기 위함이다. 기하학적 정의에 따르면 타원은 '평면 위에서 두 정점(定點)에서의 거리의 합(合)이 언제나 일정한 궤적'을 말한다. 조직의 운동궤적도 타원과 같다.'효율'과 '창의'라는 두 개의 초점으로부터 운동거리의 합이 일정한 궤적으로 설명될 수 있다. 한경 변화에 따라 어떤 때는 수직적 사고에 기초한 '효율'이, 또 어떤 때는 수평적 사고에 기초한 '창의'의 운동거리가 길다. 4차 산업혁명시대에서 조직이 강조해야 할 초점은 당연히 '창의'일 것이다.

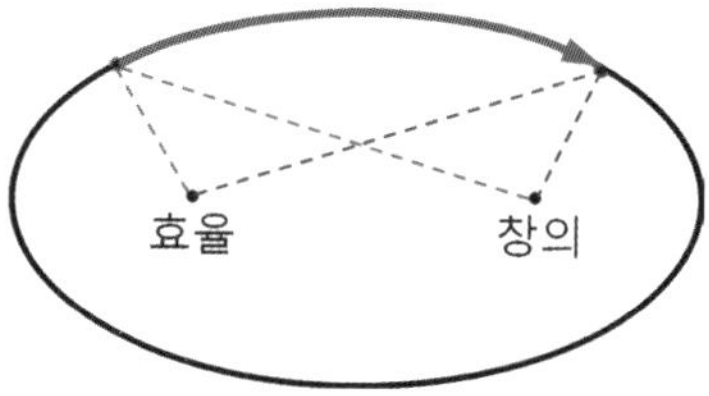


효율적 인재가 어떤 치명적인 한계를 갖고 있는지 간단한 예시를 통해 음미해보자. 가령 ⅓에 ⅛을 곱하면 답은 뭐냐는 물음에 웬만한 한국인이면 곧바로 $\frac{1}{24}$이 나온다. 심지어 이런 질문을 한다고 언짢아할 수도 있다.

Q12-1-(1) : 어떻게 답을 구했는지 묻는다면 뭐라고 답변할 것인가?

그러나 왜 답이 $\frac{1}{24}$인지 그 이유를 설명해보라 하면 의외로 명쾌하게 답하는 이는 그리 많지 않다. 가령 어린 자녀가 학교에서 분수 곱하기를 배운 후 부보에게 분수를 곱할 때 왜 분모는 분모끼리, 분자는 분자끼리 곱하느냐고 묻는다면 뭐라고 답변 하겠는가? 십중팔구는 '쓸데없는 질문' 혹은 '공식이야. 외워!'라는 반응을 보이지 않을까?

이게 지금까지 우리나라에서 견지해온 교육 방식이었다. 최빈국에서 선진국의 문턱에 이르기까지 지난 70여 년 간 추격 전략을 견지해온 우리는 '왜'라는 질문은 필요치 않았다. 오로지 신속, 정확하게 주어진 문제에 대한 답을 찾아내는 능력만 기르면 됐다. 이러한 기문지학(記問之學) 방식은 효율적 인재를 길러내는데 아주 '효율적'이었다. 그리고 이러한 효율적 인재를 우수한 인재, 바람직한 인재로 간주했었다. 이런 인재는 인공지능이 인간과 경쟁하는 시대엔 더 이상 살아남을 수 없다. 빠르고 정확하게 답을 찾아내는 능력은 이미 알파고의 은퇴가 입증했기 때문이다.

## 2. 다섯 가지 유형의 인재

경영조직 뿐만 아니라 동아리와 같은 모임에서 마저 다섯 가지 유형의 인간이 발견된다. 아래 그림과 같이 인재는 '재난적 존재(人災)', '자리만 차지하고 있는 인간(人在)', '어딘가 쓰임새가 있는 사람(人材)', '재능을 가진 사람(人才)', '재산이 되는 존재(人財)' 등 다섯 가지 유형으로 구분된다. 다소 말장난 같지만, 이것이 전하는 메시지는 간결하면서도 명료하다.

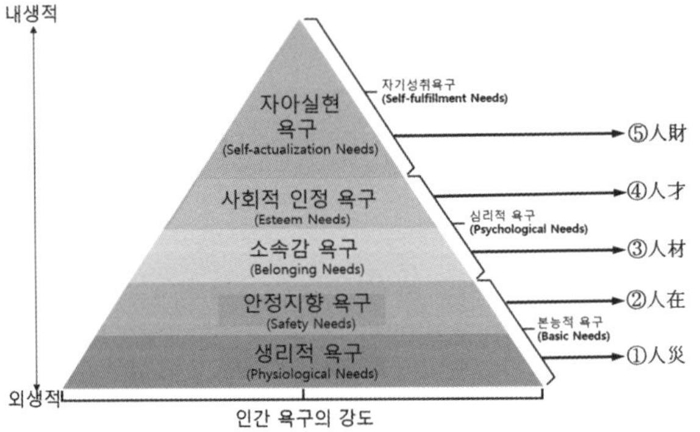

여기서 중요한 건 어떤 인재로 발전할 것이며, 어떤 인재로 조직에 남을 것인가는 스스로의 선택에 있다. 왜냐하면 이런 인재 유형은 결국 어떤 마음가짐으로 소임에 임하는가에 달려 있기 때문이다. 이와 관련된 추가 논의는 제13장 제1절(2. 직장이란 존재의 의미)에서 이어진다.

## 2 권력거리와 '갑질 문화'

뒤에 이어지는 제3절에서도 문화에 대한 논의가 있지만, 문화는 우리의 생각을 지배하며, 생각은 행동을 지배한다. 요즘 우리 사회 도처에서 심각한 문제로 비춰지는 행동은 바로 '갑질'이다. 이는 '갑'과 '을'의 계약 관계에서 '갑'이 갖는 우월적 지위를 빗대어 나온 속어이다. 이런 후진적이고 잘못된 행태는 경영조직에서도 심각한 문제로 드러나고 있다. 2019년 1월 취업포털 '잡코리아'가 실시한 조사결과에 따르면 직장인의 95%가 '번아웃 증후군(Burout)'에 시달리고 있으며 그 원인으로는 '직장에서의 업무와 인간관계'였다.

### 1. '갑질 문화'의 근원

우리사회에서 유독 심하게 나타나는 '갑질'은 일종의 문화로 정착되어 있다는 게 필자의 판단이다. 일부에 국한되지 않고 만연되어 있다는 점에서 그러하다.

> Q12-1-(2) : '갑질'이 유독 우리사회에서 심한 이유는 무얼까?

사람은 보면서 크지, 들으면서 크지 않는다. 우리의 성장과정을 돌이켜보면 그 이유를 어렵지 않게 찾을 수 있다. 어릴 적에 집에서는 아버지에게 갑질 당했고, 학교에 들어가서는 줄곧 선생들에게 '갑질' 당했다. 갑질을 당하면서 성장한 사람들이 회사에 들어와 상사가 되어 '갑질' 할 위치가 되면 자신도 부하나 약자에게 갑질을 한다. 이런 논리가 너무 비약적이고 심한 표현이라고 거부감을 느낀다면 그 사람은 십중팔구 권위주의 시대에 성장하지 않은 비교적 젊은 층일 것이다.

가부장적 시절 우리의 아버지들은 상당히 엄했다. 아버지가 퇴근해 돌아오면 뛰어 놀던 애들은 놀이를 멈추고 소리를 내서는 안 되었다. 학교에서 선생님에게 당하는 체벌은 거의 매일 이루어지는 상례적인 것이었다. 수업시간이 지루해서 딴 짓하거나 졸면 예외 없이 백묵이 날아들거나 심한 경우는 지우개가 검은색 교복을 허옇게 바꿔놓기도 했다. '왜 조느냐'는 외마디에 학생들은 한 마디 저항도, 저항할 생각도 할 수 없었다. 필자가 선생이 되어 이제와 돌이켜보니 그 당시 나를 졸게 만들었던 선생님들에게 적어도 맘속으로나마 '날 안 졸게 해주셔야죠.'라고 응수했어야 맞다. 학생이 졸거나 딴 짓한다면 그마저도 51%는 가르치는 자의 책임이기에 그러하다.

얼마 전 언론에 마켓 지하주차장 아르바이트 학생 안내원을 바닥에 무릎을 꿇린 고객, 대중 보석상점 여직원을 무릎 꿇린 두 모녀에 대한 보도를 보면서 우리사회에 만연한 '갑질'의 심각성을 새삼 느꼈다. 동시에 무릎을 꿇렸던 그 고객들도 분명 갑질을 당하면서 살아온 사람들일 것이란 안타까움도 있었다. 적어도 필자의 경험 상 미국에서는 비록 총질을 할망정 인간적 모멸감을 안기는 이런 행태는 찾아볼 수 없다.

'갑질'이 일종의 문화로 자리하고 있다는 측면에서 볼 때 쉽사리 개선

될 것으로 보이지 않는다. 물론 일말의 희망도 있다. 이젠 더 이상 집에서 아버지가, 학교에서 선생님이 갑질 하는 모습을 찾기란 쉽지 않은 상황이 되었기 때문이다. 그러나 여전히 비관적이다. 갑질의 주체가 역전되고 있을 뿐 갑질은 여전하다는 측면에서 그러하다. 학교에서는 오히려 학생이 선생에게 '갑질'하는 현상이 나타나고 있으며, '고객은 왕'이라는 잘못된 인식과 그로 인해 감정노동을 해야만 하는 직장인들의 사정으로 인해 갑질의 악순환은 반복되고 있다. 사실 이러한 갑질 행태는 우리사회에만 있는 것은 아니다. 권력거리가 높은 나라는 거의 비슷한 양상을 보인다.

### 2. 권력거리와 '갑질'

네덜란드의 심리학자 홉스테드(Geert Hofstede)의 문화차원이론(Cultural Dimension Theory)과 분석모델[58]에 따르면 '권력거리(Power Distance)' 차원에서 한국은 다른 국가에 비해 월등히 높은 위치에 있다. 여기서 '권력거리'란 조직이나 집단에서 권력이 작은 구성원이 권력의 불평등을 수용하고 기대하는 정도를 말한다. 따라서 권력거리 지수가 높다는 것은 권력의 배분의 불평등이 그 만큼 심하다는 것을 의미한다. 이러한 그의 학설도 우리사회의 갑질이 심한 이유를 간접적으로 뒷받침한다.

그러나 권력거리 지수가 높다는 것이 반드시 나쁜 것만은 아니다. 예로부터 신하는 임금의 뜻에 따르고, 자녀는 부모의 뜻에 따르며, 학생의 선생의 가르침에 순종하고, 어린이는 어른의 뜻에 따르는 서열화는 조직이나 집단의 힘을 집중시킴으로써 의사결정의 신속성과 일처리의 능률성

58 Hofstede, G.(1991). Cultures and Organizations: Software of the Mind. Berkshire, UK: McGraw-Hill.

측면에서 긍정적인 효과를 낳는다. 문제는 최근 재벌총수 리스크(risk)가 불거지는 것처럼 권력자의 잘못된 판단에 전체가 위험에 빠질 수도 있으며, 창의성과 조직의 활력을 심각히 저해할 소지가 크다는 점이다.

특히 4차 산업혁명 시대를 맞으면서 이제는 더 이상 헤라클레스와 같은 권위주의적 영웅이나 리더는 바람직하지 않다. 우리사회가 과거에 비해 상당히 다른 모습을 갖춰가고는 있지만, 변하지 않는 것이 사람이라는 점에서 시간이 흘러야 권력거리는 완화될 수 있다. 다만 그 시간은 새로운 리더십과 우리의 의식적 노력 여하에 좌우될 것이다. 이것이 문화의 생리이다.

## 3 성과평가의 함정

연말이 되면 기업들은 한 해 동안의 목표 대비 성과를 되돌아보고, 다시금 새해의 목표를 설정하느라 분주한 시간을 보낸다. 이러한 작업을 하는 데 중요한 역할을 하는 것이 바로 핵심성과지표, 즉 KPI(Key Performance Indicator)다. KPI는 고객만족도·품질수준·주문납기 등 기업이 설정한 핵심목표 달성 수준을 파악하고 평가하는 역할을 한다. 기업 경영에 필수불가결한 보편적인 경영수단으로 자리 잡은 지 오래다. 특히 'BSC'라고 지칭되는 균형성과지표(Balanced Score Card)는 단기에 치우치는 재무적 성과뿐만 아니라 고객, 내부 업무프로세스, 그리고 학습과 성장 등 보다 중장기적 성장의 토대가 되는 비재무적 선행지표들을 아우른다는 측면에서 대다수의 기업들이 채택하고 있는 성과평가모델이다.

### 1. 성과평가의 부작용

그런데 몇 년 전 국내 한 금융기업이 "KPI가 관리를 위한 관리도구로 변질했다"며 폐지를 천명해 상당한 파문을 일으킨 적이 있다. 비슷한 시기에 중국의 샤오미 역시 '직원은 관리와 감시보다는 동기부여가 중요하다'는 경영원칙 하에 KPI를 운영하지 않는 것으로 소개돼 화제가 되기도 했다. 또한 제11장에서 소개한 바 있는 교세라는 직원들을 평가하지 않는 것으로도 유명하다.

Q12-1-(3) : '성과평가'는 어떤 부작용이 도사리고 있을까?

성과에 대한 평가는 필요악이다. 특히 성과 연봉제가 보편화 되어 있는 요즘 객관적 성과평가는 불가피한 요소이다. 그러나 이와 관련하여 짚어 보아야 할 것이 몇 가지 있다. 첫째, 평가지표가 올바로 설정되었는가 하는 점이다. 잘못된 평가지표는 구성원들의 잘못된 행동을 유발하기 때문이다. 둘째, 평가는 단순히 관리차원의 평가로 끝나서는 안 된다는 점이다. 평가는 조직학습의 수단으로 활용되어야하기 때문이다. 셋째, 평가가 또 다른 업무가 되어서는 안 된다는 점이다. 평가와 보고에 많은 시간이 소요되고 그로 인해 별도의 인력이 배치되어야 한다면 이는 평가로부터 기대되는 득보다 실이 더 클 수 있기 때문이다.

Q12-1-(4) : '성과평가' 문제의 구체적 예시와 대안은 무엇인가?

### 2. 평가의 개선과 사례

우선 평가지표가 잘못된 경우부터 살펴보자. 전체가 아닌 부문별 지표일 경우 문제가 심각히 발생할 수 있다. 부분 최적화가 전체성과를 희생시킬 수 있기 때문이다. 가령 공장의 KPI는 설비가동률일 것이다. 설비가동률을 높이기 위해서는 투입 자재의 교체횟수를 줄이고 배치 크기(Lot Size)를 최대한 높이려 할 것이다. 이 자체만 보아서는 문제가 없어 보인다. 그러나 자재를 조달, 관리하는 자재부서의 입장에서는 자제관리비용을 줄이기 위해 투하자산회전율(=매출액/투하자산)을 최대한 끌어올리려 할 것이다. 이러한 목표를 달성하려면 투하자산 자체를 적게 유지하여 재고회전율을 높여야 가능하다. 여기서 우리는 설비가동율과 재고회전율 사이에 충돌의 소지가 있음을 알 수가 있다. 생산 및 품질 관리와 영업 업무의 KPI는 서로 충돌한다. 이렇듯 부문별 KPI 그 자체는 문제가 없어 보이지만, 보다 넓은 시각에서 보면 KPI 간 충돌로 서로 협력하기 어려운 문제를 내포하고 있는 경우가 허다하다. 이 문제를 해결하려면 부문별이 아닌 가치창조 프로세스별로 핵심성과지표를 설정하는 것이 필요하다. '제약경영(TOC: Theory of Constraints)'에서 쓰루풋(throughput)을 경영관리의 핵심 지표로 설정한 이유도 여기에 있다.

둘째, 평가가 학습으로 이어지지 않고 연봉이나 승진을 위한 수단으로 변질되기도 한다. 성과평가를 논의하는 많은 교과서에서는 평가가 학습으로 이어져야 하며, 그러기 위해서는 KPI 도출과정에 조직 구성원들의 참여가 필수적임을 강조한다. 원칙적으로 맞는 말이다. 그러나 그러기 위해서는 한 가지 단서가 필요하다. 부문별 KPI가 아닌 가치 창조프로세스별 KPI라야 한다는 점이다. 아무리 구성원들의 참여 하에 KPI를 설정한다 하여도 이러한 전제조건이 충족되지 않으면 부서별 평가에 유리한 KPI를 선정하려 한다거나 근본적인 경쟁력 향상을 통한 KPI 향상이 아닌 해당 KPI에 최적화된 형태로 업무를 조정하면서 숫자만 좋게 하는 경우가 발생한다는 점을 잊어서는 안 된다.

셋째, 최근 기업들은 별도의 평가관리부서나 팀을 두고 있다. 별도의 부서를 둘 만큼 평가관리 업무가 많다는 것은 그만큼 평가하고 관리해야 할 지표가 많다는 의미이다. '제약경영(TOC: Theory of Constraints)'의 창시자 고드랫(Eliyahu M. Goldratt, 1947-2011)은 '성과평가의 문제는 너무 많은 것을 평가하려는데 있다.'라고 일갈 한 바 있다.

넷째, 여기에 하나를 더 추가한다면 'KPI를 달성하기 위한 숫자놀음에 빠질 가능성이 높다'는 점이다. 이러한 이유 때문에 미국의 대표적인 철강회사인 뉴코어(Nucor)는 KPI를 10개로 최소화하였다. 아이버슨 회장은 10개 KPI에서 '이상 조짐'이 파악되면 해당 제철소를 직접 방문해 직원들과 함께 전반적인 점검을 통해 문제를 해결했다. 이 회사는 성과관리의 모범기업 사례로 인용되고 있지만 동시에 KPI를 대하는 사람의 마음을 이해하고 이를 KPI 운영에 어떻게 반영해야 하는지도 가르쳐주고 있다. 다소 거리가 있는 얘기일 수도 있으나, 미국의 대표적 서부 도시 시애틀(Seattle)의 경우 지속가능도시 KPI는 '연어가 돌아오는 마리 수'로 설정하고 있다. 이것이 무엇을 의미하는지 새겨보아야 한다.

## 제2절 창의적 인재의 조건

4차 산업혁명시대를 목도하고 있는 지금 모든 조직에서 필요한 자원은 바로 창의적 인재이다. 이 절에서는 창의력의 본질과 원천은 무엇이며, 창의력을 촉진하는 요소와 저해하는 요소들은 무엇이 있는지 살펴보고 이를 통해 창의적 인재를 계발하기 위한 조건을 논의해보자.

창조는 관계가 없어 보이는 사고의 파편들이
서로 결합되어 만들어진다.

- 포인카테(Jules Henri Poincare, 1854~1912), 프랑스 수학자

### 1 창의의 본질과 원천

영국의 생물학자 찰스 다윈(Charles Darwin, 1809~1882)이 말한 '적자생존(適者生存)'이란 생존하는 종자는 힘세고 덩치 큰 종자가 아니라, 작고 나약해도 변화에 적응하는 종자이다. 그렇듯 환경이 변하면 그에 맞는 '생존 DNA'를 만들어내지 않으면 사멸하는 것이 자연의 법칙이다. 최근의 환경에 부합되는 DNA의 핵심은 바로 창의성(創意性)이다.

그렇다면 '창의(創意)'란 무엇인가? 창의란 문자 그대로 '가치 있는 새로운 무엇을 만들어내는 창조적 기상(마인드)'을 의미한다. 그러나 우리가 흔히 알고 있듯 창조란 무(無)에서 유(有)를 만들어내는 것이 아니다. 섹스피어(William Shakespeare, 1564~1616)는 소네트(Sonnet)의 한 구절에서 이렇게 말하고 있다: "There is nothing new under the sun (이 세상에

새로운 것은 아무 것도 없다).” 다분히 철학적이며 종교적 색채가 짙은 표현 같지만, 무(無)에서 유(有)를 창조하는 것은 신(神)만이 할 수 있는 것으로 태초에 한 번 있었으며, 그 후 이러한 창조는 다시금 반복되지 않았다. 만약 무(無)에서 유(有)를 만들어내는 것이 창조의 본질이라면 그건 인간이 할 수 있는 일이 아니다.

Q12-2-(1) : 그럼 인간계에서의 창조는 어떻게 해야 하는가?

**1. ‘창조’에 대한 동양과 서양의 시각**

우선 창조주의 창조 행위가 기록되어 있는 구약성서(창세기 제1장 제1절)의 내용을 보면 ‘빛은 어둠으로 비롯했고, 만물은 빛으로부터 비롯했으며, 인간은 흙으로 비롯했다.’ 여기서 우리는 무(無)에서 유(有)를 만드신 창조주 하느님마저도 창조의 행위는 ‘비롯하고’ 계심을 알 수 있다. 19세기 프랑스 수학자 포인카레(Jules Henri Poincare, 1854~1912)는 이렇게 말했다. “창조는 전혀 관계가 없는 것처럼 보이는 사고의 파편들이 서로 결합되어 이루어진다.”

창조(創造)에 대한 동양의 시각도 이와 다르지 않다. 한자사전에서 창조(창조)의 ‘창(創)’을 찾아보면 그 대표 의미가 ‘비롯할’로 되어 있다. 먼 옛날 ‘創’이란 글자를 만들어 ‘비롯한다.’고 의미를 부여한 사람이 누구인지는 알 길이 없으나 분명 창조의 본질을 꿰뚫고 있었음이 분명하다. 혹독한 겨울을 나기 위해 곳집(倉)에 가치 있는 것들로 가득 채우려면 밖으로 나아가 칼(刀)로 베어 거둬들이면 된다. 그 방법은 비롯하는(創) 것이다.

따라서 인간계에서 창조는 무(無)에서 유(有)가 아니라, 유(有)에서 또 다른 유(有)를 만들어내는 것이다. 결국 창조력은 '비롯하는 능력'이다.

### 2. '창의력'의 원천

'비롯함'은 우리의 눈과 귀가 제대로 작동할 때라야 가능하다. 무엇을 '본다는 것'과 '듣는다는 것'이 진정 무엇을 의미하는 지, 한자 시(볼 視)와 청(들을 聽)을 파자(破字)해서 좀 더 구체적으로 살펴보기로 하자.

視思明 視 ⇐ 示 + 見
聽思聰 聽 ⇐ 耳 + 王 + 德

본다(視)는 것은 '제단(示)을 바라보는(見) 것'을 의미한다. 제사 지낼 때의 우리 행동을 돌이켜보자. 제사상을 차려 놓고 그 앞에서 절을 하지 않는가! 이때 우리가 절하는 대상은 눈에 보이는 제사상이 물론 아닐 것이다. 눈에 보이지는 않지만 그 주변에 어려 있는 조상의 귀신에 대한 의례이다. 이렇듯 본다고 하는 것은 보이지 않는 그 무엇을 볼 수 있을 때야 비로소 본다고 한다. 가령 사과가 나무에서 떨어지는 것을 보았다 하자. 그것은 본 것이 아니라 감각적으로 우리 눈에 비추어진 것일 뿐 본 것이 아니다. 이런 상황에선 더 이상 사고가 진전되기 어렵다. 진정으로 본 다는 것은 뉴튼(Issac Newton, 1642-1727)이 그랬듯이 사과가 나무에서 떨어진 것이 아니라 무언가가 잡아당긴 것으로 볼 때 진정으로 본 것이며, 그로부터 고차원적 사고는 시작된다.

한편 듣는다(聽)는 것은 무얼 의미할까? 제대로 된 귀(耳)를 갖는 것은 곧 제왕(王)의 덕목(德)이다. 총명하게 듣는다는 것은 그만큼 중요하다는 의미이다. 말하는 사람의 입보다 듣는 이의 귀가 더 중요하다는 것은 바로 이를 두고 하는 말이다. 인류 역사 상 가장 넓은 영토를 장악했던 몽골제국의 칭기즈칸(Chingiz Khan, 1155?~1227)은 다음과 같은 말을 남긴 적이 있다고 한다: "나는 이름조차 쓰지 못할 정도로 배움이 없지만 주변의 얘기들을 늘 경청해 들음으로써 오늘의 내가 있을 수 있었다."

그렇다면 초점을 동양의 시각에 두고 생각의 작동 원리를 논의해보자. 생각 '사(思)'를 파자(破字)하면 생각이란 마음(心)이 밭(田)에 갈 때 비로소 작동하게 되는 것임을 알 수가 있다. 여기서 밭(田)이란 무엇을 시사 하는 것일까. 그것은 바로 자신의 이해관계와 직결되는 대상, 혹은 관심사를 의미한다. 우리는 생각 '사(思)'에 내포되어 있는 생각의 작동원리로부터 사고의 출발점이 무엇인지 알 수 있다.

즉 생각의 출발점은 바로 마음(心)에 있다. 여기서 공자가 얘기하는 마음(心)이란 알고자 하는 마음, 즉 문제의식 내지는 호기심이다. 이는 자신을 진정으로 사랑하는 마음이 없으면 생기지 않는다. 자신을 진정으로 사랑하는 마음이란 자기강화적(self-reenforcing) 의식이다. 곧이어 논의가 계속되지만, 이를 창의성 분야에선 '유별성(有別性)'이라 한다.

문제의식을 가지면 무언가 들리고 보이면서 이로부터 사고의 파편들이 발생하게 된다. 문득 떠오르는 사고의 파편은 누구에게나 일어날 수 있으나 결코 이는 집요한 고심 없이는 가능한 것이 아니다. 과학적 발명조차 실수나 우연에서 창조된 '세렌디피티(serendipity)'를 중시한다.[59] 문제의식 속에 골몰하면 무언가 소중한 우연과 조우하게 되는 데 이를 '세렌디피티'라 한다. 그러나 우연처럼 보이는 세렌디피티는 결코 문제의식이 없는

59 문제의식 속에 골몰하면 무언가 소중한 우연과 조우하게 되는 데 이를 "세렌디피티(serendipity)"라 한다.

상태에서는 찾아오지 않는다. 역설적으로, 설혹 소중한 그 무엇과 조우한다 해도 문제의식 없이는 만났던 사실조차 인식하지 못한다.

## 2 창의를 살리는 4요소

창의력을 신장시킨다는 것은 여백을 읽는 능력을 증진시킨다는 것과 같은 의미이다. 여백에서 의미 있는 무엇을 읽어내는 능력 배양을 위한 기본 소양을 네 가지 '유', 즉 유별성(有別性), 유연성(柔軟性), 유창성(流暢性), 유통성(流通性) 등 네 가지로 집약하여 제시하면 다음과 같다.

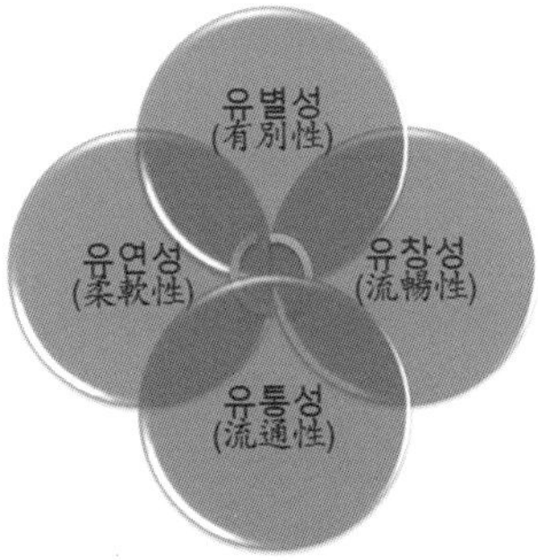

창의성 배양을 위한 4대 요건

**1. 유별성 (有別性)**

유별성이란 '자신을 진정 존중하고 사랑하는 마음'으로 자기강화적 의식이다. 一切唯心造. 세상의 모든 것은 그것을 인식하는 마음의 나타남이다. 공자(孔子)는 이와 관련해서 '心不在焉 視而不見, 聽而不聞.'이라 했다. 마음이 없으면, 보아도 보이지 않고 들어도 들리지 않는다는 뜻이다. 여기서 마음(心)이란 알고자 하는 마음, 즉 문제의식 내지는 호기심이다. 이러한 호기심은 자신을 진정으로 사랑하는 마음(자긍심)이 없으면 생기지 않는다. 이러한 유별성(有別性)이 결여되면 눈과 귀가 닫히고, 그리되면 '비롯함'은 애초부터 불가능하다.

Q12-2-(2) : 마음(心)과 직결되는 '유별성'을 어떻게 기를 수 있을까?

기술은 가르칠 수 있어도 열정은 못 가르친다. 자신과 자신의 운명에 대한 믿음을 스스로 강화시키는 훈련이 유일하다. 다만 아직 사춘기를 지나지 않은 사람은 '심조(心造)'가 끝나지 않았으므로 거울 역할을 하는 부모, 선생, 친구 등 주변의 역할이 매우 중요하다. '자아의식'은 사실상 '비춰진 자아'이기 때문이다.

**우회축적(迂廻蓄積)의 힘**

유별성은 마음(心)과 직결된 정신적 태도(Mental Attitude)이다. 따라서 기술적 훈련으로 빠르게 배양될 수 있는 것이 아니다. 머리가 아닌 가슴으로 느끼고 되새김질 하는 시간이 필요하다. '우회축적의 힘'을 이해하면 유별성을 기르는데 다소나마 도움이 될 것이다.

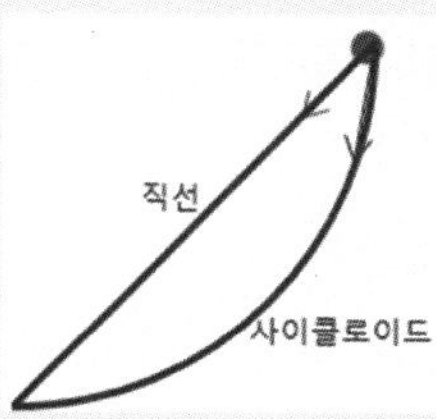


구슬을 위에서 아래로 굴릴 때 직선 코스와 사이클로이드 곡선 중 어느 코스를 택하는 것이 목표 지점에 더 빨리 닿을까? 직선 코스가 빠를 것 같지만 거리가 더 먼 사이클로이드 곡선이 더 빠르다. 이러한 자연 현상은 사회학적으로도 설명이 가능하다. 우회하면서 보다 큰 힘을 축적하여 시간 위에서 그 힘을 발산케 함으로써 더 낳은 결과를 거둘 수 있다. 이것이 바로 '우회축적의 힘' 이다.

### 2. 유연성 (柔軟性)

유연성이란 물의 흐름과 같은 유연한 사고를 말하며, 이러한 사고는 여유로부터 나온다. 사고에 여유가 있으면 유희적 발상이 작용하게 되고, 유희적 발상이 작용하게 되면 경직된 수직적 사고는 유연한 수평적 사고로 자연스럽게 전환된다.[60]

이러한 유희적 발상은 엄격한 논리적 법칙을 거부한다. '낙타가 바늘귀로 들어가는 것이 부자가 천국의 문을 들어가는 것보다 쉽다'는 성경 구절만큼이나 유희적이다. 대조법으로 볼 때 부자가 천국 가기 어려움을 강조하려면 '부자와 천국의 문'에 대응하여 '동아줄과 바늘귀'로 설정해야 논리상 맞다. 소수점을 한 자리 위로 잘못 찍어 시금치 철분 함량을 10배로 불어나게 만든 실수가 시금치 먹은 뽀빠이가 덩치 큰 블루투스를 때려눕히는 기적의 파편을 낳은 것과 맥을 같이 한다. 이어령 교수의 지적처럼 20세기가 단선적인 결정론으로 도구를 만들고, 그것으로 세계를 지배하는 인간(Homo Faber)의 시대였다면, 21세기는 놀이와 상상 그리고 창조적 힘으로 끝없이 삶을 허구와 이미지로 충만하게 하는 인간(Homo Pictor)의 세기이다. 이것이 바로 유연성의 본질이다.

**사고의 분기와 피드백**

유연한 사고를 키우려면 시스템사고에서 얘기하는 것처럼 항상 '사고의 분기'를 요구한다. 원하는 바를 얻기 위해서는 반드시 예상하지 못한(예상했

---

60 유별성이 열정으로 비롯되는 것이라면, 유연성은 여유에서 비롯된다. 열정과 여유가 서로 상치되는 것 같지만 그렇지 않다. 여유와 상치되는 것은 외적 통제에 의한 스트레스이다.

어야 하지만 그러지 못한) 결과를 수반하기 때문이다. 성장을 추구한다면 그 성장에 의해 자원이 소모되며, 자원의 소모는 성장의 한계를 초래하는 피드백으로 작용한다는 사실이 전형적 예시가 될 수 있다. 또한 제1장 '성과의 순환적 모델'에서 보았듯이 선택은 성과를 결정하면서(선택 → 성과) 다른 한편으론 서서히 새로운 변화를 초래한다(선택 → 변화). 이렇듯 간과하기 쉬운 상황에는 대부분 시간지연이 개입하므로 '예기치 않은 상황'을 상정하려면 '시간적 사고'가 함께 요구된다.

### 3. 유창성 (流暢性)

유창성이란 '어떤 대상이나 현상을 다양하게 해석하여 가능한 경우의 수를 만들어 낼 수 있는 능력'을 말한다. 여기에는 분해되어 있는 것을 새롭게 재구성할 수 있는 능력, 문제의 본질을 꿰뚫어 보는 통찰력과 각 부문의 역할과 중요도를 파악하는 해석력, 부분과 전체의 균형을 유지할 수 있는 종합적 판단력 등이 동원된다. 그러나 유창성을 키우기 위해서 무엇보다 중요한 일은 학습과 경험이다.

**경우의 수를 만들어 내는 능력**

옆의 그림에서 실체의 일부는 흰색 막대로 가려져 있다. 이것의 실체는 무엇일까? 이때 있을 수 있는 경우의 수를 많이 만들어낼수록 유창성이 높다고 한다. 이 실체의 가능성은 영자 2가지(B, IB), 숫자 2가지(18, 13), 영문과

숫자 혼합 3가지(1B, 13, 18) 등 모두 7가지가 있을 수 있을 것이다. 흰색으로 가려진 곳에 I, 혹은 1이 있다면 경우의 수는 기하급수로 늘어난다. 누군가는 숫자와 문자에 국한하지 않고 마루 밑에 놓여 있는 검정고무신 한 켤레라고 형상을 떠올릴 수도 있다. 그리되면 경우의 수는 더욱 늘어난다.

이제 경우의 수들을 만들어낼 수 있었던 원천이 무엇인지 생각해보자. 위 예시에서 영문자나 숫자를 모른다면, 마루 밑 검정고무신을 본적이 없는 사람이라면 경우의 수를 몇 개나 만들어 낼 수 있을까? 결국 유창성을 배양하려면 대상과 연결 지을 수 있는 배경지식과 경험의 파편들이 필요함을 알 수 있다. 그것은 학습을 통해 얻어진다.

### 4. 유통성(流通性)

유통성이란 자신의 생각을 타인과 공유, 교류할 수 있는 소통 능력을 말한다. 보사르(David Bosshart, 1959~)는 '우리가 살면서 어떤 문제에 부딪힌다면 그것은 모두 소통에서 비롯되는 것'이라 했다. 따라서 그 해결책도 결국은 더 나은 소통 방식에서 찾을 수밖에 없다. 더욱이 소통은 구성원들의 조직몰입을 도모하기 위한 수단으로서 뿐만 아니라 지식의 성장이란 관점에서도 매우 중요한 요소이다. 한 사람의 생각이 다른 사람의 생각을 촉진하며 참에 근접할 수 있기 때문이다.

**'참'에 수렴하는 과정**

'정당화된 믿음(JTB: Justified True Belief)'에 'x'가 추가된 'JTB + x'가 지식의 또 다른 정의로 주목되는 것은 바로 이러한 이유에서이다. '안다고 하는 것에 대한 정당화된 믿음'이 과연 참인가는 영원히 알 수 없다. 다만 참에 수렴해갈 뿐이다. 그 유일한 방법은 사회화 과정을 거치는 것이다.

더욱이 '미래는 예측하는 것이 아니라 만들어가는 것'이라면 그에 필요한 창의적 발상이나 새로운 시각은 이러한 사회화 과정에서 얻어지는 것임을 유념해야 한다. 이로써 지식의 성장과 새로운 창출이 가능해진다. 이러한 점에서 볼 때 지식의 사회화 과정(Socialization)은 암묵지를 형식지로 바꾸어내는 외부화 과정(Externalization) 못지않게 중요하다. 그리고 그 핵심에는 커뮤니케이션이 자리하고 있다.

## 3 창의를 죽이는 4요소

창의력 촉진요인과 저해요인들은 동전의 양면처럼 서로 피드백 관계에 놓여 있다. 따라서 창의력 신장을 위해서는 창의력을 저해하는 요인을 찾아 이들을 제거하는 노력이 병행되지 않으면 안 된다. 여기서는 무엇이 창의력을 저해하는지에 대해 '습관의 함정', '지배적 사고', '닻 내림 효과', '학습된 무기력' 등 네 가지로 집약해 설명하기로 한다.

### 1. 습(習)의 함정

어떤 대상을 진정으로 보고, 들을 수 없는 원인은 마음(心)의 부재(不在) 이외에 한 가지가 더 있다. 그것은 바로 '습(習)의 함정'이다. 어린이가 성인이 되는 것은 곧 '퇴화의 과정'이라 했던가. 좋은 습관이든 나쁜 습관이든, 한번쯤은 그에서 벗어나는 훈련이 필요하다. 낡은 톱은 갈아서 써야 하는 것과 같은 이치이다. 하지만 습을 버린다는 것은 말처럼 그렇게 쉬운 일이 아니다.

미국 심리철학자 윌리엄 제임스(William James, 1842~1910)가 지적했듯이 '일상의 99.9%가 순전히 습관적인 것'이다. 반복된 행동은 습관을 잉태하고, 이 습관은 관성적 인식을 만들어낸다. '습관'은 우리의 행동을 지배하게 된다. 결국 생각마저 습관의 노예가 되어 그 틀 속에서 오히려 편안함을 느끼고, 습관을 벗어난 행동을 취하게 되면 어색함이나 불편을 느끼게 된다. 콜럼부스가 계란을 깨서 테이블에 세운 것을 일종의 사기라고 주장한다면, 그것은 자신이 엄격한 규칙과 가정에 얼마나 강하게 매여 있는가를 폭로하는데 지나지 않는다. 이것이 바로 습(習)의 함정이다.

**2. 지배적 사고**

사람에게는 무의식 수준에서 인식 작용을 지배하는 또 다른 사고가 존재한다. 이를 '지배적 사고(Dominant Thought)'라 하는데, 이 지배적 사고의 차이에 따라 보고 듣는 것이 달라진다. 지배적 사고는 오랫동안 성장과정을 거쳐 축적된 직접, 간접적인 경험으로 형성된다. 아래의 예시를 통해서 '지배적 사고'란 무엇인지 좀 더 살펴보기로 하자.

| ※ 다음 문항 중 가장 거리가 먼 것은? | |
|---|---|
| ① 고릴라 | ② 사슴 |
| ③ 고래 | ④ 고추 |

이 문제의 정답은 무엇이며, 그 답을 선택한 이유(기준)는 무엇인가? 만약 ④번을 선택했다면 필시 동식물학적 기준이 작용했을 것이다. 그러나 생태학적 시각으로 보면 ③번이 답이다. 나머지는 모두 서식

지가 육지이고 고래만 해양이기 때문이다. 이렇듯 모든 가능성을 열어두고 보면 사슴도 답일 수 있고 고릴라도 답일 수 있다. 음운학적 시각으로 보면 사슴을 제외한 나머지 항목들은 '고'로 시작하며, 디지털적 시각으로 보면 '고릴라'만 석 자일 뿐 나머지는 모두 두 자이다.

위 예시가 시사하는 바는 두 가지로 집약될 수 있다. 첫째, 이 문제에서 '거리가 가장 먼 것'이란 지문 자체가 모호성을 담고 있다. 이미 인지하지 못했다면, 문제풀이에 익숙해져 '거리'를 '물리적 거리'이거나 '관계상, 의미상 거리'로 인식하는 생각의 여유를 갖지 못한 것의 반증일 수 있다. 이렇듯 습관(타성)적으로 세상을 바라보면 새로운 아무 것도 보이지 않는다. 이것이 바로 앞서 얘기한 실험실 사고의 폐해일 수 있으며 '습의 함정'이기도 하다.

둘째, 우리가 인지하는 각도를 결정하는 '지배적 사고'는 성장과정을 거쳐 축적된 직접 혹은 간접 경험에 의해서 형성된다는 점이다. 따라서 개인의 인지 각도는 극히 제한적일 수밖에 없기 때문에 항상 모든 가능성을 열어두고 타인의 시각도 수용하면서 논증의 수렴과정을 거치는 '일상의 사고'를 갖는 것이 매우 중요하다. "자신의 인식세계를 항상 의식하라"고 한 플라톤의 충고도 바로 '지배적 사고'에 연유한 것이다.

### 3. 닻 내림 효과

'닻 내림 효과(Anchoring Effect)'란 정박할 때 배가 표류하지 못하도록 고정하는 닻(Anchor)처럼 사람도 무엇에 대한 '기준'이 설정되면 후속 평가와 행동이 그 기준 범주 내에서 이루어지게 된다는 행동경제학 용어이다. 닻이 내려진 범주에서 벗어나지 못하고 초기의 기준이 후속 판단을 낳는다는 것이다.[61] 특히 창의와 관련해서는 이러한 '닻 내림 효과'가 발산적 사고를 저해하는 부정적 효과를 낳는다. 구매행위에 있어서도 'SALE'이란 문구에 접하게 되면 구매의 유혹을 느끼게 되는 것이나 협상 시 초기 설정기준에 따라 후속 협상이 흐름이 달라지는 것도 '닻 내림 효과'의 한 가지 사례가 될 수 있다. 무언가에 대해 가진 첫인상이 후속 인식에 지속적인 영향을 끼치는 '인지의 편향' 현상도 '닻 내림 효과'의 일종이다. 이렇듯 닻 내림 현상은 타인이 닻을 내린 경우와 스스로 닻을 내린 경우로 구분된다.

'닻 내림 효과'로 인한 판단의 왜곡은 시스템사고로 적절히 예방할 수 있다. 곧 '세일'이나 '한정판매' 등과 같이 제한적 정보가 기준이 될 때, 특정 시점이 아닌 시간을 중심으로 생각해 보면 이전에도 있었고 다음 기회도 반드시 있을 것임을 염두에 두는 '시간적 사고'가 도움이 될 것이다. 협상의 경우 먼저 자신에게 유리한 의견을 제시한다거나, 상대방에 의해 먼저 닻이 내려진 상황에서는 그 닻에 반하는 의견을 제시하는 등의 '피드백 사고'가 닻 내림 효과에 의한 사고의 편향을 막을 수 있다.

### 4. 학습된 무기력

'학습된 무기력(Learned Helplessness)'이란 좌절이나 실패를 반복하게

---

61 물론 정보처리 분야에서는 닻 내림의 행위(Anchoring)가 정보의 핵심에서 벗어나지 않고 그 핵심과 관련된 추가 정보를 입수하여 이해와 생각의 폭을 점차 넓혀나가는 긍정적인 효과로 작용한다.

되면 그 통제력에 대한 상실감이 학습되어 무기력으로 발전하는 심리적 현상을 말한다. 예컨대, 어릴 적부터 말뚝에 묶어 키운 코끼리는 덩치가 커진 후에도 자신이 묶인 상태를 벗어나려 시도하지 않는다. 수조 속 포식성 물고기와 먹이 물고기를 투명유리로 갈라놓으면 포식성 물고기는 먹이를 향해 몇 차례 공격을 시도한다. 그 후 유리판을  제거하면 먹이가 바로 옆으로 지나가도 전혀 공격하려하지 않는다. 이렇듯 무기력이 학습되는 현상은 주로 동물에게서 나타나지만, 사람도 이와 유사한 심리적 반응을 보인다.

가령 어느 사람에게 '바보'와 같은 경멸조의 표현을 세 번만 써도 그 사람은 정말 바보가 된다는 통설이 바로 그것이다. 수차례 투표를 해도 바뀌는 게 없는 경험을 하게 되면 투표율은 현저히 떨어진다. '투표해도 바뀔게 없다'는 것이 학습되기 때문이다. 이는 자기실패적 예언(Self-Failing Prophecy)이나 프레임 효과(Framing Effect)와도 유사하다.

인간에게 나타나는 학습된 무기력은 유별성과 대응되는 개념으로 보아도 무방하다. 문제의 원인을 외부 탓으로 돌리고 자신과는 타협하는 것을 반복하게 되면 점점 자존감(心)은 작아진다. 학습된 무기력을 방지하려면, 앞서 '유별성'에서 논의한 바와 같이, 작지만 확실한 성취를 통해서 자신에 대한 기대와 믿음을 스스로 강화해야 한다. 이를 자기효능감(Self-efficacy) 또는 '자기실현적 예언'이라고도 하는데 주변인들의 인정과 칭찬도 매우 중요하다.

## 제3절 새로운 조직문화

문화는 사람의 생각을 지배하며, 생각은 행동양식을 결정짓는다. 그래서 올바른 조직문화의 배양은 비단 기업뿐만 아니라 모든 조직의 역량과 직결된다. 그러나 문화는 쉽사리 바뀌는 것이 아닌 만큼 리더의 올바른 신념과 자세가 무엇보다 중요하다. 따라서 문화가 왜 중요한지, 공통적으로 나타나는 병든 조직의 문화적 현상은 어떤 것들이 있는지, 새로운 환경에 걸 맞는 조직문화 코드는 무엇인지에 대해 논의한다.

훌륭한 조직문화를 위한 마술은 없다.
자신이 대우받고자 하는 대로 구성원을 대우하라.

– 브랜슨(Richard Branson, 1950– ) 영국 Virgin Group 창립자

### 1 문화의 정체와 위력

'문화'에 대한 정의는 보는 시각에 따라 다양할 수 있다. 그러나 대체로 다음과 같이 정의된다. 문화란 '한 집단 혹은 한 사회에 속한 사람들의 오랜 교류를 통해 형성되는 공통의 인식체계와 가치관의 외적 표상'이다. 이는 마치 '금슬 좋은 부부가 살면서 서로 닮아간다.'는 말을 연상하면 쉽게 이해될 것이다.

Q12-3-(1) : 문화가 조직경영에서 중요한 이유는 무엇일까?

결국 문화는 한 시대, 한 사회를 살아가는 사람들의 생각을 지배하며, 생각은 행동양식을 결정짓는다. 세상을 보는 눈, 소위 세계관(世界觀)이라고 하는 정신모델(mental model)은 세상을 어떻게 인지하느냐 하는 것뿐만 아니라 우리가 어떤 선택을 하고 어떻게 행동하느냐를 결정짓는다.

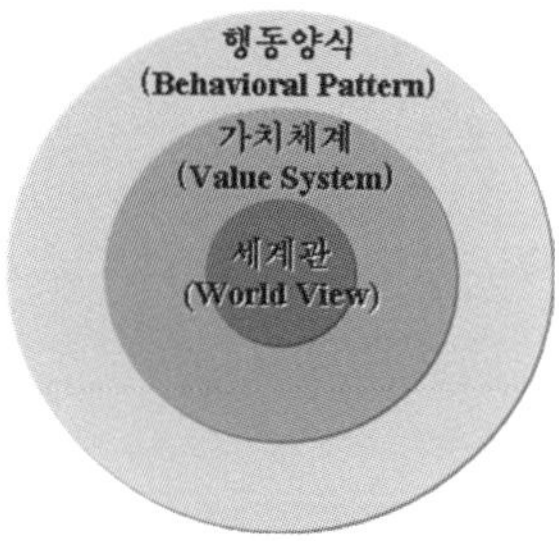


시대에 맞는 올바른 문화가 중요한 이유는 바로 여기에 있다. 문화에 좌우되는 정신모델은 그 모델의 옳고 그름에 있는 것이 아니라 점검되지 않고 지나치는데 있다. 어두운 밤하늘 유성이 떨어지는 모습에 한 영웅의 죽음을 슬퍼하는 시인의 인식도 필요할 것이고, 별이 떨어지는 것이 아니라 무언가가 잡아당긴다는 과학자의 인식도 필요하다. 이러한 세계관의 차이는 결국 존재론과 인식론이 서로 어떻게 작용하는가에 달려 있다. 이렇게 다양한 세계관의 차이를 공유함으로써 자신의 인식세계를 넓혀 가는 것이 바로 집단학습의 기본이며 지식경영의 핵심이다. 왜냐하면 창조란 이미 존재하고 있는, 그러나 암흑 속에 함몰되어 있는 실체를 추적하는 행위이기 때문이다.

또 한 가지 우리가 유념해야 할 것은 한 번 형성된 세계관에 빠져 헤어나지 못함을 경계해야 한다는 점이다. 플라톤(Platon)은 그의 대화편『향연』에서 "아는 사람만이 앎을 추구한다."고 했다. 이 말은 "인간은 본래 알기를 희구한다."는 아리스토텔레스(Aristotle, B.C. 384~322)의 가르침과 배치된다. 세상에 아무 것도 모르는 사람은 없다. 누구나 무언가를 조금씩은 알고 있다. 이렇게 보면 아리스토텔레스의 말이 옳은 듯하다. 그렇다고 플라톤의 견해가 틀렸다는 얘기는 아니다. 플라톤은 완전한 앎이란 존재하지 않음을 지적하면서 끝없는 인식의 확장, 즉 '인식의 인식'이 필요함을 강조하고자 한 것이다. 이는 '어제의 처방이 오늘의 병을 낳는다.'는 시스템 사고의 금언과 맞닿아 있다. 학습의 가장 큰 걸림돌이 바로 이것이다. 지금까지 기존의 세계관으로 문제없이 잘 지내왔는데 무슨 새로운 세계관을 운운하는가 하는 식의 현실 안주 의식이 바로 문제인 것이다.

## 2 '문제'없는 조직의 질병

급변하는 상황에서 '문제'가 없다면 바로 그것이 문제다. 앞서 이미 얘기한 바와 같이 쇠퇴하는 조직의 징후는 세 가지로 나타난다. ① 업무상 '문제'가 없는 안일한 상태에 빠진다. ② 답은 아는데 그 답이 나오게 된 '문제'가 무엇이었는지 모른다. ③ 새로운 '문제'의 제기에 언제나 방어적이다. 이들 세 가지 징후는 모두 '문제'로 수렴된다. 따라서 여기서는 '문제'없는 조직의 전형적 병리현상을 다섯 가지로 집약해서 각각을 그리스 신화와 시스템 사고의 금언에 비추어 그 의미를 살펴보기로 하자.[62]

### 1. Procrustian Complex (自己中心)

아테네 교외의 강가에 살던 프로크루스테스는 지나가는 나그네를 집에 데려와 강제로 쇠 침대에 눕히고는 침대 길이보다 짧으면 잡아 늘리고, 길면

62 각 병리현상에 대한 기업 사례는 다음 문헌을 참고하기 바람.
천성현(2006). "병든 조직의 5 가지 콤플렉스," LG주간경제 (2006. 7.5).

잘라 버리는  무지막지한 강도로 등장한다. 후일 그는 아테네의 영웅 테세우스에게 자신의 악행과 똑같은 수법으로 죽임을 당하게 된다. 이 신화에서 '프로크루스테스의 침대(Procrustean bed)' 혹은 '프로크루스테스 방식(Procrustean method)'라는 말이 생겨났는데, 다른 사람들을 자신의 일방적인 기준에 억지로 맞추도록 강요하는 아집과 편견을 비유하는 관용구로 쓰인다. 이에 해당하는 시스템사고의 금언으로 "안이한 해결책은 문제를 키울 뿐이다(The easy way out usually leads back in)."라는 말이 있다. 동굴 속 깊은 암흑에 존재하는 원초적 질료를 특정 형상으로 규정짓는 오류를 범해서는 안 된다는 점을 다시 한 번 상기하자.

**2. Cyclopes Complex (同而不和)**

트로이 전쟁을 승리로 이끈 오디세우스(Odysseus)가 10년여에 걸친 머나먼 귀향길에서 키클롭스라고 불리는 외눈박이 거인들이 살고 있는 어느 섬에 도달하게 된다. 단순, 무식하고 외눈이 상징하듯 단선적이며 편향적인 성격을 가진 이들은 오디세우스의 부하들을 가두어놓고 하나씩 잡아먹었는데, 오디세우스는 계책을 써서 하나뿐인 그의 눈에 말뚝을 박고 도망치게 된다. 이 신화로부터 키클롭스적 병리현상이라는 말이 생겨났는데, 이는 단기 실적에 급급하거나, 장기 과잉 투자에 허덕이는 등 편향적 사고에 빠지는 현상을 비유할 때 쓰인다. "빠른 것이 결국은 더 느리다(Faster is slower)."라는 시스템사고의 금언이 이에 해당한다. 우리의 현실세계는 하나가 아니라 둘이라는 점을 유념해야 할 대목이다.

### 3. Daidalos Complex (自家撞着)

다이달로스는 여신 아테네에게 기술을 전수 받은 건축과 공예의 명인으로 그가 만든 조상(彫像)은 마치 살아 움직이는 것 같았다. 황소를 사랑한 미노스 왕의 아내 파시파에가 괴물 미노타우로스를 낳았을 때, 그는 왕의 명에 따라 이 괴물이 빠져나올 수 없는 미궁을 만들지만 그도 역시 자신의 아들과 함께 미로에 빠지게 된다. 궁리 끝에 초로 날개를 만들어 간신히 탈출에 성공하지만, 아들은 태양 볕에 초가 녹아 바다에 떨어져 죽는 슬픔을 맞이하게 된다. 머리 좋은 고양이 눈이 어둡다. 시스템 사고에서는 이를 두고 "오늘의 문제들은 과거 해결책의 산물(Today's problems come from yesterday's solutions)"이라고 했다. 플라톤이 '자신의 인식을 인식하라'고 강조한 것도 이런 이유에서 일 것이다.

### 4. Medusa Complex (自我陶醉)

메두사는 원래 매우 아름다운 소녀였으나 해신 포세이돈과 신전에서 정을 통했다는 이유로 아테나 여신의 저주를 받아 머리카락이 온통 뱀으로 변한 무서운 괴물이 된다. 메두사는 엄청난 매력을 지닌 공포의 상징으로 그녀를 보는 순간 모두 돌로 변하게 하는 무서운 힘을 지니고 있었다. 그러나 영웅 페르세우스는 그녀의 얼굴을 직접 보지 않고 가지고 간 청동 방패에다 비추어 보며 깊이 잠든 틈을 타 칼로 목을 벤다. 거울도 보지 않는 여자. 결국 메두사는 거울이 자신의 약점임을 알지 못했던 것이다. 이처럼 '메두사 콤플렉스'는 지나친 자부심으로 변화에 둔감하게 되는 현상을 비유할 때 쓰인다. "원인과 결과는 시간과 공간상에서 서로 가까이 연결되어 있지 않다(Cause and effect are not closely related in time and space)"고 하는 시스템 사고를 알았더라면 메두사는 그렇게 허망하게 죽지는 않았을 것이다.

### 5. Sisyphus Complex (學習不在)

시지프스는 '인간 중에서 가장 현명하고 신중한 사람'이었다고 한다. 그러나 신들의 편에서 보면, 엿듣기 좋아하고 입이 싸고 교활할 뿐 아니라, 특히나 신들을 우습게 여긴다는 점에서 심히 마뜩찮은 인간으로 일찍이 낙인찍힌 존재였다. 결국 그는 명계(冥界)의 왕 하데스로부터 다시 굴러 떨어질 것을 뻔히 알면서도 산 위로 바위를 밀어 올려야 하는 영겁의 형벌을 받게 된다. 이렇듯 시지프스의 끝없이 반복되는 무익한 노동은 우리의 일상에 자주 비유되곤 한다. "더 나쁜 사태가 오기 전에 일시적인 개선 상태가 나타난다(Behavior grows better before it grows worse)"는 시스템 사고의 금언은 실패로부터 학습하지 못하고 같은 실수를 되풀이하는 원인이 무엇에 있는지를 가르치고 있다.

조직의 병리현상과 교훈

| 동양교훈 | 신화 속 인물 | 시스템 사고(금언) | 비고 |
|---|---|---|---|
| 자용즉소<br>(自用則小) | 프로크루스테스<br>(Procrustes) | 안이한 해결은 문제를 키울 뿐이다.<br>(The easy way out usually leads back in.) | 동굴 속 깊은 암흑에 존재하는 원초적 질료를 특정 형상으로 규정짓는 오류를 범해서는 안 된다 |

| 동양교훈 | 신화 속 인물 | 시스템 사고(금언) | 비고 |
|---|---|---|---|
| 동이불화<br>(同而不和) | 키클롭스<br>(Cyclopes) | 빠른 것이 결국은 더 느리다.<br>(Faster is slower.) | 우리의 현실세계는 하나가 아니라 둘이라는 사실을 유념해야 한다. |
| 자가당착<br>(自家撞着) | 다이달로스<br>(Daidalos) | 오늘의 문제는 과거 해결책의 산물이다.<br>(Today's problems come from yesterday's solutions). | 머리 좋은 고양이가 밤눈이 어둡다 했다. 자신의 인식을 늘 인식하지 않으면 안 된다. |
| 자아도취<br>(自我陶醉) | 메두사<br>(Medusa) | 원인과 결과는 시공간에서 가까이 연결되어 있지 않다.<br>(Cause and effect are not closely related in time and space) | 거울이 자신의 치명적 약점임을 몰랐던 메두사 콤플렉스는 흔히 지나친 자부심으로 변화에 둔감한 상태에 비유된다. |
| 학습부재<br>(學習不在) | 시지프스<br>(Sisyphus) | 더 나쁜 사태가 오기 전에 일시적 개선 상태가 나타난다.<br>(Behavior grows better before it goes worse). | 끝없이 반복되는 무익한 노동에 비유되는 시지프스 콤플렉스는 실패로부터 학습하지 못하고 같은 실수를 되풀이하는 것을 말한다. |

## 3 지식친화적 조직문화 (KFC)

데이븐포트와 프루삭(Thomas H. Davenport & Laurence Prusak, 1998)은 저서「살아있는 지식(Walking Knowledge)」에서 초일류기업의 문화코드는 '지식 친화적'임을 강조한 바 있다. 그러나 그들은 '지식 친화적 문화(KFC: Knowledge Friendly Culture)'란 구체적으로 무엇이며 그 문화코드가 무엇이 되어야 하는가에 대해선 언급하지 않고 있다. 따라서 필자는 제10장 제1절에 소개되었던 지식의 네 가지 정의에 담

긴 의미로부터 지식 친화적 조직문화의 코드를 도출하여 논의하고자 한다. 왜냐하면 4차 산업혁명시대에 부합되는 조직문화는 '지식 친화적'이어야하기 때문이다.

### 1. 참여문화(Participatory Culture)

• **지식의 정의 1 :** 지식은 '경험이나 학습을 통해서 얻은 이해와 깨우침(Understanding and awareness of something gained in form of experience and learning)'이다. 조직원들이 일상의 경험이나 학습을 통해 무언가를 스스로 이해하고 깨우치려면 조직몰입이 전제되지 않고는 안 된다. 몰입은 참여를 통해서만 가능하다. 참여는 관심을 유도하고 관심은 다시금 참여를 촉진하는 선순환 관계에 있을 뿐만 아니라 관심 없는 깨우침은 있을 수 없기 때문이다.

Q12-3-(2) : 어떻게 하면 조직원의 참여를 유도할 수 있을까?

조직원의 참여를 유도하기 위해서 리더는 말을 아끼고 조직원의 발언에 진정으로 귀를 기울여야 한다. 만약 60분이 주어진다면 적어도 그 시간의 절반 이상은 구성원 한사람씩 돌아가면서 따뜻하게 손을 잡아주는 것이 더 효과적이란 주장은 그래서 설득력이 있다.

참여의 중요성은 자녀의 교육에도 그대로 적용된다. 가령 자녀에게 무언가를 물었을 때 모른다는 응답이 돌아오면 어떻게 할 것인가? 그땐 야단을 쳐선 안 된다. 대신에 반드시 뭐라도 답 하도록 유도해야 한다. 정답이어

- **<u>Tell</u> me and I will forget.**
- **<u>Show</u> me and I may remember.**
- **<u>Involve</u> me and I will understand.**

야 할 이유가 없다. 일단 자신이 무언가 발설하게 되면 그것은 곧 참여를 의미하며, 참여는 관심을 유발하여 나중에라도 부모가 던진 질문에 대해 다시 알아보게 된다. 그러나 '모른다.'로 끝난다면 그 아이는 앞으로도 알 수 있는 가능성이 없다. 참여가 없기 때문이다. 바로 위에 영문으로 제시된 글귀를 음미해보라. 참여가 왜 중요한지 새삼 깨닫게 될 것이다.

### 2. 권장문화(Do Culture)

• **지식의 정의 2 :** 지식이란 '개별적 정보의 파편들을 상호 연결지어 인지된 결정체(Possession of connected details)'이다. 피터 드러커는 '지식의 파편들만 무성할 뿐, 책 속에 지식은 없다.'고 강조한다. 결국 지식을 만들어내는 주체는 저자가 아니라 독자라는 것이다. '무언가 읽을 때는 반드시 세 가지를 읽어라.'는 맹자의 가르침 역시 같은 맥락이다.

Q12-3-(3) : 지식의 파편들을 어떻게 엮어낼 수 있을까?

우선 '~는 ~~다.'라는 사전식 단선적 사고를 버리고 생각을 끊임없이 순환시키는 온고지신 혹은 정-반-합의 변증적 피드백 사고를 훈련해야 한다. 아울러 배경지식을 쌓아서 새로이 접한 지식의 파편과 결합할 수 있는 가능성을 높여야 한다. 그러나 무엇보다 필요한 것은 억눌림이 없는 유희적 발상이 무엇보다 중요하다. 유희적 발상은 조직문화가 규제를 벗어나 무엇이든 스스로 할 수 있는 자율로 바뀌어야 한다. 지식 친화적 조직문화의 핵심은 '생각하는 여유'에 있다. 많은 기업들이 조직원들에게 열심히 일 할 것을 강조하는 반면에 지식 친화적 기업들은 스마트하게 일 할 것을 강조한다. 일하는 시간을 줄이면서도 같은 혹은 그 이상의 성과를 낼 수 있는 자기만의 방식을 찾도록 유도한다.

가령 3M사의 15% 룰과 구글의 20% 룰이 그 전형적 사례이다. 3M사의 15% 룰 적용으로 얻은 대표적 성과가 바로 '포스트-잇(Post-It)'이었다. 이에 대해서는 이미 제9장 제2절 (1. 반전사고와 벤처링)에서 소개한 바 있다. 구글의 20% 룰도 3M사의 경우와 유사하다. 구글의 모든 직원은 업무 시간의 20%를 자신만의 프로젝트에 사용할 수 있다. 흥미로운 사실은 구글의 핵심 사업분야가 이 20% 시간에 창조됐다는 것이다. 에릭 슈미트 회장은 "구글의 핵심 경쟁력은 창조적인 이들을 더욱 창조적일 수 있게 도와주는 '20%법칙'에 있다."고 강조한 바 있다.

### 3. 학습문화(Learning Culture)

• **지식의 정의 3 :** 지식이란 자신이 참이라고 믿는 것을 정당화한 것, 즉 '정당화된 믿음(JTB: Justified True Belief)'이다. 지식에 대한 이 정의에서 핵심은 '정당화(Justification)'이다. 어떤 것을 참이라고 믿는 것은 개인 재량이지만, 그 믿음을 정당화 하는 능력은 부단한 학습이 뒷받침 되지 않고는 불가능한 것이기 때문이다. 결국 지적 능력의 핵심은 자신이 참이라고 믿는 것을 정당화하는 능력이며, 정당화는 그 믿음을 보편적 사실로 입증해내는 '일반화'의 능력을 말한다.

학습문화를 조직에 정착시키기 위해서는 아랫사람에 내리는 일방적 지시가 아닌 대화형 질문이 일상화되어야 한다. 이와 관련하여 공자는 '호문즉유(好問則裕), 자용즉소(自用則小)'라 했다. '묻기를 즐겨하면 윤택해지고, 자기를 고집하면 작아진다.'는 의미이다. 한편 맹자는 '유여시우화(有如時雨化),'라 했다. 비를 내려 산천초목을 푸르게 변화시키는 것도 다 때가 있는 법이다.

### 4. 토론문화(Debate Culture)

• **지식의 정의 4 :** 지식이란 정당화된 믿음(JTB: Justified True Belief)을 끊임없이 참에 수렴해가는 과정(x), 즉 'JTB + x'이다. 어떤 것을 참이라고 믿는 것은 자유재량이며, 그 믿음을 정당화하는 것은 부단한 학습으로 가능할 수 있다. 그러나 '참'이라고 믿는 것을 정당화할 수는 있어도 그것이 진정 '참'인지는 알 길이 없다. 인간이 할 수 있는 최선은 그저 '참'에 수렴해가는 것뿐이다. 이를 '게티어 문제(Gettier's Problem)'라고 한다. '참'에 수렴하기 위한 수단은 바로 토론이다. 자신의 내놓은 생각을 다른 사람이 또 다른 증거와 논리로 뒤집는 과정에서 지식은 성장하며 다듬어진다. 논문을 발표한다는 것은 사실상 누군가가 이를 더욱 보강하거나 새로운 이론과 증거로 뒤집기를 기다리는 것이라 해도 전혀 틀린 말이 아니다. 인간사에서 절대 진리란 존재하지 않기 때문이다.

토론문화 조성을 위해 반드시 유념해야 할 것은 생각의 다양성이다. 서로 다른 생각을 넉넉히 수용하고 토론을 통해서 그 차이를 좁혀나가는 노력이 필요하다. 공자는 이와 관련하여 군자는 '화이부동(和而不同)'하지만, 소인배는 '동이불화(同而不和)'한다고 했다. 리더는 다양성을 중시하여 다른 것들을 조화롭게 하지만, 소인은 자신과 같은 것을 좋아하지만 차이를 용납하지 않는다. 획일적 답을 요구하는 풍토, 모두가 같은 색을 집어 드는 그런 여건에서는 결코 새로운 것이 나올 수 없다. 사실 '조화(和)'라는 것은 차이를 전제로 한 개념이 아니던가.

제13장

# 직장과 직업

## 다시 보는 '개미와 배짱이'

이 우화를 모르는 이는 아마 없을 것이다. 이를 통해 우리가 배운 답은 무엇이었던가. 땀과 효율 중시하는 산업사회에서 우리가 본받아야 할 존재는 분명 개미일 것이다. 개미와 베짱이를 본받을 대상과 본받지 말아야 할 대상으로 가르치는 이분법적 논리로 일관해왔다.

일만 열심히 하는 개미에게 과연 문제는 없을까? 매슬로우(Maslow)의 '인간욕구 5단계'설에 따르면 개미는 호구지책과 안전지향 등 강렬한 본능적 욕구에 의해 일하는 존재이다. 그렇기에 더 이상의 발전 가능성은 보이지 않는다. 일하는 방식이 해가 바뀌어도 변화가 없으며 근근이 자기가 먹고 살 만큼만 일구어낸다.

반면에 베짱이는 과연 게을러서 추운 겨울 개미에게 동냥하는 처지가 되었을까? 베짱이의 태만을 여유로, 연주하며 노래하는 그의 모습에서 사회적 인정이나 자아실현욕구를 읽어볼 수는 없을까? 베짱이의 직업은 가수다. 가수는 자신의 음악을 들어주는 청중이 있어야 한다. 그러나 당시 베짱이에게 자신의 노래를 들어줄 수 있는 존재는 개미 한 마리 뿐, 그것도 호구지책의 욕구에 싸여 있는 개미가 음악을 들을 수 있는 여유와 수준이 되지 못했을 터.

이리 보면 베짱이가 거지가 된 진짜 이유는 그의 노래를 들어줄 시장이 없어서일 뿐 게을러서는 아닐 것이다. 오늘도 베짱이는 여전히 작곡하며 노래 부르고 있다. 누가 더 가능성이 있는 지 다시 생각해볼 필요가 있지 않겠나?

## 제1절 다시 보는 세계관

요즘 청년들은 취업난에 허덕이고 있다. 한편 기업은 마땅한 사람이 없다고 한탄한다. 그 사이에 끼인 선생은 이도저도 못하는 처지이면서도, 사회가 필요로 하는 인재를 길러내지 못하고 있다는 자괴감에 빠지곤 한다. 모처럼 추천 의뢰가 들어와 학생을 연결해주려 하면 우선 알고자 하는 것이 연봉, 직종, 회사규모 등이다. 틀렸다곤 할 순 없지만 무언가 잘못된 직업관을 갖고 있다는 생각을 떨칠 수 없었다. 이에 이 지면을 빌어 '직업관'에 대한 전반적 논의를 해보고자 한다.

타인을 위해 아무 것도 하지 않는 것은
자신을 위해 아무 것도 하지 않는 것이다.

- 호러스 맨(Horace Mann, 1796-1859), 미국 교육개혁가

### 1 성공적 인생의 3요소

인생이란 무엇인가? 심오한 형이상학적 얘기를 하려는 게 아니다. 각자 무엇을 위해 사는가에 대한 현실적 문제를 한 번쯤 생각해보자는 것이다. 어느 코미디언 말처럼 '삶은 달걀이요.'라고 익살스럽게 끝낼 수도 있고, '공수래 공수거(空手來空手去)' 혹은 '인생은 나그네길'이라며 허탈한 표현으로 마칠 수도 있다.

그러나 여기서의 주제와 결부지어 인생이 무엇인지 말한다면 '인생은

선택의 연속'이라고 단언하고 싶다. 돌이켜보건대, 세속에서의 인생의 성패는 선택에 달려 있다는 생각을 지울 수 없기 때문이다. 특히 인생의 깔때기에 깊이 들어가기 전인 30대 중반에서 40대 초반까지는 선택이 나머지 인생을 모두 바꿔버린다.

### 1. 올바른 직업 선택

어쩌다 외부 추천의뢰를 받으면 교실서 학생들에게  공지한 후 궁금한 게 있는 지 물어본다. 머뭇거리다 학생들은 연봉부터 묻는다. 그 다음 직종과 회사규모를 묻는다. 이들이 이런 것들을 궁금해 하는 건 당연해 보인다. 나도 같은 상황이라면 다르지 않았을 것이다. 실제로 2019년 1월 '잡코리아'에서 실시한 '취업 시 고려하는 요인'을 조사한 결과를 보면 내 경험과 다르지 않았다. 직종(28.0%)과 연봉(27.9%)이 각각 1, 2위로 꼽혔다.

그러나 이제와 돌이켜보면 학생들의 그런 기준은 상당히 잘못된 것이다. 제1장에서도 얘기했지만 세계관은 선택을 지배하고, 선택은 성과를 좌우한다(세계관 → 선택 → 성과). 따라서 잘못된 직업관은 잘못된 선택을 유도하고 후일 자신이 선택한 길이 잘못된 것임을 후회할 수도 있다.

Q13-1-(1) : 연봉과 업종을 묻고, 규모를 묻는 게 무슨 잘못인가?

연봉이 중요하고, 업종도 중요하다. 대기업을 선호하는 게 잘못된 것도 아니다. 문제는 자신에게 먼저 물어보아야 한다는 것이다. 자신이 회사에서 받는 연봉만큼 회사를 위해 일할 준비와 능력은 되어있는가. 남들이 얘기하는 유망업종이 아니라 자신은 어떤 인생의 비전을 갖고 있으며 업종이 그 비전에 부합되는지를 물어야 한다. 대기업을 선호한다면 왜 자신은 대기업을 선호하는지, 그리고 그 사유가 타당한지부터 물어야 한다.

내적 동기가 결국 성패를 가른다. 외적 동기에 휘둘려 선택을 하면 훗날 그 선택을 후회할 가능성이 상당히 높아진다. 마치 배우자를 선택할 때 겉만 보면 그 선택은 지속가능성이 떨어지는 것과 같은 이치이다. 여기서도 통합적 사고와 시간적 사고 등 시스템사고의 중요성이 부각된다.

**2. 대수의 법칙 (大數의 法則)**

인생의 성공에는 세 가지 요소가 작용한다고 한다. 개인 역량, 대인 관계, 그리고 운(運)이 그것이다. 그 어느 것도 무시할 수 없는 매우 중요한 요소들임에 틀림이 없다. 대인관계도 능력이라고 보면, 우리가 삶을 살면서 중요시 여겨야 할 부분은 개인적 능력과 운으로 집약된다. 그러나 타인의 성공에 대한 평가는 그 사람의 역량에 초점을 두기보다는 애써 운의 탓으로 돌리고는 자신에겐 그런 운이 없음을 아쉬워한다.

성공을 상징하는 흰 돌과 실패를 상징하는 검은 돌이 담겨 있는 주머니가 두 개 있다. 갑(甲) 주머니에는 흰 돌이 3개, 검은 돌이 2개 담겨있다. 반대로 을(乙) 주머니에는 흰 돌이 2개, 검은 돌이 3개 담겨있다.

Q13-1-(2) : 어느 주머니를 선택한 사람이 이길까?

확률적으로는 분명 갑(甲) 주머니를 택한 사람이 이긴다. 그러나 게임의 결과는 반드시 그렇지는 않다. 주머니를 선택하는 것까지는 자의적 힘을 발휘할 수 있지만 돌을 꺼내는 것 그 자체는 역시 운명일 수밖에 없다. 우리는 흔히 이와 유사한 상황을 수없이 목격하고, 경험하게 된다. 이런 게임 상황은 반복될 수 없는 우리 인생과 비견되기도 한다.

그러나 이러한 게임은 살아가는 동안 계속 반복된다. 궁극적으로는 甲 주머니를 선택한 사람이 승리하게 된다. 단기적으로는 운의 지배력이 크지만 장기적으로는 확률이 승패를 가르기 때문이다. 이것이 바로 '대수의 법칙(大數의 法則)'이다. 한 번의 게임에서 졌다고 기죽어서는 안 된다. 중요한건 지속하려는 의지이다. "진인사대천명(盡人事待天命)"은 이와 무관하지 않다.

## 2 '직장'이란 존재의 의미

직장생활 하는 사람은 누구나 한 번쯤 사표를 던지고 싶은 생각을 안 가져본 사람은 아마 없을 거다. 그러나 그저 훌쩍 떠나고 싶다는 생각에 앞서 이런 상상을 해보자. 만약 내가 오늘 사직서를 낸다면 이에 대한 상사나 주변동료가 나에게 보일 수 있는 반응 말이다.

Q13-1-(3) : 오늘 사직서를 낸다면 상사는 어떤 반응을 보일까?

사직서를 접수한 상사는 다음 세 가지 중, 한 가지 반응을 보일 것이다. 첫째, 사직서를 보자말자 최연소 직원에게 '어이~ 회람 돌려. 오늘 회식이다.' 둘째, 간단히 사정을 물어본 후, 수리한다. 셋째, '우리가 무슨 서운하게 대한 한 일 있었냐?'며 간곡히 만류한다.

내일 사표를 낸다고 가정하면 당신의 상사는 위 세 가지 경우 중 어떤 반응을 보일 거라고 생각하는가. 그에 따라 자신이 평소 가지고 있던 '직장의 의미' 혹은 '직장에 대한 인식'을 읽을 수 있다. 타인들은 다 보는데 자기만 못 보는 것은 바로 자신의 모습이기 때문이다. 자신이 볼 수 있는 유일한 자기의 모습은 거울에 비춰진 모습뿐이다. 세상은 거울과 같아서 자기는 스스로를 볼 수 없지만 타인들은 본다.

만약 상사나 주변 동료의 반응이 첫 번째처럼 흔쾌히 사표를 수리하고 저녁이나 먹고 가라면 그나마 다행이지만, 저녁 식사도 없이 그냥 잘 가라 한다면 필시 그는 평소에 눈앞에 놓인 자신의 이익에만 급급했었음을 반증하는 것이다. 마음이 생각을 지배하고, 생각이 행동을 지배한다(心 → 思 → 行). 결국 행동은 마음의 표현이다.

따라서 직장을 어떤 마음으로 바라보느냐에 따라 행동이 달라지고, 그 행동이 반복되면서 주변사람들이 자신을 바라보는 인식이 달라진다. 이 논리를 뒷받침하고자 우리가 배워 알고 있는 매슬로우의 욕구단계모델(Maslow's Hierarchy of Needs)을 인용해보자. 앞서 제12장 제1절 (1. 바람직한 인재상)에서 마음가짐(심)에 따라 인재를 ① 재난적 존재(人災), ②자리만 차지하고 있는 인간(人在), ③ 어딘가 쓰임새가 있는 사람(人材), ④ 재능을 가진 사람(人才), ⑤ 재산이 되는 존재(人財)' 등 다섯 가지로 구분했었다.

Q13-1-(4) : 직장은 나에게 어떠한 수단(직장을 얻으려는 이유)인가?

작장을 흔히들 생각하듯 먹고 살기 위한 수단으로 인식한다. 틀린 것은 아니지만, 아이러니 하게도 직장을 호구지책의 수단으로 인식하면 먹고 살지 못한다. 타인들에 비춰지는 이러한 인재의 유형은 아래 그림과 같이 근본적으로 직장을 어떻게 바라보는가에 좌우된다 해도 과언이 아니다. 비록 원초적 욕구(Basic Needs)를 충족하는 수단으로 출발하더라도 시간이 지나면서 상위욕구를 충족하는 수단으로 인식하지 않는 한 직장에서의 성공을 기대할 순 없다.

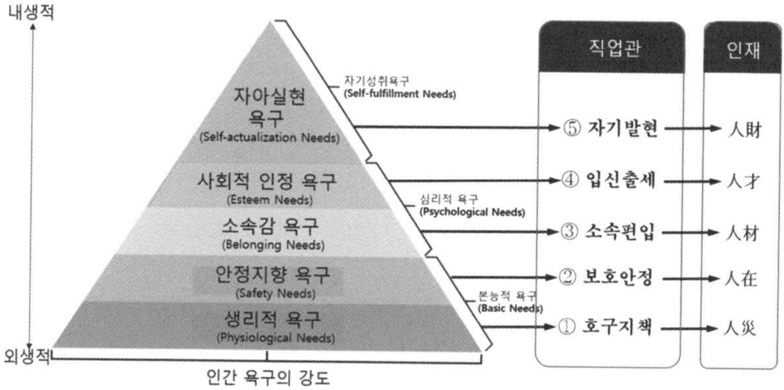


## 3 인생기업가와 경력사다리

"모든 인간은 기업가(entrepreneur)다." 앞서 제3장 제1절 (1. 영원한 베타)에서도 잠깐 소개되었던 리드 호프먼과 벤 카스노카(Reid Hoffman & Ben Casnocha)가 저서「연결하는 인간(The Start-up of You)」을 시작하면서 인용한 노벨평화상 수상자, 무하마드 유누스 교수의 강연 구절이다.

이 책에서 그들은 '당신도 기업가로 태어났다'고 말한다. 여기서 '기업가'란 창업을 통해 일을 일궈낸 사람을 의미하는 것이 아니라, 자신의 '경력을 경영하는 사람'이란 의미에서의 기업가, 즉 자신의 인생 과업을 일궈내는 사람을 말한다. 그들은 직장인들이 본인의 경력을 관리하고 정보를 공유하고 온라인상에서 자신을 소개하는 과정을 지켜보면서 '성공한 스타트업(신생기업)의 사업 전략'과 '성공한 직장인의 진로 전략'이 흡사하다는 점을 발견했다고 한다. 이러한 의미에서 그들이 말하는 '기업'이란 사업체를 일궈내는 일이 아니라, 개개인의 '경력을 경영하는 일'을 말한다. 인생도 무언가 일궈내는 과정이라 한다면 그들의 얘기대로 우린 모두 '인생기업'을 일구는 사람들일 것이다.

**1. 잘못된 '흙수저론'**

언제부터인가 우리 사회에는 '수저론'이 등장했다. 아마 학창시절 영어 참고서에 부사구문을 설명할 때 단골로 나오는 'with a silver spoon in one's mouth'에서 연유한 것이 아닌 가 추측된다. 부유한 가정을 상징하는 은수저(silver spoon)에 그와 대응되는 우리 식 '흙수저'는 최근 취업난으로 희망을 잃은 젊은 층에서 특히 공감을 얻으면서 널리 회자되고 있다. '흙수저'는 '개천에서 용이 나올 순 없다.'는 절망적 표현일 것이다.

그러나 제 1장에서 강조한 바 있듯이, 성과는 결국 세상을 어떻게 볼 것인가에 달려 있으며, 그 '세계관'은 '마음(心)'에 크게 좌우된다. 기억하는가? 일체유심조(一切唯心造)를. 직장을 얻으려는 동기가 '먹고 살기 위한 것'이라면, 아이러니하게도 '먹고 살 수 없는' 결말에 이른다. 자신의 경력 사다리를 오로지 '승진'으로만 제한한다면 마차가 잘 나가지 않는다고 바퀴에 물을 붓는 격이 되고 말 것이다. 인생의 바퀴에 윤활유를 바르려면 우선 '흙수저론'과 같은 괴담에 사로잡히는 집단사고에서 벗어나야 한다. 그리고 스스로 '인생기업가'로 거듭나지 않으면 안 된다.

인생의 성공에는 세 가지 요소가 작용한다. 첫째는 개인적 능력이요, 둘째는 인간관계이며, 셋째는 운이다. '노력하는 자, 운 좋은 자를 못 이긴다.'라는 말처럼 인생을 운명에 맡기는 우를 범해서는 안 된다. 행운과 조우하는 '세렌디피티(Serendipity)'마저도 부단히 노력하는 자에게 찾아온다. '하늘은 스스로 돕는 자를 돕는다(God helps those who helps themselves.)'는 명언이 이를 암시한다. 결국 운과 조우하는 것도, 인과관계도 모두 부단한 노력의 결과로 얻어지는 능력에 귀결된다. 직장인들이 인맥을 확장하고 더 나은 기회를 찾는 과정은 결국 '본인의 진로(경력)'라는 스타트업을 경영하는 것과 같다. 일개 직원의 상황도 기업가의 현실과 크게 다르지 않다는 말이다.

### 2. '인생기업' 경영의 조건

'경력사다리'가 '승진사다리'로 바뀌어서는 안 된다. '승진' 자체를 마다할 이유는 없지만, 우리가 '골프의 교훈'에 배운 것처럼 '승진' 그 자체에 매몰되어서는 곧바로 '승진'의 한계에 직면하게 될 것이다. 왜 그럴까? 사람을 잃기 때문이다. 소설 '상도(商道)'에 보면 이런 말이 나온다. '작은 상인은 이익을 얻고, 큰 상인은 사람을 얻는다.' 불가(佛家)의 가르침 중, '사슴을 쫓는 자 숲을 보지 못하고(逐鹿者不見山), 돈을 움켜쥐는 자 사람을 보지 못한다(攫金者不見人)'는 법어와 일맥상통하는 말이다. 이런 맥락에서 보면 '인생기업' 경영의 핵심에 '인맥 관리'가 있다는 그들의 주장은 일리가 있다. 돌이켜 보건대 필자 역시 '인생여정에서 누구를 만나는가에 따라 삶의 항방이 바뀐다.'는 사실에 적극 공감한다.

그러나 아무리 인맥을 형성하고 관리하는 '네트워크 지능'이 중요하다해도 그냥 얻어지는 것은 아니다. 누구를 아는 가도 중요하지만 자신이 타인들을 위해 무엇을 할 수 있는가가 누구를 아는 가를 결정하게 된다는 사실을 유념해야 한다. '타인을 위해 아무 것도 하지 못하는 사람은 자신을 위해 아무 것도 하는 못하는 것'이란 미국 교육자 호러스 맨(Horace

Mann, 1796-1859)의 일갈은 그래서 의미심장하다.

결국 '인생기업'을 성공적으로 운영하기 위해서는 자신만의 차별화된 능력 개발이 중요하다. 그것이 무엇이든 상관없다. 반드시 그 능력을 필요로 하는 사람이 있기 때문이다. 인터넷이 제공하는 가상공간은 내 능력을 필요로 하는 생면부지의 사람들과 조우하게 해준다. 다만 그들의 주장에 다소 공감하기 어려운 부분은 인간관계를 너무 계획적으로 바라본다는 점이다. 타인에 대한 '전략적 접근'이 그러하다. 인간에 대한 '전략적 접근'보다는 문자 그대로 '인간적 접근'이 더 바람직해 보인다. 머리로 서로를 아는 것보다는 가슴으로 서로를 이해하는 것이 더 큰 힘을 발휘하기 때문이다.

한 가지 분명한 것은 사람이 사람을 만들어간다는 사실이며, 자신이 만나는 사람은 그에게 자신이 무엇을 할 수 있을까에 달려 있다는 점이다. 인맥 그 자체에 매달리기보다는 자신의 차별화된 능력 개발에 매진해야 한다. 이제 선택은 여러분의 몫이다.

## 제2절 직업과 경험

젊어선 승진과 싸우다, 늙어선 병마와 싸운다.' 이것이 현대 직장인의 삶이다. 그럼에도 젊은 청춘들은 직업을 얻고자 치열한 몸부림을 친다. 취업에 실패하면 극한의 좌절감에 시달린다. 일을 얻은 후에는 '시지퍼스 콤플렉스(Sysipus Complex)'에 허덕인다. 오늘이 어제 같고, 내일이 오늘 같은 반복적 삶을 살다가 어느덧 무언의 퇴직 압력을 받는다. 이 절에서는 적어도 큰 후회는 없는 직장생활에 대해 몇 가지 생각해보기로 한다.

내가 내 봉급이 얼만 줄 알았더라면 오늘의 난 없었을 거다.

- 김숙희 (1955 - ), 벤처기업 CEO

### 1 '1만 시간' 법칙

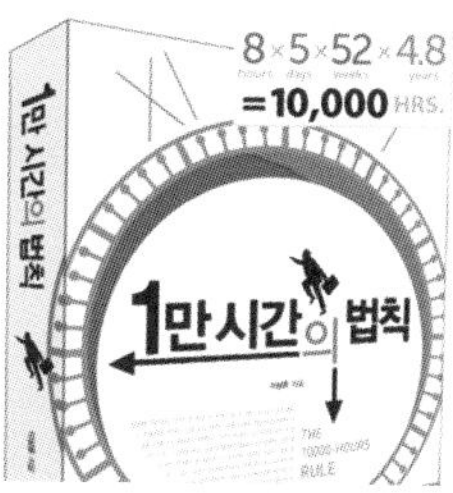


냉철하고 신선한 분석으로 대중에게 널리 알려진「아웃라이어(Outliers)」의 저자 말콤 글래드웰(Malcolm Gladwell, 1963-)은 '1만 시간의 법칙'에 대해 얘기하고 있다. 물론 좋은 여건을 전제로 재능이 만개할 수 있는 임계점(tipping point)으로 '1만 시간'을 얘기하고 있지만, 필자의 생각은 좀 다르다. 재능이 일찍 발견되거나 무엇 하나밖엔 할 줄 모르는 사람의 경우에 대해서는 그의 생각에 동의한다. 그러나 많은 경우 자신에게 어떤 재능이 있는지 모른 채 살아가며, 재능을 꽃피우고 성공을 거두는 사람들이 반드시 좋은 환경에 있었던 것만은 아니라는 점에서는 그의 주장에 동의하기 어렵다. 물론 여러 가지 실례를 들어 자신의 주장을 뒷받침하려 했지만 일반화하기에는 무리가 있어 보인다.

### 1. '1만 시간'의 진정한 의미

그의 책에 대한 서평을 하려는 게 아니다. '1만 시간 법칙'에 대한 내 견해를 말하고 싶은 것뿐이다. 'Nature or Nurture?' '교육학'에서 끊 없는 논쟁거리이다. 어떤 사람이 나름의 성공을 거두었다면 그건 원래 그의 선천적 재능(Nature)때문인가, 아니면 후천적 양육(Nurture)의 힘인가에 대한 의문이다. 글래드웰의 논조는 전자로 보인다. 그러나 교육자인 필자는 후자에 희망의 방점을 두고 '1만 시간 법칙'을 논의하려 한다.

'1만 시간'이란 과학적인 근거에 의한 것이 아니라 각종 사례를 통해 어림잡은 경험칙일 뿐이다. 무언가 어떤 일에 '1만 시간' 종사하면 해당능력이 꽃을 피우는 임계점에 이른다는 것이다. '서당 개 3년이면 풍월 읊는다.'는 정도의 개념과 다르지 않다. '1만 시간'이면 하루 8시간 기준으로 대략 8년에서 최대 10년 정도에 해당된다. 결국 10년 정도 무슨 일을 하면 나름의 전문성, 일가견이 생긴다는 얘기이고 보면, 10년 동안의 경험이 자신의 지적자산으로 변해있어야 한다는 것이다.

**Q13-2-(1) : 경력 10년차인데 딱히 성과가 없다면 재능이 없는걸까?**

글래드웰의 논리라면 10년이면 어떤 일에 종사한 지 '1만 시간'을 훌쩍 넘어 임계점(tipping point)을 지났으니, 딱히 집히는 성과가 없다면 그건 적어도 그 일에 재능이 없다는 얘기가 될 수 있다. 그러나 필자의 시각으론 '지난 10년 세월을 어떻게 보냈는지'부터 묻고 싶다. '나름 최선을 다했는지'부터 묻고 싶은 거다. 왜냐하면 사람은 자칫 어제가 오늘 같고, 내일이 오늘 같은 반복된 삶을 살 수 있기 때문이다. 어쩌면 그게 더 자연스런 모습일 수도 있다. 심리학자 제임스 화이트(James White)의 지적처럼 인간이 하는 일의 99.9%는 순전히 습관에 의한 것들이기 때문이다. 그리스 신화에 등장하는 인물 시지퍼스(Sisyphus)의 병리현상은 바로 인간의 이러한 속성을 그려낸 것이기에 그렇다.

한 가지 더. 그 일에 종사하면서 어떤 마음(心), 어떤 동기(욕구)로 임했는지 따져봐야 한다. 성과의 근원은 마음(心)에 있기 때문이다. 만약 본능적 욕구(호구지책, 안전지향)가 다른 상위욕구들을 지배했다면 습관적 삶이 강화되었을 것이며, 그로 인해 쌓은 '경험'은 아무런 의미 없는 시간의 소비였을 뿐이다. 그러므로 재능이 없는 건지, 그 일에 적성이 안 맞는 건지는 얘기하기 이르다. 재능을 운운하기에 앞서 자기반성이 우선되어야 한다. '신은 누구에게나 나름의 재능을 주었기 때문이다. 심지어 미물에게 마저도...' 이건 논리에 우선하는 믿음이다.

Q13-2-(2) : 경험(투자시간)이 자산이 되지 못하는 이유는 무얼까?

경험이 자산이 되는 경우보다 그렇지 않은 경우가 훨씬 더 많다. 그 이유를 알려면 한자 '경험(經驗)'에 담긴 심오한 의미를 반추해봐야 한다.

### 2. '경험'의 허와 실

어느 최고경영자가 23년 경험의 전문가가 회사를 떠나는 것을 보고 다음과 같이 조롱 섞인 말을 한 것이 기억난다. "우리가 잃는 것은 23년의 경험이 아니라, 단 1년의 경험뿐이다. 왜냐하면 그가 입사한 1년 후부터 22년 동안은 첫 1년의 반복된 행동뿐이었으니까."

흔히들 경험은 재산이라고 믿지만, 경험도 경험 나름이다. 겪기만 하고 되씹어보지 않으면 경험은 시간 낭비일 뿐 결코 소중한 자산이 될 수 없다. 장수의 투구가 찌그러지면 영(令)이 서지 않는다. 직장생활을 하다보면 찌그러진 투구를 쓰고 지휘하는 장수들을 심심치 않게 마주치게 된다. 왜 그럴까? 한자 '경험(經驗)'에 담긴 심오한 의미에서 그 답을 찾을 수 있다. 경(經)과 험(驗)은 전혀 다른 것이다.

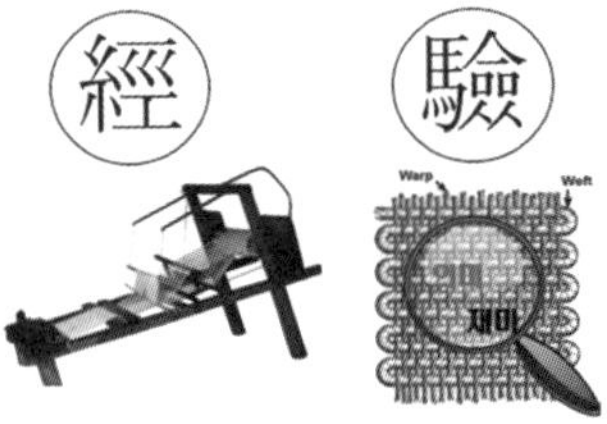


'지나갈', '겪을' 경(經)은 옆의 그림에서 보듯이 베틀 위에서 천을 짜는 형상을 담고 있다. 매 순간 우리는 무언가를 겪으며 살아간다. '경(經)'은 바로 우리의 인생을 형상화한 것이다. 베틀은 삶의 무대요, 그 위에서 천을 짜는데 필요한 씨실(緯絲)은 우리가 태어날 때 하늘로부터 부여받은 시간이며, 날실(經絲)은 그 시간 위에서 매순간 우리가 겪는 일들이다. 결국 인생이란 '태어나서 죽을 때까지 자신만의 천을 짜가는 과정'이란 의미가 '경(經)'에 담겨 있다.

한편 '험(驗)'은 '돌이켜 본다'는 의미를 담고 있는데, '조사할' 검(檢)의 유래를 보면 '험(驗)'의 의미를 좀 더 실감나게 알 수 있다. 원래 '검(檢)'은 나무(木) 상자를 살펴보고 잘 짜진 합격품에 찍은 불도장의 문양이었다고 한다. '검(檢)'에서 나무(木)를 말(馬)로 바꾼 것이 '험(驗)'이다. 말은 소와 함께 고대 농경사회에서는 인간과 함께하는 동물이었다. 매순간을 함께 하는 말이 좋은 말인지 나쁜 말인지 따져보는 것에서 '험(驗)'은 유래하였다. 현재적 의미에서 말(馬)은 직장 일에 해당한다. 현대인이 시간을 가장 많이 함께 하는 대상이 '일'이란 의미에서 그러하다. 그렇다면 오늘 나와 함께 한 일이 잘된 일인지 못된 일이지 돌이켜 따져볼 때라야 경험의 진정한 의미가 살아난다. 경(經)은 누구나 사는 동안 하는 일이지만, '험(驗)' 하는 이는 그리 많지 않다. 습의 함정에 빠져 오늘이 어제 같이 반복적 삶으로 무의미한 인생의 천을 짜고 있진 않은지 진정으로 '험(驗)'해야 한다. 그러지 않는 한 '1만 시간 법칙'은 무의미하다.

## 2 직업의 세 가지 유형

직업에 담긴 의미는 영어 표현에서 찾는 것이 더 적절해 보인다. 영어로 '직업'은 '생업(Occupation)', '전업(Profession)', '천직(Vocation)' 등 세 가지로 분류된다. 흔히 하는 일과 특성에 따른 직업 분류와는 전혀 다른 분류이다. '직업'이 자신에게 주는 의미에 따른 분류, 즉 직업관(職業觀)에 따른 분류이기에 그렇다. 일차적으로 직업을 바라보는 세계관, 직업관은 마음(心)이 좌우하므로, 서구식으로 마음(心)을 프리즘하면 역시 매슬로우 욕구단계가설이 논의에 가장 적합해 보인다.

아래 제시된 그림은 인간이 가지고 있는 다섯 가지 욕구에 따라 '생업(Occupation)', '전업(Profession)', '천직(Vocation)' 등 세 가지 직업관이 어떻게 대응되는지를 설명하고 있다. 필자가 제시한 이 모델이 겨냥하는 바는 일을 통한 인생의 행복 문제를 논의하고자 하는 것이다. 우리가 그토록 취업에, 직업에 목을 매는 이유도 알고 보면 행복한 삶을 살고자함이기 때문이다.

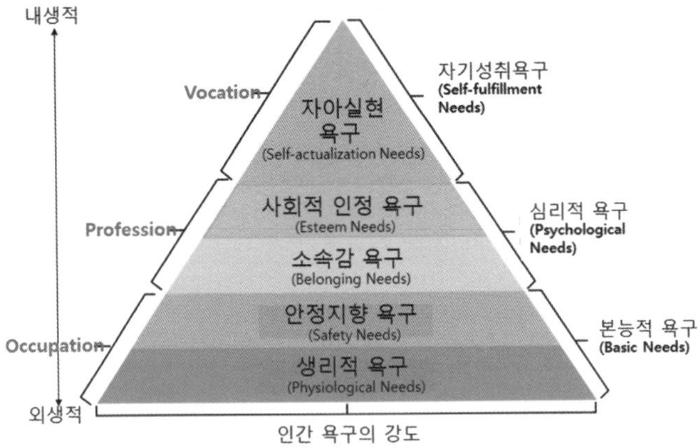


1. **생업** (Occupation)

'기업'에 해당하는 'occupation'의 어원은 '~을 점유하다, ~으로 채우다, 차지하다.'는 의미를 가진 'occupy'이다. 어감 상 'occupy'는 무언가를 차지하기 위해 다른 상대와 공방을 벌이는 제로섬 게임을 연상시킨다. 치열한 경쟁을 뚫고 취업에 성공하는 상황이 연상되지 않는가. 그 전쟁에서 실패하면 마치 인생의 끝장에 와 있는 듯이 좌절한다.

가끔 학생들에게 '왜들 그렇게 취업에 목을 매는가?'라고 물으면, 이상하다는 듯 나를 쳐다본다. 답이 너무 뻔해서 일수도, 아니면 가진 자의 교만이라고 생각해서일수도 있다. 그러나 그토록 젊은 청춘을 걸 정도로 중요한 거라면 한 번쯤은 생각해볼 만하지 않은가. 먹고 살기위한 '호구지책'으로 취업을 전쟁 치르듯 한다면 남이 만들어 놓은 일자리를 얻으려 하지 않고 스스로 일자리를 만드는 노력은 무의미한 것인가 말이다.

Q13-2-(3) : 그럼 취업 준비를 하지 말란 것인가?

그런 얘기가 아니다. 취업이 너무 맹목적이란 얘기이다. 언젠가 학생들에게 스티브 잡스의 스탠포드 대학 졸업식 연설을 시청하고 그 소감과 함께 자기를 소개하는 글을 써보라 한 적이 있었다. 학생들이 제출한 자기소개문을 읽고 왠지 감흥이 오질 않았다. 놀라운 것은 자기소개의 전개방식 등 기본 틀이 거의 같았다. 이유를 알아 본 결과 얼마 전 취업특강에서 자기소개서 쓰는 법을 배웠다는 것이다. 필자가 강조하고자 하는 것은 바로 이런 문제를 지적하는 것이다. 아무 생각 없이 남들이 하니까 무작정 따라 해서는 취업하기 어려움을 강조하고자 함이다.

먹고 살기 위해 취업하는 것도 문제는 없다. 사실이 그러하니까. 문제는 취직을 한 후에도 여전히 그러한 본원적 욕구에서 헤어나지 못한다는 것이다. 누차 강조하지만 모든 건 마음이 좌우한다. 먹고 살려 하루하루를 보낸다면 결국 못 먹고 살 것이기에 하는 말이다. 통계청 자료에 따르면 직장인의 체감정년이 남녀 평균 대략 50세 전후이다. 과연 직장에서 얼마나 버틸 수 있을지, 그리고 그러한 마음가짐으로 행복할 수 있을지 생각해봐야 한다. 취업 후 처음 10년은 호구지책 욕구로 직장을 다녀도 좋다. 그러나 그 다음부턴 스스로 해당 업무에 전문가라는 내적 자부심이 생겨야 한다. 만약 그렇지 않다면 그간 현장에서의 경험은 그저 자신의 시간을 일용할 양식과 바꾼 것뿐이었음을 의미한다.

### 2. 전업 (Profession)

직장생활 10년을 지나 또 다른 10년으로 접어들면서 직업에 대한 의식이 '생업(Occupation)'에서 '전업(Profession)'으로 바뀌어야 한다, 한 마디로 전문가로 거듭나야 한다는 말이다. 이는 글레드 웰의 '1만 시간 법칙'에 근거한 것이다. 10년이면 '1만 시간'이 넘는다. 전문직을 의미하는

'Profession'은 신전에 들어가 신 앞에 전문가로서의 소임을 다할 것을 맹세(선언)하던 고대 관습에서 나온 단어이다. 조직원들의 직업의식을 고양할 수 있도록 상투적 근속표창보다는 '전업(Profession)'으로 진입했음을 상기토록 하는 의식을 행하는 것을 검토할 만하지 않은가.

3. **천직** (Vocation)

직장생활 20년을 지나 30년차를 향하면 자신의 직업을 천직으로 여겨야 한다. '천직 (Vocation)'이란 영어(Voca~)에 담겨 있듯이 '하느님의 목소리', 하늘이 부여한 사명이란 의미이다. 이 시점에 이르러 돌이켜보면 직업을 통해 자신이 행복했음을 알게 될 거다.

## 3 성공하는 직장인의 조건

성공하는 직장인들은 어떤 속성을 가지고 있을까? 시중에 이와 관련된 계발서들이 무수히 많이 나와 있다. 그만큼 직장인들의 관심이 높다는 사실을 반증하는 것이다. 최근 국내외적으로 가장 널리 알려진 것 중에 하나는 스티븐 코비(Steve Coby)가 쓴 '성공하는 사람들의 7가지 습관'이란 책이다. 이 책의 핵심은 매우 간단하다. 성공을 위해서는 좋은 습관을 길러야 하는데 그 대상엔 7가지가 있다는 것이다.

### Q13-2-(4) : 성공에 이르게 하는 습관은 어떻게 들일 수 있을까?

수많은 사람들이 스티븐 코비(Steve Coby)의 이 책에 관심을 보였지만, 한 가지 치명적인 한계를 안고 있다. 습관이 성공을 결정 짓는다면(습관 → 성공), 성공하는 습관은 어떻게 들일 수 있는가 하는 것이다. 습관이란 머리로 안다고 해서 배양되는 것은 아니기 때문이다.

제5장 제3절에서 '시스템사고'의 3대 요소 중 하나인 통합적 사고를 논의하면서 '수면 아래를 보라.'고 강조했었다. 이를 활용해서 습관의 근원을 역 추적해보자. 습관(習)은 알다시피 반복되는 행동(行)으로 비롯된다. 행동은 생각(思)의 발로이며, 생각은 마음(心)에서 나온다. 결국 성공은 아래 그림처럼 습관에 의해 좌우되는 건 맞지만, 그 근원은 그에 걸 맞는 마음가짐이다. 코비는 바로 이 사실을 간과하고 있다.

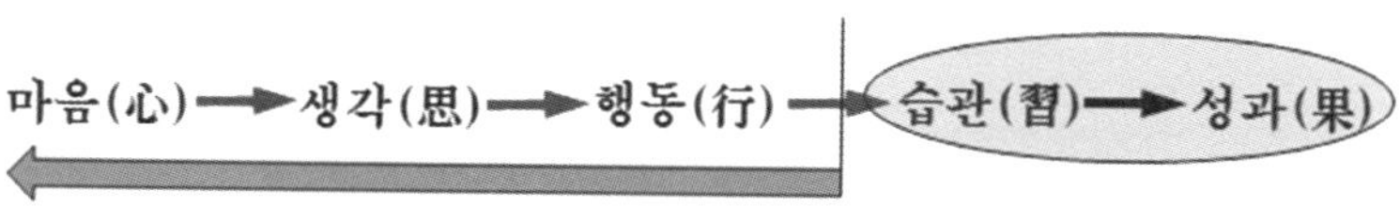


후일 코비가 사업에 실패했을 때 사람들이 '성공하는 법을 그렇게 잘 알면서 왜 실패했는가?'라고 묻자, '책 내용대로 하지 않았기 때문'이라고 응수했다는 일화가 있다. 유머로 대응하면서도 자신이 책에서 제시한 '성공하는 사람들의 습관'은 옳은 것임을 암시한 것이다.

'책대로 그렇게 하지 않았기 때문'이란 얘기에 주목할 필요가 있다. 왜 그렇게 하지 않았을까? 마음이 그렇지 않았기 때문이 아닐까. 이러한 측면에서 필자는 성공하는 사람들의 마음가짐(心)과 그로부터 나타나는 공통적 행태(行)를 다섯 가지로 집약해 제시하고자 한다. 이러한 마음을 창의성 분야에선 '유별성(有別性)'이라 한다.

• **한 번 내린 선택은 좀처럼 바꾸지 않는다.** 유별성이 강한 사람들이 선택을 좀처럼 바꾸지 않는 이유는 자신이 바보였음을 스스로 인정하는 것이 되기 때문이다. 인생의 행로 선택은 바꾸는 것이 아니라 바뀌는 것임을 이들은 잘 알고 있다. '하늘은 스스로 돕는 자를 돕는다.'는 경구나 스티브 잡스(Steve Jobbs, 1955~2011)가 '네 운명을 믿으라.'고 한 것은 바로 이를 두고 한 말이다.

• **어떤 역경에서도 환경이나 조건을 탓하지 않는다.** 이들에게는 '시련은 있어도 좌절은 없다.' 도전과 역경에 처하게 된 문제의 원인을 자신의 내부로부터 찾고 해결해나간다. 그 과정 속에서 뛰어난 능력과 지혜가 개발된다. 영국 수상이었던 윈스턴 처칠(Winston Churchill, 1874~1965)이 인생의 성공을 '실패로부터의 좌절을 극복한 열정의 결과'로 규정했던 이유가 무엇인지 음미해볼 필요가 있다.

• **눈앞의 이익(돈) 보다는 일에 승부를 건다.** 도덕 선생의 얘기가 아니다. 그들은 '우회축적의 힘'을 알고 있을 뿐이다. 일에 앞서 보상에 집착한다면 자신의 능력 개발에 전념할 수 없을뿐더러 사람을 얻지 못한다. '돈을 쥐려는 자 사람을 보지 못한다(확금자불견인 攫金者不見人)'는 경구나 '군자는 도의에 밝고(君子喩於義), 소인은 이익에 밝다(小人喩於利)'고 가르친 공자(孔子, BC 551~479)의 말씀(논어 <이인(里仁)>)은 모두 '우회축적의 힘'을 암시하고 있다. 입지(立志)는 자신에게 있지만, 성사(成事)는 타인에게 있는 것이 인생사이고 보면 피드백 사고와 시간적 사고에 기초한 '우회 축적의 힘'을 깨닫는 것은 정말 중요하다. '내 봉급이 얼만 줄 알았더라면 오늘의 난 없었을 것'이라고 스치듯 뱉은 어느 최고경영자의 말이 떠오른다.

• **생활 속에서 스스로 실험을 한다.** 알아야 할 문제를 남이 제시하면 지겨운 숙제가 되지만, 스스로 제기하면 즐거운 호기심이 된다. 그래서 그들은 자발적 실험을 통해 내적 호기심을 채운다. 그 과정에서 소중한 우연과 만나는 '세렌디피티(Serendipity)'를 경험한다. '알고자 하는 욕구는 오직 인간 고유의 것이며, 그것은 감각을 통해 지각할 수 있는 앎에 머무르지 않는 앎을 추구하는  욕구'라고 한 고대 그리스 철학자 아리스토텔레스(Aristotle, BC 384~322)의 말처럼 사실을 넘어 진질을 알고자 하는 욕구는 '수면 아래를 보라.'는 시스템 사고의 조건에 부합된다.

• **주어진 과업에 항상 +α를 한다.** 30여년 교단에서의 경험에 비추어 보면 학생은 세 부류로 구분된다. 주어진 과업도 전혀 하지 않는 학생, 최소한의 요구만 겨우 충족하는 학생, 그리고 요구를 뛰어 넘어 추가로 더 하는 학생으로 나뉜다. 누가나 가끔은 대충하고 넘어가려는 유혹에 빠지지만, 유별성이 강한 사람들은 자신과의 싸움을 통해 이러한 유혹을 극복해낸다. 이런 자기주도적 성향은 그들에겐 습관적 행태로 몸에 스며들어 있다. 그리고 스스로 성취감을 느낀다. 미국 컨트리 팝 가수 글렌 켐벨(Glen Cambell, 1936~2017)의 히트곡 'Time'이란 노래에 이런 구절이 있다. 'Some people never die and some people never live.'

## 제3절 워라밸의 허구

직장 일(work)과 개인 삶(life)의 균형(balance)을 찾자는 '워라밸'에 대한 사회적 관심이 뜨겁다. 가정과 직장이 균형을 이룬 삶에 대한 의식이 없던 사람들마저 이 흐름에 동승하며 사회적 이슈로 확대되고 있다. 이 절에서는 일과 삶, 그리고 행복을 아우르는 진정한 '워라밸'은 어떻게 가능한 것인지에 대해 논의한다.

더 이상 돈을 위해 일 할 필요가 없을 때까지 일하라.

- 월트 디즈니(Walt Disney, 1901~1966) 미국 애니메이션 영화제작자

### 1 저녁이 있는 삶

'저녁이 있는 삶.' 어느 정치인이 내세웠던 슬로건(slogan)으로 한 동안 세간의 이목을 집중시키는데 성공했었다. 국민들은 왜 이 문구에 솔깃했을까? 그 만큼 일에 치여 '저녁이 없는 삶'을 살아왔기 때문일 것이다. 꼭 이것이 계기가 된 건 아니지만, 그 후 '워라밸'이란 신조어가 특히 직장인들 사이에서 급속히 회자되고 있다. 직장 일(work)과 개인 삶(life)의 균형(balance)을 찾자는 얘기이니 직장인들에게 화제가 아닐 수 없다.

#### 1. '워라밸'의 전제조건

'워라밸'에 열광하는 걸 뭐라 할 사람은 없을 거다. 좋게 보면 그 만큼 우리나라도 선진국처럼 먹고 살만큼 여유가 생겼다는 의미로도 해석될

수 있다. 그러나 한 가지 짚어봐야 할 게 있다. 기업이 건실하게 유지되려면 직장인들은 자신이 받는 연봉의 2배에서 3배는 회사에 기여할 수 있어야 가능하다. 기업은 자전거를 탄 상황과 유사하다. 끊임없이 페달을 밟지 않으면 쓰러진다. 회사가 거둬들인 수익에서 임금을 지불하고 남는 돈은 유지, 성장을 위한 재투자와 간접비를 충당해야 한다.

Q13-3-(1) : 오늘 내가 사용한 화사의 자원은 얼마치나 될까?

적어도 '워라밸'을 외치려면 회사의 구성원으로서 자기가 받는 급여만 알 것이 아니라, 정확히 금액은 몰라도 직장 일 하면서 공통의 자원을 소비하고 있다는 사실쯤은 인지하고 있어야 한다. 그리고 자신이 급여로 받고 소비하는 회사의 자원의 최소 2배 정도는 기여하고 있을 때 '워라밸'도 가능한 것이다. 자신의 급여에 쏟는 관심의 몇 십분의 일이라도 자신이 회사에 기여하는 가치가 대략 어느 정도인지 정도는 알고 있어야 '워라밸'도 얘기할 수 있는 것 아닌가. 한 마디로 밥값은 해야 '워라밸'도 운운 할 수 있는 것 아닌가 말이다.

같은 맥락일 수 있지만, 아무런 자원도 없이 최빈국에서 오늘의 한국을 일궈낸 선대에 대한 감사의 마음은 있는지 모르겠다. '워라밸'을 외치기에 앞서 자신도 후대에 물려줄 무언가는 해야 선대에 대한 최소한의 보은을 하는 게 아닐까. 적어도 한 번 쯤은 경제대국과 군사대국이 둘러싸고 있는 한반도의 미래를 생각해야 한다. 그에 대한 준비가 어느 정도 되었을 때 '워라밸'을 외쳐도 되지 않을까. 순망치한(脣亡齒寒)이다. 여가생활도 국가의 안위와 지속가능한 성장을 이룰 때 가능한 것이다. 오늘의 한국을 일궈낸 선대들에겐 '워라밸' 대신 가난을 이겨내려는 '극혼(極魂)'

이 있었다. 선진국의 문턱에서도 계속 '극혼'을 주장하는 건 시대착오적일 수 있다. 그렇다면 '극혼'이 떠난 빈자리를 무엇으로 대체해야 한다. 그건 '워라밸'이 아니라 선진국의 '성숙(成熟)'이다. 아직 우리는 배고프다. 여가 생활보단 성숙을 추구하는 게 삶에 더 의미가 있을 것이다.

### 2. '워라밸'에 숨은 문제점

최근 잡코리아가 직장인을 대상으로 실시한 설문조사 결과를 보면 직장인 95.1%가 '번아웃 증후군(Burnout Syndrome)'을 경험했다고 한다. 거의 모든 직장인들이 업무로 인해 탈진 상태란 얘기이다. 번아웃 증후군을 겪은 이유는 '일이 과중해서(46.2%)', '반복되는 소모적 업무에 지쳐서(32.5%)', '인간관계에 지쳐서(29.3%)' 등 대부분 업무와 인간관계에 의한 피로감 때문이었다.

직장인들의 이런 반응을 셀리그만(Martin Seligman)의 행복모델(PERMA)에 대입해보면 '번아웃'의 근원이 밝혀진다. '껄끄러운 상대(관계)와 반복되는 소모적 업무(활동)를 먹고살기 위해(동기) 하려니 재미도, 의미도 없는 삶', 즉 '행복하지 않은 삶으로 인한 탈진'이다. 결국 직장인들의 '번아웃'은 직장에서 재미도 의미도 못 느끼기 때문인 것이지 '워라밸'이 안 돼서만은 아니다. '워라밸'과 직결되는 '일의 과중함'은 물리적으로 일이 많을 수도 있으나 일을 스마트하게 처리하지 못하는 경우도 적지 않다. '반복되는 소모적 업무'는 반드시 회사 차원에서 개선해야 할 과제다.

'인간관계' 문제를 '번아웃'과 연결지어 지적하고 있다는 것은 감정노동을 강요하거나 일방적 지시위주의 조직문화에 관련이 있어 보인다. 관행과 문화에 관련된 문제는 쉽사리 해결되지 않는다. 특히 감정노동이나 지시위주의 조직문화는 특정 기업의 문제라기보다는 더 상위 개념인 국가 전체의 문제이다. 필자의 경험상 미국의 회사종업원이나 공무원들은 감정노동을 하지 않는다. 따라서 제12장 제1절에서 논의한 '갑질 문화'의 근원적 요인들부터 치료하는 정책 모색이 요구된다. 홉스테드(Hofstede)의 국가 간 문화 차이를 비교한 모델에 따르면 권력의 불균등을 의미하는 '권력 거리(Power Distance)' 지표에서 한국은 최상위에 있음이 이를 뒷받침 한다.

## 2 일과 놀이

일은 좋아서 하는 경우와 먹고살기 위해서 하는 경우가 있다. 좋아서 하는 일은 즐겁다. 즐겁다면 그게 '놀이'인거다. 먹고살기 위한 수단으로 하는 일은 문자 그대로 '일'이다. 따라서 일과 놀이는 기본적으로 병립되기 힘들다. '워라밸'이 사회적 이슈가 된다는 것은 '일은 일이지, 놀이가 아니다.'라는 의미를 내포하고 있다.

### 1. '일'과 '놀이'의 공통점

Q13-3-(2) : '일'을 '놀이'처럼 할 수는 없을까?

일과 놀이에는 한 가지 공통점이 있다. 보다 정확하게는 한 가지 공통의 지향점이 있다. 그것은 바로 다음에 이어서 논의되는 '행복'과 관련되어 있다는 점이다. '행복'을 우리 마음속에 내재해 있는 '욕구 충족의 희열감'으로 정의한다면 일과 놀이는 차이점이 발견된다. 일이 외적 조건을 충족하기 위한 욕구의 발로라면, 놀이는 내적 조건을 충족하기 위한 욕구의 발로에 더 가깝다.

이 장의 서두에 소개한 '개미와 베짱이' 우화에서 개미는 '일' 하고, 베짱이는 '놀이'하고 있는 것으로 비춰진다. 그러나 욕구이론에 따라 이를 재해석하면 개미가 하는 '일'은 호구지책과 겨울을 대비한 안정지향 욕구의 발로인 반면, 베짱이는 자기발현적 욕구의 발로에서 하는 일이기에 놀고 있는 것처럼 보이는 것이다. 결국 개미가 하는 일은 '일'이요, 베짱이가 하는 일은 '놀이'이다. 개미처럼 일 하지 않고 베짱이처럼 일 한다면 그건 놀이가 되는 것이다.

### Q13-3-(3) : '베짱이처럼 일하면 결국 구걸하는 신세가 되지 않는가?

베짱이가 추운 겨울 구걸하는 신세가 된 것이 과연 놀았기 때문일까? 베짱이의 '놀이'를 나태함으로 해석하면 구걸하는 처지가 되는 게 인과관계상 맞다. 그러나 베짱이의 '놀이'를 자기발현 욕구 충족을 위한 '일'로 해석한다면 게을러서 거지로 전락했다는 인과적 논리는 맞지 않는다. 베짱이가 구걸하게 된 진짜 이유는 그의 잘못된 선택에 있었다. 그의 노래를 들어 줄 충분한 시장이 없었던 것뿐이다.

'개미와 베짱이' 우화를 만든 이솝(Isop)은 언제 적 사람인가? 고대 아테네 광장에서 소일하던 이야기꾼이었다. 농경시대 그 당시의 세계관으로 볼 때 땀 흘려 일하는 '개미'가 덕목이었던 것은 너무도 당연한 일 아닌가? 이삼십년 전만 해도 만화를 그린다거나 노래 배운다고 기타 통 들고 다니면 부모가 기겁을 하던 시절이 있었다. 요즘 학생들에겐 연예인 되는 것이 꿈이 되었다. 이렇게 세상은 변하는 것이며, 그에 따라 우리의 세계관도 바뀌지 않으면 안 된다.

### 2. 의미 있는 '놀이'의 조건

산업혁명 이전에는 동양이든, 서양이든 일은 삶이요, 삶이 곧 일이었다. 삶과 일의 구분이 없었던 것이다. 지금도 보존되고 있는 농가(農歌)나 뱃사공의 노래 등은 일의 시름을 달래려 했다기보다는 일을 놀이처럼 여겼다는 해석이 더 타당해 보인다. 왜냐하면 당시는 일과 삶이 분리되지 않았었기 때문에 일을 통해서 삶의 행복을 얻고자 했기 때문이다. 아이러니 하게도 삶과 일이 분리된 요즘 '일'은 일'이요, '삶은 삶'이다보니 마치 삶의 행복은 일과 아무런 관련이 없는 것처럼 인식된다.

'헤르쯔'의 무선전파, '렌트겐'의 X선, '다궐'의 사진용 감광판, 그리고'알렉산더 플레밍'의 페니실린 등 무수히 많은 위대한 발견은 모두 우연이었다. 최근 세인의 관심을 끌고 있는 비아그라역시 심장병 치료제를 개발하는 과정에서 발견된 우연의 산물이다. 이러한 우연한 발견은 비단 과학자들에게만 있는 것은 아니라 누구에게나 있을 수 있는 일이다. 필자도 종종 이와 유사한 경험을 하곤 한다. 가령 어떤 자료를 찾기 위해서 서고를 뒤지다가 더 소중한 자료를 발견하는 경우가 있다.

그러나 위대한 운과 조우하기 위한 놀이는 나름대로의 조건이 있다. 첫째, 일을 놀이로 생각해야 한다. 이를 위해서는 우선 심적 여유가 있어야 한다. 둘째, 놀이 그 자체를 의식해서는 안 된다. 놀이 그 자체를 의식하는 순간부터 논다는 그 자체가 일로 변질되고 놀이에 대한 흥미와 애착을 잃게 된다. 셋째, 놀이는 시행착오가 많을수록 좋다. 루틴하게 반복되는 놀이에서는 운과 조우할 수 없기 때문이다.

**육식동물과 초식동물의 노동밀도**

육식동물 사자는 먹이를 쫓을 때 그것이 나약한 토끼일지라도 한눈 팔지 않고 전력 질주한다. 잡아서 고칼로리를 섭취하고는 느긋하게 누워 지낸다. 일할 때와 일하지 않을 때가 선명하다. 이에 비해 초식동물인 원숭이는 저칼로리 음식을 먹기 때문에 항상 먹이를 찾아 부산하게 나부대며 동시다발적으로 행동한다. 곧 일할 때와 일하지 않을 때가 혼동된다. 사육하지 않고 방생시킨 말은 8시간 풀을 뜯어야 겨우 2시간 일할 기운을 얻는다고 한다. 그래선지 초식성향의 한국인의 노동 밀도가 육식성 서구인의 75%라는 조사가 있었다. 직장에서 4분의 1은 공적 업무와는 아랑곳없는 농땡이로 흘려보낸다는 것이 된다.

## 3 행복의 원천과 동력

유엔 '세계행복보고서(2017)'에 나타난 한국인의 행복지수는 조사 대상 155개국 중 55위로 나타났다. 2015년 47위에서 더 떨어졌다. 특히 삶의 자기결정권을 뜻하는 '생애선택자유'는 127위로 상당히 낮았다. '생애선택자유'란 생애개발경로의 다양성과 유연성을 말하는데, 우리나라 사람들의 상당 부분은 '흙수저'론을 믿고 있으며, '패자 부활전'은 허용되지 않는 나라, '한번 해병이면, 영원한 해병'이란 문구를 연상시키듯 '한번 성공이 평생 간다.'는 집착에서 벗어나지 못하고 있다.

생애경로가 다양하지 않으니 모두가 성공에 이르는 길이라고 믿는 같은 길을 가려한다. 그러다보니 수단과 방법을 가리지 않는 극단화 현상이 나라를 휩쓸고 있다. 한국 대학생의 대다수(81%)가 고등학교를 '사활을 건 전장(戰場)'으로 생각한다는 연구결과[63]가 이를 반증한다. 미국(40.4%)이나 중국(41.8%), 특히 일본(13.8%)에 비해 한국이 월등히 높다. 반면 '함께하는 광장'이라고 답한 한국 대학생은 12.8%인 반면 일본은 75.7%나 됐다. '대학 진학에 실패하면, 그것도 통념상 좋은 대학이 아니면, 인생은 끝장'이라는 극히 비정상이지만 정상이 되어버린 상황에서 한국인의 행복지수가 높다면 그것도 비정상일 것이다.

### 1. '행복한' 사람들의 공통적 특징

미국 하버드대학 행복연구소 조지 베일런트(George E. Vailant) 교수가 행복의 조건과 관련하여 816명의 75년을 추적 조사한 결과를 보면 행복하다고 느끼는 사람의 공통점은 두 가지로 귀결된다. 첫째는 '원만한 인간관계'요, 둘째는 그들의 부모가 행복했었다는 것이다. 원만한 인간관계는 아래에 제시한 셀리그만(Martin Seligman)의 행복 모델(PERMA)에도 나타나 있다. '웃으면 복이 온다.'는 우리 속담도 이 모델과 일맥상통한다.

이 조사결과에서 필자의 눈에 들어온 건 행복한 사람들은 '부모들이 행복했었다.'는 것이다. 아마 이 글을 읽는 독자가 4050 세대라면 이제 젊음을 뒤로하고 열정이 남긴 잿더미 속에 그래도 한 가지 남은 희망의 불씨가 있을 것이다. 세월의 무게가 어깨를 짓눌러도 금

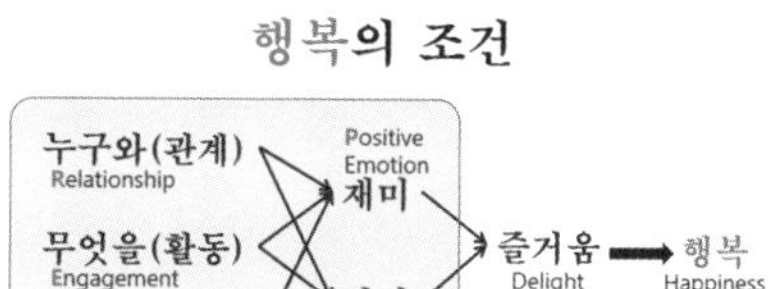

셀리그만의 행복 모델

63 김희삼, '저신뢰 각자도생(各自圖生) 사회의 치유를 위한 교육 방향', KDI Focus, 제91호, 2018, pp. 1-8

쪽같은 자녀가 행복한 삶을 살아주길 간절히 바랄 것이다. 그렇다면 답은 하나다. 아버지로써, 어머니로써 스스로 행복한 삶을 살면 그 희망은 이루어질 것이다. 적어도 75년 추적 조사한 결과가 그렇다.

### 2. 욕구 충족과 행복의 지속성

자녀의 행복을 위해서라도 내가 행복해야 한다. 그렇다면 어떻게 하면 행복한 삶을 살 수 있을지에 대해 생각해보자. '행복'이란 '내재된 욕구 충족으로부터 얻어지는 희열감'이다. 그렇다면 매슬로우의 요구단계가설로 다시 돌아가 보자. 아래 그림처럼 다섯 가지 중 어떤 욕구라도 채워지는 순간 느끼는 희열감이 행복이다. 그런데 우측에 덧붙인 역삼각형을 보라. 강열한 욕구가 충족되는 순간 느끼는 행복감은 그 만큼 강렬하지만 그 지속성은 찰나에 불과하다. 가령 일 주일을 굶었는데 내가 좋아하는 음식을 누군가에게서 건네받아 한입 물었다 하자, 그때 느끼는 행복감은 이루 형언할 수 없을 것이다. 그러나 얼마나 지속될까? 그럼에도 우리는 그 찰나의 행복감에 중독되어 본능적 욕구(생리적, 안정 지향적)에서 헤어나지 못한다. 그러나 수십 년 공들여 쌓은 탑을 한 순간에 무너뜨리는 경우를 주변이나 언론을 통해 너무나도 자주 접한다.

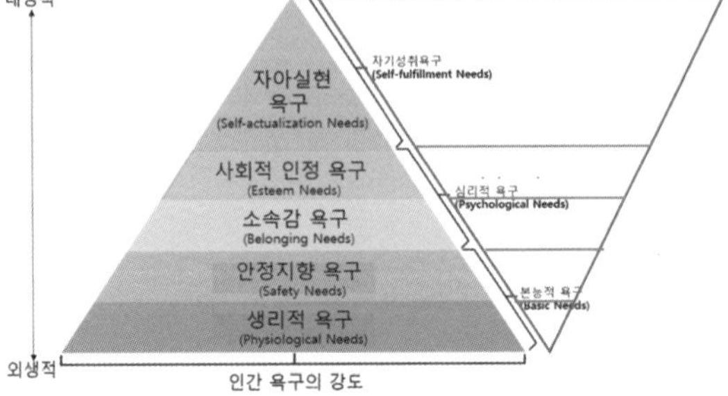

위 그림을 보면 강한 욕구일수록, 외생적 영향이 강할수록 그것이 충족될 때 얻는 행복감의 지속성은 더 짧다. 대학입시에 합격하고, 취업하고, 승진할 때마다 강렬한 행복감을 느끼지만, 이렇게 외적 조건이 충족됨으로써 얻는 행복감은 결코 오래 가지 않는다. 가장 상위욕구이며 내생적인 '자아실현욕구'가 충족된다 해도 행복의 지속성이 상대적으로 길뿐이 역시 오래가지 않기는 마찬가지이다. 아래 그림에서 보는 것처럼 행복

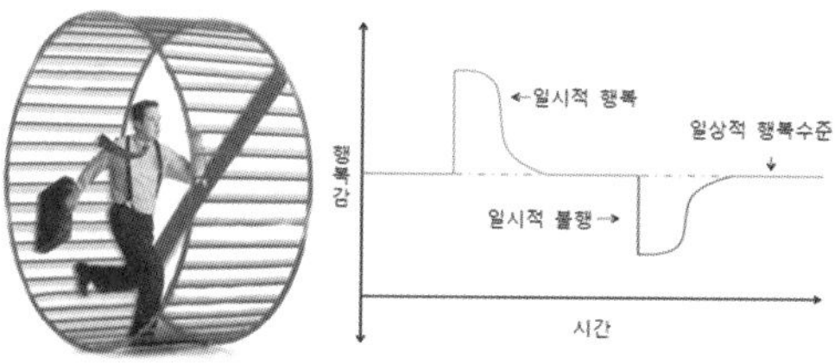


은 잠시 상승했다 다시 원상으로 돌아간다. 이런 현상을 'Hedonic Treadmill'이라 한다. 결국 행복의 지속성을 얻는 길은 미국 에드 디너 교수의 얘기처럼 "행복은 강도가 아니라 빈도다(Happiness is the frequency, not the intensity of positive affect)."

### 3. 행복의 지속성과 직업의 역할

자신이 원하는 곳에 취업을 했을 때 기쁜 이유는 무얼까? 지금까지의 논리를 계속 이어가보면 먹고사는 문제가 해결되고, 노년의 안정을 도모할 수 있으며, 무언가에 소속되어 있다는 소속감과 사회적으로도 인정을 받을 수 있기 때문일 것이다. 그러나 이렇듯 무엇이 되는 것도 어렵지만, 무엇이 되어 사는 것은 훨씬 더 어렵다. 우리는 무엇이 되기 위해 인생을 바치지만 된 직후 행복감은 순간에 끝난다. 그러나 무엇이 되어 진정 '자신이 존재하고 있다.'는 자아의 실현을 스스로 체감할 때 느끼는 행복감은 지속된다. 왜냐하면 직업 통해 수행하는 일은 오늘로 끝나는 것이 아니라 파도처럼 밀려오기 때문이다. 매번 일을 통해서 재미와 의미를 느낄

순 없지만 간헐적으로 느낄 순 있다. 행복감은 일을 통해 점철된다. 역설적으로 일 만큼 행복을 지속시킬 수 있는 현실적 수단은 없다.

"행복하기 때문에 웃는 게 아니라 웃기 때문에 행복하다."는 윌리엄 제임스의 말처럼 행복은 쫓는 게 아니라 스스로 행복해지는 것이다. 동양이나 서양 모두 행복은 자신의 안에 있는 것이라는 점에서 일치한다. 이 대목에서 비틀즈(Beatles)의 멤버였던 팝가수 존 레논(John Lennon)이 행복에 관해 남긴 글이 있어 소개한다.

"어릴 적 어머니는 늘 내게 이렇게 말씀하셨다. '넌 행복해야 한다. 삶의 궁극적 이유는 행복이야.' 학교에 가니 그들(선생)은 내게 '넌 이담에 커서 뭐가 되고 싶냐'고 물었다. 난 '행복이 되고 싶다' 했다. 말귀를 못 알아 듣는다고 그들은 뭐라 했다. 난 (속으로) 응수했다. '모르는 건 너희들이라고.'"

\- John W. Lennon (1940-1980)

끝으로 한 마디 더... 만약 현재 삶의 환경에서 아무리 노력해도 재미와 의미를 끌어낼 수 없다면 판을 바꿔야 한다. 판을 과감히 바꾸는 것 역시 자신과 자신의 운명을 믿지 않고는 할 수 없는 일이다.